李晓波资助翻译出版

Managing Nonprofit Organizations by Mary Tschirhart & Wolfgang Bielefeld

ISBN: 9780470402993

中国人民大学中国公益创新研究院推荐教材

非营利管理译丛

主编／康晓光　郭超

非营利组织管理

Managing Nonprofit Organizations

〔美〕**玛丽·切尔哈特**（Mary Tschirhart）
〔美〕**沃尔夫冈·比勒菲尔德**（Wolfgang Bielefeld）／著

　那　梅　　付琳赟／译

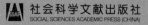

社会科学文献出版社
SOCIAL SCIENCES ACADEMIC PRESS (CHINA)

非营利管理译丛总序

为什么译书？

近几十年来，非营利部门的爆发性发展是一个世界性的现象，也是一个不可逆的全球大趋势。非营利部门在国内的发展，也可以说势头迅猛。特别是伴随着经济的持续增长、中产阶级的不断壮大、移动互联网日新月异的发展，这个领域的创新层出不穷。实践在发展，研究也在齐头并进，比较而言，非营利教育事业显得相对滞后，突出表现为稳定的价值观尚未形成，对概念的使用还很混乱，基础理论和研究工具还不完善，学科体系和教学体系远未成熟。

近年来，大学里与非营利部门相关的研究院、研究所、研究中心，如雨后春笋般涌现，但是大多名不副实，课程体系设计、教材编写、案例库建设、教师培育等硬碰硬的基础性工作并不尽如人意。学科基础教育工作，作为非营利研究与实践的转换枢纽，必须扎扎实实地开展。硬骨头总要有人来啃，这些重要的、必需的、紧迫的事总要有人来做。

万事开头难，发展非营利教育事业，首要问题是发掘一套好的教材。教材最好是由我们自己基于国内的理论与实践来编写，但是我们眼下既没有足够的知识创造与储备，也缺乏功底扎实的作者，在时间上也来不及。只能退而求其次，寻找捷径。捷径是什么？翻译！

如何选书？

对于我们的目标而言，把书选好非常重要，选书如果不成功，翻译得再好也是失败。因此，谁来选、如何选、选什么书，都必须要有通盘考虑。

本套译丛的书目选择工作由康晓光、郭超两位主编负责，按照以下程序和标准展开：首先，确定非营利管理专业的核心课程名录，并考虑各类课程的优先级；其次，在此基础上，确定五本为首批译丛书目；再次，选书的标准包括内容与课程需要的符合程度、再版次数、引用率、作者的学术地位和行业影响力；最后，还要有时效性，最好是在近五年内出版的。

需要特别说明的是，我们还邀请了三位非营利研究领域的学界泰斗参与选书；这三位教授都为非营利领域的研究做出了杰出的贡献，也产生了世界性的影响。其中 Ram Cnaan，现为美国宾夕法尼亚大学宗教与社会政策研究中心主任，非营利组织与志愿行动研究协会（ARNOVA）前会长；Alan Abramson，美国乔治·梅森大学政府与国际事务学院教授，ARNOVA 前会长；David Horton Smith，美国波士顿学院社会学系荣休教授，ARNOVA 创始会长、《非营利与志愿部门季刊》（NVSQ）创刊主编，被公认为非营利及志愿服务研究领域的奠基人。三位资深教授的加盟，为本套译丛的权威性提供了强有力的支撑。

选了什么书？

按照上述原则和标准，我们筛选出五本书作为译丛的首批选项。

《非营利世界：市民社会与非营利部门的兴起》在全球化背景和国别比较的视野下，侧重从整体层面考察非营利部门的情况，尽力为读者提供一个大的脉络和框架，帮助读者对第三部门及其与外部环境之间的关系有更加清晰的了解，有助于读者在国际国内政治经济及文化结构中建立第三部门的方位感。

《非营利组织管理》从非营利部门自身出发，侧重探讨非营利部门内部的运行和管理逻辑，是对非营利部门研究的具体化，有助于读者在部门层面理解非营利组织的运作机制。该书理论与实践并重，书中大量的实际案例反映出作者强烈的行动取向。

《实现卓越筹款》已经成为经典教材，出版过多个修订版。"筹款"承担了非营利部门的"供血"角色，作为非营利部门的"命脉"，具有特殊的重要性。这本书不仅仅从观念上化解和颠覆了诸多对"筹款"工作的传统误解，有助于确立筹款者和捐赠者正确的价值导向，而且还提供了一系列涉及筹款全流程的、行之有效的手册化操作建议，可以说是非营利部门发展到成熟阶段后所表现出来的研究与实践的专业化、精细化。

《创业型非营利组织》是一本由三位作者共同完成的著作，他们作为资深的研究者和实践者共同关注社会创新。近年来，"社会创新"越来越成为跨越中西的时髦词语，解决社会问题的各种创新形式被不断创造出来，这本书结合了大量经典案例，按照组织管理学的基本框架展开，试图从组织管理的角度探索这些社会创新背后的思考逻辑和行动方式，从而为研究者和实践者提供启发。

《有效合作之道：合作优势理论与实践》关注非营利组织的组织间合作，非营利组织本身就是社会合作的一种典型形式，而组织间的合作更进一步超越了单体的"各行其是"。如何为非营利组织之间的合作寻求理论基础，将已有的合作转化为经验和理论沉淀，并进一步促进和指引新的合作，以达成合作参与方自身以及共同目标，这是本书关注的焦点。

除了每一本书需要满足选择标准，聚焦各自的核心问题，从而发挥各自的优势之外，还必须有"整体性"的考虑，也就是它们合在一起能够有某种超越个体的系统性效果，最好在逻辑上可以涵盖非营利部门的重要方面，这也正是我们的期待。我们希望这五本书作为一个整体，既能够让读者对非营利部门有概要性、结构性的了解，还能对部门资源的获取、内部的运作、组织间合作，以及非营利部门的创新升级都有相当程度的理解。通过这几本书，不仅让读者获取一些片段化的知识碎片，而且在一定程度上建立起有系统、有结构的学科整体观感。真正细心的读者，完全能够顺着这几本教材提供的脉络"按图索骥"，走进非营利的世界，探索其中的奥秘。

如何选译者？

译者在很大程度上决定了一本书翻译的成败。

什么是好的译者？从专业的角度来说，必须要足够懂非营利这一专业领域，英语要足够好，还要有足够的中文水准。这些条件固然重要，但更重要的是，译者必须足够投入、足够用心。在今天的大学考核体系里，译书可谓"劳而无功"。各个大学的业绩考核，教材不算数，翻译教材更不算数，功成名就者不愿伸手。所以，有研究或实践经验的优秀年轻学者是本套译丛译者的首选。

本套丛书的九位译者都有相当长的非营利领域研究或实践经历。杨丽、游斐、刘洋、王伊、董强在大学和研究院工作，付琳赟和那梅有多年的海内外非营利部门工作经验，崔世存和李博正在海外攻读非营利方向的博士学位。应当说，九位译者完全符合我们的预期，尤为重要的是，翻译这套丛书于他们并不是某种纯粹外在因素的驱动。他们都关心和了解这个领域，他们都在反思这个领域面临的问题，他们也在这个领域推动着实践。翻译工作充分激活、调动了他们自身所沉淀的思想，反过来翻译也促进了他们未来的思考和行动。

资助与出版

一般而言，现在由出版社所组织的翻译，给译者的稿费与译者的专业能力和时间上的付出极度不匹配，往往也由此挫伤了译者的积极性，进而影响翻译质量。值得庆幸的是，本套译丛的翻译和出版得到了中国公益创新研究院理事李晓波先生的慷慨资助，既为译者提供了合情合理的报酬，也为本套译丛的出版提供了质量保障。

在选择出版社方面，倒是没有费什么工夫。关于出版社，最关键的是两个方面，一个是要相互信任，另一个是要有处理版权贸易的能力。社会科学文献出版社是我们的最佳选择，中国公益创新研究院与社会科学文献出版社有着多年的成功合作经验。他们拥有专业、出色的编辑出版和版权贸易能力，本次译丛的顺利出版再次证明了这一点。在此特别感谢社会科学文献出版社王绯女士对本丛书出版工作的大力支持，感谢黄金平、高媛的高质量的编辑工作。本丛书的顺利出版，也离不开研究院工作人员舒萍、田凤君在书目筛选、译者招募和筛选、翻译进度把控、译著审阅、与出版社沟通等各个环节付出的努力。

写在最后

译丛付印之际，写下这个"总序"，可谓五味杂陈，内心深处有一种强烈的不甘！

如我们开篇所言，"翻译"的确是学科建设尤其是教材建设的一条"捷径"。近代以来，广义的"翻译"一直是中国学习西方的必由之路，借此实现"后发优势"，但是"东施效颦""邯郸学步"也是必须付出的代价。因此，有必要回答一个问题："翻译"究竟只是一种阶段性的、权宜性的选择，还是唯一的、最佳的、最终的选择？

中国是一个文明古国，有自己的文化传承，当下又有与众不同的政治社会环境，所以，中国的非营利事业必然自有特色。尽管非营利事业有全球共性，但是中国特色也不容忽视，外部经验总有不适合中国的地方。再者，十几亿人口的中国，不能总是伸手向别人索取，也有义务对世界贡献自己的经验和反思。作为研究者，作为教师，作为专业研究机构的领导者，除了翻译外文教材，竟然无所作为，真是深感惭愧。

我们选择的教材出自基于资本主义制度的西方社会。在那里，个人主义、理性、效率、合作、公民社会、宪政体制……已经浑然一体。这样一个实现了高度整合的、庞大的文明类型，对中国的示范效应很大，我们必须取长补短，老老实实地学习其精髓。但与此同时，这个文明与今日的中国差异也很大，这种差异在未来也不会完全消失，至少在文化价值观维度上的差异将深刻而持久地存在。文化和价值观也是弥散化的，有生命力的文化会渗透式地影响到一个文明体的方方面面。具体到非营利部门，活着的文化必须落地，必须作用于组织、项目，对其发生真实而且强有力的影响。

因此，中国的非营利领域的实践在普遍特征之外必然呈现其特殊性，相应的理论也一定具有中国特色，作为本土的教材也应该有其特色。只有充分显现自身的文化特色，才是立身之本。中国自己未来编著的第三部门教材，应当确立自己的文化和价值观并探索与之相应的组织模式，在非营利部门的治理结构、组织结构、管理方式、激励机制、项目设计、项目运营方式、各类利益相关者的关系，法律形式，政府管理方式等诸多方面展现其作为"中国的"特殊所在，处理好西方经验与本土化的关系，以中华文化之"体"吸纳西方现代文明之"用"。

要做到上述这一切，要求我们必须开展有价值立场的"行动性研究"，处理好理论与实践的关系。理论不但要跟上实践，还要有能力推动实践。理论必须从实践中来，到实践中去。真正立足本土，面对现实，研究真问题，才可能对这块土地负责，对这块土地之上的人民负责，也对我们身处其中的时代负责。

希望我们能尽早写出自己的教材，而且这些教材也值得别人翻译和学习。

康晓光　郭　超

2019 年 9 月 9 日于北京

译者序

  20世纪70年代以来，非营利组织以一种崭新的姿态出现在公众面前，并蓬勃发展，世界各地纷纷出现大量的有组织的私人活动和志愿活动的高潮。这一现象引起了学术界和实务界的广泛关注和探讨，研究的领域涉及非营利组织的兴起、发展历程及与政府、市场之间的关系、作用和意义等。在过去的几十年，非营利组织管理这个概念逐渐以标准和规范的姿态呈现在大众眼前，它对管理的解读和对实践的指导作用人所共知，无论是正规大学的公共管理学科还是公益领域在职人员的管理培训，非营利组织管理或其中的一些内容，例如领导力、财务管理、营销、创新等都成为核心课程或重要内容。过去20年间，中国非营利组织发展迅猛，成为推动社会发展的一股重要组织力量。根据民政部发布的《2017年社会服务发展统计公报》，截至2017年底，全国共有社会组织76.2万个，比上年增长8.4%。非营利社会事业和社会组织的研究日益成为人们关注的新热点。

  虽然我国非营利组织相比于其他一些国家发展较晚，但慈善思想和慈善救济活动却是源远流长。孟子的"老吾老，以及人之老；幼吾幼，以及人之幼。天下可运于掌"，墨子的"有力者疾以助人，有财者勉以分人，有道者劝以教人。若此，则饥者得食，寒者得衣，乱者得治"都体现了慈善思想。根据中国社会公益网的概述①，中国古代慈善救济活动主要分为三个阶段，从汉唐时期的寺院慈善活动，到宋元时期由朝廷推动的慈善救济事业，再到明清时期民间慈善事业的兴起，这些阶段的发展都充分体现了我国从古至今在慈善事业方面的发展。可以看到的是我国慈善事业主要是由政府或者宗教事业推动，而民间慈善发展较晚，这跟许多其他国家的慈善发展路径是有区别的。译者最近刚好在读林语堂的《苏东坡传》，里面讲到苏东坡不仅仅是北宋时期著名的诗人，更是优秀的政治官员。他热心于公益慈善事业，心怀慈悲为穷人筹资救济，他看到杭州城50万人在疫病流行时没有一家公立医院，他便从公款里面拨出一定的资金，并捐出自己的50两黄金，在杭州城中心建立了一家公立医院，取名"安乐坊"，解决了当地人民尤其是穷人看病的问题。从古至今，我们从不缺乏仁人志士在公益慈善事业上的热情与付出，我们缺的仅仅是将这种事业进行制度化、规范化和专业化。近代以来，我国公益组织尤其是非营利组织蓬勃发展，但发展的同时我们也需吸取其他国家在这方面发展的经验和教训。为了提升学术之境，促进学术交流，中国人民大学中国公益创新研究院引进了非营利组织管理领域的海外一流学术著作。非常感谢中国人民大学中国公益创新研究院给予我们这次宝贵的机会将这么一本优秀的非营利组织管理图书介绍给大家。

在翻译的过程中，我们发现本书既注重理论性，又注重实践性，论述深入浅出，通俗易懂。这本书在很多美国高校的非营利组织课程中也被用作教科书。书中任何一个结论的得出都有大量的实证研究作支撑，任何一种管理工具的应用都有大量鲜活的案例做例证，这使得每一位读者都能够深入领会各个理论要点和管理技术的含义和应用，体现了作者在学术研究上的严谨性和实证精神。

在整本书的翻译工作分配中，那梅负责第一、二、四、六、八、十、十二、十四、十七章和十六章后半部分的翻译，付琳赟负责第三、五、七、九、十一、十三、十五章和十六章前半部分的翻译。那梅有超过8年的国际非政府组织的工作经验，了解并熟悉国际机构的内部管理规范、

---

① http：//www.cpf.net.cn/article/show/70.

制度和流程，并且对项目管理拥有丰富的理论和实践经验。付琳赟有超过6年社会工作的学习经历和国内外多家非营利组织的实习经历，并且目前就职于圣路易斯华盛顿大学（Washington University in St. Louis，也是美国著名的非营利组织之一），熟悉非营利组织管理的相关知识。在翻译过程中，我们力求做到"信、达、雅"，但由于译者水平有限，译稿难免存在一些疏误，请读者批评指出，以便今后再版校正。

最后，衷心感谢社会科学文献出版社政法传媒分社王绯社长、黄金平编辑、高媛编辑以及中国人民大学中国公益创新研究院康晓光老师和郭超老师。他们的专业和热心促使了这本译作的问世。也非常感谢译者的同事，在圣路易斯华盛顿大学布朗学院（Brown School）工作的巴瑞·罗森伯格教授（Barry Rosenberg），他在布朗学院教授非营利组织管理的多门课程，在专业问题上给予了译者很多支持和帮助。

那　梅　付琳赟

2020年6月

目　录

理解、展望和创立

第一章　非营利组织简介

一切皆始于使命。在追求自身使命的同时，不论所获得的资源是来自慈善捐款、政府合约、拨款和会员费，还是通过创收活动赚取的收入，非营利组织都需要对这些资源负责并进行良好的管理。本书主要聚焦非营利组织在美国现实的社会、文化、法律、历史和经济背景下如何追求自己的使命。我们也提供其他国家的案例使内容能够适用于国际环境。不过，这是一本关于领导力和管理的书，因此需要根据特定的地点和时间灵活运用。

当我们审视美国公共事务与管理院校联合会（National Association of Schools of Public Affairs and Administration，以下简称 NASPAA）下属的非营利管理教育部门（Non-Profit Management Education Section）于 2011 年 11 月为非营利组织管理人员和领导者所提出的能力准则时，本书的重点就变得清晰了。NASPAA 非营利管理教育部门的成员机构建议追求非营利领域职业发展的学生能运用如下知识并能理解：

1. 非营利组织的历史、价值观、伦理和理念，以及为维护公众信任度而保持非营利组织管理实践高度透明的需求；

2. 目前运营非营利组织的法律框架以及组建非营利组织的过程；

3. 财务管理、创收和筹资的基本原则和概念，以及妥善管理非营利部门财务资源的道德义务；

4. 非营利部门的领导者所面临的挑战与非营利组织的战略管理有关，需要整合理事会、执行主任、员工、志愿者和所有利益相关

3

方的角色、责任和关系来实现组织的使命；

5. 管理非营利组织核心服务和职能所需的人力资源和志愿者管理原则；

6. 问责制、绩效测评和项目评估的标准，以及使用定量和定性评估的方式来衡量非营利组织绩效的方法。

本书的内容可作为上述六个能力准则的基础。我们不仅搭建知识网络和增强准则之间的相互理解，还增加额外的主题以提高领导力和管理能力。为引导读者和预告后续章节，我们还提供了每章节的快速导览。

一　章节概述

围绕 NASPAA 和非营利学术中心委员会（Nonprofit Academic Centers Council，以下简称 NACC）制订的能力准则和课程指南，我们构建了一套关于有效管理和领导非营利组织的综合性方法。NACC 指南的摘要可在附录中查阅，也可在本书对应的章节中找到。本章前面列出了六项 NASPAA 能力准则。NASPAA 和 NACC 都认识到理解非营利部门的历史发展及价值基础的重要性。过程中出现的各类事件也成为本书章节形成的试金石。我们讨论关于具体的管理和领导的理念是如何随着时间演变的，以及它们是否得到理论和实验证据的支持。我们一再强调价值观对管理和领导决策造成的影响，对理事会成员、捐赠者、员工、志愿者和他人的行为所带来的影响，以及这些决策和行为最终如何影响非营利组织的有效性。

作为一名社会心理学家和一名社会学家，我们都沉浸在各自的学科传统中。尽管如此，我们也通过向其他学科学习来为读者介绍本书中的文献来源和某一观念的思想领袖。本书所有的主题和实践建议都基于学术文献。在做举例说明时，我们确保读者获得足够的背景信息，甚至提供部分视频帮助读者做进一步的探索。我们还在每个主要章节的末尾以问题的形式提供额外的学习工具供读者讨论和练习。

第一部分，讨论如何理解、展望和创立非营利组织。第一章是对非营利部门进行总体介绍。第二章，探索评估非营利组织有效性的多种方式，并鼓励员工用道德行为规范自己。我们考察了组织有效性的多个维度：目标完成，资源获取，内部流程的健全和效率，利益相关方的满意度以及学习和适应能力。第三章研究了一些主题。这些主题对有兴趣建立非营利组织的人来说非常重要，并为未来的行动奠定有效的基础。介绍许多非营利组织的不同起源。借鉴创业文献，思考人、资本和机会如何在非营利组织中共同创造社会价值。探讨新的非营利组织如何创造社会价值，包括如何撰写商业计划书。第四章介绍了组织结构的几种形式。考察影响信息处理的正规化、复杂度和其他结构性的因素，并探讨可能的结构缺陷。

　　第二部分，由于非营利组织在存在的过程中应有自己的使命和愿景，并应通过获得和管理资源来追求和实现它们，因此我们转向战略制定、资源获取和协调部署。第五章介绍战略的制定。内容包括非营利组织采用的一般性战略导向和战略规划流程和非营利组织战略的出现。第六章介绍资源获取。考察非营利组织的各种收入来源，包括拨款、赠与和收入，讨论慈善事业，如何处理捐赠和面对捐赠者、资金发展以及如何撰写拨款提案的问题。第七章回顾了财务职能和管理。概述财务政策、会计、预算、银行关系、借款、财务风险管理、审计和财务分析的最佳实践。第八章提供有效营销的知识和工具，介绍了营销、营销计划和品牌的理念和方向。此外，还探索产品和服务的定价、推广以及提供的多种选项。

　　第三部分，关注人力资源并讨论如何领导、管理和实现组织的使命。第九章介绍理事会，并探讨深入治理的话题。讨论理事会的职责，与理事会相关的执行主任的角色，理事会效率的决定因素，理事会结构和组成的多重选择，以及促进治理和管理冲突的工具。第十章在前面的基础上增加对领导力和执行主任的介绍。探讨了领导力的基础和执行主任的责任，探索非营利组织的创始人、领导层的过渡和领导者发展。第十一章将注意力转向战略性人力资源管理。探索衡量和建立人力资源能力的方法，对初始参与、发展、维持和分离四个阶段的人力资源管理进行研究。第十二章，探讨根据能力和动机来确定绩效，提供工具来提升能力和增强行动力。

　　第四部分作为最后一个部分介绍非营利组织的评估、连接和适应。

这部分以第十三章的项目评估开始。我们认为有效的项目评估流程是问责管理的关键。本章回顾了评估的准备、评估方法的选择、变革理论和逻辑框架的应用、项目目标的澄清和数据的收集，所有这些都着眼于应对有效评估中的实际挑战。第十四章涉及公共关系和政府关系，探讨形象、声誉、战略沟通以及公关过程，介绍风险评估和危机管理。专注政府关系的同时，讨论了游说和倡导。第十五章介绍伙伴关系、联盟和附属关系。研究合作原因、合作关系类型、合作流程以及促进成功合作的方式。第十六章介绍了非营利组织变革与创新模式，外部与内部变革的驱动因素以及变革阻力，列出了管理变革和创新流程的策略以及激发创新的办法。第十七章，也是最后一章，探讨了非营利组织领导和管理的未来。我们分享自己和他人对非营利部门趋势的看法，以及讨论这些看法将如何改变非营利管理实践。我们的目标是让读者知晓如何在不断变化的世界中发展自身的领导技能。

二 非营利组织的性质

本书探讨的不是通常意义上的管理和领导，而是只针对非营利（nonprofit）部门。鉴于美国有多种不同类型的非营利组织和描述这一行业的专业术语，我们这里所提及的"非营利"（nonprofit）所代表的含义可能并不清楚。虽然这些术语都没能完整诠释清楚什么是非营利行业，但至少都强调了其中的一个重要方面。志愿部门（voluntary sector）一词强调部门从志愿者的工作中受益良多。志愿部门一直植根于志愿主义，尽管服务提供和管理的志愿参与度在该部门的不同组织类型中各不相同，但都有理事会，且大多数不会向理事会成员提供任何形式的货币式薪酬或补偿费用。独立部门（independent sector）亦称为第三部门（third sector），强调该部门既不属于政府部门也不属于商业领域，尽管它可能与两者都有密切关系。非营利部门（Not-for-profit sector）强调与以利润为导向的企业的区别。公益部门（charitable sector）强调该部门的作用是向有需要的人提供直接救济。慈善部门（philanthropic sector）强调该部门中许多组织都接受慈善捐款。公民社会部门（civil society sector）强调该部门的许多组织都是公民参与的体现，他们对改善社区有着共同的兴趣。免税部门（tax-exempt sector）指出部门中的组织有资格豁免大部分的税务。这些豁免权的授予是为推动促进公众利益的各项活动。社会部门（social sector）突出该部门在加强社会结构方面的作用。其他国家还用别的术语来描述美国人所称的非营利组织。比如，比较盛行的术语有非政府组织（nongovernmental organizations，NGOs）和公民社会组织（civil society organizations）。

本书使用在美国最常用的术语——非营利部门（nonprofit sector），但这并不意味着该行业中的组织不能获利。只有获得的资源足以覆盖当前的支出，组织才能获得成长。术语"非营利"（nonprofit）在这里强调的是这些组织并不像企业一样以赚取利润为目的。实际上，非营利部门的所有者或者股东并不拥有合法分享组织利润的权利。任何获得的利润都应该用于组织使命的完成。

三 非营利部门的多元化

在美国，所有非营利组织的共同特征是它们符合美国国内税收法规（U. S. Internal Revenue Code）规定的免税条件。[①] 在近 160 万个注册的美国非营利组织中，大多数是公共慈善组织（public charities），约有100 万个。该群体根据税法第 501（c）（3）条免除税务，包括但不限于教堂、医院、诊所、学校、日托中心、各类以人为对象的服务组织、博物馆、剧院、以及多种社区组织。该群体内的组织获得广泛的公众支持，资助的来源也不单一，并被视为公共服务（public-serving）组织。在第三章中，我们将更详细地介绍成为公共慈善组织必须满足的 7 条件。通过公共慈善组织雇用的有偿劳动力占美国所有有偿劳动力的7% 以上。

美国税法规定了 25 种类型的非营利组织，包括最常见的公共慈善组织类型。约 10 万个非营利组织被归为私人基金会（private foundations）。

[①] 本章统计资料来自国家慈善统计中心（the National Center on Charitable Statistics），*Quick Facts About Nonprofits*（2009），accessed November 25, 2011, http: //nccs. urban. org/statistics/quickfacts. cfm; 501（c）（3）*Public Charities*（n. d.），accessed November 25, 2011, http: //nccs data web. urban. org/Pub Apps/nonprofit-overview-segment. php? t = pc; and 501（c）（3）*Private Foundations*（n. d.），accessed November 25, 2011, http: //nccs data web. urban. org/Pub Apps/nonprofit-overview-segment. php? t = pf。

这些非营利组织为高尚的事业提供资金支持，可能也使用来自单一或多种渠道的资金运作自己的项目。超过 50 万个免税组织被划分为其他类型的非营利组织，例如商会、兄弟组织、社交和休闲俱乐部以及商业联盟。这些非营利组织提供有价值的服务，并以互惠（会员服务，member-serving）组织的形式吸引资源。2009 年总体而言，在美国国税局（Internal Revenue Service，以下简称 IRS）注册的非营利组织所支付的工资和薪金占美国工资和薪金总额的 9%。

组成美国非营利部门的组织数量到目前为止并没有准确的数据。美国政府不要求教堂和其他宗教场所注册成为非营利组织，因此难以掌控其存在的数量。据估计，美国有近 28 万个宗教团体，它们都有资格享受501（c）（3）条款的权利。① 也有许多没有合法注册的草根组织，因此无法计数。这些组织可能是地方志愿者组织，它们有政治变革议程，或依赖志愿工作者利用少量资金或基础物质设施来照顾和帮助他人。戴维·霍顿·史密斯（David Horton Smith）提出，非营利部门也包含他所认为的非营利组织"异类"，例如帮派、邪教组织、女巫团以及三 K 党（Ku Klux Klan）等类似的地下组织。这些组织在非常规的状态下运作，不被法律认可或无法取得免税权，但它们成立的初衷与非营利组织一样，并不是为了获利。②

多种原因导致了这种多样化组织的存在。③ 在美国的早期历史中，志愿行动是社区解决事情的主要方式。由于极度缺乏政府治理以及有限的私有财富，公民志愿联合起来处理社会问题。一些非营利组织的成立是为了提供政府或企业不愿或无法有效提供的服务。非营利组织通常在市场不足的区域发挥作用，比如向没有支付能力的人提供食物和住所。此外，政府服务有时需要选民的授权，因而非营利组织能提供政府不能提供的服务。例如，非营利组织能够提供公共医疗服务和教育，这是政府无法用公共资金进行资助的。

① National Center on Charitable Statistics, *Quick Facts About Nonprofits*.

② David H. Smith, "Some Challenges in Nonprofit and Voluntary Action Research," *Nonprofit and Voluntary Sector Quarterly* 24 (1995): 99–101.

③ Lester M. Salamon, *America's Nonprofit Sector: A Primer*, 2nd ed. (New York: Foundation Center, 1999).

非营利部门同时发挥许多其他功能。它们是美国政治格局的一个重要特征，架起了汇集民众呼声和促进行动开展来实现这些愿望之间的桥梁。非营利组织的倡导功能渗透政治问题的各个方面。就这一点来说，它们为美国政治体系中的多元化做出了贡献。非营利组织也为人们提供会面场所，并为拥有共同兴趣或者价值观的人提供相互认识的机会。这为个人提供了享受乐趣和进行体育比赛或文化交流等活动的途径。通过这些活动的开展，非营利组织为社会资本的建立和美国社会的团结做出了贡献，以此帮助个人与他人形成信任和互惠的纽带。这些纽带更容易使社区成员齐心协力处理共同关心的问题。当社区成员间相互信任，并在需要时相互依靠和帮助时，联合行动如社区观察就会更为有效。非营利组织也有助于个人发展，它们允许个人表达自己的精神层面、创造力和利他冲动，以及提升个人的社交和领导力。非营利组织的核心是培养和维护参与者的价值观和认同感。

2009 年 9 月至 2010 年 9 月，16 岁以上的美国人中有 26.3% 通过非营利组织参与志愿服务或为其提供志愿工作。2010 年，非营利组织收到 2909 亿美元的慈善捐款（其中 2118 亿美元来自个人捐款）。这些数据表明了非营利组织对美国社会结构的重要性。随之而来的是非营利部门财务范围的扩大和非营利组织重要性的提升。2009 年，非营利部门占美国国内生产总值（GDP）的 5.4%。据报道，在那一年，公共慈善组织的收入超过 1.41 万亿美元，同时还持有 2.56 万亿美元的总资产。

四 领导和管理非营利部门

非营利组织的领导者和管理者面临着各种挑战，其中最重要的一项是如何在每个决策过程中都能牢记使命。非营利组织必须通过良好的经营才能履行使命，并在开展与使命的实现无关的活动方面受到限制。此外，非营利组织必须铭记其真正的所有者是公众。① 公众是非营利组织真正的负责对象。非营利组织没有指定的投资方或所有者需要取悦。非营利组织需考虑和接受包括来自捐赠者、服务对象、理事会成员、员工、

① Peter Frumkin, *On Being Nonprofit: A Conceptual and Policy Primer* (Cambridge, MA: Harvard University Press, 2002).

志愿者、各级政府和社区成员在内的许多利益相关方提出的要求和可能的管控。这些利益相关方的期望可能差异很大，这就要求领导者平衡互斥的需求。

莱斯特·萨拉蒙（Lester Salamon）等人提出了一系列其他的挑战。①许多非营利组织面临财政困难，即使在其积极参与的领域中，有些组织在 20 世纪 80 年代就遭遇政府缩减项目经费的困难。政府援助变得更有针对性，要求也越来越高。并非所有非营利组织失去政府资助后都能够通过私人捐赠或赚取收入来弥补这些损失。随着越来越多的营利性机构进入非营利组织的传统服务领域中，比如医疗保健、高等教育和就业培训，竞争就变得更加激烈。不仅要考虑股东利益，共益企业（B Corporations）在发展过程中所做出的决策也需要对社会有利，这就让行业边界越来越模糊。②此外，非营利组织同时面临来自资助方的压力。资助者需要足够的证据来说明他们所资助的非营利组织能产生可衡量的积极影响。一些资助者将自己视为具有影响战略决策权的投资者。

非营利部门的合法性在多个方面受到了挑战。一个挑战就是有些人认为这个行业属于不断扩张的政府福利部门，是政府的一种手段。另一个挑战来自那些认为它太过专业且与所服务的人群相分离。这些批评加上一些备受瞩目的丑闻，引起了公众对非营利部门的关注。这使得非营利组织面临着一项特殊（distinctiveness）任务，即要求它们必须加强自身的身份辨识度和建立正确价值观，以获得公众给予的利益和自由度。③

正如上面的挑战所描述的那样，今天的非营利组织领导者必须在追求组织使命的过程中克服种种困难。行动网络的规模是庞大的，作为它的一部分，有人用矛盾的观点和方法来看待紧迫的社会问题，而非营利组织也正在塑造我们的现实和未来。在非营利组织中出现并测试过的创新将成为社会争论的基础，这些争论将围绕什么是可能的以及如何实现或规避展开讨论。

---

① Lester M. Salamon, ed., *The State of Nonprofit America* (Washington, DC: Brookings Institution Press, 2002).

② 更多关于共益企业的信息可参阅 B Lab Website, http://www.bcorporation.net; B Lab is the nonprofit that certifies B corporations。

③ Bradford Gray and Mark Schlesinger, "Health," in *The State of Nonprofit America*, ed. Lester M. Salamon (Washington, DC: Brookings Institution Press, 2002), pp.65-106.

我们真挚地希望这本书不仅能通过提供信息和工具来提高非营利组织管理者和领导者的能力，还能激励社会大众投身公益事业。希望无论担任如理事会成员一样的有薪职位，还是仅仅担任志愿者，在非营利组织工作的个体都有机会按照自己的价值观行事，并为成就更美好的世界而推动愿景的实现。　　　10

第二章　有效和道德的组织

芝加哥社区发展组织协会（The Chicago Association of Neighborhood Development Organizations，以下简称 CANDO）因其使命不合、难以获得财政支持以及成员机构流失而于 2002 年关闭。[1] 即使是 CANDO 的领导者，也在最后一次战略规划流程结束时质疑了其存在的必要性。即使在为社区发展机构服务近 23 年并促进对成员机构有利政策的推进之后，该组织为何会倒闭呢？CANDO 的成员机构从最初的 20 个发展到 220 多个，从某种意义上讲它的存在是有效的。然而，正是这种增长帮助解释了它的衰退是由于试图服务越来越多样化的利益。此外，每个成员机构变得越发强大，部分归因于 CANDO 成功地使其获得合法性和各种资源。随着成员机构变得越来越自立，它们对 CANDO 的依赖逐渐减少。许多 CANDO 成员从芝加哥市寻求到合作机会，削弱了 CANDO 为争取资源和寻求改变而积极游说城市所做出的努力。随着时间的推移，新一代的领导者接手 CANDO，但他们在倡导和社区组织方面却欠缺火候。就 CANDO 及其成员机构而言，它们对可量化结果的期望不断上涨。最后，CANDO 因工作偏离重点，缺乏可发展、可复制和创新型的项目设计，令其理事会成员、员工和外部利益相关方因失望而越发冷漠，最终甚至没有为了挽回它的存在而做出丝毫努力。

亚利桑那州浸信会基金会（The Baptist Foundation of Arizona，以下简称 BFA）在成立 50 多年后关闭，原因并非来自周遭的失望和冷漠，而是

---

[1]　Case details are from Dan Immergluck's report "What Happened to CANDO and What's Needed Now?" unpublished manuscript（prepared for the Local Initiatives Support Corporation, Chicago, 2003）.

因为该组织高层领导者被罚款和监禁。当 BFA 在 1999 年申请破产时，尽管声称拥有 7000 万美元的资产，但仍担负了 5.3 亿美元的债务。BFA 最初是作为一家金融机构成立的。它承诺向参与者提供市场回报，将其资产委托给非营利组织进行管理。BFA 的设计理念是在用参与者资金进行投资的同时，为杰出的非营利组织提供资源以及专业的知识和技术支持。但事实上，为了保持对参与者的吸引力，BFA 隐藏了坏账和债务；BFA 篡改了存款证明，损害了购买公寓产权的老年客户的财务状况；BFA 还使用庞氏骗局（Ponzi scheme）（庞氏骗局是对金融领域投资诈骗的称呼，利用新投资者的钱来向老投资者支付利息和短期回报，以制造赚钱的假象进而骗取更多的投资。——译者注），允许早期投资者赚取利润，但需要不断涌入的新投资者来支付；它还向老年客户出售仅有房屋居住权的房产，让这些老年客户以为买下的是房屋的产权；不仅这样，BFA 还不合理地抬高房屋的价格。参与相关活动的 BFA 领导者至少从一项不恰当的交易中受益。领导者的这些不道德的行为把该组织置于风口浪尖，从而导致众多 BFA 投资者蒙受损失。①

第二章解决了如何才能成为一家好的非营利组织这个问题。本章开头的案例说明了确保非营利组织有效和符合道德准则的难度。一个非营利组织的多个利益相关方可能将该组织拉往不同的方向，并导致其妥协，从而不能使其变得出类拔萃。哪些利益相关方的利益应优先考虑以及如何处理利益冲突就是问题的症结所在。非营利组织的使命也可能漂移。在本章中，我们将探讨如何评估非营利组织并避免这些问题的方法。

非营利组织正在直接或间接影响我们生活的许多方面，例如教育、健康、精神、娱乐、安保、资讯和信息、安全、消费者行为以及住房。

---

① Alan Fischer, "Elderly Couple Pays Dearly for Baptist Fund's Trouble," *Arizona Star*, September 26, 1999; and Terry Sterling's series of articles in the *Phoenix New Times*: "In the Name of the Father and the Son and the Wholly Owned Subsidiary," May 22, 1997; "The Money Changers," April 16, 1998; "A Shaky Foundation," April 23, 1998; "Poring a Foundation," December 10, 1998; and "Savings Bondage," September 10, 1998. Also see "Baptist Foundation of Arizona," *Wikipedia* (n.d.), accessed June 30, 2011, http://en.wikipedia.org/wiki/Baptist_Foundation_of_Arizona.

非营利组织通过就业和其他活动为社区的经济福祉做出重大贡献。它们获得的税收和其他政府福利可能来自公共资源。许多非营利组织吸引来自个人和机构的慈善捐款，有些甚至与营利性企业竞争合同和服务对象。

由于非营利组织在人们生活和社区以及在它们所获得的政府和慈善资金中起到核心作用，非营利组织有责任以有效和符合道德准则的方式运营。如被利益相关方认为行为不当或无效的非营利组织不太可能得到支持。丑闻可能引发对整个非营利部门的担忧，而不仅仅是涉及其中的单个非营利组织。

鉴于非营利组织有效性和道德行为的重要性，我们利用本章为本书的后续章节设定一些基本思路。首先，我们研究非营利组织有效性的多个维度，然后我们从个人、专业、组织和社会四种背景出发研究道德决策的制定。这些包罗万象的观点会对期望自己的非营利组织被公认为运作良好且乐善好施的领导者产生影响。在后面的章节中，我们将详细说明此处介绍的基本概念。例如第十三章，我们将详细介绍项目评估的技术流程，而在第七章中，我们将指导财务管理以避免欺诈和其他不道德行为的产生。

一 评估有效性的多个维度

简而言之，有效的组织是能够完成使命的组织。然而，一系列的原因说明为什么这种计算方式在评估非营利组织有效性时往往是不可行的。特别是当非营利组织的目标涉及无形的质量问题或解决复杂的社会问题时，量化使命的完成度就变得异常困难。短期内判断一些非营利组织的有效性也是有难度的。例如，我们能否仅凭目前贫困和癌症无法根除和治愈这一现状，就认定那些试图减轻贫困或治愈癌症的非营利组织就是失败的组织？我们能否确定一个致力于培养青少年在社会中发挥先锋作用的非营利组织在这些青少年成年之前是否就是成功的组织？我们甚至会对什么是"对社会有贡献的人"这一观点持不同看法。对非营利组织有效性的评估需要采用多重方法，这些方法承认达成复杂、困难和长期使命所面临的挑战。我们还需要认识到，有效性评估也可能来自具有不同视角和存在潜在互斥利益的多个利益相关方。同一个非营利组织对于一个利益相关方来说可能是有效的，但对另一个利益相关方来说却不一定。

我们从学术文献中汲取经验，重点关注五种一般性和互补性的方法来判断有效性，这些方法可以帮助非营利组织的领导者确定其组织的优势和劣势[①]。第一，目标完成法检验组织的产出；第二，资源获取法（有时称为系统资源法）侧重于组织所需的投入；第三，内部流程法评估内部动态的健全性和效率，因为投入将转化为产出；第四，利益相关方满意度法关注组织内外利益相关方的满意度；第五，适应法检验了组织随时间变化的适应性。

（一）目标完成法

评估非营利组织其中的一种方法是衡量该组织达到或超过其目标的程度。目标的设置有时是为了激励特定程度的产出，例如服务受益人数、项目个数或设立服务点的数量。与直接将利润作为成功指标的商业部门不同，非营利部门应谨慎将产生的收入或获得的捐赠视为投入，而不是目标[②]。

在 CANDO 的案例中，该组织的早期目标是为其成员机构带来更多的社区发展活动资源并增加成员机构的数量。然而，在早期目标实现的同时，CANDO 也成为其自身成功的受害者。随着成员机构变得更加多样 13 化并对 CANDO 的依赖逐渐减少，这些成员机构支持 CANDO 的积极性也相应在减弱。CANDO 试图设定新的目标和寻求衡量成功的方法。各成员机构对 CANDO 的倡导目标持不同意见，它们避免冒犯芝加哥市，以维护该市对自己组织的善意。最终，CANDO 因无法向世人证明自身存在的价值而被迫关闭。

[①]　金・S. 卡梅仑（Kim S. Cameron）是第一个设计出评估效率的多维框架的人，参见"Critical Questions in Assessing Organizational Effectiveness," *Organizational Dynamics 9* (1980)：66-80, and "Effectiveness as Paradox: Consensus and Conflict in Conceptions of Organizational Effectiveness," Management Science 32（1985）：539-553. Robert Herman and David Renz explored effectiveness in nonprofits using a multidimensional framework in "Multiple Constituencies and the Social Construction of Nonprofit Organization Effectiveness," *Nonprofit and Voluntary Sector Quarterly* 26（1997）：185-206。

[②]　吉姆・柯林斯（Jim Collins）在他的《从社会部门的优秀到卓越》（*Good to Great in the Social Sectors*）一书中探讨了营利性部门和非营利性部门将金钱视为效率指标的不同之处。

实现目标可能并不意味着使命的实现。如果制订了目标并设置相应奖励，员工可能会为实现目标而改变他们的行为，甚至互相竞争，从而忽视最基本的使命，并最终导致期待取得项目成果以外的其他产出的荒唐事发生[①]。例如，养老院关于建立新设施和扩大床位数量的目标可以实现，但过分强调扩张可能会影响养老院为其现有病人提供高质量护理的使命。如果教师实现目标的方式是达到学生满意度评分的标准，那么这就可能会导致教师很受欢迎但是学生却未受到良好教育。

非营利组织应制定能够与其使命保持一致的目标。第十三章提供了一种逻辑模型方法，帮助将目标相关的产出与使命相关的成果联系起来。我们建议目标应当符合如下特征：

1. 可衡量的

一个目标是否达成应有明确的证据来支持。为家庭提供有关营养膳食教育材料的目标达成与否很容易测量。但如果没有广泛的调查，是否能够改变这些家庭成员的饮食行为的目标则难以测量。

2. 有时限的

非营利组织应该清楚实现目标需要的时长。例如，在一天甚至一周内是不可能实现减少青少年肥胖问题的这一目标的，因此应从实际出发设计项目时间。

3. 可接受的

项目负责人和评估团队应清楚地理解和接受目标的设定。正如第五章和第十三章所讨论的那样，可以通过战略规划和绩效审查流程达成对目标的共识。

4. 有挑战性但可行的

当目标设得太容易或不可能达成时，利益相关方就不会引起重视。关于目标的设定，一个经典例子是约翰·肯尼迪（John F. Kennedy）总统在国会发表的讲话，宣布了将一名男子送上月球并在十年期限结束之

---

① 更详尽的讨论参见 Steven Kerr, "On the Folly of Rewarding A, While Hoping for B," *Academy of Management Executive* 9, no.1（1995）：7-14（original article published 1975）。

前返回地球的目标。另一个具有挑战性但目标可行的例子可以在出生缺陷基金会（March of Dimes）的成功案例中找到。该组织的首要目标是根除小儿麻痹症，当这一目标达成后该组织又设定了一个不那么具体却更加雄心勃勃的目标：预防先天畸形。

5. 有优先顺序的

设定如何实现多个目标的参数有助于明确不能违背的政策和行为准则以及可用于追求某些目标的资源。例如，通过资助的方式，一个基金会可能会设定一个目标来提升服务于青年的非营利组织的能力，但同时限制项目的地理位置或规定在项目的其他优先事项得到妥善处理后才能确定项目方向。

（二）资源获取法

除了查看与目标相关的产出外，非营利组织还可根据完成使命所需的投入量来评估有效性。以下是非营利组织领导者可用作考虑有效性的部分指标及其类型。

- 人力资源：员工、志愿者和理事会成员的数量及质量；
- 财政资源：捐赠、拨款、合同和赞助的数量及规模；
- 资本资源：设施、设备和材料；
- 知识资源：专业知识、需求评估和项目评估的信息以及咨询服务；
- 项目资源：参与者、候补名单、推荐人、合作者、伙伴、技术、项目和产品；
- 基于社区的资源：积极的媒体关注，公众认可及对非营利组织的善意。

吸引来的资源量根本不能说明这些资源在获得后应如何使用或消耗了多少成本。因此，当非营利组织获得的资源量能与其实际结果相关联时，最好采用此类评估方法。例如，健康诊所的有效性可以通过其吸引顶级医生的能力来判断，因为医生的质量是患者接受护理质量的指标。再如，像联合之路这样的联邦资助者可以基于从私人捐赠者那里获得的捐赠数额来被评估，因为接收的捐赠量将直接转化为联合之路向其他非营利机构提供资金支持的额度。

从 BFA 的案例中我们可以看出，非营利组织吸引资源投入的能力并不足以证明它是一个有效的组织。在追求投入的过程中，BFA 违反了银行规定和投资惯例。正如它的负债已超过资产一样，BFA 所吸引的资源投入不足以支撑它的产出。它给出的借款有些未被偿还，且已偿还的借款金额不足以维持运营 BFA 所需的资金水平。因此，为了吸引更多的投资和存款，这个非营利组织对其产品进行造假，使买家陷入财务危机。

公众期望非营利组织能对资源投入进行统计和报告，这本身不是难事。若资助方愿意为某一非营利组织提供投入，这已能作为指标说明资助方对该组织合法性的认可，并相信该组织能运营良好。年度报告中出现的志愿者服务小时数、捐赠金额、服务对象等候名单长度等均能对有效性进行说明。一些非营利组织提供对比数据，报告它们的总投入与类似组织或行业标准相对比的情况。对投入情况进行追踪也可帮助领导者获得关于捐赠者及其捐赠倾向的更多信息。例如，检查捐赠的减少是否是由于新捐赠者数量和捐赠额少于过去，或是捐赠者是否对过去处理赠予的方式不满，或是由于其他原因。因此我们得出结论，用投入来评估有效性的方法是有用的但具有局限性，可以用其他方法进行补充。

（三）内部流程法

除了对产出和投入进行评估外，还可以根据其内部运营的效率高低、协调度好坏和道德与否来评价一个非营利组织。非营利组织是否存在干扰其服务提供或产品生产的瓶颈？是否存在功能失调的冲突？是否由于对工作感到沮丧、士气低落或对组织道德的担忧，存在严重的员工流动问题？与这方面有效性相关的评估标准涉及组织系统的运作情况。当非营利组织很大程度上依赖团队合作或使用复杂的技术时，使用内部流程法进行评估尤其有用。在这些情况下，工作流程的中断可能对组织追求使命产生特别大的负面影响。

BFA 的案例表明了对组织系统进行检查以发现无效和不道德的政策和做法的重要性。一些 BFA 理事会成员和员工多年以来一直进行不良资产管理活动而没有被阻止。事实上，并非所有的 BFA 领导者都同意隐瞒

BFA 的财务状况，他们只是无法或不愿意推动变革。即使是审计 BFA 的阿瑟安德森（Arthur Andersen）会计师事务所也没有揭露或阻止这些做法，最终它不得不向受到 BFA 伤害的投资者赔偿 2.17 亿美元以避免受到进一步的诉讼①。BFA 不良的内部流程导致其最终破产。 16

　　对非营利组织的内部运作进行仔细研究就可发现需要改进和值得表扬的地方。审计是了解财务运行状况的一种方法，但 BFA 的案例表明它是远远不够的。组织发展顾问可以提供更全面的诊断，以检查非营利组织的内部运作情况。对于通过外部审计也无法达到评估目的的非营利组织，可以在线下载和印刷使用自我评估工具包。除了能暴露道德问题外，内部审查还可能获得提高效率的机会，换句话说就是减少生成产出所需的投入。然而，重要的是要看到效率本身并不是目的，应追求效率来谨慎地管理资源，以更好地实现非营利组织的使命。例如，一家医院能通过使用低成本手术室和雇用廉价医生有效地进行外科手术，但从某种程度上来说，这种效率的过高会损害患者的康复，这才是通过评估成果来判断有效性的正确角度。

　　希望在这个方面证明组织效率的领导者应专注于突出良好内部管理的实践。某些非营利组织（如医院和大学）可能有资格通过专业认证或认证审核，以证明其组织、项目或产品符合行业标准或规范。非营利组织还可竞争相关奖项，如马尔科姆·鲍德里奇国家质量奖（the Malcolm Baldrige National Quality Award）。该奖授予绩效卓越的美国组织。评估分数（如餐馆的清洁度评级）或正式认可（如一份认可非营利组织是最佳实践榜样的声明）也可表明内部运营的有效性。非营利组织也可以通过开放式的参观或演示以展示该组织良好的内部运作情况。

（四）利益相关方满意度法

　　多个利益相关方，会与非营利组织相互影响，如服务对象团体、员工、志愿者、理事会成员、工会、政府监管机构、新闻界、供应商、顾客、捐赠者、承包商、合作伙伴和竞争对手。这些利益相关方有不同程度的合法要求和权力，进而影响非营利组织的行为。这些利益相关方的

---

①　Jonathan Weill, "Andersen Agrees to Pay $ 217 Million to Settle Suits over Audits of Baptist," *The Wall Street Journal*, May 6, 2002.

相对满意度是衡量组织有效性的另一个标准。

当看到 CANDO 和 BFA 的案例时，我们就会发现关键利益相关方的重要性。如果没有机构成员愿意投资非营利组织，CANDO 就无法生存。BFA 与政府及其投资者出现问题，使后者损失了约 5.7 亿美元。这两个非营利组织在早年都能够满足关键利益相关方的需求。例如，CANDO 帮助改善了芝加哥社区居民的经济状况，而 BFA 通过资金和专业知识帮助了亚利桑那州浸信会基金会部门。但最终它们从这些利益相关方身上所收获的感谢还不足以形成支持它们继续存在的理由。

一些非营利组织的主要功能是为参与者的想法和信仰提供表达机会。非营利组织允许志愿者、员工和捐赠者通过介入非营利组织来表达他们的价值观、承诺或信仰。对于这些非营利组织而言，具有较高的内部效率可能会破坏这个机会。例如，对于仁人家园（Habitat for Humanity）的志愿者而言，仅使用所需的钉子数量并没有提供钉钉子的服务重要。只要雇用经验丰富的施工人员来参与房屋建筑项目，那么钉子的使用量将会少得多。同样，即使作品质量受到影响，社区剧院也愿意为所有希望参与的人提供一份工作。倡导和宗教组织可能会要求所有人在活动中参与合唱，甚至是那些唱歌跑调的人。这样做的好处在于融入社区并分享共同目标。对于这些类型的非营利组织而言，利益相关方介入非营利组织所形成的满意度可能是一个高度相关的有效性评估标准。

随着需要考虑的利益相关方的数量和多样性的增长，使用利益相关方满意度法来评估有效性变得更加复杂。利益相关方可能会产生相互冲突的利益，并对组织提出相互矛盾的要求。例如，员工可能希望获得更高的工资和更好的工作环境，而捐赠者可能希望更多的预算直接用于项目服务，而不是管理费、人员和设备成本。

非营利组织领导者可使用利益相关方分析图（Stakeholder mapping）来识别和制定利益相关方战略[①]。每个利益相关方都可概述为其在非营

---

① 约翰·M. 布莱森（John M. Bryson）和芭芭拉·C. 克罗斯比（Barbara C. Crosby）在《公共利益的领导：在共享权力的世界中解决公共问题》[*Leadership for the Common Good: Tackling Public Problems in a Shared-Power World*（San Francisco: Jossey-Bass/Wiley, 1992）] 一书中提供了如何识别涉及政策领域的利益相关方的指导。他们的技术有助于思考多个利益相关方影响某一特定非营利组织或受其影响的程度。

利组织中所代表的利益和立场的性质和强度、对非营利组织提出的法律和道德要求及其相对权力的总结。此外，利益相关方分析图可以帮助探索同样的需求，是否可以从多个利益相关方那里分别获得。该分析图还可用于显示利益相关方之间的关系，以便更好地制定战略来管理拥有共同利益和观点的群体。图 2.1 是一个简单利益相关方分析图，其中列举了与不同利益相关方沟通的优先顺序。

图 2.1　简易利益相关方分析

资料来源：KnowHow NonProfit，"Example Stakeholder Map,"http：//www.know-hownonprofit.org/campaigns/communications/effective-communications － 1/stakeholdermap.jpg/view.Reprinted by permission of KnowHow NonProfit。

（五）关注成长和学习的适应法

作为其他方法的补充，评估还可关注非营利组织应对内部和外部变化的能力以及成长和持续改进的能力。生存是对有效性的直接衡量，员工、预算和服务规模的增长也是如此。当然，非营利组织未能与利益相关方保持相关性，例如 CANDO，就可能会导致关闭，但可能还有其他原因。例如，一个家庭基金会决定用光所有资产而不是减少开支来延长其存在。如果一个非营利组织成功地完成使命，如出生缺陷基金会在抗击小儿麻痹症的斗争中所做的那样，该组织的领导者可以选择更改非营利组织的使命，或者选择关闭。

适应能力是为了抓住新机会、减少脆弱性和低效率。它是比能单纯

18

生存下去更好的评估有效性的指标，但更难以衡量。改变后是否会比维持现状能产生更好的结果？针对这一点的评估通常很难。这种方法的有
19　效性标准包括变革准备、学习能力、不断提高质量和效率并利用机会创新。这表明资产减少不应被视为失败，正如资产增加并不意味着它们都能被有效使用一样。由于非营利组织在实现使命方面取得了成功从而减少了对资金的需求，或因为创新提高了服务效率从而减少了资源的投入，因而出现资产减少的情况。

（六）采取平衡的方法

平衡计分卡（Balanced Scorecards）（平衡计分卡是从财务、客户、内部运营、学习与成长四个角度，将组织的战略落实为可操作的衡量指标和目标值的一种新型绩效管理体系。——译者注）和其他评估工具表明，在评估有效性和寻找需改进的领域时，需要牢记组织的多个方面。在非营利组织中，一个三角形简化模型可以帮助领导者看到变革的必要性，而不偏重任何一方。该模型确定了组织的三个组成部分：使命和授权、内部能力和外部支持（见图2.2）①。过分关注三角形的任意一角都会使非营利组织失去平衡。例如，如果一个组织过于关注获得外部支持，它可能会经历使命漂移（mission drift）。使命漂移是指追逐金钱或其他形式的外部支持，如公众的赞誉，而忽略了组织的真正使命。如果在不具备相应内部能力的情况下一味强调使命和授权，组织就可能出现过度承诺的现象。如果组织专注于建立超出社区需求的内部能力，就会出现资源浪费。在CANDO关闭之前，它在这三个角上都很弱，且在使命这个角上最差。CANDO未能设立一个对该组织的成员机构有足够意义的使命，导致他们将支持撤回，从而降低了CANDO的能力。

有许多工具可以帮助非营利组织保持三角形的平衡。例如，谨慎的
20　需求评估可以帮助CANDO更好地让使命与潜在支持者的利益保持一致。

---

① 这个三角形模型的灵感来自哈佛大学教授马克·摩尔（Mark Moore）的战略三角模型。该模型表明了采取平衡的方法来提高效率的必要性。罗伯特·E. 奎因（Robert E. Quinn）和约翰·罗尔博（John Rohrbaugh）提出的竞争价值法是平衡法的另一个例子。有关他们对该主题最早的处理方法，请参见 "A Spatial Model of Effectiveness Criteria: Towarda Competing Values Approach to Organizational Analysis," *Management Science* 29, no. 3（1983）：363-377。

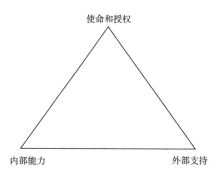

图 2.2　组织平衡的三角关系

BFA 试图通过获得外部支持和提升内部能力来满足资产管理服务的需求，但如果 BFA 有更好的内部财务管理能力和使用更可行的发展战略方法，也许 BFA 的财务损失就可避免。

随着非营利组织的发展、学习和适应不断变化的内部和外部环境，组织领导者需要对投入、流程、产出和利益相关方的满意度进行妥善管理。使用多种方法来判断有效性将有助于非营利组织领导者发现不足，如内部能力、使命关注和外部支持。与理解、追求、评估和广告效果的方法相关的选择可能涉及道德困境。因此，我们将注意力转向非营利部门的道德规范。

二　非营利组织的道德规范

新闻媒体大肆报道关于非营利组织中不道德行为的故事。公众也听到许多关于贪污、影响购买、剥削弱势群体以及其他滥用行为。据报道，2007 年非营利组织员工的不当行为率高于过去的六年，与政府和营利部门的比率接近但不完全一样[①]。2008 年的一项研究表明，非营利组织员工的谎言甚至超越了营利性企业。这项研究的作者认为，非营利组织中

---

① Peter Panepento, "Ethical Standards Erodeat Nonprofit Groups, Study Finds," *Chronicle of Philanthropy*, March 27, 2008. See the survey results at http：//www. ethicsworld. org/ethics and employees/nbes. php#2007nnes.

盛行的谎言可能是由于组织内较弱的官僚主义作风和较多的自由决定权相结合、为组织积累财务资源的压力以及非营利组织中有限的职业流动性[①]。

并非所有的不道德行为都是有预谋，或被周围的人理解为错误的。非营利组织领导者可能无法看到自身或组织行为与他人的价值观和规范甚至法律不一致的地方。道德困境比比皆是。当成长所需的投入转移给其他非营利组织时，该组织是否还能保持正常成长？非营利组织是否应该接受价值观不同或从事的方向与组织相悖的机构的捐款？应把持的透露弱势群体或捐赠者信息的度是什么？如何处理理事会成员和员工之间的利益冲突？如何制订合理的工资标准？何时可以解雇一个志愿者或结束项目？非营利组织是否应该接受对有终止风险或效率相对较低的项目的捐赠？这些只是非营利组织领导者可能面临的道德判断的其中一部分。

非营利部门内存在的道德雷区要求该部门加强问责制、政府监管、举报人保护和行为准则，这些都是为了确保非营利组织能按照既定标准或公认价值来行动。那么，非营利组织的职责和义务是什么？从道德的角度来看，什么应优先作为组织行动的指南？为了解决这些问题，我们研究了道德的四个层面：个人、专业、组织和社会。每个层面都有标准制订者、道德指导员和监督者。在我们进入章节时，我们将提供可用于使非营利组织走上道德之路并能帮助其辨别道德困境的资源。

（一）个人道德

每个人都有辨别正确与错误的常识，也会在工作中运用这些常识。个人对适当和期望行为的价值观和信念是通过与照料者、教师、艺人、媒体、家庭、宗教机构、同伴和其他人的互动发展起来的[②]。道德行为

[①] David Shulman, "More Lies Than Meet the Eyes: Organizational Realities in Nonprofit Organizations," *International Journal of Not-for-Profit Law* 10, no. 2 (2008): 5-14.

[②] 关于讨论案例的更多信息，请参阅 Robert H. Doktor, "Asian and American CEOs: A Comparative Study," *Organizational Dynamics* 18, no. 3 (1990): 46-56; Rosalie L. Tung, "Handshakes Across the Sea: Cross-Cultural Negotiating for Business Success," *Organizational Dynamics* 19, no. 3 (1991): 30-40; and Debra L. Nelson and James Campbell Quick, *Organizational Behavior: The Essentials* (New York: West, 1996).

往往与人口统计学和人格特征有关①。与成年人相比，青少年的个人道德体系往往较不成熟，更易受同龄人的影响。研究人员长期以来一直在探索人格如何影响道德决策。例如，他们发现具有内部控制力的个体往往比具有外部控制力的个体更可能有意识地做出道德决策并能顶住社会和权威压力不做出伤害他人的事情。控制倾向（locus of control）是指个体认为他们对发生的事情拥有多少控制力和承担多少责任。那些内部控制倾向较强的人相信他们自身有更多的控制力，并愿意对他们行为的后果承担更大的责任。具有马基雅维利（Machiavellian）性格特征的个体认为，结果即证明了手段是合理的，并且更有可能做出不达目的不罢休的行为，即使这些行为涉及欺骗和操纵他人谋取私利。有人研究了个人道德预测并得出一个建议：领导者不应该理所当然地认为加入非营利组织的员工都是值得信赖并都知道如何遵循组织领导者所认定的道德准则的。应该让所有相关人员明确组织的道德准则，并落实组织系统以防止和捕捉不道德的行为。

22

　　在某些情况下，道德准则也可引起争议。例如，美国童子军组织（the Boy Scouts of America）让所有童子军记住组织的誓言，并在各项活动中不断重复：

> 以我的荣誉起誓，
> 我将尽我最大的努力，
> 为国家和上帝尽我的义务，
> 遵守童子军法，
> 随时帮助别人，
> 保持自己身体强健、头脑清醒、精神正直。

　　因为要求相信上帝的声明和它反对同性恋的立场并因此驱逐童子军团领袖的缺乏一致性的政策，美国童子军备受抨击。在"童子军诉讼案"（Boy Scouts of America et al. v. Dale）中，美国最高法院指出结社自由权，认为该组织可以将同性恋者排除在成年领袖之外，这是对下级法

---

①　有关人格特征的观点来自 Nelson and Quick, *Organizational Behavior*.

院裁决结果的逆转。尽管有来自公众的和法律的抗议，非营利组织通过阐明其组织准则来排除某些个体的决定强调了在法律范围内组织能够行使权利拥护自己的道德准则，即使被排除的个体不愿意接受组织对准则做出的解释。

工作环境可能影响个人的道德行为，因此非营利组织领导者对适当和失当行为的解释和强化是非常重要的。即使个人对组织领导者的价值体系有所接触，他们仍忠诚于自己的价值观。例如，即使工作场所中的其他人都从谎言中获益，但如果有人认为说谎是错误的，那么这个信念也足以抵制住谎言所带来的任何诱惑①。鉴于组织中个人的道德可以产生变化，非营利组织领导者应该评估工作环境，看看是否因工作要求过高而导致员工走捷径和向坏榜样学习，使其产生不道德的行为；是否因薪酬系统设置的工资水平较低或缺乏奖惩措施，让员工认为从组织中获取资源是可行的。当员工认为奖励制度不公平、他们实现绩效目标的压力过大、他们是从不道德行为中获益的团体中的一员、他们发现领导者对道德标准言行不一时，员工的不道德行为的发生概率就会增加②。当有些个体并没有为其不道德行为背负后果时，就可能影响并造成他人的不道德行为的产生，特别是那些缺乏强大的内部价值系统的人。

一些非营利组织提供工具和培训以塑造道德思维，并为道德困境提供指导。对员工和理事会成员进行关于专业、组织和社会标准和准则的提醒可以帮助抑制不道德行为的产生。虽然个人对道德行为的评估方式有一定的倾向，员工和理事会成员也愿意接受关于非营利组织的指导方针、价值声明和行为准则的培训③。培训的目标应该是：

- 建立道德意识：帮助员工识别涉及道德问题的情况；
- 设计道德决策：为员工提供决策工具，用于判定行为是否合

---

① Amar Bhidé and Howard H. Stevens, "Why Be Honest If Honesty Doesn't Pay?" *Harvard Business Review*, September-October 1990, 121–129.

② 对不道德行为的环境因素的回顾来自 Nelson and Quick, *Organizational Behavior*。

③ The Ethics Resource Center, http://www.ethics.org, offers trend data on organizational ethics programs and ethical behavior and attitudes of employees. It also has resources for ethical training and evaluating workplace ethics.

乎道德；

- 阐明道德意图：促进在决策中应优先考虑的价值观；
- 鼓励道德行为：告知遵守和不遵守道德准则的后果①。

肯尼思·布兰查德（Kenneth Blanchard）和诺曼·文森特·皮尔（Norman Vincent Peale）提供了一种鼓励道德行为的简单方法②。要适应他们的想法，非营利组织的员工应该问自己关于计划行动的三个一般性问题：

1. 它合法吗？（我是否违反任何法律或组织政策？）

2. 它对所有人都是平等和公平的吗？（我的行动能否创造双赢局面？）

3. 它如何让我看待自己？（我会为自己所做的事情感到骄傲并愿意与他人分享吗？）

如果员工能够对这些问题做出正面的回答，那么该行动就通过了最基本的道德测试。非营利组织就可以向员工提供关于需要考虑的问题以及如何看待这些问题方面的更多详细信息，来进一步帮助员工判断行动是否可行。例如，世界自然基金会（the World Wildlife Fund，以下简称WWF）通过详细阐述员工的行为准则来指导员工和各利益相关方的道德行为，进而处理面对其他员工、广大公众、政府和组织、媒体和意见影响者、企业合作伙伴、供应商和顾问以及WWF制度的行为③。关注具体行为（与本书讨论的内容相似），WWF的准则清楚地表明接受贿赂、签订合同时给予私人恩惠、公司合作不诚信、不与合作伙伴分享功劳、歧

---

① 该培训目标清单是建立在道德行为基于道德意识的理念之上的。更多信息请参阅 James R. Rest, ed., *Moral Development*: *Advances in Research and Theory* (New York: Praeger, 1994), 26-39。

② Kenneth Blanchard and Norman Vincent Peale, *The Power of Ethical Management* (New York: Fawcett Crest, 1988).

③ See World Wildlife Fund, *WWF Code of Ethics*: *How We Behave Towards Our Mission*, *Our World*, *and Ourselves* (n. d.), accessed December 3, 2011, http://wwf.panda.org/who_we_are/organization/ethics.

24 视、预判或不尊重他人的行为都是错误的。

（二）专业道德

一些非营利组织的员工和志愿者是专业人士。他们的行为规范和专业守则要求他们作为特定职业的从业者按专业方式行事。如果是经过认证的专业人员，违反职业守则可能会导致他们失去从业资格和合法从事其职业的能力。例如，在美国，医生、律师和注册会计师必须遵守专业实践准则，否则就会面临执照被没收的风险。某些专业协会的成员资格是志愿性质的，加入这些协会的非营利员工可以选择是否通过它们的认证。例如，并非所有专业筹资人协会（Association of Fundraising Professionals）的成员都获得了筹资专员资格（Certified Fundraising Executive，以下简称 CFRE）认证。具有该认证的成员同意遵守捐赠者权利法案（Donor Bill of Rights）（见示例 2.1）和 CFRE 项目责任标准。这意味着一旦有组织强迫他们违反筹资行业行为准则，这些成员就得从这个组织中退出。

示例 2.1　捐赠者权利法案

慈善事业的基础是为共同利益而采取的志愿行动。这是一种给予和分享的传统，是生活质量高低的首要因素。为了确保慈善事业得到公众的尊重和信任以及捐赠者和潜在捐赠者对非营利组织和他们所支持的事业充分信任，我们宣布所有捐赠者都拥有如下权利：

1. 了解组织的使命、计划使用捐赠资源的方式以及为达预期目的有效使用赠款的能力；
2. 了解组织理事会成员的身份，并期望理事会对其管理职责进行审慎判断；
3. 查看组织的最新财务报表；
4. 确保捐赠将用于既定目的；
5. 获得适当的确认和认可；
6. 确保在法律规定的范围内，以尊重和保密的方式处理有关他们的捐赠信息；
7. 期待代表捐赠者感兴趣的组织的所有个人关系都被专业地对待；
8. 知晓捐款发起人是志愿者、组织员工还是雇用律师；
9. 有机会从组织的共享邮件列表中除名；
10. 在捐款时能随时提问并获得及时、真实和直接的答案。

资料来源：Association of Fundraising Professionals，"Donor Bill of Rights"（n. d.），www. afpnet. org/ ethics. Copyright ©2011, *Association of Fundraising Professionals*（AFP），all rights reserved. Reprinted with permission from the Association of Fundraising Professionals。

随着越来越多的专业人士在进入非营利部门时接受道德行为培训，我们会看到专业规范和标准普及到其他职能部门。非营利组织领导者可以从识别适用于组织运营的职业道德规范中受益。通过将道德行为中的专业标准整合到组织的行为准则中，领导者可以避免标准和准则之间的冲突并加强他们对员工的指导。

（三）组织道德

非营利组织的领导者可以通过培养组织文化来强化道德行为。最有影响力的方法之一是使用基于价值的领导力。最高领导者可以成为道德行为的榜样，并将关键价值观融入组织政策和实践中。托马斯·杰文斯（Thomas Jeavons）认为，有道德的非营利组织管理者具备五个核心特征：诚信、开放、责任、服务和慈善[1]。除了亲自展示这些特征，领导者也为组织定下基调。

- 诚信：显而易见的诚实；在所有事项上具有全面且准确的代表性；遵守公开承诺的原则。
- 开放：在原理、方法、行为和结果上保持透明度。
- 责任：愿意对选择进行解释和对行为负责。
- 服务：致力于为公众利益服务，履行组织使命而不是个人利益。
- 慈善：对他人福利的实际关注；用爱和尊重对待他人。

25

如果领导者能展现这些价值观，并鼓励组织中的其他人照做，那么他就可以建立和保持其他人对非营利组织的信任，并表现出对道德的坚定承诺。来看看底特律动物园（Detroit Zoo）的例子。当动物园主任被发现他在动物学博士学位上造假时，动物园的理事会决定让他继续工作，前提是他需要在动物园的网站上公开道歉并接受理事会处罚他一个月工资（约16000美元）的决定。动物园主任在网站上这样写道："我接受理事会的惩罚，并会认真对待，同时希望我将来的表现能够证明理事会

26

---

[1] Thomas H. Jeavons, "Ethical Nonprofit Management," in *The Jossey-Bass Handbook of Nonprofit Leadership & Management*, 2nd ed., Robert D. Herman & Associates (San Francisco: Jossey-Bass/Wiley, 2005), 204–229.

今天所做的决定是正确的。"① 大家想一想，怎样的价值观和道德期望的信息被传递给了组织的其他人？

各种组织结构和系统可鼓励道德行为和明确责任。大型非营利组织能受益于道德委员会或作为联络人的道德监察员，并为道德困境或违反行为提供反思和辩论的途径。通过筛选工作申请材料，可以淘汰具有虚假陈述和欺诈倾向的申请人。制定支持和保护举报人的政策能使员工放心提出顾虑，并去挑战他们认为不道德的政策或做法。针对道德行为制订的奖惩系统有助于约束不当行为，同时激励良好的行为。培训、入门手册和道德准则可以指导如何处理具有道德影响力的情况和决策。可以要求付薪员工、志愿者和理事会成员签署利益冲突声明，从而暴露个人利益与组织利益相冲突的领域。使用内部控制来检查是否符合道德准则。例如，主管可通过不时回顾服务的提供方式和服务对象，来确保所有符合条件且能够获得服务的群体得到员工的适当关注。

(四) 社会道德

非营利组织，特别是公共慈善组织，担负着公众对其道德行为抱有的较高期望。这些组织的存在是因为公众和政府希望它们为公共利益做出贡献。自私行为与非营利组织的根源对立，这与营利性公司不同。社会压力鼓励非营利组织及其内部员工在治理和运营的道德层面上能超越法律条款。

监察组织为非营利部门制订标准并提供监督。通过发布关于非营利组织达标的情况报告，监察组织对它们认可的行为进行鼓励。这些监察组织关注特定领域乃至整个非营利部门。国家慈善信息局（National Charities Information Bureau）、慈善导航（Charity Navigator）、美国慈善事业协会（American Institute of Philanthropy）、内善（insideGOOD）和商业改善局明智捐赠联盟（Better Business Bureau Wise Giving Alliance）是其中的一部分监察组织。它们通过告知潜在的捐赠者、志愿者、员工和其他人有关非营利组织的投入、流程和成果情况来试图对非营利组织进行

---

① "Detroit Zoo Director to Lose a Month's Pay," *Chronicle of Philanthropy*, July 3, 2007, accessed July 10, 2011, http://philanthropy.com/blogs/philanthropytoday/detroit-zoo-director-to-lose-a-months-pay/13521.

监督。

非营利组织的法律环境也能帮助检查不道德的行为。非营利组织不仅受制于许多营利性企业也需遵从的法律，而且要服从针对慈善、税务和游说活动的附加规则。在联邦层面，政府试图通过一系列机制来控制非营利组织，包括披露和报告要求、说客登记、就业法律、税收结构、联邦资金和合同规则。在州级层面可继续使用税收结构、登记和报告要求、合同规则、就业和游说法律、保险要求、许可、筹资法、会计和审计规则。在地方层面，非营利组织需要通过获得许可来服从上级层面，例如游行或游戏许可，荣誉分区和其他规则。它们可能会受到当地遗嘱认证法院关于慈善遗产、改变资金用途的近似原则（cy pres）（在慈善法中有一条基本的原则叫近似原则。在这条原则下，当捐赠人的原始目的难以实现，法庭要调整慈善用途时，他们要审慎考虑捐赠人的意愿，力求按其愿望解释和裁决。——译者注）请求以及其他事项的裁决。在联邦、州级和地方各级不遵守法律和法院裁决可能导致罚款和面临福利撤销。

关于是否需要更多监管以鼓励非营利组织问责制的问题一直存在争议。为证实这一问题，2004 年美国参议院财政委员会（Finance Committee of the U.S. Senate）举行听证会以收集更严格的监管提议。2005 年，非营利部门小组向国会提交了一份报告，提出与其加强政府监管和督查，不如赋予非营利部门更多自我监管的权力。2007 年，该小组编写了一份报告，内容涉及良好的非营利组织治理原则和道德行为。[①]报告涉及的四类主题：遵纪守法和公开披露、有效的治理、有力的财务监督和负责的筹资。

非营利部门成员自我监管的热情和能力参差不齐。组织制定的实践原则在部门中（如独立部门）最具发言权，却尚未被广泛采用。州级层面做出的努力取得了最大回报。例如，由马里兰州非营利组织协会

---

① 　Panel on the Nonprofit Sector, *Strengthening Transparency*, *Governance*, *Accountability of Charitable Organizations*：*A Final Report to Congress and the Nonprofit Sector*（Washington, DC：INDEPENDENT SECTOR, June 2005）; and *Principles for Good Governance and Ethical Practice*：*A Guide for Charities and Foundations*（Washington, DC：INDEPENDENT SECTOR, October 2007）.

（Maryland Association of Nonprofit Organizations） 制订的《卓越标准：非营利部门的道德和责任准则》（*Standards for Excellence：An Ethics and Accountability Code for the Nonprofit Sector*） 就有许多拥护者①。该文已成为其他州提升道德实践和问责制的范文。一些贸易协会为非营利组织提供资格认证和认证项目②。这些协会制订行为准则并要求其成员组织遵守，然而，监督和执行机制却很薄弱。虽然非营利组织也希望行为表现良好并遵纪守法，但研究显示公众对非营利部门已经丧失了部分信心③，这可能是政府加强审查和立法工作的原因。

28

每个国家对非营利组织的监管范围各不相同。各国非营利部门的涉足领域和组织构成千差万别，且政府要求非营利组织运作的规则也不尽相同。某些国家的非营利组织主要由政府负责，比如埃及，政府雇员经常被分配到非营利组织中工作④。在发达和政府能给予较多支持的国家，建立和运营非营利组织的要求往往更为严格。一些国家，如荷兰，承担了认证非营利组织的任务，并鼓励捐赠者只把捐赠提供给通过认证的组织。他们相信当非营利组织因不遵守认证标准而面临捐赠损失时，非营利组织的问责制将得到改善⑤。在一些地区，非营利部门正在重生，随之而来的是激励和约束它的法律架构。例如，东欧开始逐渐恢复对非营利组织的兴趣。国家环境不仅影响非营利组织的法律环境，还会影响组织的价值观、规范和期望。例如，商业伙伴之间的礼物互换被认为是亚洲人的良好礼仪，但在美国，就可能被定义为贿赂⑥。在多文化背景下

---

① Maryland Association of Nonprofit Organizations， *The Standards for Excellence：An Ethics and Accountability Code for the Nonprofit Sector* （2009）， accessed January 12， 2012， http：// www. marylandnonprofits. org/dnn/Strengthen/StandardsforExcellence/ExploretheCode. aspx.

② Mary Tschirhart， "Self-Regulation at the State Level by Nonprofits：The Membership Association Form as a Self-Regulatory Vehicle，" in *Nonprofit Clubs：Voluntary Regulation of Nonprofit and Nongovernmental Organizations*， ed. M. K. Gugerty and A. Prakesh （New York：Oxford University Press， 2010）， 85-99. 本书的其他章节也提到了非营利组织的问责机制。

③ Panepento， "Ethical Standards Erodeat Nonprofit Groups， Study Finds".

④ Lester M. Salamon， S. Wojciech Sokolowski， and Associates， *Global Civil Society：Dimensions of the Nonprofit Sector*， vol. 2 （Bloomfield， CT：Kumarian Press， 2004）.

⑤ René Bekkers， "Trust， Accreditation， and Philanthropy in the Netherlands，" *Nonprofit and Voluntary Sector Quarterly* 32 （2003）：596-615.

⑥ Doktor， "Asian and American CEOs"； Tung， "Handshakes Across the Sea"； and Nelson and Quick， *Organizational Behavior*.

运作的非营利组织对不同情境中的道德有不同的诠释，领导者应发现这种不同并对跨文化差异保持敏感。

三　本章小结

本章回顾了非营利组织的有效性和道德规范。我们主张采用多重维度的方法来评判非营利组织。通过从多个角度审视非营利组织的有效性，我们可以使用互补的方法来指导实践和政策。此外，通过识别对道德的多层次影响，我们可以看到非营利领导者如何塑造道德决策。在制订非营利组织的行为准则和合规制度时，应考虑个人、专业、组织和社会层面的价值观和规范。

下一章将探讨非营利组织的创立和一些商业案例。有效和道德的行为从非营利组织的创立之初就已经形成。随着组织的运作，价值体系会变得更加根深蒂固。对有效性和道德的判断是复杂的，认可它的复杂性 29 可以帮助非营利组织创始人及其接班人识别和解决组织弱点，让组织的成功变为可能。

四　问题思考

1. 非营利组织越来越多地被要求对所获得的资源和使用方式负责。考虑到有效性的多个维度以及许多非营利组织面临的长期和难以量化的使命，我们何时才能确信非营利组织已做得足够好，从而证明获得的资源和使用方式的合理性？

2. 您认为非营利组织的员工应该支持哪些基本的道德标准？与营利性企业中的员工相比，这些标准会有所不同吗？为什么？

3. 您认为非营利组织在年度报告中应向公众提供哪些信息？对受到监督的非营利组织，监察机构应提供哪些信息？在判断非营利组织的有效性时，这些信息是否会产生误导？

五　练习

练习2.1　简易利益相关方分析图

评估有效性的一种方法是检查利益相关方的满意度。需要了解利益相关方如何看待某个特定的非营利组织。

1. 选择一个非营利组织并找到该组织的使命。列出可能影响该组织或受其影响的五个利益相关方（个人、组织或机构）名单。确保至少包括一个内部利益相关方和一个外部利益相关方。

2. 创建一个与表2.1列数相同的空白表格，行数可根据需求增减，并根据名单逐一填上每一个利益相关方的名字。

3. 将每个利益相关方依次填入简易利益相关方分析图中，如图2.1所示，并按照保持满意，监督，随时了解和关键参与者这四个属性将利益相关方分别归类。

4. 讨论：总结一下自己在过程中发现的不足以及对非营利组织进行全方位利益相关方分析的重要性。

30

表2.1　利益相关方对非营利组织的观点

利益相关方	利益相关方对非营利组织的需求	非营利组织对利益相关方的需求	利益相关方对非营利组织的影响类型和程度	利益相关方评估非营利组织有效性所使用的标准

练习2.2　年度报告分析

找到一份非营利组织的年度报告并进行如下分析：

1. 报告涵盖了有效性的哪些方面？

2. 有哪些测量方法用于证明每个维度的有效性？

3. 这些都是好的测量方法吗？

4. 年度报告是否使您确信这家非营利组织是有效的？为什么？

练习2.3　道德分析的几种情况

汤姆斯·杰文斯认为非营利组织的领导者应该展现诚信、开放、责任、服务和慈善五个标准。对于以下每种情况，请考虑这五个标准中的哪一个（如有）出了问题，并找出解决办法。

1. 非营利组织与一家公司签订商业合同，这家公司的拥有者是该组织某位理事会成员。合同是在没有竞争性招标的情况下给出的，并且不清楚该组织是否能以更好的价格从另一家公司获得相同质量的同一服务。在该组织成立所在的州，理事会成员进行自我交易（例如与理事会成员的名下公司签订合同）并非违法行为。

31

2. 非营利组织的志愿者能够随意查看捐赠者的个人信息，并与组织外的人分享。他们还透露，一名在年度报告中匿名出现的主要捐赠者实际上是该地区一位著名的慈善家。

3. 非营利组织的年度报告使用了与组织没有任何关系的个人照片，但这些照片的出现使这些人看起来像是非营利组织的受益者。

练习 2.4　道德影响的多个层次

找到一篇关于非营利组织丑闻或有争议的文章，或者采访一位非营利组织领导者，询问他所面临的有关道德的问题。本章讨论的每个层面（个人、专业、组织和社会）的道德标准和价值观如何在上述情况下发挥作用？

32

第三章　创立非营利组织和商业案例

作为一本商业畅销书籍中十二个具有高影响力的非营利组织之一[①]，美丽美国（Teach For America）是一个成功的非营利组织案例。让人惊讶的是，创办这个组织的想法是 1989 年由普林斯顿大学的一名学生在完成她的本科毕业论文时想到的。创始人温迪·科普（Wendy Kopp）并未将她的毕业论文仅仅视为一次学术练习。她筹集了 250 万美元的启动资金，填写了合法成立非营利组织的文书工作，并在 1990 年和小部分员工开始了组织工作。而今，美丽美国吸引了全国范围内超过 40 万的学生。科普认为如果顶尖大学的学生想要带来真正的影响，他们就会选择在公立学校里任教，这个想法得到了广泛的支持。她成功招募大学生并且将他们发展成为教育改革的领袖人物。科普花了很长时间来让机构得到发展，那时她也好奇该组织是否能够存活并且适应一系列的挑战。现在它已经发展成为了低收入社区最大的教师来源。她写了两本书讲述美丽美国的故事及其消除美国教育不公的创始动机[②]。作为一位著名的社会企业家，温迪·科普在众多研讨会上担任演讲嘉宾，她鼓励他人追寻创立新非营利组织的想法。在油管（YouTube）视频网站上，她为企业家提供建议，包括"拥抱你的经验不足"和"寻找盟友"[③]。

33

[①]　Leslie R. Crutchfield and Heather McLeod Grant, *Forces for Good: The Six Practices of High-Impact Nonprofits* (San Francisco: Jossey-Bass/Wiley, 2007).

[②]　Wendy Kopp, *One Day, All Children ...: The Unlikely Triumph of Teach For America and What I Learned Along the Way* (New York: Public Affairs, 2003); Wendy Kopp, *A Chance to Make History: What Works and What Doesn't in Providing an Excellent Education for All* (New York: PublicAffairs, 2011).

[③]　*Wendy Kopp: Advice for Social Entrepreneurs*, video posted by Stanford University's Entrepreneurship Corner (n. d.), accessed November 26, 2011, http://www.youtube.com/watch? v=TUAS1iY1f7s.

每年都有很多非营利组织成立，其中一小部分是由像温迪·科普一样的大学生在课程或者服务学习的经历中开始的。在美国，非营利部门的增长超过了政府部门和商业部门[1]。来自其他国家的数据也显示非营利组织形式的流行[2]。

非营利组织是如何开始的呢？它们的商业案例是什么？哪些因素支持或者阻碍社会企业家？哪些步骤是成功启动一个非营利组织所需要的？本章节将讨论这些问题。更多关于创业过程和社会企业家精神的细节将会在第十六章讨论。这里我们聚焦于创立新非营利组织的创业行动上。

一　组织的创立

跟生物实体不同，非营利组织并不总是有明确的诞生日期。一个组织可能在开始服务公众很多年后才被法律认可。法律认可也可能开始于实施跟其使命相关的活动、召开第一次理事会或开设银行账户之前。在这一章里面我们会探索组织的创立，即作为一个非营利组织存在的关键阶段之一：诞生[3]。

组织在成立初期的经历可以塑造整个组织存在的本质。创始人可能为组织刻上即使他离开了也很难改变的规范与价值[4]。创始人可能决定如何和在多大程度上改变初始使命。最早由创始人选择的理事会比起组织可能更倾向于跟随创始人，并且不愿意违背创始人的意愿。组织的身份和创始人连接在一起，使得接班人很难被接受或者改变创始人管理或领导组织的方式。随着时间的推移，因为他或者她的重要角色和其无法放弃对组织的控制，创始人实际上可能会损害机构的长期健康，这个问题被称为"创始人综合征"。

---

① Kennard T. Wing, Thomas H. Pollak, and Amy Blackwood, *The Nonprofit Almanac 2008* (Washington, DC：Urban Institute Press, 2008).

② 有关各国非营利部门的规模和范围的信息，请参阅 Lester M. Salamon, S. Wojciech Sokolowski, and Associates, *Global Civil Society*：*Dimensions of the Nonprofit Sector*, vol. 2 (Bloomfield, CT：Kumarian Press, 2004).

③ Bill McKelvey and Howard Aldrich, "Populations, Natural Selection, and Applied Organizational Science," *Administrative Science Quarterly 28* （1983）：101-128.

④ Stephen R. Block, *Why Nonprofits Fail* （San Francisco：Jossey-Bass/Wiley, 2004）.

　　此外，新的非营利组织塑造了围绕它们的合作与竞争环境。其他的组织可能需要根据其活动领域的新进入者进行调整。这个进入者可能是一个创新者组织，向该领域注入新的想法或者是一个复制者，复制其他人已经在做的事情。① 美丽美国就是一位创新者，它改变了大学生参与教学的方式和推动了学校改革议程。由于其作为教师来源的存在，学校改变了他们的实践方式，以此捕捉和利用新的资源。复制者是遵循已有模式的新非营利组织，例如仁人家园分支机构、属于国家链的私立学校，以及在使命和方法上与已经存在于他们社区的非营利组织类似的非营利组织。

　　组织可以通过多种方式建立。例如，组织可以由个体企业家基于他在任何现有组织之外的新想法所创立，如美丽美国。它们可能通过立法建立起来，如美国红十字会（American Red Cross）于 1881 年由克拉拉·巴顿（Clara Barton）和她的熟人圈子模仿国际红十字会创立。哈佛大学，作为美国历史最悠久的非营利组织之一，于 1636 年由马萨诸塞湾殖民地大法院（Great and General Cout of the Massachusetts Bay Colony）投票成立。非营利组织可能会从更大的母体非营利组织中剥离出来，就像来自父母会中的教会，设立分支或附属的联合协会。例如，美国癌症协会（American Cancer Society）建立了地方分会，多年后这些分支组织变成了区域组织②。

　　某些企业的变革是如此的深刻和激进，以至于可能会出现组织消失，而另一个全新的组织在原始名称和法律地位被保留的基础上诞生。举例来说，安东尼·费利波维奇（Anthony Filipovitch）描述了将一个志愿者社区危机服务中心转变为一个社区医疗诊所的情况③。该组织从危机护理转为慢性病护理，从志愿者转为付薪员工，从纸质记录转为综合管理信息系统，以及从按次访问的医疗服务到综合个案管理系统。旧组织里面很少的部分被保留下来。

---

① Howard Aldrich, *Organizations Evolving* (Thousand Oaks, CA: Sage, 1999).

② Dan H. McCormick, *Nonprofit Mergers: The Power of Successful Partnerships* (Gaithersburg, MD: Aspen, 2001).

③ Anthony J. Filipovitch, "Organizational Transformation of a Community-Based Clinic", *Nonprofit Management & Leadership 17*, no. 1 (2006): 103-115.

　　一些环境和个体因素对于组织的创立和初始生存是必要的[1]。支持性环境提供允许非营利组织成立的资源、技术、规则、规范和信念[2]。通过企业家精神视角检验机构创立过程的研究突出了企业家（创始人）有用的个人性格、特质或属性以及为创业过程提供的培育环境[3]。总体来说，这项研究反映了在初始阶段，创始人在创造和保持组织方面最为成功，他们可以获得所需的资源、在支持的政府政策下运作并且采用被公众理解为有合法的目的和手段的自由裁量权。如果他们意识到并采用适合非营利组织环境条件的策略，也会大有裨益[4]。

35

二　社会福利的企业家精神

　　尽管企业家精神（Entrepreneurship）这个术语最早在 18 世纪初被定义，但至今并没有一种被广泛接受的单一定义。经济学家理查德·坎蒂隆（Richard Cantillon）（约 1730 年）将企业家精神定义为自我雇佣。跟随这个导向，让·巴蒂斯特·萨伊（Jean Baptiste Say）在 1816 年将企业家定义为利用所有生产资料通过产品价值创造利润的人。这些定义的重点都在于精明的商人寻求和利用机会来获利。

　　企业家精神的另一种方向由约瑟夫·熊彼特（Joseph Schumpeter）在 20 世纪 30 年代提出。他将重心放在作为创新者的企业家身上，在创意驱动本身和企业家精神对产业和经济的影响，尤其是在对工业的"创造性破坏"及其替代新行业的影响。宏观层面的解读尤其重要，因为很多社会企业家通过大规模和变革性社会影响的创新，来解决和纠正重要的社会问题。

　　1986 年，丹尼斯·杨（Dennis Young）将注意力转向了非营利部门的企业家精神。他通过企业家参与开拓新局面和超越惯性管理实践或普通决策，

①　Anthony J. Filipovitch, "Organizational Transformation of a Community-Based Clinic," *Nonprofit Management & Leadership* 17, no. 1 (2006): 103-115.

②　W. Richard Scott and Gerald Davis, *Organizations and Organizing: Rational, Natural, and OpenSystem Perspectives* (Upper Saddle River, NJ: Pearson Prentice Hall, 2007).

③　Howard Aldrich and Martin Ruef, *Organizations Evolving*, 2nd ed. (Thousand Oaks, CA: Sage, 2006).

④　Richard H. Hall, *Organizations: Structures, Processes, and Outcomes*, 8th ed. (Upper Saddle River, NJ: Pearson Prentice Hall, 2002), 186.

将非营利组织企业家和其他非营利组织管理者区别开来①。因此企业家是那些创立一个机构、发展或开拓项目与服务、创造新方法或重新定向非营利组织使命的创新者。和杨的概念处理相一致的是，企业家精神可以发生在组织内部［有时候会被称为内部创业（Intrapreneurship）］，这个过程通过在现有组织之间创造和建立合作关系或者通过创造一个新的组织而产生。更具体地来讲，我们对通过社会企业精神而形成的非营利组织充满兴趣。

社会企业精神

社会企业精神这一术语在 20 世纪 80 年代开始流行。它指的是产生和维持社会福利的产品、组织和实践的创造，并且实现了同时追求投资上的社会与财务回报。社会企业家们是用创新手段追寻社会目标的变革推动者。2006 年，保罗·莱特（Paul Light）指出这种定义的局限性在于狭隘地关注。作为个体的社会企业家和在非营利背景下依赖商业手段的社会企业精神。莱特解释说一个社会企业家可以是任何追寻通过突破模式的理念寻求大规模改变的个体、团体、网络、组织或组织联盟。这些观念是关于政府、非营利组织和商业处理重大社会过程的方式②。

36

20 世纪 80 年代和 90 年代的非营利部门的社会趋势和发展，为社会企业精神兴趣的日益增长提供了动力。关注度受到以下几个方面的促进：

- 担心传统的方法应对基本社会需要没有效果；
- 对创新解决方案带来可持续改善的兴趣；
- 对基于市场和商业化的方法来解决社会问题持开放态度；
- 公共服务和政府合同的私有化；
- 基于结果的而非需求的方法来应对资助和签约方式；
- 以参与的策略性的方法来应对企业参与社会和社区议题。③

---

① Dennis Young, "Entrepreneurship and the Behavior of Nonprofit Organizations: Elements of a Theory," in *The Economics of Nonprofit Institutions: Studies in Structure and Policy*, ed. S. Rose-Ackerman (New York: Oxford University Press, 1986), 162.

② Paul Light, "Reshaping Social Entrepreneurship," *Stanford Social Innovation Review* 4 (Fall 2006): 47–51.

③ J. Gregory Dees and Peter Economy, "Social Entrepreneurship," in *Enterprising Nonprofits: A Toolkit for Social Entrepreneurs*, ed. J. Gregory Dees, Jed Emerson, and Peter Economy (NewYork: Wiley, 2001), 12–13.

　　社会企业家能够通过调整萨尔曼（Sahlman）的 PCDO 模型[①]向纯粹利润驱动的同行［商业企业家（commerical entrepreneurs）］[②] 学习，这种模型展示了在创业企业中整合人、环境、交易和机会的重要性。奥斯汀（Austin）、史蒂文森（Stevenson）和威-斯基尔恩（Wei-Skillern）从 PCDO 模型中提取了社会企业精神框架（图 3.1），该框架显示了人与资本的重叠与在税收、监管、社会文化、人口、政治和宏观经济影响的环境中创造社会价值取向的机会。

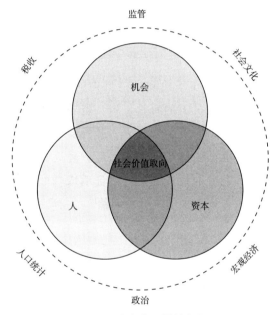

图 3.1　社会企业精神框架

　　资料来源：From James Austin, Howard Stevenson, and Jane Wei-Skillern, "Social and Commerical Enterpernureship：Same, different, or Both？" in *Entrepreneurship Theory & Practice*, Vol. 30, Issue 1, 1-22. Copyright ©2006 John Wiley & Sons, Inc. Reprinted with Permission。

①　William A. Sahlman, "Some Thoughts on Business Plans," in *The Entrepreneurial Venture*, ed. William A. Sahlman, Howard H. Stevenson, Michael J. Roberts, and Amar Bhidé（Boston：Harvard Business Press, 1999）, 138-176.

②　James Austin, Howard Stevenson, and Jane Wei-Skillern, "Social and Commercial Entrepreneurship：Same, Different, or Both？" *Entrepreneurship Theory & Practice* 30, no. 1（2006）：1-22.

人与资本

社会企业精神模型强调积极参与企业的人。参与到商业创业中和参与到社会创业中的人们的动机可能会有显著的差异。与商业创业相比，经济的趋利性在社会创业中的作用可能更小。例如，温迪·科普并不是为了增加个人财富或者为她初始的投资者而成立美丽美国。人员组成部分对于美丽美国解决社会问题独特的方法至关重要。该组织不从经验丰富和经过认证的教师中选拔，而从广泛的教育背景选择"有前途的未来领袖"。这种人员的选择反映了长期的社会变革议程和短期关注课堂效率的重要性旗鼓相当。此外，正如本章的开场所述，科普认为选择盟友的工作对于企业成功至关重要。

37　　科普最大的挑战之一在于找到维持机构的财政资源。在创业早期，她还在担心是否能够支付员工的每月工资。资本也是创业企业的重要构成。某些社会企业家最新的资金来源之一是社会影响债券。这种融资机制始于英国，而今在美国引起了人们的兴趣，建立在按绩效付费的基础上的。政府向私人和慈善的投资者支付可证明成功的项目。目标是为纳税人节省资金并吸引新资金来解决社会问题①。

环　境

企业家控制之外的环境因素影响成败。商业和社会创业企业可能会受到不同的监管、筹资、税收、社会政治及其他影响的约束。以美丽美国为例，它不得不依赖其校友基础来实现学校改革议程。它也不得不依
38　赖学校接纳他们的老师并使其有效。与营利性公司不同，它可以接受使捐赠者有资格获得减税的捐赠。一旦美丽美国的老师进入课堂，特别是一旦他们的服务期结束了，美丽美国对他们行动上的管理是很少的。就

---

① Kathi Jaworski, "Massachusetts Takes Another Step Toward Social Impact Bond Funding for Social Programs," *Nonprofit Quarterly*, June 29, 2011, accessed December 5, 2011, http：//www. nonprofitquarterly. org/index. php? option = com _ content&view = article&id = 13581: massachusetts-takes-another-step-toward-social-impact-bond-funding-for-social-programs & catid = 155: nonprofit-newswire&Itemid = 986; Nonprofit Finance Fund, "What Is a Social Impact Bond（SIB）?"（n. d. ）, accessed December 5, 2011, http：//nonprofitfi nancefund. org/social-impact-bond-initiative.

像美丽美国网站上陈述的那样："凭借引导孩子实现潜力的经验、信念和见解，我们的校友在各个部门工作以此塑造低收入社区的学校、政策和投资"①。校友和慈善的环境对于美丽美国使命的实现至关重要。其他非营利组织也有其独特的环境因素影响他们实现使命的能力。

社会价值取向

项目或者组织的社会价值取向解释了个人选择参与特定工作而非其他选择的原因。美丽美国解释了当教学并不是大学生长期职业规划目标的时候，为什么他们还愿意放弃高薪，付出时间从事学校教育工作去服务低收入社区；解释了为什么学校比起更加有经验的认证老师更愿意接纳美丽美国的老师；还解释了为什么捐赠者愿意分享他们的资源以换取非营利组织努力缩小学生成就差异的承诺。社会价值取向典型地说明了参与到企业交易的人所珍视的基本价值，例如社会公平、正义、精神福祉、诚实、自尊、自由和正直的重要性。

机　会

要使社会企业获得成功，需要足够多的个体相信该企业有机会实现理想的未来状态。这为企业创造了创业所需市场的机会。社会企业家们发现他们能做而别人没有做的事情，因为这些事情在现有的商业市场里不可行。例如，美丽美国利用了这个机会，将人们带到资源匮乏、需要教师的学校。通过这样的方式，它可以激励更多的学校进行改革的热情，并创造未来的领袖来推动变革。它也能够帮助那些可能无力提高学生教育经验的学校。教师的不足和个体对短期教学经历的潜在兴趣相结合，共同为美丽美国这样的机构创造了机会。

如果奥斯汀、史蒂文森和威－斯基尔恩的模型里面的任何主要元素没能充分一致，这个创业企业都可能会失败。比如一项新的法律通过需要　39

---

① 　Teach For America, Web site, accessed July 14, 2011, http://www.teachforamerica.org/what-we-do/our-approach.

所有的高中教师都有教育学位（环境）、美丽美国选择的个体类型需要改变（人）、需要更多财务资源进行招聘（资本）、最终影响非营利组织为通过在低收入学校（机会）的第一手教学经历的教育改革来培养未来领袖的机会，并最终使缩小成就差异（社会价值取向）更具挑战性。

考虑社会企业和商业企业的差异包含了许多实践的启示。比起商业性质的企业家，社会企业家更需要注意以下事项。

- 社会价值的中心地位。这必须是首要的考虑因素。
- 组织和环境一致性。传递社会价值需要和外来支持者的社会利益保持一致。举例来说，在非营利组织状态下运营的社会企业家不能与商业企业家进入相同的资本市场，因为他们不能够给投资者分配盈余。
- 组织边界。边界可能需要更加灵活。例如阿育王伙伴（Ashoka Fellows）追求社会企业精神的愿景的同时，也获得了阿育王的财政和专业支持。他们甚至联合起来利用各自的组织影响力。他们的创业努力跨越了组织边界。
- 合作。可以通过合作而非竞争来增强社会价值。可以做出决定以允许另一个组织获取更多的商业利润，以此最大化整体社会福利。社会企业家可能意识到，如果作为联盟的一部分而非独立的参与者进行活动，他们可以产生更大的社会影响。

（一）创业过程

创业过程涉及与感知和追求机会相关的所有功能、活动和行动。它包含以下构成[①]：

- 一个被认可为机会的想法的形成；
- 为追寻机会而开始一个新机构的决定；

[①] William Bygrave, "The Entrepreneurial Process," in *The Portable MBA in Entrepreneurship*, ed. William Bygrave and Andrew Zacharakis (Hoboken, NJ: Wiley, 2004), 1-28; Peter Drucker, *Innovation and Entrepreneurship* (New York: Harper Business, 1985).

- 规划的制订；

40

- 确定资源需求和初始资本获取；

- 市场准入战略的制定和实施；

- 资源增长的获取和增长战略的制定；

- 启动与增长；

- 收获（即利益的达成）。

　　创业成功受到个人、社会、组织和环境因素的影响[1]。个人特质与环境机会和行为榜样相互作用以影响创新（创意）阶段。这些和其他个人因素（如工作不满意或承诺）、社会因素（如网络和家庭）和环境因素（如资源和竞争）可能会影响创业的决定。市场、资源和其他环境因素，个人管理才能和组织能力很可能影响规划、执行初期、增长和结束阶段。最近的研究表明，没有一套心理上或行为上的特质能够明显地区分企业家和其他个体[2]。虽然没有定论，但研究发现，高水平的控制点、风险承担和对于独立和成就的需求与企业家精神具有相关性[3]。

（二）识别创业机会

　　企业家精神的想法从何而来？亚瑟·布鲁克斯（Arthur Brooks）认为科技、公共政策、公众舆论、品味或社会和人口统计的变化能够激发创业活动[4]。彼得·德鲁克（Peter Drucker）列出了七个创意形成的刺激因素[5]：

- 组织中的意外情况，例如成功、失败或一些其他事件；

- 真实的现实和假定的现实的不一致；

---

① See Carol Moore's model in her paper "Understanding Entrepreneurial Behavior," in *Academy of Management Best Paper Proceedings*, ed. J. A. Pearce II and R. B. Robinson Jr. , 46th Annual Meeting of the Academy of Management (Briarcliff Manor, NY: Academy of Management, 1986).

② Bygrave, "The Entrepreneurial Process."

③ Robert Hisrich, Michael Peters, and Dean Shepherd, *Entrepreneurship*, 6th ed. (Boston: McGraw-Hill/Irwin, 2005), 62.

④ Arthur Brooks, *Social Entrepreneurship: A Modern Approach to Social Value Creation* (Upper Saddle River, NJ: Pearson Prentice Hall, 2009).

⑤ Peter Drucker, *Innovation and Entrepreneurship* (New York: Harper Business, 1985), 35.

- 内部组织过程不断改变的需求；
- 产业或商业机构令人惊奇的改变；
- 人口变化；
- 感知、情绪或意义的变化；
- 新知识（科学的和非科学的）。

41

　　每个非营利组织的创始故事都是独一无二的。例如匿名戒酒互助社（Alcoholics Anonymous）的创始人不认为酗酒是一种个人道德败坏的行为，他希望创造一个组织来帮助酗酒者获得克服酗酒问题的能力。创始人之一受到使命的召唤，使他在余生致力于为其他酗酒者带来自由与和平。

　　世界自然基金会由 16 名世界领袖级别的环境保护主义者成立，他们一致认为保护世界环境的专业知识存在，但世界范围内用于支持资源保护运动的财政资源匮乏。他们坚信需要成立新的组织在世界范围内筹资并与现有的机构合作。

　　出生缺陷基金会由美国总统富兰克林·罗斯福（President Franklin Roosevelt）所创立，罗斯福总统曾与小儿麻痹症做斗争。他希望通过该组织筹集资金帮助那些患病人士与病魔做斗争并予以援助。

　　分享我们的力量（Share Our Strength）组织始于应对 1984 年到 1985 年埃塞俄比亚的大饥荒，该机构认为每个人都可以为全球反饥饿和反贫困做贡献，分享每个人的优势是可持续的解决方法。这些创始人是正确的，因为他们认为自己能够创造一个组织来调动产业和个人，利用社区财富实现持久改变。

　　杰瑞·凯特滋（Jerry Kitzi）为那些希望识别新机会的人们提供了建议。[①] 他建议通过不同的视角查看服务或者产品时，看看哪种价值应该被增加。举例来说，用户看待和体验服务的方式与志愿者或员工的方式有所不同吗？他也建议挑战旧的假设。比如，新的技术是否改变可被提供的产品和如何进行改变？并且他建议和当前的同事、竞争对手和顾客一起进行头脑风暴来开发新思路。而非按照谚语说的那样"东西没损坏

---

　　① Jerry Kitzi, "Recognizing and Assessing New Opportunities," in *Enterprising Nonprofits: A Toolkit for Social Entrepreneurs*, ed. J. Gregory Dees, Jed Emerson, and Peter Economy (NewYork: Wiley, 2001), 45-46.

的话，就别去修理它了"，寻找机会的企业家可能希望追问"我们怎样可以使它变得更好"。

三 为一个新的非营利组织制定商业案例

提供社会福利或创造社会改善的新思路需要在它们被判断为机会之前得到评估。一旦他们被评判，企业过程将会进入组织创造阶段。杰瑞·凯特滋为社会企业精神提出了一种机会评估框架。[①] 新组织的思路可以在三个维度上被评估。

42

  ● 社会价值潜力 它是否具有战略一致、可实现的成果、合作关系或联盟潜力以及组织利益？
  ● 市场潜力 它是否能够满足用户的需求和愿望、产生资助者兴趣，并且有能力占有市场份额？
  ● 可持续潜力 这个想法是否能够被开发和实施使得收益超过成本，同时也有足够的收入潜力、组织能力和资助者兴趣呢？

确定新的非营利组织的社会价值、市场和可持续潜力对于制订书面商业计划至关重要。商业计划书可以帮助创意发起者和潜在的支持者评估新的非营利组织的可行性和需求。这份商业计划书包含了对环境的评估并阐述了商业概念，有助于证明对组织发展的投资是正确的。这份计划书应当包括财务预估、项目目的和运营目标以及帮助领导者定义和测量进展的时间线。

商业计划书的意图和内容与战略规划不同。战略规划解释了组织如何在特定的时间内实现其目标。它为获取和使用资源来实现使命提供了一份内部路线图。战略规划的典型要素包括愿景宣言、使命宣言、目标、目的、行动计划、风险分析与应急计划、竞争分析和财务概述。[②] 战略

---

① Kitzi, "Recognizing and Assessing New Opportunities," 52-59.
② For a comparison of business and strategic plans see Charles A. "Chip" Brethen, "The BusinessPlan Versus the Strategic Plan—Part 1" (Bizquest, n. d.), accessed July 24, 2011, http: //www. bizquest. com/resource/the_business_plan_versus_the_strategic_plan__ part-31. html.

规划会随着时间不断改变，以便给出及时的指导从而实现商定的目标。战略规划的使用和制定将在第五章里进行更细致的讨论，主要集中在战略的形成上。

与此相反，商业计划书是为了外部人士而撰写的，而非给内部人员（员工、志愿者和理事会成员）的指南。它向外部人士解释了非营利组织的基础，说明了为什么参与者认为这个机构是可行的并且服务于一个有用的目标。商业计划书将非营利组织置于更大的环境中。它可能会与外人分享进行筹资、寻求合作伙伴、获得贷款、吸引新的领导者以及检查有关非营利组织的可行性和价值的假设。

以下是一份商业计划书主标题的通用大纲。

- 标题页。写出该文档的标题、组织的名称、理事会成员和执行主任的姓名以及联系方式。
- 目录。列出计划书所涵盖的主题。
- 执行摘要。总结计划书的内容。
- 使命和组织描述。写出组织的概况、回答关于组织目的、历史、形式、规模、成就（如果有）和能力的基本问题。
- 市场分析和环境评估。向读者展示有足够的需求和意愿来支付产品或者服务的成本，并且描述竞争和合作的环境。
- 提供的服务或产品。解释被提供的产品和提供该产品的原因，深层次探讨组织的使命和愿景以及它的目的。
- 运营。描述服务或产品如何被生产和被提供的。
- 营销计划。说明产品或服务在市场如何被定位和推广来吸引客户。
- 理事会。解释谁在组织中拥有管理权并描述理事会结构和章程；可能会包含简历。
- 会员资格。解释会员资格的条件（如果组织有会员）和会费结构；描述基于会员分类给予成员的福利和权利。
- 管理和人员。描述执行团队和其他日常运营组织的人员；包含对志愿者项目的讨论（如果适用）；包含核心员工的个人简历。
- 所需资金及其预期用途。解释机构创立和发展所需要的资源；

向捐赠者和投资者展示他们的捐赠是如何适用于这个机构以及如何征求和管理捐赠。

● 财务报表与预估。给出详细的财务报表、预算、成本估算和收益预估。

● 附录和示例。提供支持性文件和补充信息。

商业计划书不应该是冗长和详尽的文件。他们应当简明扼要地说明非营利组织的业务和它的社会价值取向。应当清楚它所服务的群体和如何进行服务，避免该行业特有的行话。读者应当能够清晰地确定组织向目标市场提供何种产品或服务，以及市场为何会认可这个产品或服务。财务报表应当切合实际并且和商业计划书的其他部分保持一致。商业计划书的模板能够在互联网和非营利组织企业家精神的文本中找到。① 44

示例 3.1 展示了 2005 年提交给耶鲁大学管理学院（Yale School of Management）、高盛基金会（Goldman Sachs Foundation）和非营利组织伙伴关系（Partnership on Nonprofit Ventures）的 NPower Basic 的商业计划书里面的目录和执行摘要。② NP-Basic 是一个劳动力发展项目，它让贫困社区里被剥夺权利的青少年参与进来，接受给资源匮乏的非营利组织提供计算机和技术支持的培训。这份商业计划书阐述了投资给 NP-Basic 的每 1 美元如何以工作和非营利组织的形式向社区返还 16 美元，这些工作和非营利组织在获得计算机设备和技术支持后更具生产力。

（一）非营利组织的愿景和使命宣言

商业计划书中最重要的元素可能是愿景和使命宣言。愿景，表达了非营利组织的最终目标；使命宣言指导组织的行动并激励员工与投资者。

---

① Web sites offering nonprofit business plans include The Bridgespan Group, *Sample Nonprofit Business Plans* (March 30, 2009), accessed December 5, 2011, http://www.bridgespan.org/sample-nonprofit-business-plans.aspx; and Bplans, "Nonprofit Youth Services Business Plan" (n.d.), accessed December 5, 2011, http://www.bplans.com/nonprofitt_youth_services_business_plan/executive_summary_fc.cfm.

② See *NPower Basic Business Plan April 2005* (2005), accessed December 4, 2011, http://faculty.maxwell.syr.edu/acbrooks/pages/Courses/Documents/Soc% 20Ent/NPower NY.pdf, for the complete plan.

使命宣言应当传达非营利组织的基本目标、方法和价值，将其和其他组织区分开来。它的用词是非常重复的，用来解释非营利组织存在的原因。它应该是简洁的，没有术语，以便那些不熟悉非营利组织的人易于理解。而对于那些与非营利组织联系紧密的人来说，它易于用作检验好坏。下面是一句话使命宣言的例子，其中包含了目标、方法和价值。

> 联合之路通过动员世界范围的社区关怀力量改善生活，以促进共同福祉。

> 圣文森特医院（St. Vincent Hopstial）是一家致力于提供优质的病患护理的医疗机构，对临床卓越性和病患安全性给予不断的关注，并以高度的热情与承诺来确保为我们服务的患者提供最好的医疗服务。

> 国家历史保护信托基金会（The National Trust for Historic Prevention）提供领导力、教育，倡导拯救美国多元化的历史名胜，并且使社区恢复生机。

> 城市联盟（Urban League）运动的使命是使非裔美国人获得经济自立、平等、权力和公平权利。

示例 3.1　NPOWER BASIC 商业计划书
2005 年 4 月

目录

1. 执行摘要
2. 社会商业企业介绍
    2.1　合理性
    2.2　使命
    2.3　目标市场
    2.4　商业模型
    2.5　价值取向

8. 风险评估、敏感事项和应急计划

9. 附录

1. 执行摘要

NP-Basic 将一个成功的劳动力发展项目（为被剥夺权利的青少年服务）与一体化的技术服务相结合。这种技术使用了"中心辐射"模型来满足非营利组织基本的技术需求。该服务的人员部分来自 NPower 劳动力发展项目的受益者，它提供一个网络预配置和软件加载的台式计算机，并提供安装、监控、维护、远程支持、服务台和现场技术支持访问。NP-Basic 通过实现规模经济和接受来自微软（Microsoft）和思科（Cisco）昂贵软件和硬件的直接捐赠，以低价提供关键产品和最先进的支持。

该服务的社会价值因其承诺雇佣来自纽约市的服务欠缺社区的员工而得到加强。NP-Basic 从一个称为技术服务团（Techonology Service Corps，以下简称 TSC）的劳动力发展项目招募入门级员工，TSC 是由其母公司 NPower NY 运营。TSC 是一项为期 12 周的强化培训项目，该项目教授 18 至 24 岁的城市青年技术与专业技能，并提供 Npower NY 高级咨询人员的指导和非营利社区的实际服务。自 2002 年以来，近百名失学青年从 TSC 毕业并找到了工作，这些青年以前的工作工资低、无前途或失业、被监禁或无家可归。TSC 已成为这些个体通往有意义的未来的门票和拥有终身职业的路径。参与项目后工资通常上涨 133%，最高超过 26000 美元。如按小时计算，参与 TSC 后工资（12.75 美元/小时）比纽约市最低工资（6 美元/小时）高出 113%。

NP-Basic 的社会投资回报率为 16。这意味着每投资 1 美元给 NP-Basic，就会有超过 16 美元以更高效的非营利组织形式和为被剥夺权利青年提供更多工作的形式返还给社区。

该企业的收入来自每次安装收取低廉的设置和维护费用。NP-Basic 的目标客户是纽约市将近 3500 个小型非营利组织的决策者，这些非营利组织的员工人数少于 10 人，运营预算不到 100 万美元。从小型社区社会服务组织到当地表演艺术团体成为 NP-Basic 的最初目标受众。

47

2. 关键目的

　● 帮助资源匮乏的非营利组织获取它们所需的技术支持，同时节省可用于进一步完成组织使命的资金。

　● 到第三年，（约 100 个纽约市非营利组织）获得 NP-Basic 初始目标市场 3% 的市场渗透率。这 100 个非营利组织的总消费能力为 5000 万美元至 1 亿美元，总共雇用了 300 人至 500 人。

　● 为 NPower NYs 的劳动力发展项目 TSC 的毕业生提供支持性的工作环境。NPower Basic 将通过其服务台为 TSC 毕业生提供 221 个为期 6 个月的轮岗。

通过利用潜在的承保、公司关系和 TSC，NP-Basic 以合理的成本提供关键的高质量服务，并带来重要的社区福利。

潜在的竞争对手包括戴尔（Dell），增值经销商（VAR），其他管理服务提供商、顾问、提供辅助其主要使命的信息技术（IT）服务的小型组织，以及在默认或在极少数情况下有意承担 IT 管理职责的精明的内部员工。

NP-Basic 享有超越这些替代品的核心竞争优势，包括：（1）通过 NPower NY 获得更广泛的资源，如软件和产品捐赠、技术能力建设的基础支持以及稳定的来自 TSC 项目的入门级技术人员；（2）通过 NPower NY 为这些客户提供四年成功的和备受好评的服务，为小型非营利组织提供了成熟的经验和牢固的关系；（3）该分部可获得最低价格；（4）全面的服务，包括硬件、软件和服务；（5）通过最先进的服务器备份实现先进技术的信息保护；（6）专注于非营利组织客户服务的悠久历史；（7）通过将 TSC 纳入其中并为非营利组织提供可支付的技术服务形成引人注目的社会价值。

NP-Basic 的营销计划旨在通过印刷和电子媒体的组合获得新客户，其中包括广告、技术活动的赞助以及通过其网站进行的推广。NP-Basic 还将针对 NPower NY 客户群、基金会支持者、支持小型非营利组织的其他基金会、伞形非营利组织以及非营利组织孵化器团体来推销该服务。

NP-Basic 由服务与战略总监负责，他拥有超过 13 年的管理、服务和

48

运营经验。此外，服务交付的高级经理拥有 19 年的技术和业务专长，曾在知名的私营部门技术公司工作，包括微软、电子数据系统和睿域营销。NP-Basic 也得益于 NPower NY 董事会和高级管理层的坚定承诺，他们带来了成功的筹资记录、销售专业知识、劳动力发展技能和技术领导力，以及营销、财务和人力资源的重要共享资源，这将运营成本降至最低。

NP-Basic 的运营发生在三个地方：NPower NY 总部的共享空间、客户站点以及最重要的网络空间。通常情况下，流程如下：非营利组织跟 NP-Basic 销售人员下订单—进行现场评估—订购计算机和其他硬件并配置软件—在客户端站点进行系统安装—服务立刻启动同时有通过服务台和远程支持进行持续监控—维护和客户支持。从开始到结束，这个过程可能只需要七天，尽管捐赠的处理可能会稍微延长。该团队每周开会审查关键指标和目标。

NP-Basic 制定了一份为期三年的预估业务活动情况表，表明第二年的收入增长率为 61%，第三年的收入增长率为 103%，第三年的收入为 50 万美元。主要风险包括不能够达到销售目标，高于预期的成本，无法以小的非营利组织能够承受的价格维持服务，提供不一致的服务质量，以及无法保留高绩效的管理团队。谨慎的增长、管理和成本控制将减轻这些风险，并使企业即使在管理多种且通常是不可预测的风险时也能保持可持续性和成功。

资料来源：Adapted from NPower Basic Business Plan April 2005，http：//faculty. maxwell. syr. edu/acbrooks/pages/Courses/Documents/Soc%20Ent/NPowerNY. pdf. Reprinted with permission。

（二）创立过程

企业家有一系列的选择来继续他们想要创造一个新的非营利组织的想法。本节概述了在美国法律环境下将这一想法变为现实的选择和步骤。在其他有各自法律法规的国家，表格和流程的选择可能会有所不同。

正式成立一个非营利组织的原因有很多。一旦正式化，它就会拥有超越其创始人的身份。这有助于限制与非营利组织相关的个人的责任，

并有助于确保在创始人离开后组织能够继续。一旦获得法律承认，非营 49
利组织就有能力获得贷款、签订合同，并将财产和其他资产保留在组织
的名下。它还获得了更高的可信度，使其更有可能吸引捐赠和其他支持。
此外，非营利组织可以获得特定于其选择的法律形式的福利。

首选之一是是否将非营利组织设立为非法人团体（unincorporated
association）、慈善信托（chartiable trust）或非营利性法人（nonprofit
corporation）。非法人团体是最简单的法律形式，它们名下可以有一个银
行账户并且对捐赠免税。它们几乎没有其他好处，但对保持记录的要求
最少。慈善信托在许多其他国家是一种普遍的法律形式，但在美国的使
用相对有限。在美国，这种形式倾向于由旨在提供拨款的组织使用，最
常见的法律认可的非营利形式是非营利性法人。

非营利性法人既可以是公共福利（public benefit）组织，也可以是互
利（mutual benefit）组织。公共福利组织主要是公共服务。它们符合 IRS
分类系统 501（c）（3）和 501（c）（4）的标准。互利组织主要是成员
服务由一些 501（c）（4）组织和其他非营利性税收分类组成，但归类于
（c）（3）类的组织不包括在其中。关于可能有资格获得免税的组织使用
的所有 IRS 分类列表，请参见示例 3.2。

当我们想到非营利组织时，大多数人会想到 501（c）（3）组织。这
些非营利组织被美国国税局定义为"宗教的、教育的、慈善的、科学的、
文学的、公共安全测试，促进特定国家或国际业余体育竞赛或防止虐待
儿童或动物的组织"。成为一个 501（c）（3）组织的吸引力在于非营利
组织增加对支持呼吁的接受度，对捐助者的税收减免，低价邮寄许可的
资格，免除某些税收，某些州申请赌博许可的能力，获得政府和基金会
的合同和补助金的资格，以及来自一些企业的折扣。但是，一旦成立为
501（c）（3）组织，非营利组织就不允许参与政治竞选活动，参与游说
和无关商业活动会受到限制，必须确保参与者几乎不从事与其使命无关
的活动，并且必须确保没有超额利益或财产流入员工、理事会成员或他
们的关系户的账户。关于限制的更多信息，请参见第十四章——公共和
政府关系。

并非所有非营利组织都可以使用 501（c）（3）分类。一些希望其组织
大力参与倡导活动的企业家选择采用 501（c）（4）而不是 501（c）（3）

分类。归类于 501（c）（4）的非营利组织被允许参与更多的游说活动。

50 其他分类选择非常适合主要为其成员服务的协会，例如工会（c）（5）、娱乐俱乐部（c）（7）以及工业和贸易团体（c）（6）。

示例 3.2　国税局政策下享有税收豁免资格的组织

501（c）（1）国会法案下组织的公司（包括联邦信用合作社）

501（c）（2）豁免组织的控股公司

501（c）（3）宗教的、教育的、慈善的、科学的、文学的、公共安全测试，促进特定国家或国际业余体育竞赛或防止虐待儿童或动物的组织

501（c）（4）公民联盟，社会福利组织，当地员工协会

501（c）（5）劳工、农业和园艺组织

501（c）（6）商业联盟、商会、房地产委员会等

501（c）（7）社交和娱乐俱乐部

501（c）（8）兄弟信托受益协会

501（c）（9）志愿员工受益人协会

501（c）（10）国内兄弟会和协会

501（c）（11）教师退休基金协会

501（c）（12）仁慈人寿保险协会，联合灌溉公司，互助或合作电话公司等

501（c）（13）公墓公司

501（c）（14）国家特许信用合作社，共同储备基金

501（c）（15）互助保险公司或协会

501（c）（16）为农作物运营提供资金的合作组织

501（c）（17）补充失业福利信托

501（c）（18）员工资助养老金信托（1959 年 6 月 25 日之前创建）

501（c）（19）军队过去或现任成员的职位或组织

501（c）（21）黑肺病福利信托基金

501（c）（22）提款责任支付基金

501（c）（23）退伍军人组织（1880 年以前创建）

501（c）（25）拥有多个母公司的公司或信托公司

501（c）（26）为高风险个人提供健康保险的国家资助的组织

501（c）（27）国家资助的工人赔偿再保险组织

501（c）（28）国家铁路退休投资信托基金

501（d）宗教和使徒协会

501（e）合作医疗服务机构

501（f）运营教育机构的合作服务机构

注：其他组织也可能符合减免资格，例如归类于 501（c）（24）的组织和在 521 下面的农民合作组织（该示例未包括）。

51　　资料来源：Derived from Internal Revenue Service，*Tax-Exempt Status for Your Organization*，IRS Publication 557（October 2010）。

　　在建立 501（c）（3）时，有必要确定该组织是私人基金会还是公共慈善组织。该组织被视为私人基金会的前提是它符合国家税收法的 509（a）

规定，属于例外之一或可以满足公共慈善组织的测试要求。有两种类型的私人基金会：经营和非经营。非经营的基金会不管理其资助机构以外的实质性项目或服务。私人基金会不得自行交易（与员工或理事会成员的业务合同），并且必须满足分配资产的最低要求，避免过多的商业控股，并避免某些支出。公共慈善组织获得更多免税，更少繁琐的报告要求以及额外的筹资机会。

非营利组织如果属于以下任何一种，则被视为公共慈善组织。

- 教堂、大会或教堂协会；
- 学校；
- 医院、合作医院服务组织或与医院合作的医学研究组织；
- 国内税收第 170（c）（1）节所述的政府单位；
- 仅为政府所有的学院或大学的利益而运营的组织；
- 以公共支持组织、政府单位或公众的贡献形式获得实质性支持者的接收者；
- 总投资收入通常不超过 1/3，且超过 1/3 的收入来自会员费用和与其豁免职能有关的活动的组织（例外情况除外）。

一旦创始人决定采用某种法律形式，申请就可以根据该组织迄今为止所获得的支持，或根据该组织在其前五个纳税年度将获得的支持，做出预先裁决，向联邦政府提出申请，以做出最终裁决。

然而，创始人可以为其产品或服务寻求财务赞助，而不是向国税局申请一个新的非营利组织。创始人可以在现有非营利组织下将其建立为一个项目，或者通过社区基金会的捐赠者建议基金来管理新企业的财务和捐赠，从而无须作为非法人团体、独立慈善信托或非营利性法人获得更高级的法律认可形式。

除了申请国税局免税认可并获得最终或预先裁决之外，创始人可以采取其他措施使非营利组织正式化。最初的步骤之一是获取员工识别号码。如果非营利组织雇佣员工，这个数字尤为重要。一些非营利组织，如医院和大学，可能需要获得州和地方当局的同意。如果政府试图限制某个地理区域内某种类型的非营利组织的数量，则可能需要

52

同意。

在州一级层面上，准备和提交公司章程是必要的。公司章程往往是一个非常简单的文件，它描述了有关组织的基本事实——创始人、联系信息和基本目的，介绍非营利组织理事会运作规则的章程也是必需的，而且应当向州政府登记备案。第九章更详细地描述了章程，集中在理事会和治理上。在一些州，注册筹资和游说并申请州收入和财产税豁免也是必要的。

在非营利组织正式成立后，创始人需要有一种思维模式，即非营利组织不再是他们个人的组织。它的存在是为了服务公共。创始人不能从他的个人税收中扣除与业务相关的费用。创始人建立一个制衡系统也很重要，这样任何人都无法在组织中获得太多权力和控制。因此，创始人不应兼任执行主任和理事会成员。应该以能力来选拔理事会成员来管理组织，理事会成员应该表现出对组织的忠诚而非对创始人的忠诚。

四　在现有组织上创立非营利组织

正如本章开头所提到的，除了白手起家，新的非营利组织也可以来自现有的组织。我们将在以下小节中简要介绍一些可能性。

（一）衍生

衍生（spin-off）一词是指从现有组织创建新组织。一个非营利组织可能从另一个非营利组织或营利组织运营中剥离出来。根据它们背后的动机，我们可以区分重组驱动、创业企业和使命驱动的不同衍生种类。[①]

重组驱动衍生（Restructuring-driven spin-offs）是由母公司基于战略或运营动机而发起的，通常是由于母公司的重组或重心调整。这些动机可能涉及财务问题（股权和债务考虑）、监管救济（政府机构的要求），或各种内部业务活动或单位的适合性和重点。[②]战略重要性较低且与核

53

---

① Alexander Tübke, *Success Factors of Corporate Spin-Offs*（Boston：Kluwer, 2005），4.

② Joseph W. Cornell, *Spin-Off to Pay-Off：An Analytical Guide to Investing in Corporate Divestitures*（New York：McGraw-Hill, 1998），40-42.

心业务相关的活动越少，被母公司剥离的可能性越大。[1]

以下这些例子表明了衍生动机的多样性。路德维希癌症研究所（Ludwig Institute for Cancer Research，以下简称 LICR）是一家非营利组织，它开展实验室和临床研究以改善癌症控制。它剥离了商业企业，使得这些企业可以持有技术许可证，这些技术由 LICR 开发并可能将其转化为诊断或治疗的应用。LICR 没有能力将其发现转化为商业上可行的产品，并且可以通过将市场开发活动转移到这些衍生公司来保留其研究重点。大自然保护协会剥离了收集和管理物种和生态系统的数据的公益自然（NatureServe）组织。经过二十多年为这项工作的合作伙伴网络提供专业人员、数据库和科学与技术支持，大自然保护协会决定最好让一个独立的非营利组织作为该网络的会员组织，而不是保护协会继续将其作为一个不相关的活动。读写培养领袖（Leaders Thru Literacy）是另一个从现有非营利组织中产生新组织的例子。母机构酷雅学会（Quaqua Society）的理事会成员不想淡化社会的焦点，因此觉得衍生一个新机构是合适的。[2]

创业企业衍生（Entrepreneurial corporate spin-offs）是由现有组织中的一个或多个人驱动的。当他们的想法没有得到高层管理人员的认可或想要利用与他们在母公司内部建立的经验和知识相关的未使用潜力时，他们会感到沮丧。[3] 创业组织的衍生是自下而上的过程，企业家既是衍生决策的发起者又是过程的驱动者。在非营利组织的情况下，这种衍生也可能涉及非营利组织的反对派，例如邪教组织或教会组织。一项研究发现，对工作非常满意的人成为企业家的可能性比那些不满意的人低75%，而且员工获得的薪酬越多，离开并创新组织的倾向就越低。[4]

由附属于现有组织时发展自己想法的非营利组织的例子不胜枚举。

[1]　Michael H. Morris, Donald F. Kuratko, and Jeffrey G. Covin, *Corporate Entrepreneurship &Innovation* (Mason, OH: South-Western/Cengage Learning, 2008), 244-245.

[2]　See the Quaqua Society's news Web page at http://www.quaqua.org/news.htm.

[3]　David Garvin, "Spin-Offs and the New Firm Formation Process," *California Management Review* 25 (1983): 3-20.

[4]　"Entrepreneurs: Will They Stay or Will They Go?," *Capital Ideas* 3, no.3 (2002), accessed December 6, 2011, http://www.chicagobooth.edu/capideas/win02/entrepreneurs.html.

耶鲁大学最初名为大学学院，由一群宗教保守派发起，他们对哈佛大学脱离教会的影响感到不满。① 1976 年，米勒德·富勒（Millard Fuller）被与他人合创的国际仁人家园理事会驱逐之后，在 2005 年创办了富勒住房中心。一名前科学教会成员成立了 FACTNet，并最终被禁止非法分享从教堂取得的未发表的和受版权保护的文件。②

使命驱动衍生（Mission-driven spin-offs）被创造成为一种帮助非营利组织实现核心目标的手段。例如，母组织的使命可能是为经济发展、就业培训、为弱势群体赋权、增进绿色技术的扩散或促进可持续示范项目而创办新企业。

这种类型的一个例子是智慧屋顶（Smart Roofs）。该有限责任营利性公司是由一个名为可持续南布朗克斯（Sustainable South Bronx）的非营利组织成立的，这个非营利组织教授工作技能——在某种情况下，如何在屋顶上安装和维护植物园。另一个是获取经济安全的妇女行动（Women's Action to Gain Economic Security）非营利组织，它帮助低收入妇女建立使用环保清洁产品的清洁合作社。③ 维拉司法研究所（Vera Insitue of Justice）已经分离出多于 16 个的非营利组织，这些组织开始于示范项目，如警察评估资源中心（Police Assessment Resource Center）、替代量刑和就业服务中心（Center for Alternative Sentencing and Employment Services）、法律行动中心（Legal Action Center）、埃斯佩兰萨（Esperanza）、工作路径（Job Path）和纽约市刑事司法机构（New York City Criminal Justice Agency）。该研究所现在为衍生机构提供工具包。④

---

① Peter Dobkin Hall, *A History of Nonprofit Boards in the United States*（BoardSource E-Book Series, 2003）, accessed December 6, 2011, http：//www. boardsource. org/dl. asp? document_id = 11.

② Courtney Macavinta, "Scientologists Settle Legal Battle"（CNET News, March 30, 1999）, accessed December 6, 2011, http：//news. cnet. com/2100-1023-223683. html.

③ Examples are from Liz Galst, "Nonprofit Groups Spin Off Green Ventures," *The New York Times*, October 28, 2009, accessed December 6, 2011, http：//www. nytimes. com/2009/ 10/29/business/smallbusiness/29sbiz. html.

④ The Vera Institute's Spin-Off Tool Kit may be accessed at http：//www. vera. org/download? file = 1469/Vera_Tool_Kit_Final. pdf.

（二）伙伴组织

非营利组织有时会促进与它们的计划密切相关的新的伙伴组织（companion organizaitons）的建立。例如，一群组织可能会创建一个贸易协会，该协会允许它们一起工作以获得批量折扣并支持它们共同的游说兴趣。一个独立的 501（c）（3）组织可能会为博物馆或学校建立一个基金会来筹集资金。鉴于捐赠的税收减免并不是对所有类别的非营利组织均有福利，对于缺乏这种福利的非营利组织而言，创建一个对寻求减税的捐赠者具有吸引力的单独的非营利组织可能是有意义的。NAACP 作为国家最古老的民权组织之一，它利用了各种伙伴组织，包括为其生产杂志的营利性组织；属于 501（c）（4）的分支组织；属于 501（c）（3）的国家总部组织；属于 501（c）（3）特殊捐款基金组织。

（三）子组织

如 NAACP 的情况所示，在某些情况下，一个组织（母组织）可以对另一个组织（子组织）进行操控。这种关系通常由母组织建立，以便它可以从子组织获得利益。非营利组织的子组织是非营利组织全部或部分被非营利组织掌控的组织。[1] 子组织可以是非营利或者营利性的组织。子组织的其他条款包括附属组织、支持公司和产权控股公司。这些术语中的每一个都指特定类型的子组织。子组织可以出于各种原因成立，包括保护母组织免税地位；保护母组织免受某些活动的债务和责任；吸引拨款、捐赠或股权和债务融资；或帮助母组织克服组织能力缺陷，增强社区形象，提供激励性补偿，或将活动的所有权转让给员工或其他方。[2]

非营利组织的母组织通过子组织的组织条例、章程和理事会对子组织进行控制。

55

---

① Brad J. Caftel, *Forming a Subsidiary of a Nonprofit, Charitable Tax-Exempt Corporation* (Oakland, CA: The National Economic Development & Law Center, 2002), accessed January 30, 2009, http://www.insightcced.org/uploads/publications/legal/720.pdf.

② Caftel, *Forming a Subsidiary of a Nonprofit, Charitable Tax-Exempt Corporation.*

● 母组织可以准备组织条例和章程。条例可以规定母组织有权批准任何修改。章程可规定母组织有权任命理事会理事长、无理由罢免理事长以及批准任何修订的权利。

● 子组织的管理文件可能被要求其受到母组织决定的约束。

● 母组织的代表可以是理事会成员、职员或子组织的执行员工，母组织代表有投票权来引发或阻止子组织采取行动。

● 子组织可能是会员制组织，而母组织是唯一的会员。

虽然子组织可以由其母组织控制，但要注意子组织作为由理事会管理的独立组成组织，需要由母组织建立和认可，并且要得到第三方的认可。母组织不应管理子组织的日常事务。即使母组织和子组织的理事会可能重叠，也建议子组织理事会包括来自外部的理事。母组织和子组织应保持单独的账簿和记录、银行账户、会议和会议记录，文具和纳税申报表，并且双方都应以各自组织的名称签署文件。

（四）特许经营关系

根据莎伦·奥斯特（Sharon Oster）的说法，"特许经营关系是一种 56 独立企业和分支机构之间的中间关系"[1]。它有四个特征，这些特征是通过合同协议（与所有权控制相对）建立的：

● 经销商授予特许经营者使用经销商商标的权利或出售其产品的权利。

● 特许经营者向经销商支付此项权利。

● 经销商提供一些帮助，并对业务运营方式保持一定的控制。

● 任何剩余的利润或损失都归被特许经营者所有。

特许经营仅限于企业界的某些行业（例如快餐店和汽车经销商）；但是，特许经营在非营利组织中相对普遍，包括著名的善意（Goodwill）、

---

[1] Sharon M. Oster, "Nonprofits as Franchise Operations," *Nonprofit Management & Leadership* 2, no. 3 (1992): 224.

联合之路、红十字会、美国童子军和美国癌症协会。当非营利组织设立特许经营权时，其特许经营者可能是营利性的或非营利的。例如，美国国家橄榄球联盟（National Football League，以下简称 NFL）是 501（c）（6）非法人组织的非营利组织。绿湾包装工（Green Bay Packers）团队是一家非营利性法人，也是 NFL 系统的一部分。相比之下，底特律雄狮队（Detroit Lions）是由老威廉·克莱·福特（William Clay Ford Sr）拥有的营利性 NFL 球队。1990 年，前一百家最好的慈善非营利组织中有超过一半是特许经营组织。[①]

非营利组织是否应该建立子组织还是特许经营权？奥斯特比较了拥有分支机构（全资附属机构）和拥有特许经营权的优缺点。她的结论是，附属机构是好的，然而特许经营只是公平地保护非营利组织的声誉或品牌并协调筹资工作。特许经营是好的，然而附属机构很难改善资金的获取，难以减少管理上的推卸，并鼓励志愿者的努力。[②] 我们可以通过考虑子组织是否能够放入奥斯特的框架来扩展这些结论。在母组织对子组织进行大量控制的情况下，子组织将具有与分支机构相同的利弊。以较少控制权为特征的子组织按照它们的优缺点介入分支机构和特许经营公司之间。

与附属组织的关系并不总是进展顺利。附属组织可能会抵制其母组织的控制，或者会因为利益冲突而做出一些损害母组织的行为。例如，在国际仁人家园（Habitat for Humanity International）要求其分支机构签署新的会员协议后，圣安东尼奥分会起诉了国际仁人家园。圣安东尼奥分会希望无须签署协议继续使用家园（Habitat）名称。[③] 美国女童子军组织（Girl Scout）希望巩固、有效地取消地方委员会，包括出庭的曼尼通童子军委员会（Manitou Girl Scout Counci）。尽管国家组织授权它们以女童子军商标出售饼干和其他产品，但是这些委员会是作为单独的法律实体组织的。威斯康星州巡回法官裁定，国家组织不能因部分重组就取

57

---

① Oster, "Nonprofits as Franchise Operations," 226.

② Sharon Oster, "Nonprofit Organizations and Their Local Affiliates: A Study in Organizational Forms," *Journal of Economic Behavior & Organization* 30 (1996): 83-95.

③ Brennen Jensen, "Housing Charity Settles Lawsuit with Texas Affiliate," *Chronicle of Philanthropy*, July 24, 2008.

消该委员会。[①] 对于附属协议的非营利组织领袖来说，考虑哪些级别和类型的控制由附属公司持有、哪些由母组织持有非常重要。

五 本章小结

正如我们今天所经历的那样，创业家的冲动有助于塑造非营利部门。由于社会企业家的努力，不断对创新方法进行测试，以解决商业市场无法解决的社会问题。在精心设计的使命和经过深思熟虑的商业计划的支持下，确定了机会以及追求机会的人和资本的创始人可能会创造一个可以蓬勃发展的非营利组织。无论一个非营利组织作为衍生品、子公司还是特许经营，或者是在现有组织之外建立的，其社会价值取向都可能塑造其基本方法和它可以吸引的支持者类型。

在下一章中我们将详细介绍非营利组织的结构和设计选择。这些选择可能会在非营利组织存在的不同阶段发生变化。尽管如此，创始人所建立的经营原则和价值观可能会限制所考虑的选择。了解非营利组织的创始故事可能有助于解释它在多年后出现的情况。

六 问题思考

1. 您对新的非营利组织有什么想法？您如何知晓您的想法是否值得追求？您的社区中是否有社会企业创业的支持来源可能有助于探索您的想法？

2. 您认为在过去十年中，哪些因素可以解释美国非营利部门的增长？您是否预计未来十年会有更多或更少的增长？请解释原因。

七 练习

练习 3.1 社会企业精神模型

分析一个非营利组织的商业计划，并将社会企业精神模型应用于此。谁是关键人物，计划中概述的资本、机会、社会价值取向和情境是什么？您可以使用示例 3.1 或其他非营利组织商业计划来源的在线 NPower 商业

---

① "Manitou Girl Scout Council Proves to Be One Tough Cookie," *JS Online：Milwaukee-Wisconsin Journal Sentinel*，May 31，2011.

计划。

练习 3.2　创始人的故事

选择三个非营利组织并阅读每个网站上提供的组织历史。历史通常在网站的"关于我们"部分中提供。在每段历史中，创始人都有什么重要性？对比三段历史，它们在哪些方面相似，在哪些方面不同？

练习 3.3　使命分析

查找一个非营利组织的使命宣言。识别宣言中表明非营利组织目标、方法或价值的词语。这份使命宣言的优点和缺点是什么？您有什么改善的建议？

59

第四章　组织结构

绍森德社区服务（Southend Community Services，以下简称 SCS）成立于 1974 年，为居住在康涅狄格州首府哈特福德最贫困的社区居民提供服务，并因优质项目而保持着良好的信誉记录，该组织所服务的人群覆盖所有年龄段[①]。2000 年，该市从美国劳工部（U. S. Department of Labor）获得了数百万美金的项目拨款。项目为弱势青少年提供机会，为期五年。哈特福德市选择了 SCS 作为主要的服务提供商。该项目旨在让在校青少年走上正轨，让失学青少年重返校园或通过其他方式获得文凭，并帮助大龄青年顺利过渡到大学或职场[②]。该合同允许 SCS 扩展与弱势青少年相关的工作。到 2004 年，该组织为整个城市的儿童、青少年和老人这三个群体开展多个项目。但到了 2005 年，SCS 却面临项目资金到期且不能续约的危机。这将让 SCS 损失组织总预算的 40%。在分析了社区需求和组织的内部优势之后，SCS 发现如果只关注青少年职业培训项目并取消对儿童和老人的服务，那么 SCS 的效率会更高。因此，青少年服务项目被重组为五个独立的子项目，旨在满足不同群体的情况和需求，并将该组织更名为我们的那份馅饼（Our Piece of the Pie，以下简称 OPP）。同时，分析结果也指出 SCS 需要更多和更好的性能数据来扩大影

[①] 案例内容来自布利吉斯潘集团（The Bridgespan Group）的组织案例研究，in Alex Cortezand Alan Tuck，"Our Piece of the Pie（Formerly Southend Community Services）：Making the Biggest Differencein Hartford"（April 1，2006），accessed December 6，2011，http：//www. bridgespan. org/Learning Center/Resource Detail. aspx？id=360。

[②] Bob Searle，Alex Neuhoff，and Andrew Belton，"Clientsatthe Center：Realizing the Potential of Multi-Service Organizations"（The Bridgespan Group，July 7，2011），accessedJanuary 5，2012，http：//www. bridgespan. org/clients-at-the-center-for-mso. aspx？Resource=Articles.

响范围和结果，从而获得新的信息技术系统。SCS 转移或分拆了三个不关注青少年的项目。第四个儿童保育项目也被重新调整以期更好地为青少年就业项目提供支持。重组后，SCS 开展了广泛的公共信息和教育宣传活动以获得新的资金支持。到 2008 年，该组织已经成功争取到足够的资金来弥补之前损失的合同金额以及失去的那三个项目的资金。[①] 图 4.1 显示了项目的重组情况。

60

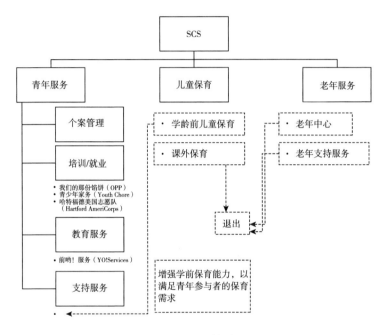

图 4.1　SCS 的重组

资料来源："Our Piece of the Pie（formerly Southend Community Services）：Making the Biggest Difference in Hartford," April 2006. Reprinted by permission of The Bridgespan Group。

SCS 决定调整其中一个非青少年项目来支持组织的新使命，并从余下的三个项目中退出。

根据 SCS 和 OPP 的经验显示，非营利组织需要弄清如何最好地实施项目和提供服务。这些决定将对组成该组织的各个单元和要素的安排及

① Jeffrey Bradach, Nan Stone, and Thomas Tierney, "Four Questions for Charities to Answer as They Seek to Thrive in Hard Times," *Chronicle of Philanthropy*, January 2009, 29.

运作产生影响。非营利组织的结构是在组织成立初期设计和创建的，然后从那时起就不断发展或重组。事实上，有时候重组可能对非营利组织的成功或生存至关重要。因此，非营利组织的管理者必须了解其组织的结构、这种结构对其组织的影响，以及在重组需求出现时可用的结构性替代方案。

61　　在本章中，我们将研究非营利组织的一个重要方面，即结构的组成和设计。许多非营利组织都有一个组织结构图，如图 4.1 显示的 SCS 组织结构图。这些结构图显示组成组织的各个单元或部门，并指出它们彼此之间的关系。我们可以将这些图视为组织结构的简单直观的展示，并有助于回答"我们应如何合理地定位自己来完成本职工作"这一问题。这绝非一个简单的问题，且组织结构所包含的内容远远超过组织结构图的内容。本章回顾了影响非营利组织工作方式的多个维度。我们认为非营利组织开展各式各样的活动并在许多不同的环境中运作。因此，我们希望非营利组织的组织结构能够呈现多元化的发展趋势，而不是采用统一的"标准化"模板。

一　什么是组织结构?

从最普遍的意义上讲，结构为组织提供了一种方式。这个方式可以同时满足两个相互冲突的需求，即区分需求和整合需求。正如亨利·明茨伯格（Henry Mintzberg）所说的那样："组织的结构可以简单地定义为将劳动分工为不同任务的方式的总和，然后实现它们之间的协调。"① 即使在最简单的组织中，要实现某一产出，也需要把组织的运作和工作划分成不同的任务和职能。这就是组织的分工。然而，一旦细分，这些多样而迥异的任务和职能就需要协调和整合，以实现组织的效率和效果。分工越大，对整合机制的需求就越大。

组织结构首先确立组织中正式的汇报关系，包括层次结构中级别的数量以及管理者和主管的控制范围②。其次，它确立了由个人组成的部

① Henry Mintzberg, *The Structure of Organizations* (Upper Saddle River, NJ: Pearson Prentice Hall, 1979).

② Richard Daft, *Organization Theory and Design*, 9th ed. (Mason, OH: South-Western/ Cengage Learning, 2007).

门和由部门组成的整个组织。再次，它包括系统的设计，以确保跨部门间的有效沟通、协调和整合工作。这样一来，组织结构就能有力地支持组织的产出和目标的实现，控制个体差异对组织的影响或使其影响最小化，并设置行使权力和做出决策所需的环境[①]。

非营利组织的结构并不是凭空存在的。因此，了解结构与组织其他方面的关系也非常重要。大多数关于组织的文章，无论是来自从业者还是学者，都围绕着组织的基本要素展开，包括结构方面。如图4.2所示，组织结构（正式和非正式）与组织的目标和战略、工作和技术以及人员要素相关联。每个要素都与其他要素和结构设计相互影响。而环境影响所有要素，这也说明了非营利组织管理和分析的复杂性。 62

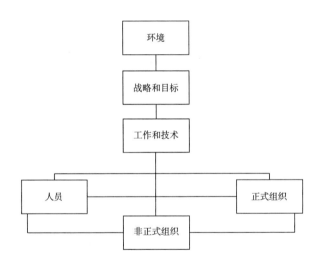

图4.2 组织的要素

资料来源：Adapted from W. Richard Scott and Gerald Davis, *Organizations and Organizing：Rational, Natural, and Open System Perspectives* (Upper Saddle River, NJ: Pearson Prentice Hall, 2007)。

关于组织的要素有如下描述[②]：

---

① Peter Hall and Pamela Tolbert, *Organizations：Structures, Processes, and Outcomes*, 9th ed. (Upper Saddle River, NJ: Pearson Prentice Hall, 2005).

② W. Richard Scott and Gerald Davis, *Organizations and Organizing：Rational, Natural, and Open System Perspectives* (Upper Saddle River, NJ: Pearson Prentice Hall, 2007).

● 环境：它包含了组织外部影响其生存能力和目标实现的所有重要因素。这些要素包括物理、技术、文化、金融和社会因素。

● 战略和目标：它描述了组织对计划服务的市场或服务对象的选择。它包括组织采用的具体策略以及它为自己设定的产出目标。

● 工作和技术：考虑到组织为自己设定的目标，工作往往涉及组织需要完成的任务。而技术是完成工作的方式，是将投入转化为产出的方法和过程。

● 正式组织：它在某种程度上明确规范了组织工作应该如何完成以及其各部分应该如何相互关联。它包括人力资源实践、工作设计和整体组织结构等要素。

● 非正式组织：它描述了影响其运作方式的组织新兴特征。它包括文化、规范和价值观、组织内外的社会网络、权力和政治以及领导者的行为。

● 人员：它是组织的参与者，为组织做出贡献以换取自我实现的价值，并通过利用自身的知识和技能将自己的偏好与组织的需求相匹配。

（一）结构的维度

组织的结构有七个核心维度，即正规化、复杂度、集权化、专业化、标准化、职业化和权力等级化[①]。为了让组织有效和符合道德规范，非营利组织的领导者需要权衡每个维度的使用程度。

● 正规化（Formalization）是组织中书面文件的数量。它包括职位描述、流程、规定、行为准则、雇佣合同、理事会章程和政策。非营利组织越正规，要求员工发挥创造力的需求就越少，他们在日常工作中出现不确定性的情况也越少。当然，代价是员工的灵活性较低。

● 复杂度（Complexity）取决于组织中不同活动或次级系统的数

---

① Jerald Hage, "An Axiomatic Theory of Organizations," *Administrative Science Quarterly* 10 (1965): 289-320.

量。纵向复杂度是指组织中层次级别的数量。示例 4.1 展示了维基媒体基金会（Wikimedia Foundation）组织结构图的四个级别，并通过方框的阴影强弱度来说明级别的高低。横向复杂度是指处于相同级别水平的单位数。维基媒体基金会在首席官员级别有五个类别。地区复杂度描述了组织的空间分布。例如，国际特赦组织（Amnesty International）分为五个工作区域，分别在南部、大西洋中部、东北部、中西部和西部，且每个区域都有自己的员工。一些非营利组织拥有复杂的并列结构，有两位执行主任。例如，艺术组织有时会有一位艺术主任和一位行政主任，且二人所管理的部门具有不同的结构。

● 集权化（Centralization）由具有决策权的层级决定。在集权组织中，决策的制定主要在组织的高层中进行。而在分权组织中，制定影响整个组织的决策则是在组织的更低层中进行。在非营利组织中，当需要衡量理事会与员工之间以及员工与志愿者之间的权利大小时，就会产生集权化问题。非营利组织的会员协会通常会赋予其成员做出某些决定的合法权利，这将有助于组织的分权。

64

● 专业化（Specialization）是指组织的任务被细分为一个个独立任务的程度。如果专业化的程度很高，每个员工就只需执行特定的几样任务。而如果专业化程度较低，员工在工作中就需要执行各种任务。专业化有时又被称为分工。在管理非营利组织时，创始人需要了解其劳动力应由专员还是全能职员组成，抑或是两者兼而有之。

● 标准化（Standardization）是指以统一的方式执行类似工作活动的程度。在高度标准化的组织中，例如监狱，工作内容被详细地描述，且类似的工作在所有地点以相同的方式执行。对政府法规和合同的遵守往往也需要一定程度的标准化。

● 职业化（Professionalism）涉及员工接受正规教育和培训的水平。当员工为维持工作而需长时间或专业的培训、专业认证或来自专业机构的认可时，组织的职业化程度就很高。拥有专业员工，如经过认证的社会工作者，往往是获得政府资助的必要条件。以志愿者为基础的组织或互惠型组织通常认为与服务对象分享类似的经验比提供专业培训更重要。非营利组织中雇佣专业人员可能会对那些没有经过专业培训但从事类似工作的员工构成威胁。

●权力等级化（Hierarchy of authority）描述了组织内部的报告路径以及每个管理者的控制范围，这跟我们之前讨论的组织结构图一样。

（二）结构类型：两种理想类型

在组织结构思想的发展过程中，一些理念和构想就凸显了出来，并显得尤为重要和有用。关于组织结构最有影响力的第一个构想是马克斯·韦伯（Max Weber）对官僚制（bureaucracy）的描述[1]。官僚组织具有权力等级化、有限的权力、相对较高的专业化和劳动分工、技术合格人员、职位与任职者分离、工作流程、在职者规则和差别奖励等特征。韦伯认为这些特征可以提高组织的合理性和效率，特别是与因某种偏好、家庭或政治关系而建立的组织相比。韦伯的描述是一种理想的状态，假定了组织或多或少都带有官僚意味。官僚特征往往随着组织规模和成立年限而增加。而随着组织的发展，他们发现曾经能够提高效率的官僚特征现在成为阻碍。到了这一阶段，组织就需努力降低其官僚程度。例如，一些拥有针对不同服务对象需求的专职人员信用合作社、划分为不同科室和部门的医院以及具有较高文档要求和严格按照流程来应对弱势服务对象的非营利性质的社会服务提供者就是具有官僚特征的典型组织。

维基媒体基金会是一家致力于鼓励自由及多语内容的成长、开发和分配，并将这些内容以维基方式免费向公众开放的非营利性慈善组织[2]。示例 4.1 展示了维基媒体基金会的等级化组织结构图。该结构图显示组织内部的报告关系和基金会的部门。首席财务和运营官以及首席技术官向副主任报告。有 2 人向首席财务和运营官报告，且这 2 人分别还有 1 人直接向他（她）报告。与之对比，首席技术官享有的控制范围则更大，有 14 人需要直接向他（她）报告。在这个组织中，控制范围存在这

[1] Max Weber, *The Theory of Social and Economic Organization*, trans. A. M. Parsons and T. Parsons（New York：Free Press, 1947）.

[2] Wikimedia Foundation, "Home," accessed December 6, 2011, http://wikimediafoundation. org/wiki/Home.

样大的差异有很多原因。可能是首席技术官给予直接向他（她）报告的
人足够的权利，从而减少所需的监督控制。也可能是技术优化了控制并
整合了部门的工作，以便它可以有效地容纳更多的小组且只需一名部门
负责人来监督。直接向上级汇报的方式使工作流程的复杂度相对降低，
便于管理者监控并将其汇总和分享给其他部门。结构也可能产生轻微的
演变，因而不能简单地从战略角度分析应该采用什么样的结构才能最有
效地完成组织的使命。

非营利组织的领导者应带着如下问题来看待组织的结构图。

- 组织结构图是否准确描述了组织内正式的报告关系？如果没
有，是否应对组织结构图或报告关系进行更改？最终应使组织结构
图和报告关系保持一致。

- 控制范围是否合理？换句话说，根据来自下属的需求，管理者
需要管控的人数是否太多（或太少）？管理者应具备一定的时间、技
能和系统，用以处理控制范围内的相关报告人的人际关系和工作协调。

- 非营利组织中同一层级的员工在自由裁量权、权限和责任方
面是否相对等同？如果没有，则应对跟同级相比的不同情况进行详
细界定和描述。

66

第二个具备重要影响力的构想来自汤姆·伯恩斯（Tom Burns）和
G. M. 斯托克（G. M. Stalker）对机械结构和有机结构两者区别的描述①。
一项针对英国工业企业的研究确定了两种类型的内部管理结构。在稳定
的环境中，研究发现公司更加正规化和集权化，大多数决策都发生在组
织的高层。这些公司与韦伯的官僚机构非常相似。汤姆·伯恩斯和G. M.
斯托克将这种结构描述为机械结构（mechanistic.）。然而，在快速变化
的环境中，他们发现一种不那么死板且更灵活、规则更少和更加依赖非
正式适应的结构。在这种结构中，决策是在组织的更低层制订的，且权
力相对分散。这种结构被称为有机结构（organic）。表 4.1 总结了这两种
结构之间的差异。

---

① Tom Burns and G. M. Stalker, *The Management of Innovation* (London：Tavistock, 1961).

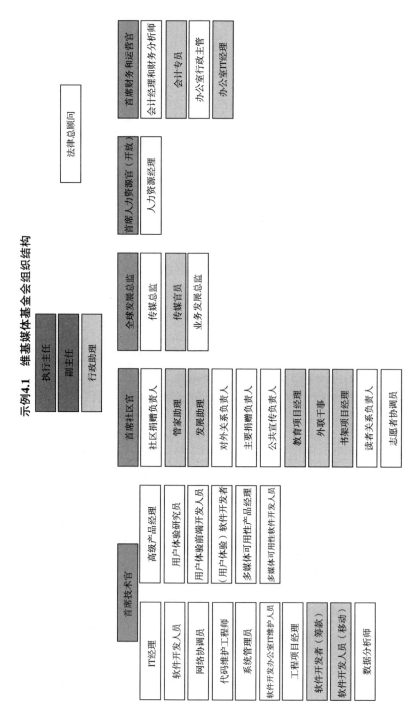

示例4.1 维基媒体基金会组织结构

资料来源:Wikimedia Foundation,*Organizational Chart*(July 2010),http://en.wikipedia.org/wiki/File:Wikimedia_Foundation_organization_chart.png.

67

表 4.1 机械结构和有机结构的特征对比

	机械结构	有机结构
1	任务细分为专门和单独的部分	员工共享任务
2	严格定义的工作	通过团队合作进行工作调整和重新定义
3	分等级的权力和控制	较少的权力和控制等级
4	许多规则	规则较少
5	对工作的认知和控制是集中的	对工作的认知和控制可来自组织的任意一方
6	纵向沟通	横向沟通

资料来源：Adapted from Richard Daft, *Organization Theory and Design*, 9th ed. (Mason, OH: Thomson South-Western, 2007).

许多非营利组织都体现出有机结构的类型。比如，它能对共享权力的价值产生吸引力，能渗透组织的界限以促进合作，能为成员进出组织提供便利，以及能提升创新能力和为满足需求进行快速动员。乔伊斯·罗斯柴尔德-惠特（Joyce Rothschild-Whitt）描述了一种理想型集体主义民主的非营利组织，其特征与官僚组织的正好相反。[①] 在这种理想型中，权力握在集体的手中，而个人意见要服从集体的共识。规则降到了最低。对社会控制主要基于个人或道德自觉。就业依靠友谊、社会政治价值观、人格属性以及未经正式评估的知识和技能。职业发展的概念没有意义，也没有职位等级。劳动分工极少，工作和职能普遍而灵活。最后，参与组织的主要动机源于内在（所做的事情符合个人的价值观和社会福利偏好），而外在激励（物质利益，如经济报酬）则是次要的。

这也是社区组织和草根组织的特征。[②] 这些组织大部分或完全由志愿者或成员组成。草根组织通常以本地为导向，专注于参与者的社区情况。他们可能参与社会运动或倡导活动。例如，法律团体、另类媒体团体、食品合作社、社区美化团体或观察团体、处理疾病的自助团体、公民行动委员会和娱乐俱乐部。示例 4.2 显示了俄勒冈有机联盟（the Oregon Organic Coalition，以下简称 OOC）的组织结构图。该联盟是一个

① Joyce Rothschild-Whitt, "The Collectivist Organization: An Alternative to Rational-Bureaucratic Models," *American Sociological Review* 44 (August 1979): 509-527.

② Carl Milofsky, *Community Organizations: Studies in Resource Mobilization and Exchange* (New York: Oxford University Press, 1988); David Horton Smith, *Grassroots Associations* (Thous and Oaks, CA: Sage, 2000).

非营利性贸易协会，它的有机结构以旋转和流动的方式运作。OOC 的成立是为了推动俄勒冈州有机产业和社区的发展和成长。例如，该组织主张俄勒冈州的学校购买当地农场的食物，并使用联邦资金研究有机农作物。该组织的工作由志愿者开展，他们同时也参与了领导委员会、咨询委员会和专责小组的工作。OOC 在法律意义上没有正式成员或付薪员工。考虑到 OOC 的存在是为了支持参与者的利益，而参与者必须对组织活动进行投入和塑造，这样就让众多的组织活动机会变得有了意义。

（三）常见组织结构

除了这些理想类型，还有一些常见的组织结构类型。组织结构要素的整体分配显示出其活动划分方式、报告关系以及不同的单元或部门的分组方式。分组的目的是将人员和部门聚集在一起，以促进工作的完成。该分配方式建立了划分、分解以及协调工作和活动的一般原则①。它规定了在组织内部作为决策和沟通基础的总体单位。组织内信息流的内容和方向部分取决于组织的要素分配。一些不同的基础可用于非营利部门的分组。不断变化着的情况也可能导致非营利组织内产生新的分配方式。以下段落所讨论的常见部门分组类型包括职能、事业部、地区、矩阵、和虚拟网络结构。

在职能结构（functional structure）中，活动按所需工作技能和任务的类型（一般的功能如筹资、营销和服务提供）分组为各种单元或部门。这种结构可以促进规模经济，因为组织的每个功能只需要一个单元来支持。此外，将同一功能所需的知识和技能组合在一起能促进专业知识的发展。维基媒体基金会就是一个职能结构的例子，其分组包括技术、社区、全球发展、人力资源和财务部门。因为职能部门之间的跨部门平行沟通或协调是非常困难的，所以当平行部门之间需要的协调较少时，这种结构最有效。两个平行部门之间的沟通需要经由更高的组织层面，以便集中制定决策，组织高层除了能决定跨部门的事项外，还能做出影响整个组织的决定。这种沟通和协调模式可能会增加组织高层的负担，

---

① Richard M. Burton and Borge Obel, *Strategic Organizational Diagnosis and Design: The Dynamics of Fit*, 3rd ed. (Boston: Kluwer Academic, 2004).

示例4.2 有机结构示例（OOC组织结构）

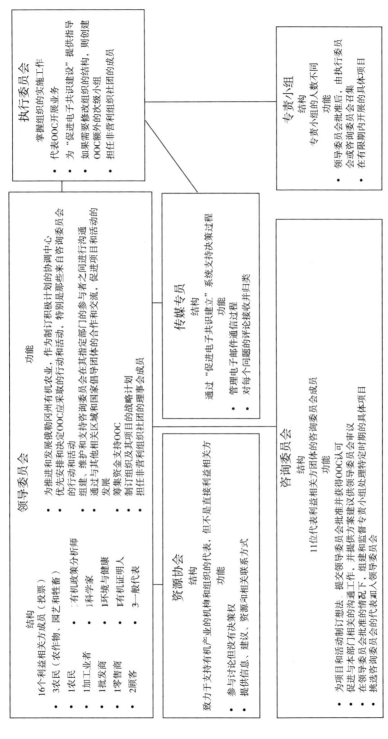

领导委员会

功能

- 为推进和发展俄勒冈州有机农业，作为制订积极计划的协调中心
- 优先安排和决定OOC应采取的行动和活动，特别是那些来自咨询委员会的行动和活动
- 组建、维护与其他相关区域和国家倡导团体的合作和交流，促进项目和活动的发展
- 筹集资金支持OOC
- 制订组织及其项目的战略计划
- 担任非营利组织社团的理事会成员

结构

16个利益相关方成员（投票）
- 3农民（农作物、园艺和牲畜）
- 1农民
- 1加工业者
- 1批发商
- 1零售商
- 2顾客
- 1有机政策分析师
- 1科学家
- 1环境与健康
- 1有机证明人
- 3一般代表

资源协会

功能

致力于支持有机产业的机构和组织的代表，但不是直接相关方

- 参与讨论相关决策方式
- 提供信息、建议、资源和相关联系方式

结构

执行委员会

掌握组织的实施工作

- 代表OOC开展业务
- 为"促进电子共识建议"提供指导
- 如果需要修改组织的结构，则创建OOC额外的次级小组
- 担任非营利组织社团的成员

传媒专员

结构

通过"促进电子共识建立"系统支持决策过程

功能

- 管理电子邮件通信过程
- 对每个问题的评论接收并归类

专责小组

结构

专责小组由领导委员会批准后，由执行委员会召集

功能

- 领导委员会批准后，由执行委员会召集或咨询委员会召集
- 在有限期内开展的具体项目

咨询委员会

结构

11位代表利益相关方团体的咨询委员会成员

功能

为项目和活动制订想法，提交领导委员会通过并获得OOC认可

- 为项目和活动制订想法，提交领导委员会通过
- 促进与本部门相关的沟通工作，并提供方案建议供领导委员会审议
- 在领导委员会批准的情况下，组建和监督专责小组处理特定时期的具体项目
- 挑选咨询委员会的代表加入领导委员会

资料来源：Oregon Organic Coalition, Procedures Manual (2006), http://www.oregonorganiccoalition.org/pdf/orgchart.pdf. Reprinted by permission of Oregon Organic Coalition。

在变化的环境中导致响应时间延迟、部门间平行协调性差和创新的减少。因此，这种结构较适用于产品相对较少且工作环境相对稳定的组织。

相比之下，在事业部结构（divisional structure）中，组织的结构分类不再基于功能，而是基于组织的产出或产品。每个部门的划分都基于生产的产品。此外，生产每个部门的产出所需的职能团队也包含在该部门中。这允许在部门级别制定分权决策，从而使组织的高层能够集中精力进行总体和跨部门的决策。例如，最高领导层可以扮演组织庄家的角色，决定分配给各事业部资源的多少。SCS 就是一个事业部结构的例子，其结构包括青年服务、儿童保育和老人服务部门。分权决策的制定和部门内部职能的协调使组织能够对环境变化做出快速反应，包括应对客户需求或市场条件的变化。此结构适用于具有多种产品或服务的大型组织。而这种结构的主要缺点是不能形成职能内的规模经济。例如，每个部门可能都有筹资或营销部门。此外，跨部门（产品线）的协调可能很难，常常需要通过组织高层来完成。

地区结构（geographical structure）的划分原则是根据组织的用户或客户的地理分布。通过这种分类，组织可以处理和响应客户需求，这些需求因地点（同一个国家的不同地区或不同国家的不同地区）而异。例如，女童子军、童子军、联合之路和善意等大型非营利组织使用半自治的地方分部和国家总部。这种结构可以在全球范围内推广，比如国际小母牛（Heifer International）等非营利组织就在全球各个国家开展业务。有许多的选择都是可行的[①]。比如，在一个分权结构中，多国型组织在每个国家都有各自的运营部门。相反，全球型组织将智力集中在总部，并通过以国家为单位的分部开展活动，类似于职能结构。而国际型组织属于混合类型，即某些项目活动采用集中的方式开展，某些则是分散到地方。跨国型组织拥有复杂的结构，资产和权限分离，相互依赖且具有专业性。国家作为活动实施单位被纳入全球的系统中。

由于需要额外的灵活性，许多其他结构也应运而生。矩阵结构（matrix structure）同时采用上述的职能结构和事业部结构。这是一个复杂的结构，因为它具有两种管理类型和三种部门类型。职能经理负责管

---

① Burton and Obel, *Strategic Organizational Diagnosis and Design*.

理拥有各种技能和专业知识的员工，而产品经理则负责产出。员工由两种类型的经理共同管理。他们由职能经理分配到各个产品部门，由产品经理监督。例如，提供住房援助的非营利组织可能会：

- 围绕（a）建筑、（b）服务对象咨询、（c）融资或（d）法律和政策这些专业设立职能部门。
- 设立包括（a）新房建筑、（b）现有房屋修复、（c）对房主的财务援助或（d）宣传的产品部门。
- 开发涉及同一城市不同区域的社区发展项目。有些地区可能需要新住房，有些地区可能需要进行现有住房修复，还有一些地区可能需要居住城市采取某种行动。对于每个项目而言，最好的人员组合是从职能部门和产品部门挑选人员组成项目团队。项目完成后，团队解散。

矩阵结构在许多情况下都适用。比如，可适用于因产品线之间共享资源的稀缺而产生的资源压力，也可适用于存在两个或多个关键产出时所产生的环境压力（如深入的技术知识和频繁出现的新产品），还可适用于环境既复杂又不确定的情况[1]。在这些情况下，纵向（功能）和横向（团队）的权力都能得到认可。矩阵结构的优点在于它在人力资源和产品两个方面都很灵活。这使它在快速变化的环境中特别有用。而它最适合具有多种产品的中型组织。然而，该结构也存在诸多缺点。比如，员工需接受来自两个部门经理的管理，这违反了权力统一的原则。它同时也可能会给员工和管理人员带来挫败感，并且要求人人都具备良好的人际交往能力和愿意在持续变化及不确定的环境中工作。在矩阵结构中，关于权力关系的争议比在其他结构中更容易产生，因此必须花费相当的时间和精力来处理这些争议。

最后，一种称为虚拟网络结构（virtual network structure）的新兴形式将横向协调和合作的概念扩展到传统组织的边界之外。该结构的主要特征是把组织的某些功能或活动外包。随着日益广泛和复杂的电子通信

---

① Daft, *Organization Theory and Design*.

系统的出现和发展，一个可定位任意地点的外部专家网络就出现了。该网络由组织的核心或中央协调。这使核心组织可以根据需求与任意数量的其他组织合作，并充分利用这些组织的专业知识。组织确定哪些功能需要外包以及保留或给予合作伙伴的控制权大小。这种结构使组织能够在全球范围内获取人才、资源和能力，而无须升级自己的设施或员工。这样一来，组织就能减少开销，并具有高度灵活性且能够适应不断变化的环境。例如，前面例子中提到的提供住房援助的非营利组织可能做出在全国范围内扩大影响的决定。该组织已具备采用矩阵结构在本地完成各种项目的能力。但除此之外，它只能为其他地区的客户提供基于网络的教育。为了提供其他服务，它可以与其他非营利组织建立伙伴关系。在每个地区，合作伙伴可以链接到网络中并通过电子媒体进行协调。这种结构的主要缺点是难以保持对远程合作伙伴的控制，包括如何签订合同并监督合同实施的合规性。在虚拟网络结构中，组织还要依赖于合作伙伴的绩效，并容易因合作伙伴的失败而受到影响。

二　对组织结构的主要影响

许多因素在影响非营利组织结构方面发挥作用，包括信息处理需求以及政治、文化和制度影响。

（一）结构与信息需求

组织的主要活动之一是在需要的时间和地点提供信息，以便组织能完成任务。信息需求取决于许多因素，包括用于完成任务的技术、组织的环境以及组织的战略。这里的技术具有广泛的定义，不仅指用于完成工作的机器和硬件，还指员工的技能和知识。约翰·加尔布雷思（John Galbraith）提出了一个公式，即信息需求是技术三个维度的函数。这三个维度是复杂性、不确定性和依赖性[①]。随着完成任务所涉及的复杂性、不确定性和依赖性的增加，信息需求也在增加，它们造成的影响同时成倍数地增长。因为当其中一个维度存在时，另外两个维度的影响都要大得多。

73

[①] John Galbraith, *Designing Complex Organizations* (Reading, MA: Addison-Wesley, 1973); John Galbraith, *Organizational Design* (Reading, MA: Addison-Wesley, 1977).

● 复杂性（Complexity）是在任务完成的过程中必须同时处理的不同事项或要素的数量函数。它可以通过对各种投入或产出的定制程度来衡量。例如，当筹资活动涉及代表不同利益和具有不同捐赠潜力的捐赠者时的复杂性更强。为了对活动进行协调以便更适合所有捐赠者，需要考虑和传达更多信息。

● 不确定性（Uncertainty）是指工作中所涉及的事项或要素的可变性。这可以通过产出期间遇到的意外情况的次数来衡量。计划在户外举行的筹资活动具有与天气条件相关的不确定性，因此需要制订针对恶劣天气的应急预案。

● 依赖性（Interdependency）是指执行任务或工作流程本身相互关联的事项或要素在多大程度上需要信息共享。詹姆斯·汤普森（James Thompson）将信息使用与依赖的类型联系起来[1]。例如，筹资活动能产生共享依赖性（Polled interdependence），这是因为项目和发展人员需要像团队一样一起工作，以便向捐赠者提供关于组织成就的报告。它也可能是顺序依赖性（sequential interdependence），因为在安排食物和娱乐之前必须先预定场地。一个人或一个部门的任务是否完成取决于另一个人或部门的产出。还有可能产生相互依赖性（Reciprocal interdependence）。它指在采取行动之前，各部门必须解决彼此的关键事件。例如，在确定价格之前不能出售门票，而门票的定价取决于预估成本和收入目标以及对市场和赞助机会的评估。

此外，组织信息需求与组织环境和战略有关[2]。除了会由于技术原因而增加外，信息需求也会随着环境不确定性、复杂性和变化的增加而增加。战略会影响组织的运作方式，而运作方式会影响组织结构和决策，组织结构和决策又会影响信息处理需求的程度。正如 SCS 和 OPP 所示，战略的变化可能会导致组织需要收集和处理的信息量的增加。

当非营利组织的信息流动不充分时，就会出现许多问题。有些信息

74

---

[1] James Thompson, *Organizationsin Action*（New York：Mc Graw-Hill, 1967）.

[2] Burton and Obel, *Strategic Organizational Diagnosis and Design*.

无法送达，而有些信息则传达得太少、太多或类型有误。上述情况均会对工作表现带来负面影响。非营利组织的结构是保障正确信息流的关键。能否创建符合信息处理要求的结构是一种挑战。信息需要在组织中横向和纵向流动，以便将员工层面、部门层面和组织层面连接在一起。随着信息处理需求的增加，组织可以通过提高横向和纵向的联结能力来提高其结构的信息处理能力。

纵向联结

纵向联结（Vertical linkages）可用于协调非营利组织各级别之间的活动，主要用于不同级别间的控制。纵向联结能确保非营利组织的下级与上级设定的目标保持一致，同时让上级对下级的活动有充分的了解。一系列结构性机制可用来支持非营利组织纵向联结的要求。下面罗列了多种结构性机制，并按它们处理信息的能力从小到大排序。

- 当级别之间的问题、话题或决策成为工作日常或重复出现的时候，可建议使用规则、进度表和计划。这种机制会减少因层级间的协调而需要的直接沟通。
- 当出现和遇到一个或多个部门的成员无法解决的问题或做出决定的情况时，则建议使用分级转介。这种机制保证了事项被提交或传递给层级中下一个更高级别的决策者。
- 纵向信息系统包括定期报告、书面信息和分布在组织层级之间的基于计算机的沟通。

横向联结

横向联结（Horizontal linkages）可用于确保非营利组织内同等级单位之间的协调，例如组织分部或分部下的部门（筹资部、营销部和生产部等）。如果没有横向联结，从一个单元发送到另一个单元的信息必须垂直向上经由更高级别且拥有管理这两个单元权限级别的部门，然后再向下发送到信息接收单元。有许多结构性替代方案可用于支持横向信息流。下面罗列了多种结构性替代方案，并按它们处理信息的能力从小到大排序。

75

值得注意的是排序越靠后，建立和维护每个联结所需的时间和人力资源成本就越少。

- 横向信息系统可用于在单元（如工作组、部门、分部等）之间交换信息。日常化和计算机化的信息系统可以提供有关活动的定期信息以及有关问题、机会和所需决策的信息。
- 如受到问题、机会、流程或决策的影响，可在经理或员工之间建立直接联系。例如，可从一个部门指派一名联络人，负责与别的部门沟通，以加强协调与合作。
- 当两个以上部门之间需要联结时，组建跨部门的专责小组就非常有用。专责小组是由有联结需求的组织单元代表组成的临时小组。每个成员代表他或她单元的利益，并将有关专责小组的活动信息传达回自己的单元。专责小组通常在任务完成后解散。
- 专职负责人在很多方面与联络人不同。这是为连接多个单元而创建的角色。此外，专职负责人的职位被设定在有联结需求的单元之外，并负责协调各单元。当产品或项目的完成需要多个单元进行协调时，他或她的头衔可能是产品经理或项目经理。
- 项目团队是最强大的横向联结，比专责小组更重要。当单元之间的活动需要广泛和相对持久的协调时（比如，组织有大型项目或正在探索重大创新或新产品线），则建议组建项目团队。

（二）政治、文化和制度对结构的影响

所有的组织（包括非营利组织）一直在寻求理性和结构设计的效率及有效性。然而，组织的设计并非一个简单而结果可预测的过程。霍尔（Hall）和托尔伯特（Tolbert）认为："组织的设计确实会影响结构，但不会像为组织提供解决方案的作者们认为的那样简单和过度合理。"[1] 组织结构也受到战略形成的政治、文化及制度因素的影响。虽然这些话题将在其他章节中详细介绍，但在此提及它们对理解其与组织结构的关系

---

① Hall and Tolbert, *Organization*, 19.

76　也非常有用。

　　组织的战略选择受到有限的理性和决策过程的政治影响①。组织的选择是由组织内各种小联盟中的主导联盟（dominant coalitions）制订的。组织内代表各种利益的团体都对组织目标有偏好。然而，通常情况下没有一个利益团体强大到可以将其偏好强加给组织。因此，它需要与其他愿意合作的利益团体组成联盟（每个利益团体需要放弃部分利益才能结成联盟）。联盟的力量来自于联盟中各小团体权力的总和。主导联盟所拥有的权力大于其他联盟。这个联盟也成为该组织的权力中心。主导联盟中的决策者参与政治过程，以选择组织关注的环境部分，处理环境的战略、技术以及控制技术和实施战略的角色和关系（结构）。在非营利组织中，几乎所有的利益相关方都希望能成为主导联盟中的一员，这种针对战略选择的政治斗争特别普遍。

　　国家文化（National culture）也会影响组织结构。组织置身于国家文化的背景当中，因而组织文化也会反映更大的国家文化②。国家文化会广泛体现在组织结构的权威关系，决策制订的责任、控制和沟通机制，员工培训、招聘、评估和推广之中。这对于理解非营利组织非常重要，因为它们在不同的国家文化环境中的结构和操作方式可能截然不同。同样，具有全球范围或在国际环境中开展工作的非营利组织的运作方式可能在不同的国家文化中也有所不同。

　　组织文化（Organizational culture）是组织参与者共享的一系列关键价值观、信念、理解和规范。它是整个组织和单个参与者的行为基础。它影响道德行为、组织对员工和员工对组织的承诺以及组织对效率或客户服务的相关重视度。组织文化是不成文的，但能以组织的故事、标语、仪式、服装和办公室布局来体现。这种文化相对稳定且持久，组织结构就是在这种环境中形成的。文化可以影响偏好，例如组织对集权管理或分权管理的偏好，与其他背景因素也产生相互作用。非营利组织可以拥有影响其结构和运营各个方面的独特文化。这些文化可以基于使命、服

---

① Herbert Simon, *Administrative Behavior* (New York: Free Press, 1957).

② Geert Hofstede, "Intercultural Conflict and Synergyin Europe," in *Managementin Western Europe: Society, Culture and Organization in Twelve Nations*, ed. David J. Hickson (New York: de Gruyter, 1993), 1-8.

务或服务对象导向、管理偏好或工作场所的安排。它们也可以是基于意识形态的，例如关注女权主义、整体医学或环境保护主义。

最后，迪马里奥（DiMaggio）和鲍威尔（Powell）指出，组织存在于具有相同的社会功能的其他组织所组成的领域（fields）①。在这些领域中，社会压力使这些组织变得越发相似。这个过程被称为制度同构（institutional isomorphism），是三种可能力量的结果。当弱势组织遵从其他强势组织的愿望时，就会发生强制同构（Coercive isomorphism）的情况。例如，资助者和监管者可能迫使非营利组织采用特定的结构（如设立评估部门）。模仿同构（Mimetic isomorphism）是组织在不确定环境中复制被认为是成功组织结构的结果。例如，如果一个非营利组织认为其他类似的非营利组织的成功归功于市场调研部门的建立，那么该组织也许会考虑创建一个这样的部门。最后，由于专业管理学院和顾问提出了关于最佳结构的构想，并对其进行传播和推广，就形成了规范同构（normative isomorphism）。例如，顾问可能会建议非营利组织建立一种可接受的和良好的治理模型，以指定的特殊理事会结构和方式运作。存在于上述情况下的非营利组织采用其所在领域的其他非营利组织的结构和流程。

三 结构缺陷

非营利组织花费宝贵的时间、精力和资金来设计和重建其结构，以提高效率并及时了解组织内外的变化。前面的讨论表明，这远非一项简单的任务，且通常需要权衡取舍。然而，不注意结构需求或不适当的结构设计所带来的后果可能非常严重。很多结构缺陷的特征已被确认。当组织结构与组织需求不一致时，它们会显现出来②。当结构缺陷发生时，非营利组织的管理者必须迅速采取行动，以诊断和纠正任何潜在的结构性问题。

    ● 决策延迟或质量不佳。当这种情况发生时，表明分等级的结

① Paul Dimaggio and Walter Powell, "The Iron Cage Revisited: Institutional Isomorphism and Collective Rationalityin Organizational Fields," *American Sociological Review* 48 (1983): 147–160.

② Daft, *Organization Theory and Design*.

构已导致决策者接收太多待解决的问题和决定，因而使他们超负荷工作，却缺乏可供他们支配的下级员工。由于横向或纵向信息连接不够充分，信息可能无法传达给正确的人。

● 组织无法以创新的方式应对不断变化的环境。在这种情况下，部门之间可能无法横向协调。组织结构还必须明确部门的职责，包括环境分析和创新。

● 员工绩效下降和目标未能实现。员工绩效下降的原因可能是因为组织的结构缺乏明确的目标、责任和协调机制。结构应该反映环境的复杂性，并且足够直接，才能使员工在其中有效地工作。

● 太多显而易见的冲突。在这种情况下，结构就需要将存在矛盾的多个部门目标重新组合成整个组织的单一目标。当部门之间意见相左或面临以牺牲组织目标来实现部门目标的压力时，组织结构往往是存在问题的，这也表明横向联结机制还有待改善。

四　本章小结

非营利组织的结构既是果又是因。这是非营利组织的外部环境、工作流程和战略的结果。反过来，组织结构又会影响非营利组织的许多内部特征，例如信息流、权力关系和等级制度。此外，它既具备确定性又不失灵活性。如果一个非营利组织的结构与可能发生的重要的外部或内部事件不能保持一致，那么它就无法生存。另一方面，非营利组织通常有一系列可供选择的设计方案来完成组织的任务。

考虑到组织结构的性质、非营利组织所处环境的多样性、组织的使命和战略，以及内部和外部的利益相关方，非营利组织的结构采取多种不同的形式其实并不奇怪。例如，非营利组织可以提供公共或私人物资，从销售或捐赠中获取资金，以及雇佣员工或志愿者。每一次的选择都对结构造成影响。根据上述和其他因素，非营利组织在结构上可能看起来很像商业公司或公共机构，也可能两者兼有或采取更加独特的形式。非营利组织也可能位于快速变化和不可预测的环境中，从而衍生出其他结构。所有这些因素使得非营利组织在从事组织结构设计工作时，不断地面临着各种挑战。

在下一章中，我们将谈到战略的形成。需要记住的是，这个过程以及后续章节中的其他过程，均与结构密切相关。一方面，如果战略所需的组织活动与现有结构不一致，那么这些活动的设计就不是合理的；另一方面，非营利组织可能会改变其结构，以促进设立新的战略方向。这样的话，结构将以动态的方式影响战略，同时也受战略影响。

五　问题思考

1. 非营利组织的结构有时候被认为"过于复杂"或"过于简单"。请解释"过于复杂"和"过于简单"的含义和它产生的原因，以及它可能导致的结果。

2. 非营利组织的结构设计如何受到组织外部因素的影响？如何受到组织内部因素的影响？非营利组织如何平衡这两种影响？

六　练习

练习 4.1　结构的维度

一家大型非营利医院和一个小型花园俱乐部每月组织机构成员召开会议并对另一方展开讨论。请从以下几个方面描述这些非营利组织可能存在的差异：

1. 正规化；
2. 复杂度；
3. 集权化。

您觉得存在差异的原因是什么？

练习 4.2　结构设计

组织结构需要与组织的技术、环境和战略保持一致。假设您要建立如下类型的公益组织，请从中选择一个并回答下面的问题：

- 一个为穷人提供食物和衣物的机构；

80
● 一个全年向年轻人开放的营地；

● 一个艺术博物馆和画廊

1. 您所选择的组织可能的使命宣言是什么？

2. 为了提供服务需要完成哪些工作？

3. 请您利用问题 1 和问题 2 的答案并参考本章的信息，绘制一个能说明该组织职能结构的组织图。

4. 请您绘制一个能展示该组织事业部结构的组织图。

5. 请分析和描述上述两种组织结构图的优缺点。

6. 在什么情况下，矩阵结构对您的组织有用？

7. 在什么情况下，您的组织应采用虚拟网络结构？

练习 4.3　结构和信息

进一步研究练习 4.2 中描述的非营利组织，讨论其可能的信息处理
81　需求，并描述能够满足这些需求的横向和纵向信息联结。

第二部分

战略、资源和协调

第五章　战略的制定

　　1981 年，亚利桑那州的弗林基金会（Flinn Foundation）开始将其资助重点放在推进医学教育、生物医学研究和一些社区卫生项目上①。几年后，由于遗赠加倍，该基金会将其资助领域扩大到支持教育和艺术项目。到 2001 年，它每年为 100 至 150 个项目提供资金，这些项目涉及的问题十分广泛，从怀孕青少年、墨西哥的跨境问题、艺术展览、奖学金到讲座教授。有几个因素促使基金会重新评估和改变这种分散的方法，包括质疑它的新理事会成员，基金会支持的一些项目的外部批判，以及亚利桑那州的经济衰退。作为回应，基金会领导者开始了战略规划过程。他们重新研究了基金会的使命和捐赠者的意图并得出了基金会的资金应该用于后代的利益和长期的系统变革，而非用于短期的慈善目标的结论。理事会确定了三个宽泛的重点领域：卫生政策、社区卫生和生物科学研究。然后，理事会要求员工和顾问在每个领域制订可能引起行动规划的方案。在对这些情景进行审查并进行激烈的辩论后，理事会决定将重点放在生物科学上。一家咨询公司被聘请来评估亚利桑那州的生物医学研究状况，并制订规划和目标使亚利桑那州十年内在生物技术方面更具竞争力。作为这一战略规划的结果，弗林基金会将其资助重点放在几个关键战略上，特别是建立研究基础设施和蓬勃发展的生物科学产业。它过去提供的资助次数较少但规模很大，而现在平均每年提供五笔赞助。此外，该基金会还是该

---

①　案例细节来自 Judith A. Ross, *Becoming Strategic：The Evolution of the Flinn Foundation*, CEP Case Study No. 3（Cambridge，MA：Center for Effective Philanthropy，March 2009），accessed June 1, 2009, http：//www. effectivephilanthropy. org/assets/pdfs/CEP _ Flinn. pdf。

地区的生物科学的倡导者和联盟建设者。此后，亚利桑那州生物科学领域的就业岗位、研究经费、企业和工资大幅增加。弗林基金会被州政府领导者视为对该州生物科学格局的改变起到了重要作用。

弗林基金会的故事说明了当寻求达成使命和加强影响时，战略规划在指导和聚焦非营利组织活动时所发挥的关键作用。什么是战略？非营利组织应当如何制定战略？哪些因素可以使战略规划更成功？在本章中，我们将研究战略的本质。我们提供了与战略相关的常见工具并概述战略规划过程。我们还会讨论许多思考和制定战略的选项。

一　商业战略：非营利组织战略的起点

战略（Strategy）通常被定义为旨在实现一个特定的长期目的或目标的规划。这个词来源于希腊语战略或"将才"。《孙子兵法》写于公元前500年左右，人们普遍认为它最早对军事战略进行了系统和广泛的讨论。而对管理者来说，它仍然是有用的读物[①]。

我们首先简要介绍一下有关商业战略的大量文献，以便对非营利战略进行透视。非营利组织学者和从业者已经从为企业开发的框架中吸取了经验。他们还为战略规划创建了自己的工具，我们将在本章后半部分进行讨论。

（一）商业战略简史

美国企业的战略规划可以追溯到 20 世纪初期对科学管理方法的采用上。科学管理（Scientific management）的核心原则是合理规划和组织设计，它们是基于高层领导者制定的企业目标[②]。战略在第二次世界大战后得到了很大的推动，当时美国工业经历了一次重大扩张，长期规划和

---

①　Sun Tzu, *The Art of War*, trans. Lionel Giles (El Paso, TX: Norte Press, 2007).

②　See, for example, Frederick Taylor, *The Principles of Scientific Management* (New York: HarperCollins, 1911); Henri Fayol, *General and Industrial Management*, trans. Constance Storrs (London: Pitman, 1949); Ralph Davis, *The Principles of Factory Organization and Management* (New York: HarperCollins, 1928); Ralph Davis, *The Fundamentals of Top Management* (New York: HarperCollins, 1951).

控制成为大公司期望开拓新市场的关键优先事项①。在这样的商业环境下，战略和战略规划开始成为商业思维的核心。与此同时，20 世纪 60 年代有名的学术作家，例如阿尔弗雷德·钱德勒（Alfred Chandler）和 H. 伊戈尔·安索夫（H. Igor Ansoff），坚信所有公司都需要一个整体的公司战略②。

　　1962 年阿尔弗雷德·钱德勒在商业情境下首次使用战略（strategy）这一术语。他提供了战略管理（strategic management）的经典定义，即"企业的基本长期目的和目标的确定，行动方案的采用以及实现这些目标所需的资源分配。"③ 这些和其他的基本陈述都传播了一种观点，即战略是关于高层组织领导者根据公司在市场中的理想定位制定的长期目的和规划④。亨利·明茨伯格将这个早期阶段的思维特征描绘为："当战略规划在 20 世纪 60 年代中期出现时，企业领导者将其视为制定和实施提高每个业务部门竞争力战略的'最佳方式'。规划系统被用以为实施这些战略提供最佳战略和逐步指导，以便行动者和企业管理者不会出错。"⑤

　　战略制定的模型（高度理性的和分析的）和实践在 20 世纪 70 年代中期开始受到挑战⑥。在学术界，理论家们正在开发各种不太理性的或非理性的组织模型。这些模型描绘了一幅环境和社会因素影响组织决策的画面。对于战略制定这方面的启示在 20 世纪 70 年代早期被亨利·明茨伯格所强调，他的研究发现管理者使用分析性的规划工具的可能性比以前假设的要小⑦。同样，发生在 20 世纪 70 年代的第一次石油危机揭示

①　Roger Courtney, *Strategic Management for Voluntary Nonprofit Organizations*（New York：Routledge, 2002）.

②　Alfred Chandler, *Strategy and Structure：Chapters in the History of Industrial Enterprise*（Cambridge, MA：MIT Press, 1962）；H. Igor Ansoff, *Corporate Strategy*（Gretna, LA：Pelican, 1965）.

③　Chandler, *Strategy and Structure*, 13.

④　Stephen Cummings, "Strategy：Past, Present, and Future," in *The Sage Handbook of New Approaches in Management and Organizations*, ed. Daved Barry and Hans Hansen（ThousandOaks, CA：Sage, 2008）.

⑤　Henry Mintzberg, "The Fall and Rise of Strategic Planning," *Harvard Business Review*, January-February 1994, 107.

⑥　Roger Courtney, *Strategic Management for Voluntary Nonprofit Organizations*.

⑦　Mintzberg's research is summarized in Henry Mintzberg and James Waters, "Of Strategies, Deliberate and Emergent," *Strategic Management Journal 6*, no. 3（1985）：257-272.

了美国商业的战略规划存在瑕疵，即它们没有在公司对未来的愿景中解决这类危机的可能性。大约在同一时间，尽管日本公司在战略规划上的努力不如美国公司，但却取得了巨大的成功。这些对正式战略规划的挑战产生了一系列替代性的定义、模型和实践。

（二）当代商业战略

在整个商业战略历史中发生的思维转变产生了各种各样的理论和模型。亨利·明茨伯格、布鲁斯·亚斯兰（Bruce Ahlstrand）和约瑟夫·兰佩尔（Joseph Lampel）在 1998 年的一篇综述中得出结论：文献中可以确定关于战略的各种一般性定义[1]。主流观点是将战略视为一项规划（plan）未来的行动指南或行动步骤，或者达到目标的路径。此外，战略还以其他方式被描述。例如，作为随时间推移的一种持续的行为模式（pattern），作为特定产品在特定市场中的定位（position），作为组织的视角（perspective）或基本的做事方式，或者甚至仅仅是一个旨在战胜对手或竞争者的计策或策略。战略的这些定义和方法并不矛盾，它们强调战略在组织中可以发挥的不同作用。它们还可以有效地区分战略和规划。正如这些定义所揭示的那样，非营利组织可能有一个战略，却缺乏实现它的计划，或者有计划，却不属于任何整体战略的一部分。此外，明茨伯格及其同事确定了许多战略形成模型[2]。它们通常以教科书和实践者文献中的模型解释如何通过一系列规定步骤和使用特定工具制订战略规划的。我们稍后会在本章中详细讨论这些步骤。这些模型基于理性规划，通过有意识地匹配内部和外部组织情况的过程，制定明确和独特的战略。一系列严格的步骤被采用。组织被置于其行业背景中，并对它进行分析以研究组织如何改善其在该行业中的战略定位。

引发诸多关注的另一种替代性模式基于组织学习，并认为战略形成是一个应急的过程。在这种模式中，管理层密切关注哪些有效，哪些无效，并将经验教训纳入整体行动规划中。此外，由于外部环境过于复杂，不可能一次性将所有的战略制定到位，因此，随着组织不断适应和学习，

---

[1] Henry Mintzberg, Bruce Ahlstrand, and Joseph Lampel, *Strategy Safari: A Guided Tour Through the Wilds of Strategic Management* (New York: Free Press, 1998).

[2] Mintzberg et al., *Strategy Safari.*

战略也在这个过程中逐步形成。20 世纪 90 年代，在更理性导向的规划模型和应急模型的倡导者之间形成了激烈的（有时是刻薄的）辩论。辩论的结果承认战略可以来自规划，也可以在没有规划的情况下出现，而且越来越复杂的世界要求经典的规划方法需要适应实际情况。

二　非营利组织与战略规划

在商业战略的背景下，我们接下来将讨论非营利组织环境下的战略规划。20 世纪 70 年代中后期，正式的战略规划开始出现在非营利部门。若干评论家已经注意到可能影响战略规划的非营利组织和营利组织之间的差异[①]。对于非营利组织来说：

* 服务是无形的和难以衡量的，并且一个非营利组织可能有多重服务目的；
* 客户的影响可能较弱；
* 员工可能会坚定地致力于职业或事业；
* 资源贡献者可能会侵入内部管理；
* 奖励或惩罚的使用可能存在限制；
* 具有超凡魅力的领导者或企业的神秘感可能是解决冲突的手段；
* 多个利益相关方的存在意味着领导者除了规划技能之外，还需要交际技能；
* 一个非营利组织的变革能力可能有限。

88

这些差异使得一些研究人员得出结论，即非营利组织存在于与营利公司明显不同的环境中，并且非营利组织具有更多基于价值的目标和使命[②]。对于一些非营利组织，例如倡导团体和许多环境和市民组织来说，这当然是正确的，并且它限制了这些组织的营利理性规划模型的有用性。

[①]　Courtney, *Strategic Management for Voluntary Nonprofit Organizations*.

[②]　David Gerard, *Charities in Britain: Conservatism or Change?* （London: Bedford Square Press, 1983）; J. Malcolm Walker, "Limits of Strategic Management in Voluntary Organizations," *Journal of Voluntary Action Research 12*, no. 3 （1983）: 39-55.

但是，其他非营利组织，如医院、日托组织和养老院，在与营利性环境更相似的环境中运营。对于这些组织，调整商业部门的战略规划模型可能会有用。非营利组织战略规划的好处包括确定重要的内部和外部影响，产生可行的选择，以及理解战略对利益相关方的潜在影响[1]。为了理解非营利组织的战略规划，我们将首先考虑非营利组织可以采用的一些一般性战略导向。

三 一般性战略导向

（一）战略定位

一个非营利组织可能有一个一般的总体战略，称为战略定位（strategic position）。总体战略被细分为多个更具体的战略。在企业和非营利组织战略领域，大量工作都致力于确定此类一般战略[2]。最著名的战略定位的制定来自于迈克尔·波特（Michael Porter）的观点，他认为有三种一般战略：成本领先、差异化和聚焦[3]。在成本领先（cost leadership）战略下，组织注重使用效率、标准化和高容量，通过规模经济来降低成本。组织通过低价销售给大客户群而蓬勃发展。例如，善意组织是二手服装行业的领导者，它拥有广泛的零售店网络。相比之下，差异化（differentiation）战略涉及在广阔市场中为有选择性的买家提供独特的产品以实现组织定位。专业化可以基于许多因素，包括但不限于产品设计、技术、特征、经销商和客户服务。这些功能允许公司收取买方（或捐赠者）愿意支付的高价，只要他们认为产品具有附加价值。品牌忠诚度是持续成功的关键因素。哈佛大学就是非营利部门中采取差异化战略的一个很好的例子。最后，采用聚焦（focus）战略的组织依赖于狭隘的市场焦点，这与之前战略的广阔市场范围恰好相反。组织通过在其有限的细分市场中发展高水平的知识和能力来使自己取得成功。通过创新和营销可以获得竞争优势。在非营利组织中，整体或替代性健康诊所可以为这一战略提供例证。

---

① Courtney, *Strategic Management for Voluntary Nonprofit Organizations*.

② Courtney, *Strategic Management for Voluntary Nonprofit Organizations*.

③ Michael Porter, *Competitive Strategy* (New York: Free Press, 1980).

雷蒙德·迈尔斯（Raymond Miles）和查乐斯·斯诺（Charles Snow）提供了另一种流行的框架，在这种框架内，他们区分了四种一般战略类型：防御者、探索者、分析者和反应者①。这些战略中最合适的选择取决于组织的环境、技术和结构。

防御者（Defenders）是在成熟和稳定行业里面的成熟组织。他们通过高效的生产、强大的控制机制、连续性和可靠性来寻求稳定并保护其市场地位。例如，一个历史悠久的非营利性医院可能会强调做好现有的工作，避免新的竞争对手，而非寻求新的创业机会。

几乎与防御者相反，探索者（prospectors）寻求利用在产品、服务或市场中的新机会。探索者的优势在于创新和灵活性。这种战略最适合动态和动荡的环境。国际仁人家园成立之初，它是一个经典的探索者。它的使命是帮助低收入人群建造自己的住宅，这使其在市场上占有一席之地。

分析者（Analyzers）是寻求风险最小化，同时通过创新实现利润最大化的组织。它们通常专注于有限范围的产品，并试图超越其他产品。它特别适合在变化但不动荡的环境下采用。一些深入研究远程学习的非营利性学校可能被视为分析者。这些学校想出了如何利用现有优势，以不会削弱传统形式下的现有课程的方式提供在线课程。

反应者（Reactors）是指对环境几乎无法控制的组织。它们不适应竞争，也没有系统的战略、设计或结构来响应环境的变化。例如，发现其使命不再与现有条件相关的非营利组织可能成为反应者。与其重新定义它们自己，不如等待，观察条件是否改变，以及何时改变会对它们有利。如果条件没有改变，它们就存在可能失去资源并被迫关门的风险。缺乏能力去监测环境或启动组织变革也可能导致其被动的立场。失去大部分成员的小型草根非营利组织可能发现自己会面临这种局面。

90

---

① Raymond Miles and Charles Snow, *Organizational Strategy, Structure, and Process* (New York：McGraw-Hill, 1978); the types are also summarized in "Four Strategic Types (Raymond Miles and Charles Snow)," *12Manage：The Executive Fast Track* (n.d.), accessed May 20, 2009, http://www.12manage.com/methods_miles_snow_four_strategic_types.html. Also see Courtney, *Strategic Management for Voluntary Nonprofit Organizations*.

（二）麦克米伦框架

波特、迈尔斯以及斯诺的框架都是针对营利性组织而开发的。伊恩·麦克米伦（Ian MacMillan）开发了一种组合方法来确认非营利组织一般战略的替代方案①。麦克米伦的框架基于如下假设：非营利组织必须争夺稀缺的社区资源；除非需要安全网，否则应避免服务的重复；社区最好由高质量的服务提供者来提供服务。这些假设带来的一个启示是，如果一些非营利性提供者或项目没有为社区提供最佳效益，则应终止它们的服务或项目，为更有效的提供者或项目开辟道路。也就是说，社区福利应该是选择非营利组织是否应该合作、竞争或结束项目的主要考虑因素。

麦克米伦的框架有三个维度。非营利组织提供的每个项目都可以在这些维度上被评估。项目吸引力（Program attractiveness）是非营利组织认为项目与许多积极因素一致的程度，这些积极因素包括使命、目标、资源、对服务对象的效益，以及为非营利组织创造收入或其他效益的潜力。项目吸引力被归类为高或低。与其他为服务对象提供相似项目的非营利组织项目相比，竞争地位（Competitive position）与非营利组织为服务对象提供服务好坏的程度有关。竞争地位被分类为强或弱，并且可能是非营利组织的资源、技能、区位优势或其他优势的函数。替代覆盖率（alternative coverage）也是一个重要的维度，因为它允许非营利组织的战略考虑社区的需求和资源，通过考虑到是否有许多或者仅仅是很少的替代性选择可供服务对象使用，来获取非营利项目提供的福利。如果特定服务的替代选择很少，但有服务对象和社区需要它，非营利组织就可能会考虑提供该服务，即使它可能不是非营利组织最有吸引力的选择。相反，当有许多替代提供者时，通过支持该非营利组织提供此服务可能无法充分利用社区资源，特别是在当该非营利组织没有强大的竞争地位的情况下。

麦克米伦的框架产生了八种可能的战略类型，非营利组织在确定特定项目的方法时可以考虑这些战略②。表 5.1 展示了这些战略类型。表中

---

① Ian MacMillan, "Competitive Strategies for Not-for-Profit Agencies," in *Advances in Strategic Management*, vol. 1, ed. Robert Lamb（Greenwich, CT: JAI Press, 1983）, 65.

② 麦克米伦的战略类型描述改编自 Michael J. Worth, *Nonprofit Management: Principle and Practice*（Thousand Oaks, CA: Sage, 2009）。

编号所代表的特定行动与表后的战略编号相对应。

表 5.1 确定合适的战略导向模型：基于麦克米伦的非营利组织竞争战略

	对于非营利组织利益相关方的高项目吸引力		对非营利组织利益相关方的低项目吸引力	
	高替代覆盖率	低替代覆盖率	高替代覆盖率	低替代覆盖率
非营利组织处于强势竞争地位	1. 与其他提供者竞争激烈	2. 猛增供应	5. 合作提供或建立最佳竞争对手，以便最终停止提供	6. 如果需要，保持安全网，如果其他人可以成为有效的提供者，加强其他供应者以便非营利组织可以停止提供，找到供应的支持；或限制供应的范围以使其对非营利组织有吸引力
非营利组织处于弱势竞争地位	3. 停止供应	4. 和其他提供者决定谁应该提供。如果选择继续，加强供应	7. 停止供应	8. 考虑合作来改善提供，鼓励其他供应者并在不需要的时候停止供应

资料来源：Adapted from Ian MacMillan, "Competitive Strategies for Not-for-Profit Agencies," in *Advances in Strategic Management*, vol. 1, ed. Robert Lamb (Greenwich, CT: JAI Press, 1983), 69–72。

1. 激烈竞争。非营利组织是该项目中做得最好的，该项目对该组织非常有吸引力。其他很多机构也提供该服务，表明社区资源可能分散得太广。因此，非营利组织应互相竞争以淘汰较弱的提供者。

2. 积极增长。非营利组织是该项目中最好的，该项目对此很有吸引力。少数替代品的存在预示了这个领域增长是可能的，并且该组织应该追求其增长。

3. 积极撤资。非营利组织处于弱势竞争地位，并且有许多替代项目提供者。尽管该项目很有吸引力，但仍然没有良好的组织或社区理由继续提供服务。

4. 建立优势或卖出。同样，该项目很有吸引力，但非营利组织处于弱势竞争地位。在这种情况下，替代方案提供者很少。因此如果非营利

92　组织希望成为更好的提供者，它可能会使社区受益。或者，非营利组织应该退出并让其他更擅长的组织提供服务。

5. 培养最好的竞争对手。非营利组织是这项服务中最好的，但它对该组织来说并不是一个有吸引力的项目。鉴于此服务有许多其他提供商，非营利组织应该考虑帮助下一个最佳组织来接管或分享服务。

6. 机构的灵魂。非营利组织是这项服务中最好的。它发现该项目没有吸引力，但是很少有替代的提供者，如果非营利组织停止提供服务，社区可能会受到影响。了解导致这个项目没有吸引力的原因是很重要的。如果是财务问题，那么非营利组织应该寻求其他方式来为该项目提供资金。如果这对使命来说不合适，那么应该更加认真地考虑项目终止，否则使命漂移的风险会增加。

7. 有序撤资。这不是一个有吸引力的项目，非营利组织并不擅长该项目服务，并且存在许多替代提供者。没有理由保持该项目。

8. 联合经营。这不是一个有吸引力的项目，并且非营利组织也不擅长该项目服务。然而，在这种情况下，很少有替代提供者存在，社区可能会因提供者的流失而受到影响。非营利组织可以考虑与其他提供者合作，以使社区受益。

四　战略规划过程

在本节中我们将概述战略规划过程，并提供一些对非营利组织有用的工具。在一般战略规划模型中，战略规划是抽象愿望和具体操作之间连接的关键，如图 5.1 所示。

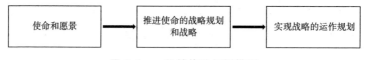

图 5.1　一般性战略规划模型

93　正规的战略规划通常涉及一系列步骤，包括准备规划、评估非营利组织面临的情况，将相关的内部和外部因素联系起来，确定战略问题以及制定旨在解决这些问题的战略。以下我们将介绍非营利组织如何采取这些步骤。我们通过一个假设的美国红十字会战略规划过程，提供每个步骤可能发生的例子。

（一）准备规划

为了准备战略规划，非营利组织应回答以下问题[1]：

- 规划工作的目的是什么？
- 规划过程是什么？
- 将生成哪些报告？何时生成？
- 谁将参与其中？他们的角色是什么？
- 有哪些可用资源？

　　理事会和首席执行官将在回答这些问题上发挥主要作用。如本章开头的弗林基金会的例子所示，启动规划过程的决定很可能来自这些最高决策人。同样，在红十字会分会，理事会在对业绩进行回顾后，可能会决定重新评估当前的战略。接下来的一个关键问题是，是否聘请顾问来指导部分或全部过程。当需要特定的技术或环境知识时，顾问将变得非常有用。此外，他们具有非营利组织可能缺乏的战略规划过程方面的专业知识。他们还可以为该过程提供公正的投入。另一个关键问题涉及理想的非营利组织的运营或服务部门员工的参与程度。虽然员工有细节的操作知识，他们也可能认为自身与现状或替代方案有利害关系。一般而言，重要的是要考虑需要哪些人认可制定的战略，包括非营利组织以外的利益相关方。例如，一个社区组织将从社区居民的投入中受益。这可能决定了谁应该参与规划过程。

　　在规划过程的早期，应明确它的限度和边界。授权和限制可能会对过程或结果产生显著影响。例如，更改服务位置或与特定组织合作可能不予讨论。现有与赠款相关的承诺来提供特定服务也可能需要兑现。同样，资金和人员时间可能受到限制或以其他方式承诺。例如，红十字会分会可能需要继续提供本地紧急响应服务，因为这是自 1881 年成立以来，美国红十字会一直以来的义务[2]。

---

[1]　John Bryson, "Strategic Planning and the Strategy Change Cycle," in *The Jossey-Bass Handbook of Nonprofit Leadership and Management*, 3rd ed., David O. Renz and Associates (SanFrancisco: Jossey-Bass/Wiley, 2010)：230-261.

[2]　American Red Cross, Web site, accessed July 12, 2011, http: //www. redcross. org.

规划过程中回顾非营利组织的使命和价值观也很关键。这些应在整94 个规划过程中被提及，实际上该过程的结果之一可能改善或修正它们。一方面，对使命和价值观的回顾可以帮助规划者就非营利组织的总体方向和指导其活动的原则达成一致。这反过来可以限制可能的变化，并帮助规划者为新战略提供一致的理由。例如，在回顾了弗林基金会的使命之后，理事会意识到使命已经漂移，并决定重新调整其工作重点，以创造长期的系统性变革，而非提供短期慈善。另一方面，回顾的结果可能表明该组织的使命是合适的。例如，红十字会的使命宣言为"美国红十字会，一个由志愿者领导并以国会宪章和国际红十字运动的基本原则为指导的人道主义组织，为灾民提供救济，帮助人们预防、准备和应对紧急情况。"① 这样的使命宣言看起来就无须改动。

（二）情境分析：外部和内部因素评估

战略规划中典型的下一步是情境分析，它可以识别潜在相关的内部和外部因素。本阶段的目标是提供一个完整的因素列表，而非考虑优先顺序。如果此时某个因素未被确定，那么它就不会被包括在后续的步骤中，因此也不会在战略或执行规划中加以处理。

许多工具和技术可用于情境分析。最常见的通用工具是 SWOT 分析，其中内部因素被识别并确定为非营利组织的优势（S）或劣势（W），而外部环境因素被识别并确定为非营利组织的机会（O）或威胁（T）。示例 5.1 和 5.2 概述了美国红十字会视为优势、劣势、机会和威胁的因素。有多种特定技术可用于识别 SWOT 分析中包含的外部和内部因素。

1. 外部因素分析

非营利组织的外部环境包括许多客观因素以及重要外部利益相关方的意见、需求和态度，这些外部利益相关方包括服务对象、资助者、政策制定者、监管者、合作伙伴和社区领导者。许多技术被开发以帮助非营利组织描述、探索和分析组织的环境② （参见示例 5.1）。

---

① American Red Cross, Web site, accessed July 12, 2011, http：//www. redcross. org.

② 环境评估技术的论讨来自 Courtney, *Strategic Management for Voluntary Nonprofit Organizations*。

分析外部环境的常用技术是 PEST（PEST 是 The Political，Economic，Social，and Technological factors of the external macro-environment 外部宏观环境的政治、经济、社会和技术因素的缩写——译者注）。在使用 PEST 时，非营利组织会密切关注环境的政治、经济、社会和技术方面，这些方面对当前和未来可能产生积极或消极的影响。在这些类别中，因素可 ₉₅ 以是特定的，例如特定的法规或资金流；也可以是一般性的，例如人口统计或整体经济条件。例如，对于红十字会分会，最重要的外部因素之一可能是地方政府的经济资源，它可以被动员起来提供紧急救济。如果缺乏政府资源，红十字会可能需要发挥更加广泛的作用。此外，人口的 ₉₆ 平均年龄和社区的社会经济衰退可能决定了对红十字会服务的需求。不可能事先规定哪些具体或一般因素与任何给定的非营利组织相关，这就是挑战所在。该技术只能在信息可用的时候才有用。此外，随着需要检验的因素列表的增加，任务的难度也随之增加。简单的环境可能是由员工和理事会成员以及知识渊博的外部人员进行充分评估。在更细致、复杂或动荡的环境中，可能需要专家向规划者提供信息。例如，弗林基金会聘请顾问提供行业数据，这些数据是员工和理事会成员无法轻易获得的。

示例 5.1　红十字会分会的外部机会和威胁

环境分析需要识别 SWOT 分析里的外部机会和威胁		
环境因素的类型	机会	威胁
行业因素		国家经济组成中的石油和天然气开采量将出现大幅下滑
经济因素		州和地方政府将失去约 6000 名工人（3.1%）。
财政因素		由于房地产问题，今年的财政困境增加
政府因素	政府大力支持红十字会	政府和公共机构将更少参与健康话题
竞争因素		在急救、器官捐赠、安全教育和灾难援助方面存在竞争。
社会因素	在灾难时期，红十字会得到了公众的大力支持	

续表

环境分析需要识别 SWOT 分析里的外部机会和威胁		
环境因素的类型	机会	威胁
人口因素	分会的捐款高于州分会的平均值	
未来国家趋势	预计今年国家经济将走出低谷	

资料来源：Adapted from R. Henry Migliore, Robert E. Stevens, David L. Loudon, and Stan Williamson, "Sample Strategic Plans," in *Strategic Planning for Nonprofit Organizations* (New York: Haworth Press, 1995), 161-195。

可以使用行业分析（industry analysis）来了解非营利组织在一个或多个行业中的运作情况[1]。行业分析是非营利组织采用和调整营利型组织模型的一种方式。最初的挑战是确定要检验的行业。例如，弗林基金会可以算作资助机构、社区健康倡导者、生物科学研究支持者，也可以属于其他行业和次级行业。同样，除了提供紧急救济外，红十字会还参与支助军人及其家属；给有需要的人提供社区服务；血液和血液制品的收集、加工和分配；以及促进健康和安全的教育项目[2]。这些都可以被视为独立的行业。

一旦确定了感兴趣的行业，就可使用莎朗·奥斯特（Sharon Oster）提供的一个有用工具，非营利组织可以用它来识别漏洞和关键的成功因素[3]。她的非营利模式通过涵盖资助者和志愿者扩展了波特的营利模型[4]。它主要关注：

- 行业现有组织之间的关系；
- 新进入者的威胁；
- 新替代品的威胁（来自替代服务的竞争）；
- 用户组的数量和权力；
- 资助团体的力量；
- 供应商行业的力量（特别是员工和志愿者）。

---

[1] Sharon M. Oster, "Nonprofits as Franchise Operations," Nonprofit Management & Leadership 2, no. 3 (1992): 223-238.

[2] American Red Cross, Web site.

[3] Oster, "Nonprofits as Franchise Operations."

[4] Porter, *Competitive Strategy*.

其他几种技术可能也有用。环境扫描（Environmental scanning）可用于检查环境因素可能产生的正面或负面影响的紧迫程度或影响程度。例如，一次扫描揭示城市社会服务预算可能在下一个财政年度减少。这可能会显著影响非营利组织的日托项目的城市资金。场景分析（Scenario analysis）是一种用于开发描述可能的未来场景的技术（示例5.1说明了一些场景）。每种场景都会评估发生的可能性以及可能对非营利组织产生的正面或负面影响。例如，城市资金减少导致非营利组织通过向日托项目的服务对象收取费用来抵消资金减少的影响。这两种技术可以在问题影响分析网格（issue impact analysis grid）中结合使用，该网格按照影响和发生的可能性对情况进行罗列。针对高影响和发生可能性较高的情况，采取优先行动；针对低影响和发生可能性较低的情况，则仅仅是追踪。在我们正在考虑的例子中，如果资金减少的情况是可能发生的，非营利组织就需要优先为这种紧急情况做准备。这种准备可能涉及任命一个工作组来评估选择。最后，力场分析（force field analysis）可用于考虑环境中可能促进或抑制变化的因素。在我们的例子中，由于低收入服务对象无力支付服务费，因而可能无法向他们收取费用。这可能让浮动收费成为最佳选择。

2. 内部因素分析

我们现在转向内部因素的评估，也就是组织内部可能影响战略的因素。尽管组织内部结构和运营的所有方面都应被考虑，但非营利组织必须确保其能力和资源得到评估（参见示例5.2）。资源分析可以帮助规划人员了解当前的能力，满足新需求的潜力以及资源缺口。非营利组织利用其资源成功运行其项目并履行其使命的能力是关键的内部因素之一。第二大因素资源在帮助企业获得竞争优势方面的作用已经被明确考虑了[1]。资源可以是

---

[1]　有关基于资源的战略的更多信息，请参阅 Jay Bamey，"Firm Resources and Sustained Competitive Advantage," *Journal of Management* 17, no. 1（1991）：99–120；Robert M. Grant，"The Resource-Based Theory of Competitive Advantage：Implications for Strategy Formulation," *California Management Review* 33, no. 3（1991）：114–135；Gary Hamel and C. K. Prahalad，"Strategy as Stretch and Leverage," *Harvard Business Review*，March-April 1993，75–84；John Kay，*Foundations of Corporate Success*（New York：Oxford University Press，1993）；Margaret Peteraf，"The Cornerstone of Competitive Advantage：A Resource-Based View," *Strategic Management Journal* 14, no. 3（1993）：179–191。

有形的或无形的。有形资源是指有形资产，包括物质资源（如建筑、机器、材料和生产能力），财政资源（如现金余额、债务人和债权人）和人力资源（如人员的数量和类型以及他们的生产力）。无形资源包括知识资源、智力资源以及组织的声誉和文化。智力资源包括专利和版权。知识资源包括员工知识和专业技能以及组织文化中的隐性知识。

尽管资源很重要，但正是资源合理配置才可以提供组织能力。核心竞争力提供竞争优势。资源提供进入市场的途径，并让客户认为它们可以带来收益。它们很难仿造，并赋予一个组织独特的能力。红十字会拥有这些能力。它具有强大的品牌形象和服务声誉。它为员工和志愿者提供广泛的培训，并拥有强大的社区服务文化。它有专门的应急响应设施（如建筑物、通信设备和专用货车）。这些因素使红十字会成为大多数社区的主要应急响应组织。

示例 5.2　红十字会分会的内部优势和劣势

继续示例 5.1 中的例子，对内部因素进行评估来识别 SWOT 分析里的内部优势和劣势

内部因素的类型	优势	劣势
行政与人力资源因素	志愿者和员工以他们的工作为荣； 组织具有服务文化； 员工具有广泛的训练和提供服务的专长	青年人没有被充分招募或利用
财政因素	财务状况优良，财务趋势良好	收入资金通常取决于联合之路基金的成功
设备和设施因素	组织有极好的现代设施； 拥有提供紧急服务的专业设备	该组织正在以比原规划更快的速度收购放置新设施的扩建区域
服务线因素	在有需要时，可以快速启动灾害相关服务	与其他地区的血液服务相比，红十字会的开销很大，而且有更广泛的收集和分配区域

资料来源：Adapted from R. Henry Migliore, Robert E. Stevens, David L. Loudon, and Stan Williamson, "Sample Strategic Plans," in Strategic Planning for Nonprofit Organizations (New York: Haworth Press, 1995), 161-195。

内部分析可以使用来自各种内部的信息，其中包括周期项目或组织的评估，以及由顾问或员工专门为战略规划过程收集的信息。有许多技术可用于确定相关的内部因素。

内部信息收集的主要方式是评估。针对项目和组织有效性的评估的内容将在第十三章讨论。当前我们强调定期评估应与战略规划挂钩。这些评估应测量实现绩效目标的进展，并指出加强或延缓进展的内部因素。此外，组织评估工具、实务守则和标准可供非营利机构使用。

（三）战略问题的识别

识别非营利组织面临的战略问题是规划的关键步骤。战略问题（Strategic issues）是对目前正在影响或可能影响一个组织的内部和外部因素的评估中出现的非常重要的问题。一旦识别了战略问题，具体的战略可以被制定来解决这些问题。如果在现阶段没有识别出重要问题，则可能无法制定战略来解决该问题。

战略问题涉及非营利组织的基本问题。例如，鉴于普遍的经济低迷和基金会对目前散漫做法的不满，弗林基金会面临的一个问题是，如何对亚利桑那州产生长期影响。战略问题需要集中在机会或挑战上。关键的一点在于，如果组织不处理这些问题，它们在某些时候可能会产生负面后果。问题类型分为三类：第一类是监测不需要立刻采取行动的问题；第二类是即将发生，在某个时刻需要采取行动的问题；第三类是需要立即响应的问题。对于弗林基金会来说，它的问题已确认是从第一类（监测）和第二类（即将发生）转向第三类（需立即响应）的问题阶段。

鉴于利益相关方的多样性以及对于非营利组织的观点和价值观的不同，问题识别的过程可能需要广泛讨论并可能引发冲突。例如，红十字会分会对于应该对军人家庭还是青年教育提供援助的相对优先权可能存在分歧。一套系统的流程将在这个阶段为规划者提供帮助。约翰·布莱森（John Bryson）已经确定了可用于识别战略问题的各种步骤①。其中大多数都非常简单直接，特别适用于小型非营利组织。在直接方法（direct approach）中，对�、使命、愿景和 SWOT 分析结果的讨论可以确定战略问题。所有潜在的战略问题将会被评估。简化的间接方法（indirect approach）从头脑风暴开始生成可能涉及利益相关方期望、SWOT 要素或其他相关材料的一系列行动选项。这些选项可以更细化地被评估。在对

---

① Bryson，"Strategic Planning and the Strategy Change Cycle."

组织达成共识时可以采用的方法叫作目标方法（goals approach）。该技术识别并评估为实现目标而需要解决的问题。最后，一个成功愿景方法（vision of success approach）首先要知道什么是成功，并确定要实现成功需要解决的问题。

100

（四）使用 SWOT 建立战略问题

如前所述，SWOT 分析可以作为制定战略问题的基础。虽然使用SWOT 识别战略问题看起来太过简单，但凯文·卡恩斯（Kevin Kearns）指出，从优势、劣势、机会和威胁的不连贯清单转变为优先战略问题的简洁列表是十分困难的，而这种转变正是依赖 SWOT 的方法所必需的，例如刚才概述的直接和间接方法。为了解决这个问题，卡恩斯提供了一个简单的流程来扩展 SWOT 分析以对战略问题进行分类①。他的框架系统地连接了SWOT 分析的内部和外部因素。每个内部因素（优势或劣势）都与一个外部因素（机会或威胁）关联，每个外部因素都与一个内部因素关联。

通过这种方式，内部和外部因素可以映射到战略问题类型的四单元矩阵中，如示例 5.3 所示。当外部环境中的机会与组织的优势（单元格1）一致时，一般战略问题是非营利组织如何利用优势来实现或增强其相对优势，从而利用感知到的机会？在外部机会与内部劣势（单元格 3）一致时，一般性问题是非营利组织是否应将其稀缺资源投入到弱势项目中，以便在感知到的机会方面变得更具竞争力？当环境存在威胁但非营利组织具有与该威胁相关的优势时（单元格 2），一般性问题是非营利组织如何调动其优势以避免感知到的威胁甚至将其转化为机会？最后，当威胁和劣势一致并且非营利组织缺乏内部接受力或能力来应对意识到的外部威胁时（单元格 4），一般性问题是鉴于其弱势地位，非营利组织如何控制或至少最小化即将发生的威胁可能导致的损害？示例 5.3 回到红十字会分会的例子来看 SWOT 分析中出现了哪些战略问题。

在规划过程中，理事会和员工可能会发现众多的战略问题。该识别过程的最后一步是对这些问题进行排名或优先排序，以表明在战略制定

---

① Kevin Kearns, "From Comparative Advantage to Damage Control: Clarifying Strategic Issues Using SWOT Analysis," *Nonprofit Management & Leadership* 3, no. 1 (1992), 3-22.

过程中应该给予的关注程度。它们应根据中心性、紧迫性、成本影响、公众可见度、使命影响、与核心价值观的联系、所需研究以及有效解决的可行性进行排名。对于红十字会分会，使用政府支持启动新服务（单元格1）的战略选择在中心性、公众可见度和使命影响方面排名靠前，而处理高额管理成本（单元格4）的战略选择很可能在紧迫性、成本影响和所需研究方面排名靠前。

101

示例5.3　红十字会分会使用 SWOT 分析进行战略问题的识别

对于我们给出的红十字会分会例子中，内部优势和劣势与外部机会和威胁的联系能够产生以下矩阵。这种分类之后可以讨论与每个单元相关的关键选择。

	机会	威胁
优势	1. 组织有高度的政府支持	2. 公共机构将更少参与健康问题
劣势	3. 青年人没有被充分招募或利用	4. 分会有高额管理费用

在单元格1中，一般性问题是非营利组织如何通过其优势来利用环境机会。例如，红十字会从政府获得的支持（内部优势）可用于启动或扩展服务（环境中的机会）。具体的战略问题可能是以这种方式构建：我们是否应该使用政府支持来启动新服务？

在单元格2中，一般性问题是非营利组织如何利用其优势来减轻一项环境威胁？例如，红十字会可能拥有强大的健康项目，实际上可能受益于政府减少的医疗服务。

在单元格3中，一般性问题是非营利组织是否投入资源去利用环境机会？例如，红十字会是否应该投资于从一个不断增长的青年市场更好地招募人才，而这个市场目前的招募工作还很薄弱？

在单元格4中，一般性问题是非营利组织如何控制或最小化环境威胁造成的损害（通常发生在该非营利组织较弱的地方）。对于该地区的红十字分会的战略问题可以用这样的方式陈述：鉴于我们的高额管理费用，我们如何有效地与其他组织（由于较低的管理费用，那些组织可以接受低于我们的费用）竞争？

为了增加矩阵作为规划工具的价值，可以进一步细分每个单元格。环境因素可以根据其确定性进行细分。在这个例子中，政府实际上是否会减少对健康问题的参与度很可能是不确定的，这表明红十字会需要对在受影响地区开发新服务保持谨慎态度。优势和劣势可以根据它们是实际因素还是潜在因素进行细分。该分会目前可能有很高的管理费用，但可能会在未来降低这些成本，将当前的劣势转化为潜在的优势。

102

（五）从战略问题到战略

下一个战略步骤是将战略问题的陈述与更具体的选择和行动联系起

来。布莱森概述了一旦确定要解决的战略问题之后制订具体方法的五步
流程①：

1. 识别解决战略问题的替代方案、梦想或愿景；
2. 列举实现这些替代方案、梦想或愿景的障碍；
3. 制订实现替代方案、梦想或愿景的提案；
4. 确定在未来两到三年内需要采取的行动以实施每项提案；
5. 制订详细的工作计划，涵盖未来六个月至一年的实施行动。

尽管最后两个步骤涉及战略实施，但布莱森指出，在规划阶段考虑
它们是有用的，因为战略制定不应脱离实施，而规划始终应该在执行的
同时进行。

由此产生的战略应该满足几项重要标准，其中包括技术可行性、政
治可接受性，与重要组织哲学和核心价值观的一致性以及道德可接受性。

（六）采用和实施一项战略规划

虽然本章的重点是战略制定，但我们应该简要考虑战略规划后要遵
循的步骤②。一旦规划团队制订了战略规划，理事会应正式采纳该规划，
并得到员工特别是首席执行官的认可。挑战就变成了实施战略。如果没
有给予实施合适的关注，预期的战略可能无法实现。成功的实施涉及及
时调整人员和资源。实施计划应包括以下内容：③

103

- 监管机构、组织团队或工作组以及个人的实施角色和职责；
- 预期成果、具体目的和里程碑；
- 具体行动步骤和相关细节；
- 时间表；

---

① Bryson, "Strategic Planning and the Strategy Change Cycle."
② 以战略管理的名义所完成的工作与战略如何整合到组织行动的各个方面有关。See, for example, Garth Saloner, Andrea Shepard, and Joel Podolny, *Strategic Management* (Hoboken, NJ: Wiley, 2000).
③ Bryson, "Strategic Planning and the Strategy Change Cycle."

- 资源需求和来源；
- 审查、监测和中途修正流程；
- 问责流程。

（七）定期审查和重新评估战略规划

良好的战略规划要求非营利组织采取行动，在特定时间内产生特定结果。战略规划制订通常为期二到五年。项目评估通常用来说明指导每个项目的战略是否成功。此外，非营利组织应定期审查每项战略是否成功地达到预期结果。这些评估将为继续成功的和修改或消除不成功的战略提供基础。它们可能指出战略规划过程本身的劣势，而劣势可能导致采用错误的战略。任何劣势都可以在下一个战略规划过程中加以考虑。在第十三章中，我们将更详细地研究如何评估项目，以及如何将评估过程和战略规划过程结合起来。

五　规划面临的挑战：应急战略

我们迄今为止讨论的战略规划方法是为战略形成而制定系统的、理性的和基于分析的方法。这种方法旨在让非营利组织的领导者客观地评估组织本身及其生存环境，制定他们认为最容易成功的战略，并通过运营计划实施该战略。然而，正如早前我们对该领域所概述的那样，有一种观点认为它有时在没有规划的情况下出现。事实上，研究表明，一个组织的成功有时并非由于其理性的战略规划。

规划固然重要，但如果过度依赖长期的正式详细规划，则可能忽略持续学习和灵活性。斯蒂芬·卡明斯（Stephen Cummings）在对战略领域的回顾中得出结论：在复杂和动荡的环境中"自上而下的规划和定位方法往往使公司变得缓慢而僵化，遇到意外的机会和威胁时，反应变得迟钝。它还使得'底层'员工无法参与进来，漏掉他们可能提出的宝贵意见。"[①] 明茨伯格、亚斯兰和兰佩尔批判了规划和定位方法，指出它们

①　Cummings，"Strategy：Past，Present，Future."

104

是双刃剑——每一个优势都有相应的缺点①。战略规划可以为组织指明方向，但也可能使领导者对潜在的危险视若无睹。如果把行动稍稍放缓，专注于眼前，就更容易适时调整规划。此外，虽然战略规划可以促进一致性和协调行动，但也可能对替代方案欠缺考虑、降低创造力、固化群体思维或形成刻板意识。明茨伯格还认为传统的规划模型有三个特殊的问题②。首先预测本身就是一个存在问题的过程。他指出，即使某些重复模式是可预测的，但人们实际上没有办法推测出技术创新或价格上涨这类不具备连续性的事件。例如，一个精神健康领域的非营利组织可能无法预测即将到来的选举后，地方政府对社区服务的资助可能会如何变化。其次是脱节。当战略（思考）脱离操作（行为）时，就会发生这种情况。规划者可能与好的战略所依赖的实施细节脱节。例如，当非营利组织理事会参与战略规划时，理事会从运营单位获得信息是非常重要的。最后，正式化本身可能就存在着问题。正式系统可能比非正式系统能够处理更多的数据，但有时这些数据没有被内化、理解或综合，这使得学习变得十分困难。正式系统无法预测不连续性、提醒各独立部门的管理者各类注意事项或制定新战略。例如，理事会的战略规划流程依赖于原始数据或来自组织中各种来源的未分析或未综合的报告，这个流程不太可能形成充分的运营或替代方案。

明茨伯格已经将战略的概念发展为一个紧急的过程（emergent process），并且是战略学习方法的主要倡导者。这种方法源于查尔斯·林德布洛姆（Charles Lindblom）的渐进调适（muddling through）的概念，它将政府中的政策制定描述为一个混乱的过程，政策制定者们在各种复杂的局面下互相博弈，整个过程根本无法做到简洁、有序又合理③。詹姆斯·奎因（James Quinn）1980 年出版的《变革战略：逻辑渐进主义》一书被视为学习方法的起点④。为了让组织能更多地关注不合理的方法，

---

① Mintzberg et al., *Strategy Safari.*

② Mintzberg, "The Fall and Rise of Strategic Planning."

③ Charles Lindblom, "The Science of Muddling Through," *Public Administration Review* 19, no. 2 (1959): 79-88.

④ James Quinn, *Strategies for Change: Logical Incrementalism* (Homewood, IL: Irwin, 1980).

明茨伯格对预期战略、实现战略和应急战略进行了区分（见图5.2)①。

预期战略（Intended strategy）是由高层管理团队构思和指导的规划战略。实现战略（Realized strategy）是组织通过行动模式实际实施的战略。预期战略可能永远不会实现，而实现战略可能永远无法预期。计划外的实现战略被称为应急战略（emergent strategies）。应急战略是通过试验和发现进行战略学习的结果。学习可以在个人、团队、高层管理人员和管理层面进行。它可能是由寻求改善的有意识的愿望或由外部力量和内部压力驱动产生的。

105

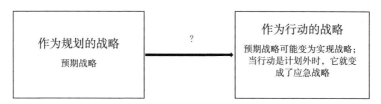

图5.2 预期战略、实现战略和应急战略

这使得明茨伯格提出了一个战略形成的基础模型②。这种模式的主要原则是战略可能最初像花园里的杂草一样生长，而非像温室里的西红柿。它们可以在任何地方扎根，几乎在有学习能力和支持这种能力的资源的任何地方生存；当它们聚集在一起时，它们就具有了组织性，也就是说这种行为模式扩散到整个组织。这个过程中很重要的一点是：扩散可能是有意为之（但无意识的行为也可能造成相同的结果），同样，战略也是可以有意控制的。此外，不断出现的新战略往往在变革期间渗透到组织中，打断了之前的连续性。对于领导者而言，管理这一过程意味着并非预先形成战略而是在适当的时候认识到它们的出现并进行干预。

虽然学习是一个重要且必要的过程，但是明茨伯格、亚斯兰和兰佩

① Henry Mintzberg, "Crafting Strategy," in *Understanding Nonprofit Organizations*, ed. J. S. Ott (Boulder, CO: Westview Press, 2001), 158-166.

② Henry Mintzberg, *Mintzberg on Management: Inside Our Strange World of Organizations* (New York: Free Press, 1989).

尔承认，如果拘泥于这种战略形成方法，就会放大其局限性和弱点①。条条大路通罗马。例如，在一个多元化的非营利组织中，每个部门都可能开发一些服务或项目。这些服务或者项目可能彼此无关，也可能与组织总体规划发展和增长无关。此外，在危机中不能依赖学习方法，清晰的战略可能才是成功的关键。一个意外失去主要资金来源的非营利组织最好依赖于为此紧急情况专门准备的应急战略。即使在稳定的情况下，一些组织也需要强大的战略愿景和连贯性。该连贯性来自于集中的资源，而非分散学习。例如，与县政府签订合同的非营利医疗服务机构，需要在合同期限内提供一致和可靠的服务。对于这样的组织来说，过分强调学习可能会影响战略的一致性和可行性，某些方案可能仅仅因为听起来很新颖或很有趣就被草率地加以实施②。提供县级医疗服务的非营利医疗机构，除非经过充分测试，否则不得采用新疗法或实验疗法。

六　结合的视角

在前面的章节中，我们将战略视为规划，将战略视为响应（应急）。在评论当代战略格局时，考特尼（Courtney）认为："由于战略存在各种不同的方法，负责组织管理和发展的人很难决定哪种方法最好。"③ 同样，罗伯特·格兰特（Robert Grant）观察到尽管两者之间的争论［规划战略和应急战略］还在继续，越来越明显的是中心问题并不是"哪种观点是对的？"，而是"这两种观点如何相互补充，从而使我们对战略制定有更深入的理解？④"

非营利组织既需要稳定性又需要灵活性，这意味着战略制定应该将控制因素（规划战略）和学习因素（应急战略）结合起来。这种结合可以采用多种形式。理事会和首席执行官在战略出现和战略规划方面发挥着重要作用。为了将规划和应急相结合，他们可以制定广泛的指导方针或总体战略，并将战略细节传达给组织中的中低层人员。

---

① Mintzberg et al., *Strategy Safari.*

② Mintzberg et al., *Strategy Safari.*

③ Courtney, *Strategic Management for Voluntary Nonprofit Organizations*, 102-103.

④ Robert Grant, *Contemporary Strategy Analysis*, 5th ed. (Malden, MA: Blackwell, 2005), 25.

非营利组织可能会追求一个既定的战略方向，直到它们脱离自身环境和需要重大的战略重新定位。正是在这一点上，正式规划和应急战略产生了碰撞。例如，精神卫生服务过去主要由机构提供，直到去机构化运动要求其由社区提供。因此，之前一直提供机构服务的精神卫生非营利组织需要了解和开发新的服务提供模式。

大多数情况下，变化是微小的，因而不需要从战略上加以解决。但是，管理者需要能够识别和发现可能会发展成为应急战略的新模式，并适当地处理它们。这可能涉及停止发展行为模式或观察它是否对非营利组织有用并且因此予以推广。首席执行官经常追求他们认为不属于战略规划的机会。例如，服务对象越来越不了解日益复杂的住房市场，这可能使非营利性住房提供者（如国际仁人家园）开始临时向服务对象提供教育材料。如果致力于这项活动的努力增加，非营利组织应决定提供这种材料是否会损害组织战略或是否益于服务对象。如果它带来了损害，它应该被终止，如果它带来了益处，那么它可能会发展成一个新的战略重点。

最后，随着环境变得更加不稳定、复杂和不可预测，应急和学习往往变得相对更加突出和重要。无法准确预测未来环境状况的非营利组织只能建立一般性的战略方向，并在事态发展时做出战略性反应。处理非法移民的非营利组织面对这样的环境时，必须保持灵活性。而非营利性博物馆处于更可预测的环境，可以制订更具体的战略规划。

一家非营利组织的战略方法也可能因功能和单位而异。例如考特尼指出，鉴于对资金的高度竞争，基金发展工作可能需要传统的战略规划方法[1]。相反，一些非营利组织的人类服务项目可能在竞争较弱的环境中运作，在这种环境中，合作和相互支持的组织间关系是有益的。在这种环境中，专注于合作、学习、协商和能力建设的战略可能是最有成效的。

卡明斯在写关于战略思想的未来时，认为一种新的、更开放和更灵活的思维方式应该塑造未来关于战略是什么和战略可以是什么的观点[2]。

---

[1] Courtney, *Strategic Management for Voluntary Nonprofit Organizations.*

[2] Cummings, "Strategy: Past, Present, Future."

他概述了一种新的务实方法（pragmatic approach），即将传统规划与灵活的"战略即兴"方法相结合，并具有以下关键特征[①]：

- 员工、理事、志愿者和其他利益相关方的广泛参与，而非自上而下的方法；
- 持续支持和鼓励创造力、创新、试验和学习；
- 认识到需要在组织内外的各种权力来源之间协商；
- 关注关键战略问题或挑战；
- 使用一系列场景来定义潜在的外部情况；
- 创造强大的激励愿景，即战略意图，使组织及其员工能够"在未来深入生活，同时拥有活在当下的勇气"；
- 为组织的道德管理创造明确的价值基础；
- 将战略思维作为一个持续的过程，而非仅仅一个年度循环；
- 产生常识性框架的战略流程将帮助管理者做出决策；

108

七　本章小结

在本章中，我们将战略形成呈现为一个非营利组织配合或适应其环境的过程。战略将帮助非营利组织提供社区需要的产品或服务，从而获得非营利组织生存所需的资源。它是愿景和使命宣言中表达的一般愿望与指导日常运作的更具体目标之间的关键联系。重要的是，规划过程不是一成不变的，一旦战略规划被起草和实施，它们就不会被视为"完成的"。非营利组织需要适应，因为他们的环境将会不可避免地发生变化。它们生活在组织稳定性和变革的需求之间基本的紧张关系中。我们已经展示了战略如何能够一方面提供规划的方向和稳定性，另一方面帮助非营利组织从未预料到的变化中学习。我们面临的挑战是如何设计流程，来促进形成非营利组织所需要的战略类型。

在下一章中，我们将讨论资源获取的主题。这是采用战略来解决的主要问题之一。

---

① Courtney, *Strategic Management for Voluntary Nonprofit Organizations*.

八 问题思考

1. 在战略规划过程中的哪个阶段，从高层管理人员那里获取意见尤为重要？从外部利益相关方？从提供服务的员工？

2. 在什么情况下，新成立的非营利组织会发现传统的战略规划比应急战略方法更有用？什么时候会出现相反的情况？

九 练习

练习5.1 战略方向

简要描述您熟悉的一个非营利组织。它可以是俱乐部、教堂或娱乐、文化或服务组织。如果需要，您可以思考一个假设的非营利组织。这个非营利组织是防御者、探索者、分析者还是反应者？请给出您的解释。

练习5.2 战略规划

继续关注您为练习5.1选择的非营利组织，回答以下问题。

1. 使用PEST识别这个非营利环境的重要方面。

2. 识别这个非营利组织的优势、劣势、机会和威胁。

3. 识别这个非营利组织的几个战略问题。

4. 您在回答上一个问题时使用了哪种战略问题识别方法？

练习5.3 战略出现

战略如何从这个非营利组织（其员工、受益人或理事会以外的其他人员和行政领导层）的基础中产生？

1. 该组织的领导者可以使用哪些技术或流程来鼓励应急战略？

2. 这些技术或流程如何与战略规划方法相整合？

第六章　资源获取

奥克斯儿童中心（The Oakes Children's Center）于 1963 年在旧金山成立，旨在为患有严重心理失常的儿童提供教育和治疗的机会[1]。虽然该组织的启动资金最初来自于私人基金会的捐赠和患病儿童的父母所缴纳的费用，但它后来更加依赖与州政府所签订的合同。1992 年，该中心 97% 的收入来自政府，剩余部分则来自临时筹资等其他来源。这一现象并不奇怪，因为公共法（Public Law）94-142 保障了政府向在该中心接受治疗的儿童提供的教育资金，并不再向父母收取学费。该中心由于能够源源不断地获得政府的资助，从而满足于现状，对筹资丝毫不感兴趣。中心几乎从来不向外界发出筹资呼吁或邀请社区成员参加筹资活动。中心也缺乏全面的策略以寻求来自企业、基金会和个人的捐赠。

到了 1992 年，中心的领导者发现，尽管目前来自政府的资金尚算充足，但政局的风云突变可能随时会导致政府资金的收缩。当理事会和员工为此重新制订规划时，他们意识到应减少对政府资金依赖性的迫切度，但对中心是否具有向公众寻求慈善帮助的能力持怀疑的态度。同一年，执行主任罗伯特·泰明斯基（Robert Tyminski）开始为该中心制订战略性资金发展计划。泰明斯基发现，如果改变资金组合的比例和增加来自外界的慈善支持，该中心可能就会面临多种挑战。因为一旦开始这样做，中心就失去了来自政府的根本支持，那么中心的全体成员就需要开始积

---

[1]　有关案例的详情请参见奥克斯儿童中心（Oakes Children's Center）的网站，http://www.oakeschil-drenscenter.org; and Robert Tyminski, "Reducing Funding Risk and Implementing a Fundraising Plan: A Case Study," *Nonprofit Management & Leadership* 8, no. 3 (1998): 275-286。

极地开展筹资活动。但中心目前拥有的筹资信息尚不清晰。理事会需要找到一个具有说服力的理由来促使个人和公司能为中心提供捐赠。通过与营销顾问合作，该中心的领导者开展了一项宣传活动，旨在建立知名度、获得战略合作伙伴并教育公众，以期最终通过活动能获得捐款。中心收集并分享了成功的案例。随着时间的推移，越来越多的人得知该中心的服务如何节省了税收并改善了社区，最终他们中的许多人为中心提供了资金支持。如今，该中心拥有更多元化的收入组合、继续寻求捐赠并致力于建立更广泛的慈善支持基础。中心的网站现在一目了然地将中心及其工作与社区联系起来。在中心的使命和愿景版块，访问者能看到该中心的目标是：

111

- 我们为社区运营奥克斯儿童中心，并努力保持自身灵活性和响应新需求；
- 我们致力于慎重地管理社区委托的资源①。

该中心颇有说服力地传递了主要信息，即它帮助的儿童是当地社区的一员，因而应该引起社区成员的关注和得到他们的赠与。

正如非营利组织具有很多不同类型一样，它们的收入也具有多种类型，用以支持自身使命的完成，且都面临着各种挑战。收入可能来自服务和产品的销售、许可协议、广告费、拨款、报销、合同、投资收入、会员费、保险、赞助和捐赠。如果一家非营利组织收入的全部或大部分仅依赖一种来源，那么一旦资金来源消失，该组织就会面临关闭的风险。

正如奥克斯儿童中心的经历所示，非营利组织可以通过建立多元化的资金基础来减少其财务的脆弱性。为了让中心持续运营下去，该中心的领导者制订了一个资金发展计划，用来补充不断缩水的政府资助。因此，当中心需要依靠慈善支持来维持和发展其服务时，该中心就处于有

---

① Oakes Children's Center, "Mission & Vision" (n.d.), accessed December 13, 2011, http://www.oakeschildrenscenter.org/mission.htm.

利地位。为了实现资金组合的多样化，员工和理事会努力地去了解中心的成功案例和组成部分，改进沟通策略，制订募集资金和管理赠款的策略，并通过宣传一个有说服力的案例来推动个人和组织对中心的捐赠。奥克斯儿童中心的例子表明，即使存在多年且收入来源单一的非营利组织，也可以制订资金发展计划。制订和实施此类计划的压力大小通常取决于对现有收入来源的理解度及其稳定性。

满足于现状是非营利组织的一个普遍问题，因为它们总认为自己的资金是安全的。严格审核非营利组织目前获得的资金来源和探索改变这种模式的方案需要时间、精力和对潜在和现有收入来源相关问题的认识。我们鼓励非营利组织领导者检查其组织收入组合中的脆弱性。为此，本章回顾了收入来源，并提出了追求和依赖这些来源所带来的挑战。然后，我们将把重点放在慈善支持上，并回顾慈善捐赠和捐赠者的类型、资金发展过程和筹资原则。

一 收入来源和关注点

我们对美国非营利组织收入来源的了解主要来自它们的纳税申报。根据国家慈善统计中心（National Center for Charitable Statistics，以下简称NCCS）的数据，我们发现划分为公共慈善机构的非营利组织［大多数501（c）（3）非营利组织］在2009年的总收入超过1.41万亿美元①。NCCS把这一数据再次细分，发现它主要来自项目服务收入，包括政府资金和合同（占项目服务收入的76%）。另有22%来自捐款、赠与和政府拨款，以及11%的其他来源，如会费、租金收入、特殊活动收入和产品销售。NCCS的另一种收入细分方式如图6.1所示。2008年公共慈善机构的纳税申报为该图提供了更多信息。

由于美国国税局税务记录中缺少大多数年收入少于5000美元的非营利组织和宗教团体的数据，NCCS关于公共慈善机构的收入细分中也忽略了这部分的收入。该细分的数据还反映了经费预算极其充足的非营利组织通常都是医疗保健机构和高等教育机构。医院和初级保健机构拥有总

---

① National Center for Charitable Statistics, *Quick Facts About Nonprofits* (n. d.), accessed December 13, 2011, http://nccs. urban. org/statistics/quickfacts. cfm.

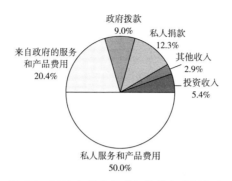

图 6.1　2008 年公共慈善机构收入来源报告

资料来源：Kennard T. Wing，Katie L. Roeger，and Thomas H. Pollack，*The Nonprofit Sector in Brief*：*Public Charities*，*Giving and Volunteering*，2010（Washington，DC：Urban Institute，2010）. Copyright ©2008，Urban Institute，National Center for Charitable Statistics。

收入的最大份额，占 47.7%，而从事高等教育的非营利组织占总收入的 11.7%。数据还表明只有约 1/4 的公共慈善机构对年度开支超过 50 万美元进行了报告，而 2008 年提交的纳税申报的注册公共慈善机构中约有 45% 的开支低于 10 万美元[1]。城市研究所（Urban Institute）提供的图 6.2，显示了相对少数的公共慈善机构的经济优势。它通过对公共慈善机构的支出和相应数量的比例进行报告并给出公共慈善机构的百分比。

当然，收入组合取决于非营利组织的类型。例如，教会往往很大程度上依赖于捐赠。医院和大学往往主要依靠创收。基于会员制的非营利组织，例如贸易和专业协会，则严重依赖会员费以及产品和服务销售获得的收入，且不会将慈善捐款用于支付组织的运营费用。由家庭和个人设立的资助型或项目运作型私人基金会，如威廉与佛洛拉·休利特基金会（The William and Flora Hewlett Foundation）、福特基金会（Ford Foundation）和礼来基金会（The Lilly Endowment），依靠个人慈善赠与和资产投资收益，且这些捐赠人同时也是基金会的创始人。由沃尔玛基金会（The Walmart Foundation）和礼来公司基金会（the Eli Lilly and

114

---

[1]　Kennard T. Wing，Katie L. Roeger，and Thomas H. Pollack，*The Nonprofit Sector in Brief*：*Public Charities*，*Giving and Volunteering*，2010（Washington，DC：Urban Institute，2010）.

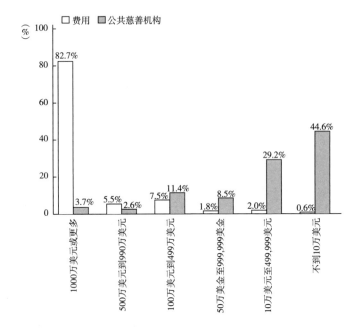

图 6.2　2008 年公共慈善机构的数量和支出报告

资料来源：Source：Kennard T. Wing，Katie L. Roeger，and Thomas H. Pollack，*The Nonprofit Sector in Brief：Public Charities，Giving and Volunteering*，2010（Washington，DC：Urban Institute，2010）. Copyright ©2008，Urban Institute，National Center for Charitable Statistics。

Company Foundation）等公司设立的资助型基金会依靠其母公司的投资收益和赠与。对非营利部门汇总的数据未能表明其在收入来源方面存在巨大差异。下面对非营利部门常见的收入来源进行了分类和解读。

（一）政府合同、拨款和代金券

政府是非营利组织的收入来源之一，主要是通过政府合同、拨款和代金券。合同是商业交易协议。它概括了政府从非营利组织采购的内容。非营利组织可能是主要承包商，因此需要完成大部分工作来保证合同的达成；也可能是分包商，被主要承包商雇用以完成合同中某项特殊的工作。拨款是对符合条件的受赠人的经济援助，且不要求赠与资金的偿还。拨款涉及向受赠的非营利组织进行赠与的支付，而形式要么是按照分配比例提供资金援助，要么是直接提供服务或产品。在美国，卫生和公共服务部（the U. S. Department of Health and Human Services）以及教育部（the U. S. Department of Education）是非营利组织最大的政府资助者①。政府合同和拨款的获取通常需要参与竞争流程。政府代金券（Government Vouchers）是发给个人的优惠券。收到代金券的人通过使用代金券来享受某种服务，这些服务通常来自政府许可的供应商，而这些供应商可能是非营利组织，也可能不是。医疗保险（Medicare）、医疗补助（Medicaid）报销、学校学费以及其他政府代金券可能是一家非营利组织的重要收入来源。

　　所有类型的资金都有利有弊。政府资金通常会涉及一些管理控制的缺失、政局突变带来的不确定性、繁重的报告要求以及报销和合同付款延迟的问题②。政府合同要求组织的财务和项目具备问责制和透明度③。2010 年的一项研究报告称，公共服务非营利组织认为政府机构的合同和捐赠存在"严重且普遍的问题"。该研究报告中的非营利组织提出，政府机构通常延迟报销，而州政府支票很可能至少逾期 90 天。这使得非营利组织面临寻找其他财务资源来支付费用的挑战。许多非营利组织还抱怨说他们得到的政府合同并未覆盖合同服务条款的全部费用。57% 的非营利组织报告说政府改变了合同条款，减少了承诺的付款，有的甚至取消了合同。这迫使非营利组织在损失政府资金的情况下，还需考虑是否应该继续履行以及如何履行合同承诺④。

　　尽管如此，像奥克斯儿童中心一样，许多非营利组织迫切地寻求政府合同和拨款作为实现其使命的一种方式。2009 年，3/5 的公共服务非

①　Angela L. Bies, "Public Philanthropy," in *Philanthropy in America*: *A Comprehensive Historical Encyclopedia*, 3 vols. , ed. Dwight F. Burlingame（Santa Barbara, CA: ABC - CLIO, 2004），402-404. 该百科全书简要介绍了与本章相关的许多主题。

②　Kirsten A. Gronbjerg, *Understanding Nonprofit Funding*: *Managing Revenuesin Social Services and Community Development Organizations*（San Francisco: Jossey-Bass/Wiley, 1993）.

③　Steven R. Smith and Michael Lipsky, *Nonprofits for Hire*: *The Welfare State in the Age of Contracting*（Cambridge, MA: Harvard University Press 1993）.

④　Elizabeth T. Boris, Erwin DeLeon, Kaitie L. Roeger, and Milena Nikolova, *Human Service Nonprofits and Government Collaboration*: *Findings from the* 2010 *National Survey of Nonprofit Government Contracting and Grants*（n. d. ）, accessed December 13, 2011, http://www. urban. org/publications/412228. html. Additional materials from this survey are available at http://www. urban. org/nonprofitcontracting. cfm.

115

营利组织表明政府是它们最大的资金来源①。在非营利组织和政府部门关系密切的国家，所有资金可能都来自政府。而在有些国家，非营利组织可能得不到任何来自政府的资助。公民社会研究中心（The Center for Civil Society Studies）提供了一份报告（数据来自 1995 年至 2000 年）显示了各国政府对非营利部门的财政支持情况。据报道，比利时、爱尔兰和以色列的非营利组织平均有 50% 以上的支持来自政府；而在美国，这一数据低于 30%；在菲律宾、肯尼亚和巴基斯坦，则低于 7%②。

并非所有美国的非营利组织都有资格申请政府资助，有些组织即使符合资格却选择不向政府申请。除了满足所有报告要求外，为了获得政府资金，非营利组织可能还需要使用专业的甚至是持证的员工、遵循政府规定的服务提供方式、覆盖政府指定的地理区域或特殊群体、参与同其他服务提供商的合作活动，以及失去部分针对组织自身使命完成的控制权。基于信仰的非营利组织不能使用政府资金进行明显的宗教活动。这也许可以解释尽管布什政府（President Bush's Administration）采取联邦措施鼓励基于信仰的非营利组织申请政府资助来从事社会服务活动，但来自这些组织的政府资助申请并没有大幅增加的原因③。

一些非营利组织选择不寻求政府资助也有价值观和原则的原因。非营利组织的领导者可能认为组织存在的主要作用是倡导反对现有的政府管理，因此不希望出现因依赖政府资金而产生利益冲突的情况。例如，打击虐待和忽视儿童的全国保护儿童协会（the National Association to Protect Children）制定了一项规章制度，明确规定该组织不会接受政府资

---

① See Rick Cohen, "Undoneby Public Funding? New Study Points to Reasons," *Nonprofit Quarterly*, October7, 2010, accessed December 13, 2011, http：//www. nonprofit-quarterly. org/index. php? option＝com_content&view＝article&id＝6316.

② See Lester M. Salamon, S. Wojciech Sokolowski, and Associates, *Global Civil Society：Dimensions of the Nonprofit Sector*, vol. 2（Bloomfield, CT：Kumarian Press, 2004）, accessed November 5, 2011, http：//ccss. jhu. edu/pdfs/CNP/CNP _ table401. pdf, for international comparisons from 1995 to 2000.

③ Robert J. Wineburg, *Faith-Based In efficiency：The Follies of Bush's Initiatives*（Westport, CT：Praeger, 2007）.

金，以保障独立性和维持在宣传倡导工作中的影响力①。一些非营利组织甚至把接受政府支持所带来的影响看得更为深远。例如疯马纪念馆（the Crazy Horse Memorial），它是南达科他州的一个在山上建造雕塑的项目，以纪念拉科塔印第安部落领袖。这座雕像成为照亮教育和人道主义价值的灯塔。领袖"首席疯马"（Chief Crazy Horse）试图保护他的部落免受美国政府的干涉和迫害。纪念馆网站解释说，该纪念馆没有接受来自政府的任何资金支持，因为它的创始人相信个人主动性和私营企业，如果公众接受纪念馆创建的意义，他们就会对它进行财务支持②。

116

对于寻求政府资助的非营利组织，以下是由政府和非营利组织代表组成的旧金山专责小组撰写的报告中提出的一些建议③。

●鼓励政府合同发起部门协调项目建议书（例如通过共享项目建议书模板获取基本信息）并开发能促进及时支付功能的系统（例如提升政府报销流程的效率）。这类活动可以降低因寻求和管理政府资金而产生的行政费用。

●鼓励减少重复的报告要求，以证明和提高非营利组织在遵守合同规则方面的效率。例如，同一个项目，与其向多个政府机构提交同一份评估报告和合规性验证结果，不如创建一个系统，方便这些政府机构调取报告信息。这样一来，非营利组织就不必在多个表

① See Protect (a joint website of Protect & the National Association to Protect Children), "Who We Are," accessed December 14, 2011, http://www. protect. org/about-protect; and the National Association to Protect Children's Facebook profile, in which this organization emphasizes its rejection of government funding: http://www. facebook. com/protectnow/posts/194007363977025. Concerns that government funding suppresses nonprofits' political activity were not supported in a study reported by Mark Chaves, Laura Stephens, and Joseph Galaskiewicz, "Does Government Funding Suppress Nonprofits' Political Activity?" *American Sociological Review* 69 (2004): 292-316.

② Crazy Horse Memorial, "Frequently Asked Questions" (n. d.), accessed December14, 2011, http://www. crazyhorsememorial. org/faq. Additional explanations for the decision not to use government funding are discussed by Maxwell Wallace, "Crazy Horse Memorial Information" (n. d.), accessed December14, 2011, http://www. ehow. com/about _ 6466627_crazy-horse-memorial-information. html.

③ *Partnering with Nonprofits in Tough Times: Recommendations from the San Francisco Community-Based Organizations Task Force* (April 2009), accessed December 14, 2011, http://stridecenter. org/articles/CBOTask Force Repor Final SFF. pdf.

格中重复填入相同的信息。

● 试着与其他非营利组织共享后勤部门并与提供管理服务的组织合作来管理政府合同。当需要具备复杂会计专业知识来处理政府资金时，非营利组织可以共享同一个会计师。他们还可以外包或共享合同雇员的人力资源管理服务，这些合同雇员因项目结束和资助完成而面临被解雇的风险。对政府合同资助的项目来说，非营利组织也可以从共享设施和设备的使用和成本中受益。

● 收入来源中至少有15%来自非政府的支持。如果来自政府的资金减少或撤销，那么这种广泛的支持基础可以增加组织的稳定性。

● 预留两个月的运营收入以帮助现金流管理，从而预防政府资金延迟的情况发生。储备金是借钱来兑现承诺的替代品。

(二) 创收

通过销售产品或服务来创收的方式面临一系列的挑战。这种方式可能要求非营利组织在商界进行投资，而商界环境并不适合该组织对其使命的追求。如果组织的重点没有放在履行使命上，而只看重收入的潜力，很可能会导致组织使命的漂移[①]。如果创收是通过政府发放的代金券，那么非营利组织必须接受政府的规则和定价结构才能成为政府认可的提供商。以创收为目的创业努力所面临的风险可能与许多新的营利性企业相同。创业型企业的存活率因行业而异，但5年后平均约为50%[②]。

在非营利组织中，利润最大化在很少情况下是设定服务费的原因。定价的其他考虑因素主要有两个，一是谁能够从该服务中受益，二是费用将如何影响服务的获取[③]。一项服务费的设定可能高于它的实际成本，

[①] For a thoughtful review of mission drift, see Howard P. Tuckman and CyrilF. Chang, "Commercial Activity, Technological Change and Nonprofit Mission," in *The Nonprofit Sector: A Research Handbook*, 2nd ed., ed. Walter W. Powell and Richard Steinberg (New Haven, CT: Yale University Press, 2006), 629–644.

[②] Amy E. Knaup, "Survival and Longevity in Business Employment Dynamics Data," *Monthly Labor Review* 128, no. 5 (May2005): 50–56.

[③] For a comprehensive treatment of pricing see Dennis R. Young and Richard Steinberg, *Economics for Nonprofit Managers* (New York: Foundation Center, 1995).

以补充其他因成本过高而无法被实际收取的费用全额覆盖的服务费。差别定价能用于刺激销售。除此以外，可提供数量折扣和特价产品捆绑服务和产品的方式，以增加销量和提升幅度。

一些非营利组织为服务的提供设置了浮动费率制或奖学金制度，鼓励能承担高费用的服务对象、顾客或捐赠者对申请低费用的人群进行补贴。然而，非营利组织应该预防套利的行为。套利是指以低于实际成本的价格获得的产品被接收方转售，而未按照预期的目的进行使用的行为。例如，可以出售免费食品或活动门票吗？享受补贴的住房可以转租或出售给他人吗？如果一旦这样做了，组织的使命就不再是为了追求为低收入人群提供居住服务。非营利组织需要制定法律措施和其他保障来确保组织所提供的产品和服务不被转售。

非营利组织可通过定价的方式传递关于产品或服务质量的信息。高价的产品和服务同低价的相比，给大家带来质量相对较好的良好印象。对提供的产品或服务进行收费的方式也有助于确保服务对象或顾客对它们的合理使用。当产品或服务免费时，服务对象或顾客很有可能对其不屑一顾，更别提期待他们能够好好地使用这些产品或服务。

很多非营利组织不但成功地获得收入，并能使业务活动与其使命保持一致。例如，一些国际仁人家园附属组织提供了一类名叫 ReStore 的小型商店。顾客可以在那里以低于营利性零售商的价格购买到新的或八成新的产品。密歇根州肯特郡的国际仁人家园将 ReStore 的模式描述为一个双赢的商机，即销售带来建造新房所需的资金，捐赠者获得税收减免的机会，材料不再被垃圾填埋，商店为志愿者创造合作机会，需要低成本材料的屋主和房东获得有用的产品用以改善社区、提升房产价值和社区自豪感[①]。小型非营利组织创收的经典案例有烘焙销售、嘉年华、抽奖、图书销售和洗车服务。这些活动可与组织的使命目的保持一致。例如， 118
通过开展创业活动，参与青少年发展项目中的青少年可以学习如何管理项目、计算风险、激励他人、追踪预算和庆祝成功。

一些非营利组织的财务和使命依赖于雇佣需要收入的个人。这些需

---

① See Habitat for Humanity of Kent County，"About"（n. d.），accessed December 14，2011，http：//www. habitatkent. org/ReStore. aspx，for a local chapter's description of its ReStore.

要收入的个人可能是那些刚刚从监狱释放出来的人，可能是正走出戒毒所的人，可能是生活在经济落后的国家的人，也可能是为了免受虐待而寻求保护被安置在庇护所中的人。非营利组织为这些人提供相关的培训。培训完成后，非营利组织雇佣那些组织培训过的学员工作（使用新学的工作技能）或者购买学员制作的产品（这些产品可出售给他人以赚取利益）来抵消培训费用。根据 *Inc.* 杂志（*Inc.* magazine）的说法，当非营利组织拥有有价值的产品或专业知识、所面对顾客具有一定的支付能力且组织的使命是职业培训或技能培养时，这种创收模式效果最佳[1]。通过非营利组织来提供职业培训是一项历史悠久的传统。1889 年创立赫尔之家协会（the Hull House Association）的简·亚当斯（Jane Addams）认为，如果人们能有一技之长并通过合法方式赚取收入，那么他们不仅会为自己创造更美好的生活，也会为整个社区做出贡献。

随着时间的推移，创收的来源可能依然停留在当地的一些单价较低的货品销售上，也可能来自逐渐成长起来的大型企业。截至目前，美国女童子军从饼干销售中获得超过 7 亿美元的收入。这项工作于 1917 年由俄克拉荷马州的一支美国女童子军开始。门诺会互助促进社（the Mennonite Central Committee）实施了一个名为"万家村"（Ten Thousand Villages）的非营利项目。该项目并没有努力寻求捐款，而是在其众多商店和节日里通过公平销售产品来赚取能够维持项目日常运营的资金[2]。

从事创收活动的一个重要考虑因素是税收的影响。如果创收的活动是一项常规活动，但与该非营利组织所从事的日常工作没有实质性关系，就不具备税务豁免权，因而需要支付非本行业收入税（unrelated business income tax，以下简称 UBIT）。非营利组织所从事的一些创收活动是否能获得税收豁免权，可以通过查阅美国国税局的收入规定来确定。而即使需要对创收活动征税，由于活动能带来丰厚的回报，这往往也是值得的。

---

[1] Issie Lapowsky, "The Social Entrepreneurship Spectrum: Nonprofits with Earned Income," *Inc.*, May 2011, accessed January 12, 2012, http://www.inc.com/magazine/20110501/the-social-entrepreneurship-spectrum-nonprofits-with-earned-income.html.

[2] Ten Thousand Villages, *Annual Report* (2010), http://www.tenthousandvillages.com/pdf/Annual_Report_2010.pdf.

对于一个拥有服务对象、成员和捐赠者名单的非营利组织，一个关键的决定是是否将其名单出售给营销人员，包括其他非营利组织。一些非营利组织通过出售捐赠者名单获得的收入高于实际捐赠收入。也正是因为这个，某些非营利组织通过派发赠品来吸引小额捐赠者。虽然赠品的费用（例如 T 恤、手提包、海报或文具）可能超过获得的捐赠金额，但通过派发赠品可以获得和出售新的捐赠者名单。一些非营利组织会在它们的宣传材料上注明不会共享或出售这些名单。2004 年慈善导航的一项调查显示捐赠者名单的共享现象非常普遍。该组织的执行主任评论道："慈善人士的慷慨行为不应该受到讨厌的电话轰炸和邮件骚扰的惩罚。"而马萨诸塞州艾滋病行动委员会（the AIDS Action Committee）执行主任丽贝卡·哈格（Rebecca Haag）却不这么认为。她谈到，她的组织与名单经纪人及其他类似的慈善机构，如美国红十字会和计划生育组织（Planned Parenthood）互换捐赠者名单，并认为"这是非常普遍的做法，也是识别新的捐赠者的方式"①。

在非营利组织制定任何创收战略之前，社会企业家学者贝思·安德森（Beth Anderson），J. 格雷戈里·迪斯（J. Gregory Dees）和杰德·艾默生（Jed Emerson）建议非营利组织应该参照一套可行性标准②。简要来说，他们发现当非营利组织制定的创收策略与该组织的某些要素保持一致时，策略更具可行性。这些要素包括：

- 文化和价值观；

- 核心竞争力；

- 管理能力和时间；

- 财务稳定；

- 愿意承担风险；

- 获得必要的商业技能的途径；

① Bruce Mohl, "Group：Most Charities Sell Donor Lists," *Boston Globe*, December 1, 2004.
② Beth Battle Anderson, J. Gregory Dees, and Jed Emerson, "Developing Viable Earned Income Strategies," in *Strategic Tools for Social Entrepreneurs：Enhancing the Performance of Your Enterprising Nonprofit*, ed. J. Gregory Dees, Jed Emerson, and Peter Economy (Hoboken, NJ：Wiley, 2002), 191-233.

- 承诺的期限；

- 现有或潜在市场（顾客和服务对象）；

- 竞争对手的关系；

- 资本要求；

- 社区认知。

（三）会员费

许多非营利组织，如工会、贸易团体、专业协会、兄弟会、娱乐和社交俱乐部，都依赖会员费，且收取的会员费占其收入来源的绝大部分。2003年，在美国归类为501（c）（3）的非营利组织平均从会员费中获得的收入占总收入的不到1%。而相比之下，社会和娱乐俱乐部［归类为501（c）（7）的非营利组织］收入中约60%来自会员费①。

在一些组织中，称为会员费或手续费的收入实际上可能也是捐赠。例如，为公共广播做出贡献的个人可能被称为广播电台或电视台的成员，但他们没有控制权，他们为整个集体做出了贡献，因而同样的节目，没有付费的人也能享受。在美国，通常会对做出"会员费或手续费"贡献的人给予感谢或者提供会员优惠。表达感谢的"礼物"可能是一本书或者任何折扣，例如博物馆的半价门票特权。值得注意的是，"礼物"的价值必须从贡献的总金额中扣除，以便确定会员或捐赠者可申请的减税金额。

在一个关系更为明确的环境中，捐赠者与真正的会员有所区别。非营利组织的会员协会并不会单独出售产品或服务，而是以会员费的形式向会员打包出售。通过友好协议的签署，一家非营利组织的会员也可以获得其他组织提供的产品和服务的折扣。此外，他们也能获得该组织的会议、产品、培训项目和参展费的折扣。

谁才真正有资格成为会员？这是困扰会员协会的问题。虽然门户开放的政策可能会吸引更多的会员，让人人都能付费参加，但如果申请加入的俱乐部门槛越高，就越容易收取更高的会员费。对会员的入会资格

---

① R. Steinberg, "Membership Income" in *Financing Nonprofits：Putting Theory into Practice*, ed DR. Young（Lanham, MD：Altamira Press, 2006）, 121-156.

要求越严格，会员就越愿意遵守要求和越容易找到成为会员的意义和加深认同，从而提高他们的忠诚度和保持率[1]。但是，随着会员费额度的增加，会员对他们的投资回报有了更高的期望。关于会员制度的决定很少受到组织收入问题的影响。示例 6.1 提供了 2008 年清洁空气合作伙伴会员制度策略（the Clean Air Partners Membership Strategy）的摘录，该策略对成为会员的价值做出了说明。正如该策略摘录所示，非营利组织提供会员项目的目的除了产生收入之外，还有其他多种原因。采用收取会员费这种形式的非营利组织应该清楚两点，一是他们期待会员费收入对组织总预算的贡献程度，二是当要求会员缴纳会员费时，他们对会员做出了怎样的承诺。

示例 6.1　清洁空气合作伙伴会员制度策略摘录

在制定推动会员制度的战略时，对自身期望的构建也是十分重要的。根据清洁空气合作伙伴（Clean Air Partner）目前的会员制度结构，把会员费收入作为主要或重要的资金收入来源是不切实际的。但是，会员制度在帮其实现组织目标方面发挥着非常重要的战略意义。清洁空气合作伙伴将会员制度视为一种机会来：

- 充当组织的介绍和与其他组织建立关系的工具；
- 在提升双方关系（例如成为赞助商）之前提供体验组织的机会；
- 为其他组织、潜在会员和赞助商之间建立沟通的网络和联络的桥梁；
- 回收发送给每个会员的资料成本；
- 提高对空气质量预测等举措的认识和影响，使之产生更广泛和更有意义的影响；
- 增加清洁空气合作伙伴倡导活动的次数；
- 为支持清洁空气合作伙伴使命的大量个人和组织提供证明；
- 为赞同和支持清洁空气合作伙伴工作的多元化支持者提供证明；
- 为新的组织领导力培训提供场地。

资料来源："Clean Air Partners Membership Strategy for FY 08," prepared for AQAD Meeting, February 1, 2007, http://www.mwcog.org/uploads/committee-documents/oFdfWF820070223083702.pdf. Reprinted with permission of PRR。

（四）与企业的伙伴关系

非营利组织可以通过与企业合作来赚取收入。例如，制作电视节目

---

[1]　Mary Tschirhart, "Nonprofit Membership Associations," in *The Nonprofit Sector: A Research Handbook*, 2nd ed., ed. Walter W. Powell and Richard Steinberg (New Haven, CT: Yale University Press, 2006), 523–541. Also see Mary Kay Gugerty and Aseem Prakesh, eds., *Nonprofit Accountability Clubs: Voluntary Regulation of Nonprofit and Nongovernmental Organizations* (New York: Oxford University Press, 2010).

芝麻街（Sesame Street）的非营利组织芝麻工作室（Sesame Workshop）多年来一直通过与营利性企业签署许可协议来赚取收入。根据其网站所示，芝麻工作室的许可合作伙伴包括但不限于佳洁士（Crest）、帮宝适（Pampers）、苹果和夏娃（Apple & Eve）、兰登书屋（Random House）、地球最好（Earth's Best）、孩之宝（Hasbro）、费雪（Fisher-Price）、冈德（Gund）、红衣主教（Cardinal Games）、斯平玛斯特（Spin Master）和读者文摘（Reader's Digest）[①]。

121　与营利性企业就合资（Joint ventures）和许可协议建立合作伙伴关系时可能会带来削弱非营利组织品牌的风险，因为一旦关系建立起来，非营利组织的标识与企业的标识就联系在了一起[②]。可能还有人担心合作关系对企业及其产品的隐性影响。例如，美国医学协会（the American Medical Association，以下简称 AMA）因为允许其名字用于新光公司（Sunbeam Corporation）的家庭医疗产品而备受抨击。作为 AMA 会员的医生们对该协会支持这类产品感到失望。最终，AMA 不得不退出了这项合作并同意向新光公司支付数百万美元以解决由此产生的诉讼[③]。

一些非营利组织发现，组织在这些协议中获得的利益与他们的合伙企业相比可能相形见绌。然而，随着非营利组织的谈判能力变得益发成熟，双方的利益也就变得更加均衡。正如第十四章所讨论的大自然保护
122　协会的案例那样，在决定建立任何的商业关系前，公众对非营利组织如何与企业合作的看法需要被慎重对待。制定相关政策来规定正当的合作伙伴的类型以及实施保护非营利组织利益的机制可以避免非营利组织被误认为是企业的傀儡，从而免受公众抨击。

与企业合作可以创收，但除了要了解品牌和法律影响之外，非营利组织还必须清楚两点，一是企业为何会对合作关系感兴趣，二是合作关系能为组织带来什么。对这些方面进行深入了解可以帮助非营利组织提高谈判的有效性，并随着时间的推移制定关于是否以及如何发展伙伴关

---

① Sesame Workshop, *Licensees*（n. d.），accessed December 16, 2011, http：//supportus. sesameworkshop. org/site/c. nlI3IkNXJsE/b. 2748689.

② Mary Tschirhart, Robert K. Christensen, and JamesL. Perry, "The Paradox of Branding and Collaboration," *Public Productivity and Management Review* 29, no. 1（2005）：69-87.

③ Shirley Sagawa and Eli Segal, *CommonInterest, Common Good：Creating Value Through Business and Social Sector Partnerships*（Boston：Harvard Business Press, 2000）.

系的战略。与企业的关系可能会从简单的赠与或赞助关系发展到高度协作的合资关系（如第十五章所述）。合资的关系又分为合作、联盟和附属关系。例如，非营利性剧院可能会将节目单中的广告位置出售给想要在剧院观众中推广其产品的公司。当公司看到它的产品与剧院合作所创造的更多价值以后，它可能希望成为主要的赞助商并赞助一系列的演出。最终，该企业可能成为剧院制作的投资者，提供演出所需的前期资金，然后与剧院共同分享票务销售所带来的收益。

　　与企业建立伙伴关系可能会引发对非营利组织能否持续获得免税权的担忧，以及是否应支付 UBIT 的顾虑。1980 年的一件法庭案件就是一个先例。案件的被上诉方是普兰斯特德剧院协会，上诉方是国内税收委员会。该案件（Plumstead Theatre Society v. Commissioner）涉及一个非营利性剧院与私人投资者合作制作一部戏剧，这一先例为非营利组织和企业之间存在的无数合资企业开辟了道路①。在本案中，剧院作为免税非营利组织的地位并未动摇。虽然它与私人投资者合作，但最终的结果是这种伙伴关系的构成是在"公平交易"下达成的，因此免税权得以保留。在最近 2004 年至 2005 年的收入裁决中，美国国税局审查了由一家享有免税权的大学和一家营利性公司设立的提供校外培训的有限责任公司。美国国税局发现，合资企业的活动是在享有免税权的大学活动总量中的很小一部分，因此没有造成任何不利的免税影响②。

　　非营利组织应该慎重选择企业合作伙伴。在选择过程中应寻找具有如下性质的合作伙伴：可信任，双方就维持伙伴关系的态度和努力是一致的，具有相同的愿景，双方的价值观和规范能够兼容，愿意贡献所需的时间、资源、专长和努力。同时，非营利组织还应避免与某些私营企业建立关系。这些私营企业由于存在利益冲突而被取消与非营利组织合作的资格，如私营企业的所有者是组织的创始人、理事会成员、主要捐赠者、高级雇员和上述人员的任何家庭成员。

123

---

① *Plumstead Theatre Society v. Commissioner*, 74 Tax Court 1324（1980），aff'd675F. 2d244（9th Cir. 1982）.

② *P. Promotion of Fine Arts and the Performing Arts：Analysis of the Goldsboro Art League and Plumstead Theatre Society Cases, and UBIT Considerations*, 1982 EOCPE Text, accessed January 12, 2012, http：//www. irs. gov/pub/irs-tege/eotopicp82. pdf.

非营利组织可以选择与营利性企业合作，创建一个单独的法律实体以增加收入，然后将收入转移到非营利组织中。如果非法人的非营利协会的成员从创收活动中分取利润，则最终可能会无意创建一个单独的法律实体。有多种形式的合伙关系和规则可用于管理这些协会，因此建议对考虑进行合资的非营利组织提供相应的法律援助。

（五）投资收益

一些非营利组织建立投资基金，以便在未来几年使用回报来补贴运营。例如，耶鲁大学的永久性捐赠基金（Endowment）在 2008 年为它的总收入贡献了 8.43 亿美元，占总收入的 37%[①]。先锋集团（The Vanguard Group）提供了一份有用的了解非营利组织永久性捐赠基金投资策略和风险的意见书[②]。

基金会资产和捐助资产的支出要求不同。基金会受到监管，被要求每年花费其资产价值平均值的 5% 或更多，但美国国税局允许账户的金额抵免以避免因支出不足而受到处罚。美国的永久性捐赠基金并没有面临强制性的支出要求，但有人建议为公共慈善机构的永久性捐赠基金支出设定一个最低限度。例如，佛蒙特州的众议员彼得·韦尔奇（Peter Welch）提出，应该要求大学在一定时间内花费至少 5% 的永久性捐赠基金，以努力让更多的学生能够负担起大学费用[③]。彼得·康蒂－布朗（Peter Conti-Brown）则认为，由于 2007 年至 2009 年金融危机对永久性捐赠基金的价值造成的影响，彼得·韦尔奇的这项提议和其他强制永久性捐赠基金支出的努力都没能取得成功[④]。

永久性捐赠基金宣传活动（Endowment campaigns）的原理是通过建

---

① Kimberly A. Stockton and Daniel W. Wallick, "Endowment and Foundation Investing: The Challenge of Defining the Liability" (Vanguard Investment Counseling & Research, 2009), accessed December 14, 2011, https://advisors.vanguard.com/iwe/pdf/FASENF.pdf.

② Stockton and Wallick, "Endowment and Foundation Investing."

③ Chetan Narain, "Congressman to Propose Mandating Endowment Spending," *Daily Princetonian*, October 10, 2008, accessed January 12, 2011, http://www.daily-princetonian.com/2008/10/10/21744.

④ Peter Conti-Brown, "Scarcity Amidst Wealth: The Law, Finance, and Culture of Elite University Endowments in Financial Crisis," *Stanford Law Review*, March 6, 2011, 699–749.

立资金库以实现对将来资金需求的减少。本金可以拿来投资和保留，只能使用收益。彼得·弗鲁金（Peter Frumkin）指出，永久性捐赠基金的稳定性需要大量的资金来维持，且金额通常超过年均费用的二十倍①。2010 年的一项民意调查显示，大多数拥有永久性捐赠基金的非营利组织都需要执行相关政策，被要求每年只能花费永久性捐赠基金的4%至5%。这需要捐赠者对非营利组织具有很高的信任度，相信组织具备投资的能力。除此以外，还需要考虑非营利组织使命的时间范围。弗鲁金要求捐赠者考虑机会成本，以决定他们的资金是否用于具有使命感的项目，而不是把资金放入永久性捐赠基金中，以用于长期的增值战略。

何时投资以及何时使用可用资金成为公共关系的问题。一些非营利组织因设立数额巨大的永久性捐赠基金而备受批评。男孩城（Boys Town）是最早面临指控的非营利组织之一。该组织被指控拥有的永久性捐赠基金过于膨胀，对建立储备基金的兴趣高于改善使命的有效性。奥马哈太阳报（The Omaha Sun）曾刊登过关于 1972 年获得普利策奖（Pulitzer Prize）的男孩城调查报告。报告显示，该组织不断地申请捐款，声称组织陷入了可怕的境地，而实际上它每年的收入比它的年度运营费用高出数百万美元，并悄悄地进行不必要的投资。它的净资产多于奥马哈最大的银行，永久性捐赠基金达到了 2.09 亿美元，几乎超过了所有的大学②。

目前的经济状况导致一些非营利组织面临"永久性捐赠基金缩水"（Underwater endowments）这一困境，这些基金的价值不再能够在不减少原始本金的情况下支持以前承诺的收益水平。许多拥有永久性捐赠基金的大学显然也出现类似的情况，其中一份报告发现，截至 2008 年底，38%的大学永久性捐赠基金都出现了"缩水"的情况③。许多大学依靠永久性捐赠基金获得教师和学生的支持。这种做法最开始出现在公元

124

---

① See Peter Frumkin, *Strategic Giving*: *The Art and Science of Philanthropy* (Chicago: University of Chicago Press, 2006).

② 《时代》杂志上的一篇文章帮助分析了这一现象。"Education: Rebuilding Boys Town," *Time*, August 5, 1974.

③ David Bass, *Management of Underwater Endowments Under UPMIFA*: *Findings of a Survey of Colleges, Universities, and Institutionally Related Foundations* (Washington, DC: AG Binpartner-ship with Common fund Institute and NACUBO, 2009).

176 年的雅典，当时罗马皇帝马库斯·奥里利厄斯（Marcus Aurelius）在那里设立了能享受资助的教职员工职位。在最近的财政危机之前，哈佛大学就从其投资中提取了占总收入约 1/3 的资金[1]。当投资价值下降时，非营利组织需要确定两点。一是原始捐赠者设定的限制是否允许支出政策发生变化；二是这些变化是否必要以及是否能被保证。

以下几点建议适用于使用投资基金支持其运营的非营利组织。

- 制定一项政策，规定每年应提取的用于支持组织使命的永久性捐赠基金的百分比。
- 根据组织价值，对可投资类型的限制进行确定（例如，一些为青少年服务的非营利组织不能投资销售烟草产品的公司）。
- 根据所需流动资金的多少以及可承受风险的程度制定投资政策（提供投资政策和指南的样本）[2]。
- 理解并遵守有关投资组合和支付要求的法律（政府法规要求对投资进行审慎管理，并规定了基金会的最低支出要求）。
- 建立规程和指定监督投资经理的责任方。
- 安排定期的投资组合复核。

（六）捐赠

即使追求慈善的捐赠也会带来管理和战略的挑战。有许多的问题需要进行深思熟虑，这些问题涉及对捐赠者捐赠意向的尊重，以及如何处理强势捐赠者试图控制非营利组织议程。提供大额赠与的个人和组织可能希望接受捐赠的非营利组织给予他们特殊的待遇。一旦他们的利益得不到保障，则可能撤回支持。例如，康卡斯特公司（Comcast Corporation）收回了向非营利组织 Reel Grrls（一家教导女孩进行媒体制作的非营利组

---

[1] "Universities' Financial Straits: A Moody's Retrospective," *Harvard Magazine*, June 18, 2010.

[2] See, for example, Presbyterian Endowment Education & Resource Network, *Investment Policies and Guidelines* (n.d.), accessed December 14, 2011, http://www.presbyterianendowment.org/information/library/investment/investment-policies-and-guidelines.

织）提供的 18000 美元的捐赠，原因是因为该组织发布了一条批评康卡斯特公司的推文。康卡斯特后来对此事进行了道歉并重新提供了这笔捐赠，但被 Reel Grrls 拒绝并将此事件公之于众[①]。

当捐赠者试图拿回他们已做出的捐赠、利益相关方意图让非营利组织表彰已故所有者或者非营利组织试图让捐赠者信守承诺时，与捐赠者的斗争可能会升级成法庭案件。在一起案件中，蒙大拿州最高法院（the Montana Supreme Court）解散了查尔斯·M. 拜尔家族博物馆（the Charles M. Bair Family Museum）的理事会，因为它没有遵照遗嘱要求来正确支配阿尔伯塔·M. 拜尔（Albetra·M. Bair）的家庭财富遗产。2002 年至 2005 年期间，由于访客人数较少和博物馆资产价值下降，理事会关闭了博物馆。法院表示，理事会没有花费足够的资金为博物馆做好初期的准备，并命令美国银行（控制理事会 4/5 的席位）组建一个新的理事会，以监督博物馆的运营[②]。新理事会积极地利用可用资金来增加访客人数。2011 年 4 月 4 日，一则新闻宣布其在拜尔的家乡开设了一家新的国家艺术博物馆[③]。

专业筹资人的道德行为准则明确了表彰捐赠者捐赠意向的重要性。可参见专业筹资人协会（the Association of Fundraising Professionals，以下简称 AFP）编制的《捐赠者权利法案》（the Donor Bill of Rights）第二章。AFP 提供资源，对筹资人进行关于最佳实践相关的培训，并提供认证项目，对筹资的专业化程度进行支持。

二　收入组合

本章前面部分概述了各种收入的来源，我们现在开始探讨他们之间可能的利弊权衡。研究人员试图揭示非营利组织收到政府资金或使用创

[①] Jennifer Sokolowsky, "Seattle Nonprofit Refuses Comcast Funds After Tweet Controversy," *Puget Sound Business Journal*, May 20, 2011, accessed January 12, 2012, http://www. bizjournals. com/seattle/blog/2011/05/seattle-nonprofit-refuses-comcast. html.

[②] Stephanie Strom and Jim Robbins, "Montana Museum Board Breached Duty, Court Says," *The New York Times*, April 30, 2008, accessed December 14, 2011, http://www. nytimes. com/2008/04/30/us/30museum. html.

[③] Bair Museum, "New Bair Museum Slated to Opening Memorial Day Weekend," press release (April 4, 2011), accessed December 14, 2011, http://www. bairfamilymuseum. org/press/20110404. aspx.

收（Earned income）策略是否会降低个人捐款的可能性或捐赠规模。埃莉诺·布朗（Eleanor Brown）和阿尔·斯利文斯基（Al Slivinski）审查的一个核心问题是捐赠是否会受到政府拨款的"排挤"①。一种最具有说服力的说法是，随着无限制的政府拨款的增加和非营利组织对捐赠需求的减少，组织对寻求捐款的兴趣也相应减少，从而引发消极筹资带来的赠与资金的减少②。尽管如此，政府小额拨款可能会激发新的非营利组织和新项目的产生、吸引捐赠者的注意力并激发更多的捐赠。

商业活动也有可能对捐赠和资助产生排挤。研究人员发现，这种效应可能会因非营利组织的类型而改变。有证据表明，从事教育和医疗的非营利组织的商业化并没有出现"排挤"现象。然而，对于其他类型的非营利组织，这种效应已经凸显，尤其是艺术和文化类型的非营利组织③。

像奥克斯儿童中心那样的非营利组织领导者明智地审查了自己组织的收入组合，以寻找脆弱性和机会。它揭示了一些收入来源正在对其他来源进行排挤以及这种"排挤"现象是否存在弊端。在奥克斯儿童中心，筹资能力的欠缺曾困扰着该中心的一些领导者，他们开始共同努力，以提高该组织在这一领域的能力。

非营利组织领导者还应该检查他们的组织是否通过不同的创收活动传达了关于组织使命和需求前后不一致的信息。正如霍华德·塔克曼（Howard Tuckman）和西里尔·张（Cyril Chang）所讨论的那样，鉴于非营利部门日益商业化，避免使命漂移是一项具有挑战性的工作④。非营利组织可能会发现，当组织寻求创收时，它们往往忽略了组织的真正目标以及实现这一目标所需的收入。如果一个非营利组织的预算没有明确

① Eleanor Brown and Al Slivinski, "Nonprofit Organizations and the Market," in *The Nonprofit Sector: A Research Handbook*, 2nd ed., ed. Walter W. Powell and Richard Steinberg (New Haven, CT: Yale University Press, 2006), 140-158.

② 这一结论由后叙讨论所支持。"Do Government Grants to Charity Reduce Private Donations?" in *Nonprofit Firms in a Three-Sector Economy*, ed. Michelle White (Washington, DC: Urban Institute, 1981), 95-114; and James Andreoni and A. Abigail Payne, "Do Government Grants to Private Charities Crowd Out Giving or Fundraising?" *The American Economic Review* 93, no. 3 (2003): 793-812.

③ Tuckman and Chang, "Commercial Activity, Technological Change and Nonprofit Mission."

④ Tuckman and Chang, "Commercial Activity, Technological Change and Nonprofit Mission."

反映其核心目标的重点，基金会和政府资助方可能不愿意支持它。个人捐赠者也可能会质疑，如果一个非营利组织能从不相关的商业活动中获利，那么它为何还要寻求慈善捐赠。个人甚至可能难以区分营利性企业、政府企业和非营利性企业，因为它们可能都存在于同一个行业。当不同部门的非营利组织的创收活动看起来非常相似时，非营利组织的部门身份对外部人士来说就变得难以识别。

三 慈善意识

慈善（philanthropy）这个词来自古希腊语，意思是"人类之爱"。今天，我们用这个词来记录通过经济资助或志愿者活动来提高他人福祉的努力。引用罗伯特·佩顿（Robert Payton）的话说，慈善事业是"为了公共利益的个人行为"[①]。慈善家是指那些将资产交给他人的人，这些资产可能是他们的财富，也可能是他们的才能。如果不从法律的角度而从公益（Charity）这个词的起源来看，它是慈善事业的一个子集，它专注于给予贫穷和有需要的人帮助[②]。这些帮助则涉及施舍或救济行为。

在美国和其他国家，慈善事业有着悠久的传统。在美国，许多学校、教堂、图书馆和学院都是通过私人捐赠开办的。最早记录的筹资活动可以在宗教文本中找到，并且许多宗教都强调通过慈善活动义务帮助他人的重要性。非营利组织通常作为慈善意识的载体，而慈善意识可通过文化规范和家庭传统以及宗教教育和文本来进行培养。

并非所有给予非营利组织的赠与都出于纯粹的慈善目的。个人捐赠者的捐赠动机已得到深入研究，证实了捐赠者会出于各种原因向非营利组织捐赠[③]。纯粹出于利他主义动机的捐赠几乎没有。根据社会交换理论，赠与是双向交换，需满足接收者和给予者理性和利己的动机[④]。有些人选择放弃对自己无价值的东西，以此获得渴望的尊重和自尊。其他

---

① Robert Payton, *Philanthropy: Voluntary Action for the Public Good* (New York: Mac Millan, 1988).

② 有关公益概念的概述，请参见 Frumkin, *Strategic Giving*。

③ See, for example, Jerry D. Marx and Vernon Brooks Carter, "Hispanic Charitable Giving: An Opportunity for Nonprofit Development," *Nonprofit Management & Leadership* 19, no. 2 (2008): 173-188.

④ Peter M. Blau, *Exchange and Power in Social Life* (New York: Wiley, 1964).

人希望能够塑造出他们认为理想的结果，例如找到治愈疾病的方法、培养更多受过高等教育的劳动力、能够享受艺术表演等。如果非营利组织的使命与捐赠者的利益相符，那么赠与行为可让捐赠者影响非营利组织使命的实现。他们的赠与行为可能是为了"预付"他们曾收到的帮助或善意。一些捐赠者认为通过帮助他人可以弥补过去的不良行为和为自己的行为赎罪。捐赠者也可能把赠与行为看成一份保险单，以确保自己或他们的亲人在有需要时，可以即刻获得服务。他们的赠与行为还可能是因为想获得与其他捐赠者接触的渠道，并享受捐赠所带来的专业或社交互动。

安德鲁·卡内基（Andrew Carnegie）是现代基金会的创始人之一。他写道，那些拥有巨额财富的人，在道德上终其一生，有责任好好地管理自己的财富①。他认为慈善是一种道德责任，也是一种专业努力，这有助于形成专注高效和有效的财富管理的捐赠实践。非营利组织被视为负责向富人申请捐款，以获得善意的效果。根据卡内基的说法，非营利组织应该努力预防社会问题的产生，而不仅仅是减轻它们所带来的伤害。

（一）慈善赠与的类型

对非营利组织的捐赠有多种形式。它们可能是货币或实物。实物赠与（In-kind gift）是指捐赠产品或服务而非金融货币的赠与。捐赠还能以股票、债券、房地产、保险单、退休账户和其他投资方式进行。赠与可以针对一个特定项目或用于支持一般运营。它可能是一笔作为永久性捐赠基金的赠与。永久性捐赠基金的本金被保留，非营利组织仅可以提取资金投资所产生的收益。它也可能是购买的百分比。在这个购买行为中，捐赠者会获得某些物品以换取交易，但收到的价值小于购买价格。赠与的承诺可能发生在将来，也可能是现在。虽然对于捐赠者为何会做出捐赠最常见的解释是因为有人提出需求，但赠与通常是主动的或是对请求的回应。赠与可以是匿名的，也可能因此获得正式的认可和头衔。

---

① Andrew Carnegie, *The Gospel of Wealth* （1889）, accessed December 14, 2011, http://carnegie.org/publications/search-publications/pub/272.

例如，赠与的价值如果达到一定的规模，就可能使捐赠者有资格成为领导者圈（a Leader's Circle）的一员、可能被授予白金捐赠者（a Platinum giver）的称号或获得其他一些身份。赠与的形式也是灵活多变的，可为捐赠者提供财政回报，例如年金的例子。在这个例子中，非营利组织承诺从未来某一天开始向年金受益者支付固定金额，以换取目前如现金、股票或财产形式的赠与。

（二）捐赠者类型

美国施惠基金会（the Giving USA）年度报告跟踪了美国捐赠模式的趋势。在过去十年中，各类捐赠者的捐赠比例保持相对稳定。在 2010 年，非营利组织收到了超过 2900 亿美元的捐赠。图 6.3 显示了捐赠者类型及划分明细。

129

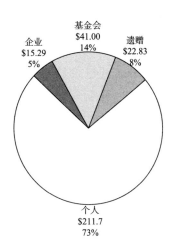

基金会
$41.00
14%

遗赠
$22.83
8%

企业
$15.29
5%

个人
$211.7
73%

图 6.3　2010 年 2908.9 亿美元捐款的捐赠者明细

资料来源：Adapted from Center on Philanthropy at Indiana University, Giving USA 2011: The Annual Report on Philanthropy for the Year 2010 (Chicago: Giving USA Foundation, 2011)。

个　人

个人的捐赠行为可能发生在捐赠者活着的时候，也可能通过遗赠的形式。对于那些在世时就开始捐赠的人，阿德里安·萨金特（Adrian Sargeant）

和其他学者建议非营利组织将他们的一生都视作有价值的捐赠者①。萨金特认为非营利组织不应独立地对待每笔个人捐赠，也不要过分重视个人捐赠的成果，而应该着眼于努力与个人建立长期的关系。在参与非营利组织的过程中，个人可能做出现金捐赠、志愿者服务、推荐组织给其他人、出售活动门票、购买产品以及用其他方式支持非营利组织的行为。终身价值的概念来自消费者营销传统。这种传统认为，购买一种产品的顾客在其生命周期内是具有购买一系列此类产品潜力的人。通过培养捐赠者忠诚度并了解其需求和利益的变化，非营利组织可以更好地管理长期的关系。萨金特和其他人以商业为导向，提出对捐赠者终身价值的期望越大，非营利组织为维持这种关系投入的时间和精力就越大。

目前，有很多关于如何管理与捐赠者或具有捐赠潜力的人之间关系的文章②。提到的建议包括定制与捐赠者的价值观和利益相匹配的捐赠邀请，提供与赠与相关的税务和法律建议，随着时间的推移允许更多的方式和不同类型的途径以参与非营利组织，利用当前支持者的口碑对非营利组织进行宣传，要求对非营利组织的表现提供反馈并妥善管理捐赠以表彰每个捐赠者的意图。

针对美国的个人捐赠，研究人员汇编了大量数据，并从人口统计学的角度进行了研究。黑文斯（Havens）、奥赫里奇（O´Herlihy）和舍维什（Schervish）总结了这些研究，得出的结论是大规模的捐赠与较高水平的收入、财富、宗教参与度、志愿者精神、年龄、受教育程度、婚姻状态、是否拥有美国公民身份、赚取的财富比例高于继承的财富以及更多的财务保障这些因素相关。而性别、种族和宗教的影响呈现更加复杂的趋势。例如，由于非营利组织的类型不同，捐赠者会因此做

① See Adrian Sargeant, "Using Donor Lifetime Value to Inform Fundraising Strategy," *Nonprofit Management & Leadership* 12, no. 1 (2001): 25–38; Wesley E. Lindahl and Christopher Winship, "Predictive Models for Annual Fundraising and Major Gift Fundraising," *Nonprofit Management & Leadership* 3, no. 1 (1992): 43–64; and Adrian Sargeant and Elaine Jay, *Fundraising Management: Analysis, Planning and Practice* (New York: Routledge, 2010).

② For examples, see Karen Maru File, Russ Alan Prince, and Dianne S. P. Cermak, "Creating Trust with Major Donors: The Service Encounter Model," *Nonprofit Management & Leadership* 4, no. 3 (1994): 269–284.

出不同的捐赠①。研究人员还发现了区域和国家层面的影响。例如，在美国，中西部地区的个人往往比阳光地带（the Sunbelt）的人更加大方②，而犹他州的居民被认为是最慷慨的③。与其他地区相比，东北地区的个人为世俗原因提供的资金多于宗教原因④。基金会中心（The Foundation Center）、《慈善纪事报》（*Chronicle of Philanthropy*）和美国施惠基金会是一些经常提供有关捐赠趋势和区域与人口差异报告的组织。 130

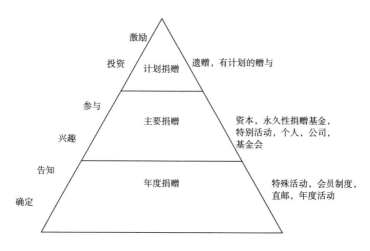

图 6.4 捐赠金字塔

资料来源：Barbara L. Ciconte and Jeanne G. Jacob, *Fundraising Basics*：*A Complete Guide*, 3rd ed.（Boston：Jones & Bartlett, 2009）. Copyright ©2009. Reprinted with permission。

在美国，筹资项目的原则通常是在筹资活动中，大部分资金来自小部分捐赠者。这种按比例捐赠的概念衍生出捐赠金字塔的理念，并构建

① John J. Havens, Mary A. O'Herlihy, and Paul G. Schervish, "Charitable Giving," In The *Nonprofit Sector*：*A Research Handbook*, 2nd ed., ed. Walter W. Powell and Richard Steinberg（New Haven, CT：Yale University Press, 2006）, 542-567.

② See Dwight Burlingame, ed., *Critical Issues in Fundraising*（Hoboken, NJ：Wiley, 1997）, and inparticular Julian Wolpert's chapter "The Demographics of Giving Patterns," 75-80.

③ John J. Havens and Paul G. Schervish, *Geography and Generosity*：*Boston and Beyond*（Boston：Boston College, Centeron Wealth and Philanthropy, 2005）.

④ 对地区差异的分析是基于印第安纳大学慈善中心的数据。Indiana University, *Giving USA* 2005（Chicago：Giving USA Foundation, 2005）.

起年度捐赠、主要捐赠、计划捐赠（例如遗赠）和资本运动的赠与范围图。最大的捐赠者群体位于金字塔的底部，但他们所提供的捐赠金额即使全部加起来也是最少的，而最多的资金来自金字塔顶端最小的捐赠者群体。图 6.4 显示了巴巴拉·司康提（Barbara Ciconte）和珍妮·雅各布（Jeanne Jacob）绘制的捐赠金字塔，该塔清晰地罗列出每个级别可使用筹资方式。

最富有的捐赠者往往拥有最大的捐赠能力，而向他们发出的捐赠邀请往往可以通过他们的同伴。比尔（Bill）、梅琳达·盖茨（Melinda Gates）以及沃伦·巴菲特（Warren Buffett）是积极呼吁富人增加捐款金额的其中三人[1]。2009 年，他们要求美国的亿万富翁承诺将至少一半的净财富捐给慈善机构[2]。69 名亿万富翁加入承诺者名单，并在 2011 年 8 月公布在赠与誓言（The Giving Pledge）网站上[3]。

捐赠团体

一种日益增长的趋势在捐赠者中出现，即捐赠者既希望能更多地参与和了解非营利组织，又希望汇集他们的捐赠，以产生更好的效果并最终对非营利组织的决策造成潜在的影响[4]。这种做法可通过一个名叫捐赠圈（giving circle）的载体来实现，即人们聚集在一起为非营利组织做出集体捐赠。捐赠圈可围绕特定的捐赠者身份来形成，例如性别、种族、共同的兴趣（如环境或青年服务事业）或共享身份标识（如就业地或居住地）。

捐赠圈在大小、形式和存在时间以及筹资方式方面存在差异。例如，蜂巢集团（the Beehive Collective）成立于 2008 年。到了 2011 年，该组

---

[1] 有关梅琳达·盖茨谈论她和她丈夫的捐赠，以及他们呼吁政府和其他捐赠者做出更多努力的视频，请参见 *Melinda Gates: Rich Should Give Half* (n. d.), http://www.youtube.com/watch? v=wFyY91p_JdA&feature=relmfu。

[2] Carol J. Loomis, "The $600 Billion Challenge," *Fortune*, June 16, 2010, accessed December 14, 2011, http://features.blogs.fortune.cnn.com/2010/06/16/gates-buffett-600-billion-dollar-philanthropy-challenge.

[3] The Giving Pledge, Website, accessed December 14, 2011, http://givingpledge.org/#enter.

[4] Angela M. Eikenberry, "Fundraising in the New Philanthropy Environment: The Benefits and Challenges of Workingwith Giving Circles," *Nonprofit Management & Leadership* 19, no. 2 (2008): 141-152.

织的成员规模逐步扩大到北卡罗来纳州罗利市的 43 名年轻女性。这些被称为蜜蜂（bees）的成员均捐款给集体资金库，同时举行筹资活动，为他们的资金库中注入更多的资金。在某些方面，他们类似于青少年联盟（Junior Leagues）、狮子会（Lions Clubs）和其他为非营利事业筹集资金的会员协会。但对于捐赠圈来说，壮大资金库及确定其用途是他们的工作核心且往往是唯一的使命。

目前最大和最正式的捐赠圈之一叫作社会事业合作伙伴（Social Ventures Partners），它本身是一个非营利组织。2011 年，该组织在美国拥有 26 个附属组织，拥有 2000 名成员。如果捐赠方是社会事业合作伙伴和其他一些捐赠圈，那么作为接收方的非营利组织必须准备好让捐赠者充分参与并接受他们对组织运作产生的影响。捐赠圈可以提供建议、志愿者援助以及资金支持。在做出捐赠决定之前，他们还常常要求非营利组织提供大量的信息。

对一些非营利组织（尤其是学校）来说，团体资助的另一个来源是班级或校友赠与。捐赠由团体成员发起，然后汇总给特定的非营利组织。有时，赠与是为了购买一个团体共同选择的特定物品，例如一个长椅或艺术品。在这些捐赠形式中，同伴的出现有助于鼓励向集体资金库进行捐赠。它们不同于捐赠圈，因为班级或校友赠与的接收方是预先确定的。这个接收方是一个非营利组织，它曾经直接帮助过该团队的所有成员。

基金会

有三种主要类型的基金会为非营利组织提供捐赠：私人或家庭基金会、公司赞助基金会和社区基金会。简而言之，私人基金会由一个或多人建立。最典型的例子是家庭基金会，例如约翰·D 和凯瑟琳·T. 麦克阿瑟基金会（the John D. and Catherine T. MacArthur Foundation）由家庭成员的个人财富组成。私人基金会可能纯粹是一个资助机构，也可能被分类为运营基金会，为自己的项目提供资金支持，而不仅仅是为其他组织提供捐赠。公司赞助基金会使用商业公司的资金，而不是个人的。例如，通用基金会（the GM Foundation）的资金就来自于通用汽车公司（General Motors Corporation）。

132

社区基金会的资金来自许多个体的贡献。定向基金由社区基金会指定了用途，而捐赠者导向基金则允许捐赠者对其捐出的资金产生持续的影响。捐赠者导向基金和定向基金可作为私人基金会的替代基金，使个人有机会利用社区基金会的基础设施来管理他们的捐赠，而非自己创立一个独立的组织。克利夫兰基金会（The Cleveland Foundation）是第一个在美国建立的社区基金会[1]。到了 2009 年，据报告，它的资产超过了 20 亿美元。自从克利夫兰基金会成立以后，社区基金会就如同雨后春笋般纷纷出现在美国各州。

基金会通常基于项目申请书的评估来决定是否提供支持。虽然基金会对于项目申请书的要求各不相同，但基金会中心（the Foundation Center）提供了一个普遍适用的申请书撰写大纲[2]。

- 执行摘要：不超过一页。总结整个申请书。
- 需求声明：不超过两页。解释申请项目的必要性。
- 项目描述：不超过三页。概述了项目将如何实施和评估。
- 预算：不超过一页。列出项目的财务情况，用注释说明。
- 组织信息：不超过一页。描述非营利组织的历史、结构、主要活动、受众和服务范围。
- 结论：不超过两段。总结申请书的要点。

为了增加获得资助的机会，非营利组织应该表明组织的请求符合基金会的捐助兴趣，并且均按照要求进行提交。关于如何管理捐赠方面，基金会存在很大的差异。然而，基金会对项目申请书的撰写要求往往不如政府拨款申请或合同申请要求的那么详细。基金会对申请者的要求更少，对于那些没有完全遵守申请要求的建议书，也不会严格地拒绝。政府和基金会资助者可能会提供有关其资助标准和资格要求的信息，但政府机构选择这样做的可能性更大。许多小型基金会甚至可能不会对它们的捐赠信息进行宣传，而是仅邀请一部分非营利组织并审核组织提交的

---

[1] 有关更多社区基金会的历史信息，请参阅 Peter Dobkin Hall, "The Community Foundationin America, 1914 - 1987," in *Philanthropic Giving*, ed. Richard Magat (New York: Oxford University Press, 1989), 180 - 199。

[2] See Foundation Center, *Proposal Writing Short Course* (2011), accessed December 14, 2011, http://foundationcenter.org/getstarted/tutorials/shortcourse/components.html.

项目申请书。

联邦资助者

联合资助者，例如联合之路和联合联邦运动（the Combined Federal Campaign），通过工作场所募集捐款，将捐款资金分配给捐赠者指定的非营利组织。而在未指定的情况下，则将捐赠资金优先分配给最符合条件的非营利组织。在工作场所筹资期间，非营利组织需同意遵守筹资活动规定，才能被允许参加。为了获得未指定的捐赠资金，非营利组织可能需要申请联邦资助者的支持，然后提供资金使用方式的评估。

企　业

营利性企业可以通过广告、营销、公共关系或慈善预算为非营利组织提供资金。企业可能会提供一个配套的项目。在这个项目中，员工对非营利组织的捐赠将由公司进行整体配套操作。企业还可以提供活动赞助，并将财务赠与同员工志愿者活动绑定在一起。一般而言，企业倾向于支持大众关心或目标市场与自身相似的无争议项目。当地项目可以吸引员工和其家人，成为提高他们福利的一种方式，从而提高生活质量。除了提供财务支持外，企业还可以免费提供服务、产品和设施。

四　资金发展

在本节中，我们将描述资金发展的过程和原则。

（一）资金发展进程

资金发展过程有多个步骤，每个步骤对于吸引和留住捐赠者都至关重要。我们将在下面对这些步骤进行简要的总结。

确认非营利组织所需支持的项目

该非营利组织为何而存在？它解决了哪些基本需求？人们如何因为它所提供的支持而变得更好？捐赠者和资助者如何从为非营利组织提供支持中受益？非营利组织的使命如何与潜在支持者的价值观和规范保持一致？

就奥克斯儿童中心的例子而言，该组织的领导者发现社区的福祉取决于帮助该社区中患有心理疾病的儿童，随着使命的扩展，受益群体延伸到帮助患有发展障碍的儿童。在该中心的帮助下，受益的儿童将成为社区中发挥建设性作用的一员，从而减少他们成年后对服务的需求。

确定筹资目标需要完成的使命

非营利组织可以为多少人群提供服务？可以取得哪些成果？完成使命目的需要付出哪些费用？对目前和将来而言，关于实现与使命相关的具体目的的方法，理事会和员工是否能达成一致？

在奥克斯儿童中心，理事会和员工需要相信，尽管该中心的大部分资金当时来自加州，慈善支持对于推动使命进程和确保组织的财务稳定是必要的。通过规划流程，他们列出了资金筹集成功后可以完成的事项。

评估捐赠环境和确定市场

对于非营利组织使命的有效性和目标的合理性，组织以外的人是否无异议？捐赠者是否有能力按要求提供足够的资金？谁最有可能成为支持者？他们是否已意识到非营利组织正在解决的需求以及如果资金充足，非营利组织可以发挥的作用？

奥克斯儿童中心曾经忽视了来自社区基层的支持。中心的理事会认识到，他们需要共同努力，重振社区对该中心的重视程度。在过去，虽然筹资工作开展得很少，但仍然会产生捐赠。这表明如果发出捐赠邀请，社区成员也会成为捐赠者。

评估非营利组织的筹资能力

员工和理事会是否准备好陈述所需支持项目？志愿者是否准备好并能够发起捐款？赠与能否得到妥善的管理？多少预算可用于资金发展流程？

奥克斯儿童中心的理事会和员工意识到他们需要准备一些材料来讲述中心的故事。虽然中心有用于国家拨款的报告数据，但报告的形式并不适合向个人发起捐赠邀请。他们还需要建立机制和流程用以申请赠与、对收到的捐赠进行答谢并根据捐赠者的意向使用捐赠资金。所有这些都需要对基础设施进行投资，以支持资金发展过程。

135

对筹资载体、前景和途径进行调研和选择

捐赠会赠给谁？捐赠行为如何才能发生？在个人、公司、协会、政府机构、当地企业、宗教场所、服务组织、基金会和其他团体中，捐赠

的能力和兴趣是什么？如何与潜在的捐赠者取得联系？他们是否愿意被接近？是否有联系他们的渠道（例如通过为其工作的理事会成员）？对他们的捐赠诉求应该是什么？

过去，奥克斯儿童中心的理事会和员工知道该中心将继续寻求政府资助。他们也清楚中心被禁止向患者的父母收取服务费。中心的领导者认为，慈善捐赠将有助于实现收入组合的多样化。在顾问的帮助下，他们逐渐拥有确定市场和撰写筹资申请材料的能力。该中心筹资的最大希望应放在寻找那些有兴趣且有能力捐助，以及通过个人关系可以找到的人。

计划和组织的准备

选择谁？做什么？理事会成员、员工和志愿者需要哪些信息、资源和培训才能看到筹资效果？如何将资金发展计划纳入非营利组织战略计划之中？该计划将如何进行评估和修改？

所有寻求捐赠的非营利组织，包括奥克斯儿童中心，都可以从包含战略、任务分配和评估方法在内的综合资金发展计划中受益。整个组织有责任成为称职的赠与资金管家。筹资员工和志愿者需要一个确认的项目和对项目前景的调研，来了解赠与的情况以及说明该赠与如何有助于非营利组织的筹资目的和目标。

募集赠与、答谢捐赠者、管理赠与以及准备赠与合同的续签（如有）

募集赠与的请求发起了吗？是否成功？为什么成功（失败）？什么时候合适发起再一次的赠与请求？捐赠者如何更多地参与非营利组织的工作？是否需要更多的研究？在提出额外赠与请求之前，是否需要加强陈述所需支持项目的力度？

最终，有人需要向捐赠者请求捐赠的资金。而采用的方法越私人化，捐赠者与非营利组织的联系就越深，成功的可能性就越大。通过每一次的赠与活动的接触，非营利组织有机会与捐赠者建立更深的联系，并进一步解释捐赠者的支持是如何产生积极的影响的。136

（二）资金发展原则

一些基本原则可用于指导资金的发展。而使用频率最高的原则是

"人为人提供捐助，用以帮助人①"（people give to people to help people.）。无论是个人或他人财富的处置决策，还是为基金会、公司或其他组织的利益行事，都是人在做决定。筹资以关系为基础。当有信任基础时，捐赠请求成功的可能性越大。当捐赠者相信他们的捐助会真正帮助到他人时，成功的可能性也会更大。从非营利组织看到项目的图片和听到成功的案例故事比枯燥的统计数据更有说服力，可以让有捐赠意向的人相信他们的赠与会产生有意义的改变。对有捐赠意向的人，邀请他的同伴作为志愿者加入筹资团队来共同申请大额的捐助也是有帮助的。同伴关系是信任的基础。邀请受人尊敬的名人来支持非营利组织的工作也有助于信任的建立。

第二个原则是重要的赠与额度可多可少。通过发出广泛的捐赠邀请，不同阶层的人可以捐出对他们来说算得上是慷慨的金额。他们也可能根据别人赠与的多少来判断合适的捐赠额度。这是赠与金字塔的基础。通过金字塔我们可以发现，与其要求相同数量和规模的捐赠，非营利组织可寻求许多小额的和少量大额的赠与来达到筹资的目标。对于资本募集而言，一个普遍的规则是预期90%的资金来自10%的捐赠者。小额捐赠者也应该像主要捐赠者一样受到欢迎。如果与非营利组织的联系变得更加紧密，在将来，这些小额的捐赠者也可能提供更多的捐助。与非营利组织关系最为紧密的捐赠者往往成为带动筹资活动的领军人。如果他们有能力但不愿意给予像领军人一般的捐赠，那么就会给他人一种暗示，让大家觉得这个非营利组织其实并不像它看起来那样值得资助。

从某种角度来说，筹资人实际上为捐赠者提供了实现其愿望的途径。所以，第三个原则就是理解筹资者的这一作用。这些途径可能是对年度活动、捐赠活动、资金或特殊项目活动、财产或计划赠与做出的贡献。年度捐赠项目往往会吸引许多首次捐赠者。他们认同捐赠的项目，对非营利组织略知一二，且捐赠金额还不至于影响到他们的捐赠能力。与他们建立的联系往往不是通过私人关系，而是采用比如投递信件、电视传播和网站宣传的方式。随着时间的推移，当这些捐赠者更多地了解非营

---

① Stanley Weinstein, *The Complete Guide to Fundraising Management*, 2nd ed. （New York: Wiley, 2002）.

利组织的运作，而组织也更多地了解他们时，非营利组织就会通过私人拜访、更具个性化的信件和其他方式来加深联系。专业筹资人应与捐赠者培养良好的关系，了解他们的需求如何与非营利组织的需求相匹配。 137
当捐赠者的利益发生变化时，一个优秀的筹资人会迅速做出调整，以便更好地支持捐赠者的利益。

五　本章小结

本章回顾了非营利组织的资源获取情况。对可能的收入来源和实现策略列举了诸多的选择。自成立以来，每个非营利组织都因其自身情况的不同，对资金的形成方式产生或多或少的影响。非营利组织领导者有责任了解其组织资源获取方式的积极和消极因素。他们还需对其资金来源负责。

管理非营利组织资源的需要将带领我们进入下一章节的财务管理。在理解了资源获取的基础上，我们将转向如何恰当地管理财务资源。

六　问题思考

1. 是什么影响了您为非营利组织提供捐赠？是什么促使您开始捐赠活动（或停止捐赠活动）？您对于非营利组织应如何与潜在和现有捐赠者建立友好关系有什么经验可分享？

2. 非营利组织及其资助者是否应关注非营利部门的商业化进程？请说明原因。

七　练习

练习 6.1　收入组合分析

观察一个非营利组织的收入组合。它的收入来源是多元化的吗？如果非营利组织的收入来源仅依赖一些特定的资源，那么这种情况带来的缺点有哪些？请列举（如有）。

练习 6.2　筹资申请书的评估

分析一份非营利组织申请财政支持的筹资申请书。在这份申请书中，它如何对所需支持的项目进行描述？项目的需求强度有多大？在申请捐赠时，这份申请书能发挥多大的价值？您觉得这份申请书令人信服吗？为什么？

练习6.3　了解捐赠者的动机和答谢

采访一位您认识的、曾向一个或多个非营利组织捐赠的朋友，请这位朋友说说他捐赠的原因。他的捐赠动机是什么？关注他最近的一笔捐赠。从第一次接触到他决定捐赠，追踪该人与非营利组织的互动情况。在这段时间内，非营利组织采用了哪些沟通方式与您的朋友进行交流？您的朋友是否因他的捐赠而收到答谢？如果是的话，是何时以及如何进行答谢的？您认为答谢的力度是否足够？为什么？

第七章　财务监督与管理

与北卡罗来纳州立大学公共与国际事务学院查尔斯·科伊（Charles K. Coe）教授共同完成。

希望基金（hopeFound）的使命是通过帮助个人克服成瘾症并找到工作、住房和希望来预防和消除大波士顿地区无家可归的现象。它的经验有助于说明非营利组织在其使命面临风险之前如何调整其财务管理[①]。希望基金的理事会和新聘请的执行主任在一家名为非营利金融基金（Nonprofit Finance Fund）的咨询公司的帮助下发现了机构的弱点并实施了新的战略和实践。从 2005 年后的五年间，希望基金经历了经济衰退，同时将其财务方法从永久性危机模式转变为规划模式。2005 年的一份财务分析显示，它的现金和流动净资产处于危险的低水平，但清理债务以及购买房产和设备的需求增加。它的短期债务为 30 万美元，并不断使用其所有信贷额度。希望基金的资金组合主要包括政府费用报销，但并未完全覆盖项目或行政支出。它还缺乏一个筹资主管。咨询公司帮助希望基金全面地思考使命、能力和资本如何相互影响，并建议该组织制定管理流动性和信贷的战略，调查创建财务储备，并且考虑收购机会。

因此，希望基金进行了一项 SWOT 分析，检查了开展业务的成本，并探讨了各种选择。从目标中获得的行动促使该机构获得专业志愿服务，开展全面的筹资活动，积极寻求住房券，重新协商从费用报销到按服务收费结构的合同，将其住宅单位的管理分包，并将储蓄重新分 140

[①]　案例细节来自幻灯片和案例研究。Nonprofit Finance Fund，*hope-Found*：*Finding the Way Through Data*，*Discipline & Dialogue*（*Case Study*）（SlideShare，2011），accessed December 14，2011，http：//www. slideshare. net/nonprofitfinancefund/hopefound-case-study. This presentation was prepared by the firm that helped the nonprofit.

配用于投资人力资源并偿还信贷额度。到 2008 年，希望基金有超过 3 个月的现金用于运营。2010 年，希望基金的资产负债表为 2005 年的 3 倍，而运营预算比 2005 年增加了 1 倍多，并且能够购买所需的房产和设备。最重要的是，它帮助更多的人获得住房和工作并克服成瘾症。非营利金融基金声称，从财务困境到财务赋权的转变归结于三个因素：数据、规范和对话。具体来说，希望基金创建并使用了财务指标控制表。它开始定期举行理事会财务委员会会议，确定潜在的问题和解决方案。它还公开讨论了如何跟踪进展，并在决策过程中给予管理层和理事会平等的话语权。

哈内特县儿童伙伴关系（Harnett County Partnership for Children，以下简称 HCPC）是一家 501（c）（3）非营利组织，为北卡罗来纳州哈内特县的儿童及其家庭提供教育和发展服务。HCPC 与另一家名为社区教育和项目公司（Community Education and Programs，以下简称 CEAP）的 501（c）（3）非营利组织签订了合同，提供教育服务。2009 年，一名举报人拨打了州审计员热线，声称 CEAP 滥用国家资金。但 CEAP 的执行主任拒绝向州审计办公室提供该非营利组织的财务记录，该办公室随后为此事发出传票。州审计员审查了两份总额为 375000 美元的合同，发现了许多欺诈事件：HCPC 使用国家资金报销 CEAP 的开支，但 CEAP 从未支付过日托用品、员工健康保险或退休金。此外，CEAP 以欺诈手段报销了工资税、工资支出、员工奖金和日用品。CEAP 购买的忠诚保险最终不足以弥补挪用公款的损失。CEAP 的保险仅能覆盖 10000 美元，但 HCPC 收到了近 375000 美元的合同。州审计员向 HCPC 提出建议以改善其不当的财务行为和合同做法，并将审计结果提交给联邦调查局和国税局。①

本章是关于非营利组织的财务监督与管理。正如我们开篇的情景所

---

① Beth Wood, *Investigative Report：Harnett County Partnership for Children, Inc., Community Education and Programs, Inc., Lillington, North Carolina, May 2010*（Raleigh, NC：Office of State Auditor, 2010），accessed January 12, 2012, http：//www. ncauditor. net/EPSWeb/Reports/ Investigative/INV-2010-0357. pdf.

示，适当的财务管理可以帮助非营利组织更成功地完成使命，避免不当行为的指控，并降低不道德和非法行为的风险。通过财务分析和定期财务指标监控，希望基金能够找到资源来扩大其规划并发展更强的财务安全。哈内特县儿童伙伴关系被迫投入资源改变财务管理系统，以回应外部对其做法的审查。在一个极端的案例中，美国联合之路失去了许多资金资源，失去了信誉，原因是该组织的财务系统不健全，因而未能阻止当时的首席执行官的不当行为。该首席执行官最终因财务管理不善和犯罪活动被判入狱。在最近的一个案例中，非营利组织以色列莫斯杜特舒瓦（Mosdut Shuva Israel）仅因未能支付员工的赔偿保险而受到 4.8 万美元的判决。其他非营利组织，如奥罗尔·罗伯茨大学（Oral Roberts University）和哈莱姆艺术学院（Harlem School for the Arts），已经承受了巨额债务并面临财务管理不善的指控，这些指控威胁到了它们的运营。

141

如第二章所述，非营利组织有妥善管理资源的道德义务。安然（Enron）公司的部分欺诈行为以及营利部门的其他丑闻促使了萨班斯–奥克斯利法案（Sarbanes-Oxley Act）的颁布。虽然其中只有两项规定专门适用于非营利组织，但该法案为许多希望制定健全的财务政策和实践的非营利组织提供了指导[①]。财务管理系统向执法机构、捐赠者、服务对象、公众和所有成员证明遵守法律和问责制的重要性。为此在本章中，我们将讨论有效财务管理系统的七大要素：财务政策、会计、预算、银行关系、借款、财务风险管理以及审计和财务分析。通过遵循本章概述的基本原则，非营利组织可以确保其信赖度和可靠性。

一 财务政策

非营利组织理事会应制定政策来规范利益冲突，保护举报人，设定预算储备金和管理投资。在战略规划中可能会出现对这些和其他政策的需求（如第五章所述）。需求也可能产生于理事会审查其履行财务监督职责能力时（如第九章所述）。需求还可能产生于量化项目计划的成本和收益时（如第十三章所述）；等等。

---

① Board Source，*The Sarbanes-Oxley Act and Implications for Nonprofit Organizations*（2006），accessed January 15，2012，http：//www.boardsource.org/clientfiles/sarbanes-oxley.pdf.

（一）利益冲突政策

非营利组织需要制定利益冲突政策，不仅要使其与法律保持一致，而且要使其做法能够成为关键利益相关方的正当理由，并建立处理利益冲突的可执行的流程。正如第十四章深入讨论的那样，公共关系问题可能会出现在财务政策和实践上，因此理解公众对政策的看法和对执法的期望是很重要的。联邦法律以及某些州的州法律涉及非营利组织理事会成员和执行人员的薪酬、额外福利待遇①。美国非营利组织禁止向理事会成员和员工提供私人利益和额外的个人福利，例如通过对理事长的家庭成员过度有利的合同或对首席执行官的过高薪酬。即使法律允许特定的财务约定，公众也可能认为这是不恰当的。国税局要求非营利组织在其990表格中报告他们的利益冲突政策是否已得到执行。

假设有一个希望出售房产的非营利组织〔我们将在第十四章中提到的大自然保护协会（the Nature Conservancy）的媒体报道上进一步讨论这种情况〕，想要购买此组织房产的理事会成员与理事会之间存在利益冲突。从私心来讲，她可能希望以便宜的价格购买，为自己省钱；但作为理事会成员，她应该以尽可能高的价格出售从而最大限度地为非营利组织带来利益。非营利组织和理事会成员之间的这种财务交易异常广泛。2006年的一项研究显示，21%的非营利组织从理事会成员那里购买或租赁了产品、服务或财产②。在某些州，非营利组织与其理事会和员工之间的财务交易是非法的。在某些州，当非营利组织的理事会和员工为非营利组织的最佳利益行事时，这种交易是合法的，并且只有在成为可能的最佳交易时才与非营利组织有关系的人员签订合同。一些非营利组织制定了禁止销售和购买可能使理事会和员工个人受益的政策，或者处理因购买和销售活动而产生的任何利益冲突的流程。

非营利组织应为理事会和员工（付薪员工和志愿者）提供培训，并举出详细的例子说明可能违反非营利组织利益冲突政策的行为以及在政策不明确的情况下该怎么做。培训的内容应包括如果不遵守政策，会给

① Board Source, *The Sarbanes-Oxley Act and Implications for Nonprofit Organizations*.

② Francie Ostrower and Marla Bobowick, *Nonprofit Governance and the Sarbanes-Oxley Act* (Washington, DC: Urban Institute 2006), 8.

违规者和非营利组织带来的潜在后果。理事会和员工应签署声明，表明他们理解并愿意遵守这些政策。他们还应明确一旦公开利益冲突后将遵循的流程。例如，理事会可就是否存在利益冲突以及是否将有利益冲突的人排除在相关讨论和投票之外进行表决。当理事会和员工理解为什么利益冲突政策很重要以及将采取哪些措施来执行这些政策时，他们更有可能会遵循这些政策。

　　员工和理事会成员可能与该组织有业务往来的公司存在某种经济利益关系，只有将这种经济利益置于保密信托（保密信托是指委托人把财产投资交给受托人打理，受托人不向任何人披露投资情况且原则上不受委托人影响。译者注）中，他们才无须担心。由于保密信托，他们不知道自己的资产多少，也不拥有对这些资产的任何决定权。政治家包括美国总统，在控制政府资金进入私营部门时，会使用保密信托。保密信托对于从事经济发展和其他类型工作的非营利组织的领导者也很有用，领导者的投资可能从中受益。

　　对于利益冲突问题，感谢费、回扣和贷款方面的政策已发展成熟。感谢费可以是礼物、金钱支付、优惠、免费膳食和酬金等，这是合法的，但可能被认为是不正当的。建议的政策是，非营利组织要么为可接受的感谢费设定相对较低的限额（例如最多 25 美元），要么完全禁止感谢费。回扣是来自供应商的付款，以换取获得非营利组织的业务，这是非法的。非营利组织也不应该提供回扣以换取政治支持。一位纽约州立法委员最近引咎辞职，原因是他承认从他创立的慈善机构那里收取了回扣①。为应对这一丑闻，纽约公共利益研究小组（the New York Public Inc）呼吁州检察长办公室启动一项审查，以确定其他立法委员是否与该州的非营利组织有非法回扣约定。非营利组织向理事会或员工提供的贷款也被认为是不合适的。萨班斯-奥克斯利法案明确禁止向营利性企业的内部人士提供私人贷款，但并未将此规则扩展至非营利组织。有些州建议或要求非营利组织不能向理事会成员和执行人员提供贷款，但是无视此建议的非营利组织的例子比比皆是。例如，西奈山医院和医学院（Mount Sinai

143

---

① Rebecca Harshbarger and Brendan Scott, "State Pol Guilty of Charity Scam," *The New York Post*, January 17, 2011, accessed December 14, 2011, http://www.nypost.com/p/news/local/state_pol_guilty_of_charity_scam_8OcezPDKqKqXyrv6sAFroL.

Hospital and School of Medicine）向其理事长提供了一笔 225 万美元的无息贷款，作为其招聘方案的一部分，《慈善纪事报》（Chronicle of Philanthropy）因贷款损失对其进行了批判。医院本可以通过投资这笔金额获得可观的利润，而不是在不收取利息的情况下放出贷款[①]。

（二）举报人保护政策

非营利组织必须在其 IRS 990 表格中报告是否采用了举报人政策[②]。萨班斯-奥克斯利法案规定，非营利组织对举报涉嫌欺诈活动的员工进行报复是一种联邦罪（一种触犯联邦法律的罪行）。这是萨班斯-奥克斯利法案中非营利组织和营利性企业都必须遵守的少数条款之一。非营利组织应该为员工和理事会成员提供交流顾虑的机会，并且设立机制来确保这些顾虑得到审查而不被忽视。辛西娅·贝宁（Cunthia Benzing）和她的同事们回顾了各种研究（包括她们自己的研究）发现，尽管有萨班斯-奥克斯利法案，举报人保护政策并非在所有非营利组织中都落实到位[③]。正如涉及 CEAP 的开篇情景所示，举报人是揭露不正当财务行为的重要机制。

（三）预算储备金政策

非营利组织应制定一项政策，在一定程度上储备资金。这在财政上是谨慎的，因为它可以在收入较低或支出高于预期的情况下保护非营利组织。关于为什么非营利组织可能会错误预估收入和支出有很多原因。例如，经济衰退，自然灾害（例如龙卷风或飓风）导致的意外支出，设备故障，资金减少（例如提前终止大额拨款）或成本显著上升（例如员工医疗保险费上涨）导致期望可能无法得到满足。希望基金发现，如果

---

① Harvey Lipman and Grant Williams, "Charities Bestow No-Interest Loans on Their Well-Paid Executives," *Chronicle of Philanthropy*, February 5, 2004, accessed January 15, 2012, http: //philanthropy. com/article/Charities-Bestow-No-Interest/61934.

② See Internal Revenue Service Form 990, "Return of Organization Exempt from Income Tax," Part VI, line 13.

③ Cynthia Benzing, Evan Leach, and Charles McGee, "Sarbanes-Oxley and the New Form 990: Are Arts and Culture Nonprofits Ready?" *Nonprofit and Voluntary Sector Quarterly* 40, no. 6 (2011): 1132-1147.

拥有一笔由理事会投票控制的储备基金，就可以使非营利组织避免借入高额贷款或申请大额信贷。

非营利组织的储备越多，它抵御衰退的能力就越强，然而，资助者通常不赞成过度的大额储备。他们希望将大量资金用于直接服务，这一点也可以理解。例如，作为资助条件，联合之路要求从未指定用途的赠予中获得资金的非营利组织，将其储备金限制在年度预算的 25%。由理事会制定有关储备金数额的政策有助于解决关于储备金意见的巨大差异。在储备金被使用之前，它还有助于将理事会的注意力集中在确保储备金维持在指定水平，然后适时用适合此目的的资金进行替换。

（四）投资政策

投资政策指定一名投资官员来管理投资项目。他通常是一个首席财务官（CFO），来自于一个大型非营利组织或一个小型非营利组织的雇佣公司。理事会必须决定采取被动的或主动的投资策略，并阐明指导投资选择的价值观。被大多数非营利组织采取的被动（passive）投资策略试图获得平均投资回报率。相反，积极（active）投资策略试图获得比平均水平更高的回报。积极投资意味着更多风险。只有具有可观资金（例如永久性捐赠基金 Endowment）并且能够负担得起专业投资顾问服务的非营利组织才能进行积极投资。如果投资官员遵循指定的投资策略并行为谨慎，那么他将被免除因投资价值下降而应承担的法律或管理责任[①]。除了指定投资风险导向外，投资政策还细化了非营利组织可以使用的投资类型。例如，一个倡导动物权利的非营利组织可能会制定一项政策，即不准投资那些使用动物进行产品测试的公司。环境保护方面的非营利组织可以选择不投资违反其环保标准的公司。

（五）文件保留政策

非营利组织应制定符合地方、州和联邦法律的文件保留和销毁政策。萨班斯-奥克斯利法案规定，即使文件的保留期已过，但如果正在进行公

---

① 了解非营利组织投资选择可参阅 Robert P. Fry Jr., *Who's Minding the Money? An Investment Guide for Nonprofit Board Members*, 2nd ed.（Washington, DC：BoardSource, 2009）。

务调查或破产流程，或者有人提出需要这些文件，则文件销毁必须停止。

二　会计

每个成功的组织都依赖其会计系统来为财务决策和报告提供数据。非营利组织的员工和理事会成员应该有对用于记录非营利组织运营信息的账户（例如资产、负债、职能支出和储备账户）有基本的了解，清楚这些账户如何与非营利组织的财务状况和活动、会计周期、公认会计原则和内部控制相联系。

（一）账户

要了解组织的财务状况，就需要追踪组织自身拥有的资产（assets）以及亏欠的负债（liabilities）。该会计等式提供了组织财务状况的摘要快照（summary snapshot）：

$$资产-负债=净资产$$

有些组织可能只需要很少的账户来追踪其资产和负债。例如，一个小型非营利组织可能拥有手头现金和一些办公设备的资产。其负债可能包括支付当地公用事业的账户和银行的小额贷款。一个大型的非营利组织可能拥有一个由抵押（负债）、家具和固定装置（资产）提供资金的建筑（资产），并可能将其部分资金投资于股票或债券（资产）。一些非营利组织可能将其所有净资产存放在不受限制的净资产账户中，而其他非营利组织可能拥有不受限制的净资产以及捐赠基金和其他类型的受限制资产账户[①]。

除了了解当前的财务状况外，组织还需要考虑它们的活动。这要求它们能够确定自身的收入（例如，赠与、收到的赠款、项目收入、利息等）及支出（例如，公用事业支出、利息支付、工资、保险、支出等）。总结组织活动的基本会计等式是：

$$收入-支出=净收入或净亏损$$

虽然所有组织都需要有关于其资产、负债、收入和支出的详细会计

[①]　请参阅 Charles K. Coe，*Nonprofit Financial Management：A Practical Guide*（San Francisco：Jossey-Bass/Wiley，2011），查看更多会计及会计科目表的信息。

记录，但非营利组织对追踪不同类型的支出（例如项目和筹资）以及不同类型的资金（例如受限制的、不受限制的和临时受限的）有一些额外的要求。我们将在本章后面讨论这些问题。

（二）会计周期

会计周期（accounting cycle）是指允许组织准确记录和汇总交易的过程。无论是手动保存会计记录（账本，the books）还是使用自动化系统，都使用相同的基本流程。虽然正式的会计周期包含几个更详细的步骤，但该过程的要点包括三个关键活动。

> ● 文档化。无论何时进行交易，都应生成或接收原始凭证（例如账单、发票、收据、存款单、采购订单或支票）。
> ● 记录。收到原始凭证后，会输入一个条目，以将数据记录在相应的账户中，并根据组织的文档保留政策归档原始凭证。
> ● 报告。调整输入的条目并准备财务报表（在本章后面描述）。

有很多会计软件包可供使用，其中一些可以帮助非营利组织遵守与筹款记录保存规则相关的公认会计原则，遵守筹资与项目活动的成本分配规则，遵守禁止根据筹集的金额分配薪酬或筹资支出的规则，以及遵守 IRS 990 表格报告要求①。一些常用的软件包包括 QuickBooks for Nonprofits、QuickBooks Pro、BlackBaud、Financial Edge、Sage MIP Fund Accounting、Kinters FundWare 和 Peachtree。

（三）一般公认会计原则（GAAP）

统一的会计原则有助于确保不同组织生成的财务报表一致且具有可比性。2009 年，财务会计原则委员会（Financial Accounting Standards Board，以下简称 FASB）发布了会计原则编纂（Accounting Standards Codification，以下简称 ASC），这是非政府公认会计原则（Generally

---

① See Janet S. Greenlee, "Nonprofit Accountability in the Information Age," in *Approaching Foundations*, New Directions for Philanthropic Fundraising, no. 27, ed. Paul P. Pribbenow (San Francisco: Jossey-Bass/Wiley, 2000).

Accepted Accounting Proinciples，以下简称 GAAP) 的来源。ASC 将成千上万的 GAAP 声明合并到大约 90 个主题中，按主题、子主题、节和小节的层次结构进行组织①。非营利组织和营利性组织的许多基本会计概念和做法是相同的，但在对收入和支出进行会计核算时，有一些重要的区别。

非营利组织最重要的 GAAP 标准之一是捐赠会计（Accounting for Contributions)（在 FASB ASC 第 958-605-25 节)。在此标准建立之前，非营利组织不必记录捐赠者的捐赠意图。而今，为了帮助追踪指定了使用方式的赠与，非营利组织必须根据捐赠者的意图将赠与分为三类。

● 永久受限资产是捐赠者永久限制的资产，如永久性捐赠基金、土地和艺术品。在永久性捐赠基金中，非营利组织必须永久保留赠与的本金，并且只能花费投资收入。

● 临时受限资产是为特定用途而暂时受到捐赠者限制的资金：例如，资本活动收到的资金可能会被限制用于新建筑物。建设基金在投入使用前可能需要几年时间才能增长。

● 无限制资产是捐赠者不施加限制的资金，例如个人捐款和不需要特定用途的无限制拨款。

这种分类方法有助于非营利组织尊重捐赠者的愿望。如果捐赠者认为他们赠与的意图没有得到尊重，他们可以起诉非营利组织并让非营利组织归还赠与。非营利组织显然对无限制资产拥有最大的自由裁量权。如果所有资产受到严格限制，非营利组织可能难以满足不符合资金使用条件的基本运营需求。因此，非营利组织应该尽量拥有足够的无限制资产，以便开展作为受限资产条件下的承诺活动。

与捐赠会计相关的一个复杂因素是捐赠是否应被视为传递捐赠（pass-through contribution)。如果一个非营利组织将捐赠转交给另一个组织使用，则在该捐赠转给另一个组织之前，它被视为一种债务。例如，

---

① Richard F. Larkin and Marie Di Tommasso, *Wiley Not-for-Profit GAAP 2009：Interpretation and Application of Generally Accepted Accounting Principles for Not-for-Profit Organizations* (Hoboken, NJ：Wiley, 2009).

教会可能为救灾工作募集捐款。如果教会不打算直接提供救济服务，而是打算将捐款转给另一个将这笔资金用于救济服务的组织，则这些捐款被视为一种债务。

当我们查看美联社（Associated Press）最近发表的对"9·11"慈善机构的评论时，限制捐赠和传递捐赠的问题尤为重要[1]。这些慈善机构中有许多家实现了他们的承诺，但也有一些却未能兑现将捐款转给受害者或其他非营利组织的承诺。美国被子纪念馆（American Quilt Memorial）是一个非营利组织，它承诺建造一个带有纪念广场的被子纪念碑，但在捐赠给该组织的71.3万美元中，有27万美元被创始人自己和他的家人花掉了。城市生活部（Urban Life Ministries）募集了400万美元以帮助受害者和第一批救助人员，但实际上只花费了670000美元，因此被国家税务局取消了免税资格。一个典型的谋取私利的案例说明了为什么有些州禁止非营利组织与其执行主任所拥有的公司签订合同。荣誉旗基金（Flag of Honor Fund）的创始人筹集资金建造一个有"9·11"受害者姓名的大旗帜。根据美联社的评论，旗帜是由非营利组织创始人所拥有一个营利组织生产的，并在零售商店出售，但只有小部分销售收入流向"9·11"慈善机构，而大多数利润流向了创始人。

GAAP要求非营利组织报告三类支出：（1）与服务提供相关的项目支出（program cost）；（2）支持项目的管理和一般支出（management and general expenses），例如首席执行官和首席财务官的薪资；（3）筹资支出（fundraising expenses），例如筹资信件的邮资和纸张。一些支出很容易被识别。例如，如果一个员工只负责一个可以轻松归类为直接为服务对象提供服务、管理或筹资的项目，那么此人的工资可以被轻易归类。而有些支出可能不太容易识别。例如，执行主任和员工虽然主要从事管理和

---

[1] Associated Press, "Over Past Decade, Some 9/11 Charities Failed Miserably," SILive, August 25, 2011, accessed January 15, 2012, http://www.silive.com/september-11/index.ssf/2011/08/over_past_decade_some_911_char.html. For a slightly different take on the AP story, see RickCohen, "AP Report Finds Many 9/11 Charities Failed Miserably," *Nonprofit Quarterly Newswire*, August 29, 2011, accessed January 15, 2012, http://www.nonprofitquarterly.org/index.php? option = com_content&view = article&id = 15386; ap-report-finds-many-911-charitiesfailedmiserably&catid = 155; nonprofitt-newswire&Itemid = 986.

一般活动，但也可以从事筹资和项目活动。在这种情况下，他们应该创建一个时间日志，分别记录他们在每个类别所花费的时间，至少每月记录一次。类似地，建筑成本也会被分摊到三种支出类型（例如，租金和公用设施），分摊的比例多少通常基于项目、管理和筹资活动的平方英尺的数量。

GAAP 报告支出的三个类别很重要，因为捐赠者和资助者通常希望将尽可能多的资金用于项目而非管理、筹资和一般服务。出于这个原因，一些资助者例如联合之路，限制了可能花在管理和一般活动上占总支出的百分比。一些监管机构小组报告了非营利组织如何分配其支出，根据这些群体建议的合理百分比提供评级方案。这些监管机构包括但不限于商业改善局的明智捐赠联盟（Better Business Bureau's Wise Giving Alliance）、慈善导航和美国慈善协会（American Institute of Philanthropy）。一些学者发现这些群体用于评估非营利组织的比率可能会误导捐赠者并对某些类型的非营利组织做出不公正的批评[①]。监管机构没有考虑到不同类型的使命、支出、收入和发展阶段，这使得用比率来比较不同的非营利组织的方式存在问题。例如，比起成立时间更久的非营利组织，一个非常年轻的非营利组织可能需要花费更多来筹集资金，以扩大规模，提高运营效率。与不积极筹资的非营利组织相比，简单的比率对比可能会使这个非营利组织看起来很糟糕，因为不积极筹资的非营利组织拥有大笔永久性捐赠资金或可观的收入来源。

（四）会计内部控制

健全的内部控制系统可提高运营效率，增强财务报告的可靠性，确保遵守适用的法律法规，并减少欺诈机会。如果 CEAP 和 HCPC 有更好

[①] 例如，请参阅 2010 年 8 月委托进行的两项研究的执行摘要，by the Direct Marketing Association Nonprofit Federation：Jessica Sowa，"Charity RatingScales：The Challenge of Developing 'Effective' Measures of Nonprofit Organizational Effectiveness"（August 2010），accessed December14，2011，http：//www. nonprofitfederation. org/sites/default/files/Executive_ Summary _ Charity _ Rating _ Scales. pdf；and George Mitchell，"Reframing the Discussion About Nonprofit Effectiveness"（August 2010），accessed December 14，2011，http：//www. nonprofitfederation. org/sites/default/fi les/Executive_Summary_Reframing_the _Discussion_about_Nonprofi t_Effectiveness. pdf.

的内部控制，也许他们可以避免因财务管理不善带来的指控。通过内部控制建立一套纪律严明的方法，希望基金从危机模式转变为更具战略性的方法来实现其使命。

失误（例如草率会计）与欺诈之间的区别在于欺诈（fraud）是故意的，但失误（error）是无意的。以下是欺诈的一些例子。

- 盗窃收据、库存或捐赠物品；
- 使用组织资产谋取个人利益；
- 从希望换取优惠待遇的供应商那边收到回扣（例如现金、礼品、后续工作的承诺）；
- 劳务、服务或产品的超额支付以及未收到的劳务、服务或产品的付款；
- 向组织报销过多的费用（例如差旅费）；
- 为一个项目收集捐款但将资金用于其他目的。

150

正如这些例子所示，非营利组织可能存在挪用资产、在财务交易中不当使用权力的腐败，以及故意伪造财务报表①的现象。通过查看由认证欺诈审查员协会（Association of Certified Fraud Examiners）开发并由珍妮特·格林利（Janet Greenlee）及其同事讨论的统一职业欺诈分类系统，可以找到更多欺诈案例②。格林利和她的同事们还注意到非营利组织或伪装成非营利组织的组织多次滥用信任。例如，联邦调查局（FBI）发现超过 2000 个为卡特里娜飓风受害者捐款的互联网网站属于欺诈性网站③。

如第二章所述，由于个人的道德标准、组织行为准则和社会规范，正常情况下人们不太可能进行欺诈。然而，当他们面临个人财务压力、

---

① Joseph T. Wells, *Principles of Fraud Examinations* (Hoboken, NJ: Wiley, 2005).

② Janet Greenlee, Mary Fischer, Teresa Gordon, and Elizabeth Keating, "Investigation of Fraud in Nonprofit Organizations: Occurrences and Deterrents," *Nonprofit and Voluntary Sector Quarterly* 36 (2007): 676.

③ Diana Aviv's September 28, 2005, testimony to the U.S. Senate Finance Committee, "Hurricane Katrina: Community Rebuilding Needs and Effectiveness of Past Proposals," is cited in Greenlee et al., "Investigation of Fraud in Nonprofit Organizations."

感受到不公平待遇、意识到其他人正在这样做或者认为没有人会注意或关心时，他们可能会感到有压力而进行欺诈或将其合理化。格林利和她的研究团队在对非营利组织员工所犯欺诈行为进行调查的研究中发现，较严重的欺诈行为更有可能发生在那些薪水、年龄、非营利组织的任期和教育水平都较高的人身上。25%的案件中的肇事者是管理人员，8.6%是非营利组织的高管。尽管许多非营利组织员工和志愿者都是诚实的和道德的，但很明显，非营利组织的领导者不应该假设为非营利组织工作的每个人都能抗拒诱惑。非营利组织作为良好的管家，有义务减少甚至消除欺诈机会，并认识到压力和合理化可能导致欺诈行为的动机。

可能增加欺诈机会的因素包括内部会计控制薄弱、未获得独立审计、人员训练不足、安装新的会计或 IT 系统、改变管理组织和责任，以及某些领域过度依赖某一人而让其有机可乘。斯图尔特·道格拉斯（Stuart Douglas）和金·米尔斯（Kim Mills）认为，由于信任的氛围、核实收入来源的困难、内部控制力薄弱、缺乏商业和财务专业知识以及对志愿者的依赖性，在非营利组织中实施欺诈可能比在营利性组织中更容易[1]。例如，比起便利店里的收银员偷藏顾客的买酒钱或拿一瓶货架上的酒水，志愿者或员工可能更容易扣下非营利组织捐赠的金钱或实物。商店反而可能有更多的内部控制，包括库存记录、摄像头和收银台记录。

有许多实践可以帮助预防和发现欺诈行为[2]。最基本的会计控制是将两个或更多人之间的会计职责分开，以帮助减少欺诈和犯错的机会。例如，保管账簿的人不应该是签署支票的人。支票签名者不应接收银行通知和核实银行对账单。即使有了职责分离，两个或两个以上的员工也可以串通盗窃。在只有一到两名员工的小型非营利组织中，分工变得更困难。理事会成员可以担任一项或多项财务职能，以使职责分离成为可

---

[1] Stuart Douglas and Kim Mills, "Nonprofit Fraud: What Are the Key Indicators?" *Canadian FundRaiser*, August 16, 2000, accessed September 1, 2011, http://www.charityvillage.com/cv/research/rlegal16.html.

[2] See Michael DeLucia, "Preventing Fraud: From Fiduciary Duty to Practical Strategies," *New Hampshire Bar Journal*, Summer/Autumn 2008, 6 - 12; also see Edward McMillan, *Preventing Fraud in Nonprofit Organizations* (Hoboken, NJ: Wiley, 2006).

能。此外，对于大型交易，非营利组织可能需要两个签名。

除了职责分离，以下这些做法可减少欺诈的可能性。

- 要求对所有经手现金，保存供应品、设备或捐赠物品的库存记录的员工进行背景和信用检查。
- 创造自上而下积极的道德环境。
- 选择在非营利组织事务中没有经济利益的理事会成员。
- 指导审计委员会寻找欺诈行为。
- 建立举报人保护系统。
- 告诫员工欺诈的后果。
- 在专家的帮助下开发和测试内部财务控制。
- 仔细检查纳税情况；未缴纳的税款通常不会被发现，因此很容易被挪用。
- 使用外部公司进行年度审计。
- 为减少欺诈造成的损失，购买忠诚保险以弥补挪用损失。

那些容忍了盗窃行为的非营利组织很容易受到批评，并可能进一步引发财务不当行为。在发现问题后，不应私下解决，而应将不当行为者移送执法部门。例如，ACORN 的执行官员发现该非营利组织创始人的兄弟在 1999 年和 2000 年挪用了 100 万美元，但在 2008 年前，ACORN 仍保留了他的职位。以保密为条件，他和他的家人同意偿还挪用的金额。执行官员没有告知理事会有关情况。而纽约时报（*The New York Times*）曝光了这一秘密约定，这损害了该非营利组织的声誉①。

当生命之点组织（Points of Life）的官员发现承包商（经营该非营利组织的 eBay 商店）为捐赠的旅行包和其他物品做出异常商业行为时，该组织的反应和 ACORN 的反应就形成了鲜明的对比。当未收到他们购买的旅行券和证书的顾客提出疑虑后，eBay 商店就立刻被关闭。这个非营利组织联系了购买旅行包的人，并试图兑现对他们的承诺。它还与捐助者联系，一些人同意帮助非营利组织补偿客户。生命之点组织还联系了

152

———————

① De Lucia, "Preventing Fraud."

华盛顿特区的美国检察官办公室（该组织位于此办公室的管辖区域内），并上报了这些不当行为①。

三　预算

预算是非营利组织的一项重要活动。如果没有预算来说明非营利组织希望获得和必须花费的额度，就不可能做出短期和长期的战略决策并指导每月的运营。预算可以显示启动新项目或雇用新员工的可用资金。根据本年度截至目前的收入和支出检查年度预算，可以显示需要进行活动和期望调整的地方，才能使本年度不出现财政赤字。与过去预算进行比较，可以揭示显示增长机会或管理费用的最佳选择的趋势。例如，非营利组织可能会发现，随着时间的推移，某些项目的收入增加，支出减少，这可能表明有机会或需要对该项目进行更多投资。预算可以表明，当使用特定承包商时，如果实际支出超过承包商的预算支出，则承包商的预估不可信。它表明非营利组织期望高度依赖来自特定来源的捐赠或赠款，从而揭示了特定利益相关方在实现预算目标时的弱点和重要性。捐赠者、借贷方和资助机构可以将非营利组织的预算作为资助申请的一部分进行评估。通过制订和监督预算，非营利组织可以确保不会产生不必要的债务，并且根据捐赠者的意图管理赠与。预算与实际收入和支出之间的差异可能会导致欺诈活动。预算是理事会履行其财务监督职责的重要工具。因此，制定并监控组织预算和具体项目预算是非营利组织确保自身有效和道德的关键机制。

（一）　制订切合实际的预算

要成为有效的工具，预算必须切合实际，与战略目标保持一致、灵活并且可衡量②。在非营利组织中，没人可以拥有达到这些标准的所有答案和专业知识。因此预算应该是执行人员、项目人员和理事会

---

① Stephanie Strom, "Funds Misappropriated at 2 Nonprofit Groups," *The New York Times*, July 9, 2008, accessed December 14, 2011, http: //www. nytimes. com/2008/07/09/us/09embezzle. html? pagewanted = 1.

② Clifton Gunderson LLP, *Best Practices of Nonprofit Budgeting and Cash Forecasting* (2008), accessed December 14, 2011, http: //www. cliftoncpa. com/Content/5HQ5OYA9WU. pdf ? ... Nonprofit Budgeting.

的团队一起做出的。任命理事会的财务委员会和财务主管后，他们可能在预算提交理事会批准之前，协助参与预算的制定。预算应反映来年预期的或期望的项目和活动，因此员工应提供项目建议，并在制订预算之前获得理事会对继续实施的项目和重大新举措的认可。员工可以汇总有关支出和收入的历史数据，帮助理事会对新一年的服务需求和经济状况做出预设。如果非营利组织已将进行 SWOT 分析和行动计划作为其战略规划工作的一部分（见第五章），那么它们可为预算提供信息。随着时间的推移，应监测预算以确定是否有必要保证其灵活性。这需要准确的会计来显示实际收入和支出与预算的匹配程度。

（二）估算和审查收入和支出

如前一章所述，非营利组织可以从多个来源获得收入。有些收入很容易估算，但有一些收入估算较为困难。例如，如果以前没有估计过特殊捐赠请求信件的回报，那么这就可能很困难。此外，在未来的一年内，知晓哪些支持运营的资助申请能够成功也是很困难的。非营利组织可能希望捐助者在来年续订其承诺，但如果没有正式保证，资金就是不确定的。新的和持续盈利的企业的商业计划应包括可用于预算目的的财务预测。

通常，作为中型到大型非营利组织预算编制过程的一部分，执行主任向项目经理分发预算日历、预算申请表和预算说明。预算日历规定了制订和采纳预算的时间表。项目经理应通过解释他们如何与理事会制订 ¹⁵⁴的非营利组织的战略规划、使命、愿景和优先事项保持一致来证明其预算请求的合理性。例如，大学部门可以通过将预算请求与大学的战略重点相关联来证明其合理性。项目经理应提交他们所需的薪金、附加福利、供应品和资本项目的估算。预算指南让项目经理了解如何计算加薪成本（如有）、供应品和资本项目（例如计算机）。然后将附加福利（例如社会保障、医疗保健和养老金）、公用设施（例如电话、电力和燃气）和资本设备的成本添加到预期开支中。对于规模较小的非营利组织，预算的投入可能更为非正式。协调项目的个人可能是志愿者，他们不需要编制详细的项目预算，尽管他们应该遵守提交的预算。

预算仅仅只是年度财政的一个计划。年度的最终财务报表很少与原始预算完全匹配。在这一年中，收入和支出通常与预算有出入。执行主任或指定员工应仔细比较预算与实际收入和支出，向理事会和项目经理发布月度收入和支出报告。如果某一特定账户的资金不足以承担一个职位或一笔购买，不足部分可以使用另一账户的资金来支持。在这种情况下，理事会可以批准从盈余账户到赤字账户的转账。此外，非营利组织可能在年内获得未编入预算的收入。在这种情况下，可以修改预算以规划增加的收入和支出。60%基于信仰的组织在本财政年度进行了此类预算修订①。2008 年至 2011 年的经济衰退减少了许多非营利组织的收入来源。52%非营利组织的捐款减少，31%的拨款资金减少②。这种损失可能需要对预算进行重大调整，并重新思考该年度的战略目标。

示例 7.1 显示了一个非营利组织 9 月份预算报告。这是应在理事会会议上审查的财务状况文件类型。它提供年度预算数字和年初至今财务状况的评估。本报告中的非营利组织目前的支出超过收入（产生净亏损 325540 美元），但非营利组织的领导者可能希望在未来一个月内收到更多捐赠以应对计划中的特殊事件，并且可能还会期待在财政年度结束前获得新的拨款。他们原本预计将以 52801 美元的无限制净资产结束本年度预算。但是，如果没有预期收入用于支付当前的净亏损和新开支，那么他们就应该重新考虑已规划好的活动，以减少未来的开支或创造更多的收入。报告的最后一栏显示，在许多财务条目中，今年预算支出的百分比与上一年度预算支出百分比非常接近。很多条目也占预算的 75%左右，这与 9 月报告的发布时机一致。但是，有一些潜在的值得被关注的领域。在这些领域中，每年这个时候的预算支出百分比高于过去（例如，参见人员工资和人员福利［条目 100 和 101］以及设施：公用事业/维护［条目 303］）；这些预算条目应作为潜在的问题领域被审核。

① John Zietlow, Jo Ann Hankin, and Alan Seidner, *Financial Management for Nonprofit Organizations* (Hoboken, NJ: Wiley, 2007), 255.

② GuideStar Publications, *The Effect of the Economy on the Nonprofit Sector: A June 2010 Survey* (Washington, DC: GuideStar, 2009).

示例 7.1 每月预算报告（9 月 30 日）

	年度预算	年初至今	所占预算百分比	所占去年开支百分比
收入				
慈善基金会	$ 36598	$ 27449	75%	71%
捐赠	$ 33000	$ 19800	60%	68%
政府—当地	$ 328288	$ 246216	75%	75%
政府—联邦	$ 531293	$ 398470	75%	75%
政府—州	$ 931791	$ 605664	65%	70%
医疗补助	$ 103182	$ 51591	50%	59%
联合之路	$ 224509	$ 168382	75%	75%
收入总计	$ 2188661	$ 1517571	69%	70%
不受限净资产	$ 52801			
支出				
100—人员工资	$ 1446014	$ 1209344	84%	75%
101—人员福利	$ 278778	$ 226995	81%	75%
102—职业服务	$ 88605	$ 79745	90%	90%
200—供应	$ 57009	$ 48458	85%	81%
300—出差和通讯	$ 21399	$ 16049	75%	69%
301—传媒	$ 38806	$ 29105	75%	75%
302—员工发展：培训费用	$ 39040	$ 31232	80%	75%
303—设施：公用事业/维护	$ 28215	$ 22572	80%	69%
400—设施：租金	$ 164063	$ 123047	75%	75%
450—保险和保税	$ 47999	$ 35999	75%	75%
475—会费和订阅	$ 13850	$ 9695	70%	70%
480—租赁：交通工具/办公设备	$ 17034	$ 10220	60%	68%
500—资本支出	$ 650	$ 650	100%	100%
支出总计	$ 2241462	$ 1843111	82%	77%
净亏损		- $ 325540		

资料来源：Charles K. Coe, *Nonprofit Financial Management：A Practical Guide*（Hoboken, NJ：Wiley, 2011), 120. Copyright © 2011. Reprinted with permission of John Wiley and Sons, Inc。

156

171

四　银行关系

非营利组织对银行服务的使用反映了该组织在管理其资源方面的谨慎态度。定期寻求银行服务的行为鼓励银行"削尖铅笔"（sharpen their pencils，意思是提供更好的价格。译者注），以降低价格，并为愿意更换银行的非营利组织提供更多服务。非营利组织应通过权衡银行服务的成本和提供的服务质量来选择银行。要审核的核心服务包括账单支付、账户核对、工资单、电子资金转账、支票成像、信用卡和借记卡支付以及安全超额支付。可能与非营利组织相关的二级服务包括贷款、投资援助、资产保管、退休计划管理和保险。即使是一个小型的非营利组织也应该比较不同银行可以提供的服务以及银行的支出结构来确定应该使用哪家银行。

五　借款

非营利组织通过借款以满足长期和短期需求。例如，通过长期借款来购买建筑物或昂贵的设备，通过短期借款以应对现金流量不足，现金流量不足可能是由于已经获得但还未收到的拨款、意外的诉讼判决、会员捐款减少、经济衰退、成本意外高涨、自然灾害或失去主要资金来源。它们也可以例行借款，就像希望基本在最开始所做的那样。而现在，它正在以一种规范化和战略化的方式进行财务管理。对于拥有少量储备的非营利组织而言，短期借款是很常见的。而对于其他拥有足够的现金储备的非营利组织而言，只有在罕见和突发的金融危机中时才会向理事会或员工借款。而我们不建议这样做是因为它会产生利益冲突，也不是非组织的最佳商业交易。

借款涉及选择债务工具和收回债务。债务工具有三个特征：融资期、还款条件和违约担保。非营利组织的借用选择包括信贷、贷款、债券和租赁。

● 信贷（额度）。此选项允许在一年期间内借入的最多预设金额。在偿还之前，利息在借入的金额上累计。未承诺的额度（uncommitted line）不会以书面形式提交，贷方可以随时终止它。承诺的额度（committed line）是具有既定条款和条件的正式书面协议。备用信函（standby letter）保证如果非营利组织无力支付高额支出，贷方将提供贷款。

● 贷款。此选项具有固定的还款条款。循环信贷协议（revolving credit agreement）也称为周转信贷（revolver loan），即允许非营利组织持续借款和偿还债务至商定的金额。定期贷款（term loan）在一定年限内到期，通常为一至十年。抵押贷款（mortgage）是购买建筑物或土地的贷款，并用作贷款的抵押品。非营利组织根据固定或可变利率支付本金和利息。

● 债券。一些非营利组织，例如私立学校、大学、非营利协会和宗教组织，可以发行免税或应税市政债券，称为市政债券（municipals），可供投资者购买。州或地方政府也可以代表医疗保健组织、博物馆、大学和私立学校以及医院发放免税债券。非营利组织发行的某些债券不是免税的。例如，养老院或教堂可能会签发应税债券。

● 租赁。非营利组织可以租赁而非购买资产。当一项资产（例如计算机）可能在技术上过时的时候，租赁就显得有意义。

六 财务风险管理

每个非营利组织都面临着财务风险，它们需要管理这些风险，以确保它能够继续履行其使命、保护其资产，并为员工、志愿者和其他参与其运营的人员提供安全的环境。如第十四章所述，在危机管理的主题下，非营利组织需要为可能威胁其生存的罕见情况做好准备。财务风险可能涉及：（1）由于疏忽、火灾、自然原因或机械故障而造成的财产损失；（2）因不诚实的行为导致的财产损失；（3）由于设备故障而导致的收入损失或成本增加；（4）因事故造成的责任损失；（5）由于健康问题、成瘾症或其他绩效问题导致的生产损失。非营利组织会发现组建委员会的价值，这个委员会的人愿意识别风险并找到消除或降低这些风险的发生频率和严重程度。示例7.2提供了一系列风险降低方法。

158

示例 7.2　风险降低方法

风险类型	风险降低方法
财产损失	安排设备停机以执行预防性维护； 对常规操作（每月）、灭火器（每月）、危险设备（每日）和其他设施（每年）进行安全检查； 维护烟雾警报器； 异地保留记录和计算机文件的复制； 更新病毒防护软件并维护防火墙； 保护和更新员工密码； 限制员工访问硬件和软件程序
财产丢失	保留支票记录的复印件； 预先登记和签名； 每年清点固定资产； 每日存入现金； 安装防犯罪门锁、防盗警报器、装有铁条的窗户以及保险箱和保险库
对他人的责任	制定预防骚扰政策，确保无报复、保密以及彻底和公正的调查； 通知员工他们对自己的电子邮件、语音邮件、办公桌和储物柜没有隐私权； 进行安全培训； 提供符合人体工程学设计的椅子和桌子，以避免健康问题； 确保司机拥有有效的驾照和安全驾驶记录； 保护捐赠者记录； 保留理事会会议的详细会议记录，并由理事会批准

　　风险可以转移给另一方。合同中的保留无害（hold harmless）条款转移了法律责任，使另一方承担损失责任。另一方必须持有保险凭证，证明其有足够的保险来承担保险无害条款所承担的责任。在非营利组织疏忽时，在租赁协议中放弃债权转移取代了承租人的恢复权利。

　　风险可以通过自我保险或免赔保险单化解。非营利组织可以使用多种类型的保险政策，如示例 7.3 所示。

159

示例 7.3　保险政策

政策类型	保险范围
财产损失	
建筑和内部财产	涵盖建筑物及其内部财产的损坏
商业干扰	如果火灾或自然灾害导致设施无法运营，则可获得收入损失的补偿
计算机	提供比建筑和内部财产政策更广泛的覆盖范围，包括由于电涌、病毒或设备和软件故障而导致的损失
地震和洪灾	地理位置高风险的区域（例如旧金山和新奥尔良）应为其特定风险购买保险，这些风险通常不包括在建筑和内部财产的保险政策中
锅炉和机械	涵盖锅炉、制冷和空调设备、发电机和研究设备的事故
责任	
商业一般责任（CGL）①	保护员工、理事会成员和志愿者免受第三方索赔，包括财产损失、身体伤害、人身伤害和广告侵害。涵盖诸如书面诽谤、口头诽谤和合同责任等伤害
不适当的性举止	CGL 政策可能不包括不适当的性举止。如果是这样，制定单独的性举止责任政策，并将该政策涵盖被诬告进行性侵犯的人
商务车	包括责任险（人身伤害和财产损失）和甲方汽车的有形损坏（碰撞险和综合险）
主任和官员的责任	涵盖对组织、理事会成员、员工和志愿者的管理不善，包括书面诽谤、口头诽谤、第三方骚扰和歧视以及版权侵权
员工补偿	联邦政府要求保险覆盖全职员工和部分兼职员工
专业责任	保护因专业服务疏忽而产生的侵权责任
超额责任	为 CGL、商业汽车和专业责任政策提供超额保险，通常为 100 万美元
超额损失保险	提供超额责任覆盖

---

① 有关 CGL 的深入探讨，请参阅 Melanie L. Herman，"Risk Management," in *The Jossey-Bass Handbook of Nonprofit Leadership and Management*，2nd ed.，ed. Robert D. Herman & Associates（San Francisco：Jossey-Bass/Wiley，2005），560-584。

续表

政策类型	保险范围
特殊事件	涵盖不受 CGL 政策保护的特殊活动，如游行、拍卖和用餐
网络责任（也称为互联网责任）	财产和商业责任政策通常不包括计算机系统遭到破坏时的数据丢失。此政策支付员工重新输入数据、修复和更换硬件以及恢复崩溃的文件服务器的费用
犯罪	标准政策包括：（1）忠诚度损失（员工不诚实造成的损失）；（2）在金钱、证券、电子记录上的损失；（3）因盗窃、损坏或神秘失踪而导致的损失；（4）伪造损失；（5）证券损失；（6）计算机系统欺诈；（7）假冒损失
忠诚保险	确保防盗和防挪用资金。大多数非营利组织都会购买涵盖职位（例如理事会成员、执行主任和首席财务官）的全面保险，而非个人

七　审计和财务分析

审计和财务分析有助于确保非营利组织在有效管理资源和遵守法律和道德原则方面保持正常运行。它们有助于提高政府和公众对透明度和问责制的要求。

（一）审计

财务审计产生了最全面的财务状况评估报告。关于哪些非营利组织应在审计上投资的建议各不相同。商业改善局的明智捐赠联盟是一个消费者权益组织，它建议年度总收入超过 250000 美元的非营利组织应进行审计①。非营利部门小组建议将 100 万美元作为临界值。有些州要求对捐赠超过一定数额的非营利组织进行审计。非营利组织一年内以直接获得或由联邦资金转赠获得 500000 美元及以上的，需要进行审计。这些最低限度反映了这样一个事实，即审计费用可能很高，对于交易量很少的小型非营利组织而言，审计不太可能揭示出良好的财务系统和年终财务分

---

① Better Business Bureau Wise Giving Alliance, *Standards for Charity Accountability* (2003), accessed January 12, 2012, http://www.bbb.org/us/Charity-Standards.

析无法发现的内容①。

2005 年，67%的非营利组织由独立审计师进行了外部审计，91%经审计的非营利组织年度开支超过 50 万美元②。由于成本原因，小型非营利组织不太容易进行审计③。在审计中，非营利组织的主要职责是为审计员结账并准备财务报表。审计员报告最重要的特征是审计意见报告。审计员将提出以下四种意见之一：（1）财务报表符合公认会计原则的无保留（"无错"）意见；（2）财务报表基本符合公认会计原则的保留意见，但例外情况除外；（3）因重大（严重）偏离公认会计原则而不发表意见的免责声明意见；（4）陈述财务报表不符合公认会计原则的不利意见。

一个无法负担审计费用的非营利组织有四个较便宜但不太全面的选择。在成员审查（member review）中，具有会计、审计或财务背景的理事会成员审查选定关注领域的会计流程和记录。在汇编（compilation）中，审计师将财务信息编入一组财务报表，但并不核实账户余额或审查内部控制。比汇编更广泛的是审计员审查（auditor review），其中审计员对财务报表不持任何意见，但给出一份非营利组织是否遵守公认会计原则的说明。最后，在商定流程（agree-upon procedure）中，审计员评估一个或多个非营利组织的会计流程（例如，工资单、银行余额对账表或处理现金收据）。

（二）财务分析

无论非营利组织是否购买审计服务，它都应始终对其财务报表进行内部审查。这些财务分析有助于确定是否需要制定新的系统和战略，以及是否需要在财政年度结束之前对预算进行更改。这些报表可以在理事会会议上提交，以显示非营利组织的财务状况，并为理事会提供一个机会，将实际支出与预算支出进行比较，寻找不当使用限制性赠与账户等

---

① 这些数据来源于 Terrie Temkin, "Audits for Smaller Nonprofits," Philanthropy Journal, February 7, 2009, accessed December 14, 2011, http: //www.philanthropyjournal.org/resources/managementleadership/audits-smaller-nonprofits。

② Ostrower and Bobowick, *Nonprofit Governance and the Sarbanes-Oxley Act*.

③ Temkin, "Audits for Smaller Nonprofits."

不当行为，并注意潜在问题（例如储备基金的不足）。理事会应该从正常模式中寻找那些无法解释的差异。有四个关键财务报表为进行中期修正、确定未来财务和项目上的战略和系统提供了重要信息。

财务状况表

财务状况表（statement of financial position）使利益相关方（例如，管理层、理事会成员、捐赠者和债权人）能够评估非营利组织当前的财务状况。理事会会议中的典型活动是财务主任报告非营利组织当前的财务状况。根据报告，理事会可投票修改预算、设定新的筹资和项目目标，更改定价策略或进行其他更改以影响公益组织的财务状况。如果非营利组织财务状况不佳，它可能需要更积极地寻求当前可使用的资金。但如果它的处境非常糟糕并且正在考虑是否关闭，那么捐赠者和债权人可能不愿意支持它。

活动表

活动表（statement of activities）总结了增加和减少净资产的财务交易，这使得审阅者能够评估财务业绩，评估继续服务的能力，并评估管理层的管理。该表还提供了寻找欺诈行为的机会。例如，考虑到参会者的数量，门票销售定金太少或者出差费用的空前增长与出差授权不符。

现金流量表

现金流量表（statement of cash flows）允许审阅者评估非营利组织产生未来现金流的能力，履行财务义务的能力以及现金收入和支付之间差异的原因。该表可能表明，非营利组织需要寻求贷款或要求延期付款才能支付账单和支付工资。与之相反的是，它也可能表明存在充足的现金储备，并且非营利组织可能会增加其服务、购买资本或增加其投资组合以减少其可用现金。

功能分析表

GAAP 要求志愿健康和福利的组织准备一份功能分析表（statement of functional analysis），按功能（例如项目、支持和筹资）以及矩阵中的对象或自然分类（例如工资、供应和出差）对费用进行分类。其他类型的非营利组织也可能发现功能分析表很有用。这些信息有助于判断员工如何分配该组织的时间、供应、空间和其他资源。它可以揭示非营利组织在几乎没有项目运营的情况下是否为基本筹资运营进行活动。如果仅仅是为了支付更多的筹资成本而将捐款投入非营利组织，那么其税收状况可能会受到威胁。功能分析表还可用于捕获和汇总游说活动的费用，以帮助确保非营利组织不超过政府规定的游说限制。

为非营利组织的主要项目准备功能分析表可能有助于确定是否以现有形式继续、调整或放弃它们。虽然削减项目的决定不太可能完全取决于其财务状况，但这可能是其中一个因素。其他因素在第十三章中会谈到。功能分析表有助于了解运行项目时的固定成本和可变成本继而做出定价和其他营销决策。

（三）财务指标和比率

利用财务报表中的数据，非营利组织可以计算比率和其他财务指标来评估其财政状况。我们回顾了以下各种比率的基准。在非营利部门，这些比率大部分被用作惩罚措施，而非用于规划目的。外部机构计算比率并为非营利组织提供比较"得分"，这些得分在评估特定的非营利组织时有一定的用处。通常情况下，这些评分为捐赠者提供信息，告诫他们不要给那些在项目上花费太少预算的非营利组织资助。对于没有获得好分数但感觉他们的预算分配合理的非营利组织来说，这种评判方式问题重重。

为了判断比率的价值和任何由此产生的外部得分，理事会和员工需要对非营利组织的财务状况使用更复杂和全面的观点。正如希望基金在其财务管理系统审查中发现的那样，理事会和执行人员需要共同努力来确定非营利组织控制表上有用的财务指标。执行主任不恰当地为理事会筛选和解释财务数据，这会有让理事会成员面临无法做出正确决策的风险。一位执行主任用非营利组织详细的财务状况细节压倒理事会，这可能会有解散理事会的风险，并让理事会要么对非营利组织进行微观管理，要么自动听从指定专家的意见。

项目效率比（program efficiency ration）（项目支出除以总支出）记录了直接用于项目服务的资金百分比。对于非营利组织，商业改进局建议将至少65%的支出用于项目。正如本章前面所讨论的，这个基准是有争议的。非营利组织在其生命周期的特定阶段需要筹集资金和管理成本以增加项目，这可能会让非营利组织处于不利地位。但是，如果一个非营利组织多年来在项目上花费的比例都很低，这可能是一个令人担忧的迹象。

筹资效率比（fundrasing efficiency ratio）（筹资开支除以拨款以外的捐赠）衡量实际进入非营利组织捐赠的百分比。它有助于我们了解获得捐款所产生的开支是否合理。商业改进局建议这个比率不超过35%。这个比率用于考虑非营利组织是否仅仅为了筹资而筹资。换句话说，筹资项目本身是否是终点。使用此比率来比较非营利组织或提出对所有非营利组织都适用的基准是有问题的。非营利组织建立的捐助者基础越小，它越依赖于一个狭窄的和难以接触的人群，其筹资效率比率可能就越高。对比其他非营利组织，为某些非营利组织筹集资金需要花费更多资金。

不受限净资产比（unrestricted net assets ratio）（不受限净资产除以总支出）衡量的是非营利组织对收入意外减少或支出增加的缓冲能力。一些联合之路建议这个比例为25%。即设置的不受限净资产可覆盖全年中3个月的总支出。当然，拨款型基金会可能有很高的储备金，并且一年内只花费一部分。对于其他类型的非营利组织而言，拥有过高的储备金可能引发为什么不将更多资金用于项目的质疑。现金是任何组织的命脉。如果没有额外的资金来支付日常开支，那么手头现金的天数（number of days of cash on hand）就是非营利组织可以运营的天数。它的计算方法是将现金和现金等价物除以总开支减去折旧再除以365。

流动比（current ratio）（流动资产除以流动负债）衡量偿还流动债务的能力。它是流动性的指标。比率为1.0意味着恰好有足够的资产来支付流动负债。对大多数组织而言，合理比率介于2.0和4.0之间[①]。

酸性测试比（acid-test ratio）（流动资产减去库存，再除以流动负债）类似于流动比，也称为速动比（quick ratio）。它衡量的是能够以最具流动性（最易转换为现金）的资产（如有价证券和应收账款）来履行短期债务的能力。存货不包括在内，因为它们相对缺乏流动性。与流动

[①] Steven H. Berger, *Understanding Nonprofit Financial Statements*, 3rd ed. (Washington, DC: BoardSource, 2008), 46.

比一样，专家建议速动比为 2.0 到 4.0①。当存在流动性问题时，鉴于该组织可能面临关闭的风险，非营利组织可能难以借款或说服捐赠者和其他人向非营利组织投资。

日应收账款比（days in accounts receivabale ratio）（应收账款乘以 365，除以运营收入）衡量应收账款的平均天数。特别是在现金短缺和正在考虑贷款的情况下，应大力收回应收款。

执行员工和理事会成员应定期审查这些比率并评估他们是否需要更改。如果计算的比率与公认的原则不一致，他们应该考虑这是否构成应加以管理的潜在危机。资助者和其他利益相关方可以使用该原则进行捐赠和做出其他决策，从而影响非营利组织执行其使命的能力。即使偏离原则是合理的，非营利组织也应做好准备以应对潜在的反弹和解释自己的需要。如果没有准确的财务信息来计算比率，那么就是另一个值得关注的领域。理事会可能会认为财务管理系统是不适当的，需要改变或取代。

（四）财务知识

财务知识是履行信托义务的关键。所有非营利组织首席执行官都需要有良好的财务管理能力，非营利组织的理事会成员应该了解财务基础。虽然不是所有理事会成员都需要成为财务和会计专家，但理事会中至少要有一名成员能够帮助其他成员了解财务比率和其他分析工具，并且应该知道要求执行主任提供哪些财务文件。理事会手册和学习课程可用于帮助理事会成员丰富其财务知识。与我们的开篇案例一样，顾问和审计员可以帮助非营利组织审查其财务状况和实践，并可以根据他们的分析结果提供变革建议。理事会应负责确保其可以接纳任何建议，并确保理事会成员了解相关问题和建议。非营利组织的理事会通常会任命一名财务主管和一个财务委员会，以确保理事会拥有并理解做出明智决策所需的财务文件。

八　本章小结

良好的财务管理始于有能力的员工和有财务常识的理事会。即使是

---

①　Berger，*Understanding Nonprofit Financial Statements*.

没有付薪人员的非营利组织也应该认真对待财务管理。如果它有财务账户，它应该使用 QuickBooks 或其他简单的会计软件包来记录和报告交易。应当对现金收入和支出进行内部控制，例如分离会计职责。非营利组织理事会应采用基本会计原则并遵循预算。并非所有的非营利组织都必须借款，即使有，许多组织面临的风险也很小。尽管如此，所有的非营利组织都应该花时间审查自身的薄弱区域，就如何处理已识别的风险做出决策，并制订在紧急情况下获取资金的规划。作为良好的资金管理者，所有的非营利组织都应该准备好在其财务管理系统中做到透明和负责。

在下一章中，我们将回顾非营利组织的营销。通过营销功能，非营利组织接触到使用它们服务的人群。预算和财务分析说明了可用于营销支出的资源水平。营销工作的成功影响收入。本章中的信息可以为管理层和理事会提供帮助，因为它们可以为营销投资的制订提供合理性。

九　问题思考

1. 如有必要，如何评估和丰富理事会的财务知识，以便能够做出合理的财务判断？换句话说，如何知道理事会是否对非营利组织的财务管理系统和当前的财务状况有充分的理解？

2. 如何培训理事会做出有效的财务决策？

十　练习

练习 7.1　比率评估

访问导航星（GuideStar）网站（www2. guidestar. org），并在您的社区中选择一个非营利组织。计算非营利组织的项目效率比、筹资效率比、不受限净资产比和速动比。讨论计算比率引起的任何潜在问题。您是否会建议非营利组织的理事会讨论这些比率？为什么？

练习题 7.2　政策评估

采访一位执行主任，讨论非营利组织的财务政策。要求查看有关利益冲突、举报人保护、预算储备和投资的相关政策。您认为这些政策可以实施吗？如果实施，它们是否足以打消公众的顾虑？

练习题 7.3 预算评估

检查一个非营利组织的预算和年初至今的总金额。找出任何可能表明其将在年底出现赤字的信息。您是否预计非营利组织会在本财政年度结束时拥有净资产？请给出原因。

练习题 7.4 审计评估

回顾非营利组织的审计。是否有与非营利组织的财务状况或财务管理系统的充分性相关的任何问题？

167

第八章　营销

　　2004 年，美国心脏协会（the American Heart Association）创立了珍爱女人心（Go Red For Women）项目。这是一项社会倡议，旨在赋予妇女掌握自己心脏健康的权利。珍爱女人心的网站描述了该组织的成立、目标和结果，并指出"过去，心脏病及其发作主要与男性有关①。历史上，为了了解心脏病和中风，男性一直是研究的对象，这也是治疗指南和方案的基础"。然而，心血管疾病也是女性的头号杀手，每年夺去近50 万美国女性的生命。"珍爱女人心项目鼓励女性提升对这一问题和心脏病的认识，并采取行动挽救更多的生命。"它帮助女性了解患心脏病的风险，并为她们提供了保障心脏健康所需的工具。珍爱女人心项目是一项全国性的宣传活动，包括媒体关系、活动、推广和企业关系战略。女演员达丽尔·汉纳（Daryl Hannah）和歌手唐妮·布莱斯顿（Toni Braxton）受邀成为项目的明星代言人。项目也通过广告牌和电台公益广告在美国传播健康信息。因此，2007 年的一项研究表明，有 50% 的用户认为珍爱女人心是他们的首选项目。此外，珍爱女人心项目筹集了 3 亿美元，全世界 26 个国家采纳了该项目并开展了宣传活动。自该项目全面启动以来，已有超过 90 万名妇女加入了这场战斗。研究表明，"加入项目的女性进行日常锻炼、健康饮食、遵照医生嘱咐进行重要检查并通过

---

　　①　案例详情来自美国心脏协会（American Heart Association），"About the Movement," *Go Red for Women* (n. d.), accessed July 5, 2011, http://www.goredforwomen.org/about_the_movement.aspx; information about the communication campaign is from Cone Communications, "AHA Go Red for Women" (n. d.), accessed July 5, 2011, http://www.coneinc.com/aha-go-red-for-women。

谈论心脏健康来影响他人。"① 此外，还有一些有用的工具可供使用。例如，珍爱心脏健康检查（Go Red Heart CheckUp）是一项关于女性健康保健的互动式在线评估，已让 200 多万女性了解她们患心脏病的风险。另外，珍爱心脏成就更好的自己项目（Go Red BetterU）是一项为期 12 周的免费在线营养和健身项目，可以改善心脏健康。它包括一个在线期刊和一个可下载的训练工具。最后，通过一个国家赞助商（默克公司，Merck & Co.），超过 20 万家医疗服务供应商的办公室收到了珍爱女人心项目的教育工具，以供患者使用。

168

❖❖❖

非营利组织如何与它提供服务或产品的群体互动？组织如何了解服务对象或者客户的需求？组织如何做出提供这些产品的最佳方式的决定？如果非营利组织像珍爱女人心项目一样，正在试图改善人们的行为，那么它是如何做到的呢？这些问题的答案将决定一个非营利组织如何与其环境相联系，从而确保重要资源并完成其使命。营销从非营利组织的使命和战略开始，将组织与顾客、服务对象和其他由组织提供帮助及产生影响的人联系起来。正如开篇案例研究所表明的那样，珍爱女人心项目基于的是美国心脏协会的目标。珍爱女人心项目的营销方式依赖于有效的知识和理念。营销方案利用广泛的宣传和公众来传播信息，其结果非常成功。在这一章中，我们将研究非营利组织营销的性质和功能。我们将考虑营销如何帮助非营利组织了解外界的需求和愿望，然后通过设计和提供产品和服务来满足它们。

一 营销与非营利组织的一般哲学

组织一直在从事营销工作。在我们最早的有历史记录的贸易和商业的账目上，就出现了关于产品和服务的可用性、价格和分配的记录。然而，营销作为一种独特的商业过程的概念仅仅从 20 世纪开始发展，而关于营销本质的最新观点是在 20 世纪 50 年代发展起来的。在 20 世纪，营

---

① Information from the Fall 2007 Go Red For Women Database Survey, reported on American Heart Association, *Go Red for Women*.

销概念产生了演变。随着营销的发展，它已经变得更加适用于非营利组织，并为其所接受。营销观念向非营利组织的正式扩张始于 20 世纪 60 年代末。

营销有三种导向，虽然它们是在不同的时期发展起来的，但是如今来看仍然一目了然。第一种营销哲学产生于 20 世纪早期，被称为产品或服务导向（product or service orientation）①。这种导向出现在全球客户的需求迅速扩大的时代，它着重于更高效地制造和分配组织假定客户所需的产品和服务。然而，由于经济大萧条引发的需求下降和竞争加剧，销售变得越来越重要。因此，在 20 世纪 30 年代，营销采取了销售导向（sales orientation），着重于说服客户购买特定组织而非其竞争对手的产品或服务。

到了 20 世纪 50 年代，营销导向再次发生改变。公司发现自己在全球市场上争夺客户的现象日益激烈，而这些客户可根据拥有信息和方法来做出大量选择。为了在这个消费的时代茁壮成长，组织必须更加关注客户的需求和愿望。这就是所谓的市场导向（marketing orientation）或客户导向（customer orientation）。在这种营销导向中，它着重于将重点转移到客户的需求上（有时也称为目标受众或市场）。在营销过程中，客户（或目标市场）如今已被赋予了核心的作用。这在美国营销协会（the American Marketing Association）定义的营销（marketing）概念中显而易见，即"营销是一种组织功能，也是一系列的过程，用于创造、交流和向客户传递价值，并以有益于组织和利益相关方的方式管理客户关系"②。

客户和组织共同创造价值的观念使得市场导向与非营利组织的使命和活动相当一致，因而在非营利组织中使用营销的想法很快就得到了发展。关于如何将营销概念和工具应用到非营利组织这一研究的"诞生"可以追溯到菲利普·科特勒（Philip Kotler）和他的同事在 1969 年至

---

① See C. Whan Parkand Gerald Zaltman, *Marketing Management* (New York: Dryden Press, 1987); and Alan Andreasen and Philip Kotler, *Strategic Marketing for Nonprofit Organizations* (Upper Saddle River, NJ: Pearson Prentice Hall, 2008), for the historical development of these orientations.

② American Marketing Association, *Dictionary*, definitionof *marketing* (n. d.), accessed March 10, 2010, http: //www. marketingpower. com/_layouts/Dictionary. aspx? dLetter=M.

1973 年间撰写的一系列文章中①。这些作者认为，营销是一种普遍的社会活动，因为所有组织都关心组织的"产品"在特定的"客户"心中是如何定位的，并试图寻找"工具"来推动他们对产品的认可②。科特勒将营销定义为"个人和群体通过创造和与他人交换有价值的产品和服务来获得他们所需和想要的物品的社会过程"。③ 自 20 世纪 70 年代以来，非营利组织的营销发展迅速。时至今日，它已被广泛教学和实践。

二 非营利组织营销的独特性

如营利性企业的营销一样，非营利营组织的营销依靠营销组合来实现其目标。营销组合（marketing mix）由 4P 组成，即产品（Product）、推广（Promotion）、价格（Price）和地点（Place，地点是指产品提供给客户的物理位置）。这些元素可以通过营销方式进行控制，从而带来期望的营销结果。然而，为了能完全理解非营利组织的营销，我们需要思考非营利组织的特殊性是如何使其营销具有独特性的④。

170

非营利组织很可能有多个目的（multiple objectives）。商业公司的目标是长期盈利。大多数非营利组织服务于多个支持者，因此有多个目的。此外，这些目的中最重要的可能是非财务性的目的。因此，目标的决定必须经常涉及妥协和共识的建立。这使得营销变得困难，因为必须花时间让理事会成员、员工和志愿者参与其中并获得他们的认同。此外，营

① Philip Kotler and Sidney Levy, "Broadening the Concept of Marketing," *Journal of Marketing*, January 10-15, 1969; Philip Kotler and Gerald Zaltman, "Social Marketing: An Approach to Planned Social Change," *Journal of Marketing*, July 3-12, 1971; Benson Shapiro, "Marketing for Nonprofit Organizations," *Harvard Business Review*, September-October 1973, 223-232.

② Paulette Padanyi, "Operationalizing the Marketing Concept: Achieving Orientation in the Nonprofit Context," in *The Routledge Companion to Nonprofit Marketing*, ed. Adrian Sargeant and Walter Wymer (New York: Routledge, 2008), 12.

③ Philip Kotler, *Marketing for Nonprofit Organizations*, 2nd ed. (Upper Saddle River, NJ: Pearson Prentice Hall, 1982), 6.

④ See Eugene Johnson and M. Venkatesan, "Marketing," in *The Nonprofit Management Handbook: Operating Policies and Procedures*, ed. Tracy Connors (Hoboken, NJ: Wiley, 1993), 132-133; Adrian Sargeant, *Marketing Management for Nonprofit Organizations* (New York: Oxford University Press, 2009); and Andreasen and Kotler, *Strategic Marketing for Nonprofit Organizations*.

销的结果可能难以衡量非财务性的目标。因此，说服小型非营利组织的理事会或其他决策者将稀缺的资金分配给营销而不是用于与服务提供直接相关的活动可能会很难。

与此同时，非营利组织很可能会有多个支持者（multiple constituencies）。而营利性企业主要与一个支持者有关，即它们的客户。客户既是顾客又是收入来源。许多非营利组织有两个独立的支持者：资助该组织的人（如捐赠者）和使用或受益于非营利组织服务的人。实际的结果导致两个目标市场的存在。这两个目标市场具有不同的特征，并且需要在制作营销计划和方案中加以考虑。

此外，非营利组织的使命往往会牵涉对目标受众福利的长远打算，这就与当前受益人的愿望有些矛盾。它也会导致使命（mission）与客户满意度（customer satisfaction）之间的关系紧张。例如，上门送餐服务可以提供营养丰富的食物，而客户喜爱的往往却是不健康的食品。这样做就牺牲了短期客户满意度。当客户（或目标受众）不为组织的长期目标提供资源时，前面提到的对资源提供者和客户之间的划分使得这种长远打算更加可行。

大多数非营利组织提供服务（services），而非有形的产品。服务有许多鲜明的特征，将影响营销的性质和细节。此外，一些非营利组织既不生产产品，也不提供服务，而是寻求某种改善的社会行为（social behavior），比如珍爱女人心项目。

最后，非营利组织受到公众监督（public scrutiny），因为它们接受公共补贴（至少享有免税权），并且可以从捐赠者那里筹集资金。管理费用和筹资的营销成本常常是媒体和监督部门关注的话题。鉴于随之而来的不利后果，非营利组织在设计和实施营销方案时需要留意潜在的负面舆论。

三　营销导向的发展

在前面描述的产品导向和销售导向中，营销始于组织和它想提供给客户的内容。销售导向甚至可以改变客户的偏好，使其更倾向公司的产品。值得一提的是，营销导向认为营销既是一种哲学，又是一个功能[1]。

---

[1]　Sargeant, *Marketing Management for Nonprofit Organizations.*

作为一种管理哲学，营销将目标受众（非营利组织试图通过其营销活动来影响的人群）置于非营利活动的中心①。非营利组织试图通过这种方式来完成该组织的使命。从狭义上讲，营销是非营利组织用来收集研究和设计、定价、推广以及分配产品或服务的一系列功能。尽管讨论通常围绕在营销功能的周围，但是不应该忽视营销中关注非营利组织使命的更深层次的哲学意义。

安德烈森（Andreasen）和科特勒（Kotler）描述了营销如何因非营利组织不同的定位而产生差异的②。基于非营利组织自身的需求和评估，具有产品或销售导向的非营利组织需要相信组织的产品或服务本质上是令人满意的。这种信念产生了许多结果。一个同样基于非营利组织自身需求和评价的"最佳"营销战略，作为典型代表被选择和采用。任何失败都是由于忽略目标受众或缺少动机。市场调研成为一个次要角色，因为组织相信自身的产品。营销工作的重点是推广。相比之下，市场导向认为非营利组织实现自身目标的唯一途径是满足目标市场的需求③。为了做到这一点，非营利组织需要完全理解目标市场（它的需求、态度和消费行为），并相应地调整自己的产出。这就迫使非营利组织将营销方案作为一个整体来进行规划，并在协调各要素时牢记这一点。此外，营销必须与非营利组织的其他活动紧密结合，包括战略规划、生产和评估。对潜在目标市场的确认将重点依靠市场调研。调研的数据将被分析，以确定市场（或细分市场）中具有与非营利组织的使命、战略、实际或潜在的产品或服务相关特定特征的这一部分。例如，一个寻求为儿童提供娱乐机会的非营利组织需要意识到，女孩与男孩相比、年龄较小的儿童与年龄较大的相比、具有不同社会经济背景的儿童相比，甚至可能不同健康状况的儿童相比，在娱乐态度、愿望和能力方面存在差异。

为了满足这些不同的目标细分市场的期望，营销将使用到营销组合中的所有元素。对于每一个细分的市场，应开发恰当的产品、推广、价格和分配方案。

172

①　The term *target audience* is adopted by Andreasen and Kotler, *Strategic Marketing for Nonprofit Organizations*.

②　Andreasen and Kotler, *Strategic Marketing for Nonprofit Organizations*.

③　Johnson and Venkatesan, "Marketing."

四 营销计划流程

营销导向的发展和维护需要对营销进行持续地关注。非营利组织需要不断地监测、评估并对组织的客户、服务对象和其他组织想要影响的人做出回应。彼得·布林克雷夫（Peter Brinkerhoff）概述了一个体现客户导向的营销周期[1]：

- 定义或重新定义市场；
- 回答"市场需要什么"这个问题；
- 塑造或重塑产品或服务；
- 为产品定价、推广和分配；
- 评估营销方案的结果；
- 重新开始。

珍爱女人心项目就是成功地遵循这些步骤的一个优秀例子。该项目的目标市场被定义为妇女，市场需求是为妇女提供关于心脏护理更多的信息和关注，这个需求已被清晰地确定。该项目开发了工具和信息来满足市场需求，并以多种便利的方式免费向妇女提供，包括通过该项目的网站和向内科医生提供相关信息。最后，该项目对营销方案的效果进行了评估。

为了让营销周期有效，它需要被纳入规划框架并得到其支持。战略营销计划将：（1）评估非营利组织的环境和当前的营销方案；（2）制订未来的营销目标；（3）制订实现这些目标的战略和策略[2]。如图 8.1 所示，营销计划应该建立在非营利组织的使命、愿景和总体战略规划的基础上，并与它们相一致。

营销计划最好始于为整体战略规划准备的内部和外部分析的结果和结论。而它的下一阶段应是常规方法的发展，这将指导非营利组织的整体营销方案。它包括设定基本的营销任务、目的和目标。接下来就是关

---

[1]   Peter Brinkerhoff, "The Marketing Cycle for a Not-for-Profit," *Journal of Voluntary Sector Marketing* 2, no. 2 (1997): 168-175.

[2]   Sargeant, *Marketing Management for Nonprofit Organizations*.

键的营销战略和策略的制订。它的产生是基于对非营利组织的当前和未 173
来的目标受众、市场定位以及营销组合使用的考虑，从而达到营销目标。
设定营销目标、战略和策略对于非营利组织来说可能非常复杂，因为组
织的营销可能瞄准（有时同时瞄准）的是当前或未来的客户或服务对
象、捐赠者或其他资助者以及志愿者。计划的最后部分将包括实施细节
和评估。

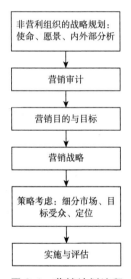

图 8.1 营销计划流程

（一）营销信息与研究

营销计划、决策和控制需要以准确的信息为基础。识别目标人群并
分类；设定初始的服务、价格和推广的水平并进行预先测试；监测和评
估正在进行的营销活动。事实上，非营利组织对信息的需求可能比营利
性企业更大。当非营利组织利用捐赠者的资金为服务对象提供服务时，
他们将面对两组支持者。这两组支持者的愿望和需求都重要。非营利组
织需要向资助者和服务接收者推销自己。此外，当非营利组织向选择少 174
之又少的弱势人群提供服务时，评估这部分群体的愿望尤其重要。除了
捐赠者或非营利组织的员工对弱势群体的需求有一些想法和建议外，对
弱势群体期望的评估结果也是值得获取的合理信息。非营利组织可能需

要告知自己和捐赠者有关弱势客户所面临的现状。事实上，客户可在组织中享有发言权。例如，全国精神疾病联盟（the National Alliance on Mental Illness，以下简称 NAMI）有一个由患有或曾经患有精神疾病的人组成的消费者委员会。此外，NAMI 地方分会的委员会可能包括客户或他们的代表。比如，印第安纳波利斯的 NAMI 委员会就包含一个社区倡导者。

非营利组织需要一套系统，来定期收集、分析、存储和传播相关的营销信息。这种营销信息（marketing information）或知识系统向关键决策者提供信息，且在理想情况下，将被分成几个子系统①。内部报告子系统（internal reports subsystem）从非营利组织内部的数据源收集信息，如项目的使用级别、用户、资助者和投诉者的人口统计信息。营销情报子系统（marketing intelligence subsystem）收集日常可用的公共信息。这对理解目标市场的未来发展提供了帮助。这种系统可以采纳由组织内部人员、指定执行这项任务的特殊人员或由外部各方提供的信息。相反，市场调研子系统（marketing research subsystem）收集并分析关于非营利组织面临的特殊营销问题或情况的数据。最终，营销分析子系统（analytical marketing subsystem）对一般数据进行整理，完成需要的分析并提供报告。通常，这与用于回答具体营销问题的市场调研数据和分析是分开的（但提供支持）。

市场调研是以问题为导向的，可以被定义为与组织面临的特殊问题相关的可靠营销信息的设计、收集、分析和报告，以便以合理的成本将不确定性降低到可接受的水平②。要做到这一点，市场调研的过程需要通过一系列的步骤。

（二）问题识别与调研目标

第一步往往是最重要的一步。因为市场调研旨在收集信息以回答具体的营销问题，所以能否提出正确的问题就至关重要了。这看似简单，

---

① Walter Wymer, Patricia Knowles, and Roger Gomes, *Nonprofit Marketing： Marketing Management for Charitable and Nongovernmental Organizations* (Thousand Oaks, CA： Sage, 2006)； Andreasen and Kotler, *Strategic Marketing for Nonprofit Organizations.*

② Wymer etal., *Nonprofit Marketing.*

但实际却相当复杂。问题的关键是识别营销环境中最重要的因素和必须回答的相关问题。例如，一家非营利组织担心其服务的使用率过低，因此认为服务需要重新设计以吸引更多用户。然后，该组织需要决定其市场调研的目标，即识别额外用户可能想要的服务特性。可这还为时过早，因为使用率的高低可能不一定与服务本身的特性有关。例如，它可能是用户的人口结构在特定位置发生了变化，因而需要针对现有服务设计新的分销策略。值得指出的是，不过度限制问题的定义和调研目标的确立也是十分重要的。同时，也应该仔细思考替代方案，一些初步的信息或探索性的研究可能会发挥作用甚至有时十分必要。

（三）调研计划制订

当调研目的被设定后，就可以制订一个调研计划来回答具体的调研问题。在刚才给出的例子中，调研的目的是识别使用率下降的原因。然后，这项调研可能被设计成评估特定因素的影响，比如服务特性、新的竞争、人口统计变化或其他因素。该计划将确定回答调研问题所需的信息类型、数据的获取渠道以及最合适的数据采集和分析策略。它为获取和分析所需数据列出了步骤。

（四）数据收集与分析

因为市场调研针对的是人的行为，所以它采用了社会科学（特别是经济学、心理学和社会学）的方法和统计方式。调研计划一旦被确定，就可以使用标准的社会科学数据的获取和分析技术。这些技术的标准文本以及它们在营销中的应用都是现成的。调研人员可以收集自己的数据（一手数据，primary data）或使用他人收集的数据（二手数据，secondary data）。例如，在设计信息和工具时，珍爱女人心项目使用了两种数据，一种来自医疗界关于妇女健康的数据，另外一种来自组织自己收集的关于妇女如何使用该组织工具和信息的数据。数据可以由数字（定量数据，quantitative data）或文字和描述（定性数据，qualitative data）组成。调研人员可在调查中向被访谈人提问、进行对照组实验或者观察被访谈人在自然环境中的行为。调研人员可能会对客户的特征、态度、知识或行为产生兴趣。例如，一家非营利性日托中心计划在城镇新区开设一家日托中心时，需要知道在这个服务区有孩子的家庭的数量，这个地区存在哪些儿童保育服务提供者，家庭对这些儿童保育服务提供者的满意度，以及非营利中心需要提供什么项目、服务或其他功能才能让家长放心地把孩子送到这个中心来。数据一旦被收集和分析，它的趋势就将被揭示。分析的范围可以从数据的简单显示和总结到复杂的基于统计的发现，这种发现能预测未来的行为。对于更复杂的统计分析，将用到定量数据。为了对这些复杂的数据进行分析和解释，人才缺失的非营利组织可以聘请接受过技术培训的专业顾问。

（五）调查结果的解释和报告

数据分析的结果或发现被用于回答研究的问题。关于研究所关注的行为，数据中的趋势揭示了什么？例如，与服务定位相比，服务特性是否与低使用率更加相关？客户使用该服务的动机是什么？客户不使用同类服务的原因是什么？对研究结果的解释进行编辑和报告，以便它们能够成为成功解决营销问题的策略基础。

正如本部分的步骤所描述的那样，市场调研是一个范围广、耗时长和（默认）费用高昂的过程。因此，理解它的重要性是至关重要的。研究是非营利组织需要采用的市场导向的核心。研究和数据是营销计划的基础。只有基础好，营销计划才能好。鉴于营销将战略与结果连接，因此基于有缺陷或缺乏研究的营销计划可能对非营利组织产生糟糕或不良的后果，也可能不会带来任何后果。

五 营销审计

目前，一系列用于营销计划流程的工具已被开发出来。营销审计（marketing audit）会帮助回答"我们目前的进度在哪里？"这一问题。营销审计是对可能影响组织营销的内部和外部因素的详细审查。我们不仅要考虑这些因素的现状，还要考虑到它们未来的变化和发展。在某些情况下，审计将关注先前收集的特定的或与营销有关的信息，而在其他情况下，则需要收集新的信息。

外部分析可以用来收集关于总体环境的信息，包括重要的政治、经济、环境、社会文化和技术因素（如在第五章中描述的 PEST 分析）。非营利组织可能已经收集了这类信息作为其战略规划的一部分（第五章）。但应该仔细检查信息是否与营销有着特殊的关系。此外，还应对竞争对手、合作方和利益相关方进行分析。关于当前和潜在竞争对手的信息尤其重要。竞争的环境包括提供类似或替代产品（或服务）的其他组织。这些组织可以是其他非营利组织、营利组织或公共机构。考虑行为层面的竞争也很重要[①]。当从目标人群中寻求某种行为时，非营利组织也将与针对该人群的其他行为竞争。例如，参加一场古典音乐会。而其他行为则包括在其他场所聆听其他类型的音乐，光顾其他古典管弦乐队，以及做许多除了听音乐以外的事情。最后，需要对利益相关方进行分析，以检查客户、支持者和其他相关公众的特征和愿望。

内部分析将评估非营利组织自身的营销活动及其营销优势和劣势。这将为非营利组织实现营销目的的当前能力提供信息。内部分析应该评估的五个领域如下所示[②]。

●趋势。非营利组织的项目、服务、参与和支持有什么重大的趋势？参与的项目是在增长、保持稳定还是在紧缩？如果它正在发生改变，这是否是由外部条件所引起的，例如服务区域中潜在客户数量的增加或减少？针对非营利组织和提供的服务类型，基金会的支持是否也在发生改变？

●市场份额。非营利组织在竞争组织中占有多少市场？谁是该非营利组织的竞争对手？与该非营利组织相比，竞争对手有多少客户、服务对象或其他受益人？

●稳定性。非营利组织展现出"持久力"了吗？非营利组织成立多少年了？在过去五年（十年或二十年），非营利组织是否成长、退步或保持不变？非营利组织是否出现过不得不放弃的项目或服务？

●效率。非营利组织在使用设施、人员和其他资源方面是否实现了低成本高效益？与成本相比，当前服务配置所带来的好处是什么？可替代的、低成本的服务能发挥类似的优势吗？例如，与昂贵

---

① Andreasen and Kotler, *Strategic Marketing for Nonprofit Organizations.*
② 1. Johnson and Venkatesan, "Marketing."

的咨询服务相比，有多少婴儿的早产可以通过教育服务来预防？

●灵活性。非营利组织能否适应市场和环境的变化？如果非营利组织的服务对象、受益人或运营环境发生了变化，非营利组织应如何应对？例如，非营利组织课外项目的儿童数量是否随着学区儿童数量的增加而增加？如果学区一直在支持非营利组织的项目但现在却削减了资金，那么非营利组织还能找到其他支持吗？

此外，非营利组织应审查当前的营销活动，以及开展这些活动和未来营销工作所需的资源。这些信息应该用来评估营销对非营利组织的使命及其竞争优势或劣势的贡献程度。我们对珍爱女人心项目进行了评估，发现它是一个非常成功的项目。这些正向的结果将有助于美国心脏协会设计未来的项目和开展营销工作。

营销审计将产生大量的信息。许多分析工具可以用来编辑这些数据，从而有利于制订营销目标和策略。在下面的讨论中，我们将考虑两种技术：产品生命周期和组合分析。

（一）产品生命周期

产品生命周期（product life cycle）基于的理念是产品和服务均可能经历可预测的使用阶段。在首次引入产品或服务之后，其使用率将降低。但随着产品或服务不断获得曝光和大众接受程度的提高，其使用率也会缓慢增长。产品和服务获得接受以后，将有一个持续增长的时期。如果这种情况持续下去，市场会变得饱和，那么使用率将趋于平缓。最终，新产品或服务将作为替代品出现，从而使旧产品的使用率降低。这个趋势如图 8.2 所示。

生命周期的每个阶段对营销组合都有影响。市场调研用于开发（development）阶段。而在引进（introduction）阶段，提高公众对产品或服务的认识至关重要，并可通过推广活动来向潜在用户告知该产品或服务及其特征。在成长（growth）阶段的后期和成熟（maturity）阶段，竞争者开始出现，营销的重点也转向了使产品区别于市场上出现的其他产品。在这一点上，定位策略也是有用的。在衰退（decline）阶段，营销发挥的作用更加有限。例如，营销可能仅关注如何维持分销渠道，直到产品被淘汰。

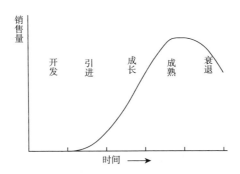

图 8.2　产品或服务的生命周期

资料来源：Write a Writing，*Product Life Cycle*（*PLC*）：*Stages*，*Development* & *Process*，http：//www.writeawriting.com/business/product-life-cycle-plc-stages-development-process. Reprinted with permission。

（二）组合分析

组合分析（portfolio analysis）考虑非营利组织的主要产品、服务或项目，并根据对组织来说重要的评判标准对其进行评估。一些框架可用于组合分析，它们在评价标准的性质和数量方面有所不同。麦克米伦框架①（the MacMillan framework）就是一个针对非营利组织的非常有用的组合分析框架，在第五章（参见第五章的表 5.1）中有详细描述。综上所述，这个组合技术考虑了三个维度：项目吸引力、竞争地位和替代覆盖率。每个维度的价值可高可低，从而产生一个八格矩阵。产品、服务或项目按照它们堆叠在三个维度上的方式放置在矩阵上。矩阵上项目的位置将表明它是否应该继续或中止，以及如何开展营销活动。例如，对于一个极具吸引力且替代覆盖率低的项目，它的营销方式就需关注分销，这可通过增加服务网点的方式来实现。这与珍爱女人心项目所遇到的情况类似，该项目做出的回应就是让信息和工具可广泛地通过互联网和医生办公室获取。如果该项目具有吸引力和较高的替代覆盖率，那么营销则需关注在推广或产品差异化上。

六　营销目的与战略

一旦非营利组织分析了它的现状，该组织就可以解决组织想要前进

---

① Ian Mac Millan，"Competitive Strategies for Not-for-Profit Agencies," in *Advancesin Strategic Management*，vol.1，ed. Robert Lamb（Greenwich，CT：JAI Press，1983），65.

的方向以及如何实现的问题。组织有能力设定营销目的和目标，然后制订战略和策略来实现它们。这些营销目的应该与组织的总体战略目的一致，并为之服务。营销目的还应该与组织的关键部门（如服务提供和传播部门）的目的一致。营销目的包括创造收入以及改变目标受众的意识、态度或行为。美国心脏协会的目标是改变妇女的行为，而珍爱女人心项目的营销目标是提供旨在达到这一目标的相关教育。一旦非营利组织的目标确立，营销战略一般来说就会展示其实现营销目标的多种方法。策略将对如何通过营销组合来实施战略进行详细说明。

七 确定产品和市场

制订非营利组织总体目的的一个有用的方法是考虑该组织可提供的服务、产品或信息，以及它们对应的市场。示例 8.1 所示的产品和市场机会矩阵就提供了一个例子。在这个矩阵中，每一格代表一个不同的营销目标。

示例 8.1　产品和市场机会矩阵

	现有产品	新产品
现有市场	1. 市场渗透（Market penetration）。非营利组织在其当前市场寻求更大的影响。这可通过降价、升级推广活动或增加分销渠道来实现。例如，红十字会增加献血车访问一个城市的不同地方。	3. 产品或服务开发（Product or service development）。非营利组织寻求在当前市场上提升产品。这可能归因于其现有产品增长不足，或是客户的需求。例如，珍爱女人心项目就是美国心脏协会在医疗保健市场的一个新项目。
新市场	2. 市场发展（Market development）。非营利组织寻求将其产品扩展到新的市场。它可以探索产品的新用途或新的细分市场。就如美国红十字会，它开始了向老年人或初中生提供救生指导。	4. 多样化（Diversification）。非营利组织为新市场寻求新的产品。新产品可能与当前产品相关或无关。相关的变化可能来自对扩张的渴望。无关的多样化则可能是由于所服务的领域不再存在而带来的必然性（如发现一个可以治愈疾病或病症的疗法）。这里分享一个关于相关的多样化的例子：通过上课的形式提供职业培训的非营利组织开始一项雇用自己的服务对象开展园林绿化的服务。

资料来源：Adapted from Adrian Sargeant, *Marketing Management for Nonprofit Organizations* (New York：Oxford University Press，2009)，and based on H. Igor Ansoff, Corporate Strategy (New York：Penguin Books，1968)。

在任何一种方法中，分析非营利组织所面临的竞争环境（competitive environment）是非常重要的。马克尔·波特（Michael Porter）概述了竞争的三个战略选择[①]。这些问题在第五章中有详细的讨论。总之，差异化战略（differentiation strategy）要求提供的产品是其他供应商很少或从来没有提供过的，而成本战略（cost strategy）则力图成为市场上成本最低的供应商。这两种战略都指向大的市场。聚焦战略（focus strategy）引导非营利组织选择有限的细分市场来提供独特的产品。

阿德里安·萨金特提出了成本和差异化战略的影响[②]。非营利组织要想在成本战略上取得成功，就需要比竞争对手具有可持续的成本优势。对于这种战略，服务或产品的标准化十分重要，以便客户可以在价格的基础上选择。此外，对客户来说，切换到低价产品非常容易。当服务或产品能够被调整以吸引客户时，差异化战略就是可行的。这种差异可以被识别或应用于任何产品，包括设计、与设计相关的包装、如何改良、产品适用的领域以及如何让它可供用户使用。

（一）细分市场

营销工作面向目标受众。这些受众选择了允许非营利组织利用其有限的资源，以便最有效地完成组织的使命和目标。对这些受众的识别是通过市场细分（market segmentation）来实现的。细分包括基于一些有意义的标准来识别潜在用户群体。然后可以评估这些细分市场的营销吸引力。当然，有多种方法可用来识别各种群体，营销人员提供了大量的标准用于市场的细分，包括客观因素和心理因素。这些标准可归类如下。

●人口统计标准包括人们的年龄、年代、性别、性取向、民族和种族、家庭生命周期、收入、职业和社会阶层。对这类特征而言，数据往往是现成的。非营利组织的使命和战略将引导组织服务于具有特定人口特征的细分市场。例如，童子军组织为特定年龄段的男孩提供服务。市场细分也可以由收入来界定，收入对于一个应对市

---

① Michael Porter, *Competitive Strategy* (New York：Free Press, 1980).

② Sargeant, *Marketing Management for Nonprofit Organizations*.

中心贫困问题的非营利组织来说就是一个重要的因素。类似地，几乎任何一项人口统计标准都可以成为一个非营利组织市场细分的基础。

● 地理标准识别潜在用户的地理位置。当与人口统计或心理统计等其他因素结合使用时，这一信息尤其有用。例如，全国性的非营利组织，如善意产业（Goodwill Industries）和联合之路，在明确的地理区域（包括一些大城市）都有当地的子办公室或分部。此外，当地的非营利组织，如宗教或教育机构，很可能从特定社区吸引它们的服务对象或成员。

● 产品或服务标准包括正在寻求的益处、对品牌的忠诚度和用户状态。例如，交响乐团可以评估不同的听众在多大程度上可能喜欢不同风格的古典音乐，并相应地定制其音乐产品。

● 心理标准是诸如生活方式、价值观、态度、观点、个性等因素。例如，一个环保非营利组织可能试图招募中产阶级和政治左倾成员。

于是我们对市场细分进行分析，用以选择那些最合适通过营销工作来开拓的市场范围。市场目标化（targeting）使用各种基本标准来评估市场细分[1]。最重要的是，市场的细分应符合非营利组织的使命，鉴于其当前和未来的能力，非营利组织应能够开发出对细分市场有吸引力的营销组合。此外，该细分市场的特征应当是可测量的和足够清晰的，以区别于其他细分市场，并且细分市场的成员能够与非营利组织取得联系。而且，这个细分市场应该足够大，以证明营销工作的合理性。除此以外，这个细分市场中的人的行为应该足够稳定，以便进行规划。

下面列举了一些广泛的和战略性的市场目标化的分类[2]。

● 无差别（大众）营销。用统一报价和营销组合来跟踪整个市

---

[1] Brenda Gainer and Mel Moyer, "Marketing for Nonprofit Managers," in *The Jossey-Bass Handbook of Nonprofit Leadership & Management*, 2nd ed., Robert D. Herman & Associates (San Francisco: Jossey-Bass/Wiley, 2005), 277–309.

[2] Andreasen and Kotler, *Strategic Marketing for Nonprofit Organizations*.

场，并尽可能多地覆盖目标受众。例如，美国人道主义协会（the Humane Society of the United States）向所有人提供动物保护服务。该组织关于反对虐待动物工作的公共服务公告旨在吸引公众的注意力。

● 差别化营销。用不同报价和营销组合来跟踪所有或部分细分市场。例如，美国红十字会的一个分部可能会提供各种不同的项目，以吸引不同的细分市场。这些项目可能包括采血、武装部队的支持、医疗预约的交通、急救培训和青年教育①。

● 集中营销。用一个独特的报价和营销组合来跟踪一个细分市场。珍爱女人心项目已经确定它的市场细分为妇女，并提供信息和工具，以促进心脏健康。

● 大众定制。为个人定制产品。这是最近的一项发展，其特点是组织和客户互动，从而实现定制的制作或组装②。通过接入互联网，与每个客户的通信变得更加可行。盈利的例子包括戴尔为电脑营销而推出的"按单生产"（build to order）模式，以及旅游公司提供的度假套餐。尽管非营利组织可以使用大众定制，但最近的一份报告指出，大多数大众定制的应用仍仅存在于企业之中③。

（二）定位

在目标受众的心中，定位（positioning）包括建立和保持一个组织的产品形象，它是相对于竞争对手的产品而存在的④。用户可以在多重维度上评估和比较产品和服务。非营利组织负责营销的人员需要了解他们的目标受众使用哪些维度来评估非营利组织的产品并与其他产品进行比较，然后用这些维度来评估替代或竞争性产品。两个或三个维度可以在

① American Red Cross of Greater Indianapolis, "Services" (n. d.), accessed July 15, 2011, http: //www. redcross-Indy. org/Services/default. aspx.

② Andreas M. Kaplan and Michael Haenlein, "Toward a Parsimonious Definition of Traditional and Electronic Mass Customization," *Journal of Product Innovation Management* 23, no. 2 (2006): 168-182.

③ Gb3group. com, "Mass Customization" (n. d.), accessed August 1, 2011, http: // www. gb3group. com/mass-customization. php.

④ Jack Trout with Steve Rivkin, *The New Positioning: The Latest on the World's #1 Business Strategy* (New York: Mc Graw-Hill, 1997).

感知地图（perceptual map）上显示，并用于评估非营利组织的产品以及替代或竞争性产品的相对位置。

定位可以战略性地用于帮助非营利组织建立其现有优势、寻找待开发的市场或重新定位竞争形式（通过描述竞争特征的信息）①。下面的过程可以用来开发和选择非营利组织感兴趣的细分市场的定位方案②。

- 确定对每个细分市场重要的因素；
- 对市场进行调查，以发现每个竞争性产品的当前定位（包括非营利组织自身）；
- 对该细分市场创建感知地图，并分析非营利组织当前或计划的定位（与竞争对手的相比）；
- 分析有吸引力的替代定位和实现它们所需的营销资源；
- 决定最有战略优势的定位；
- 制订一个完整的营销方案，以实现优势定位。

184   定位可能相当复杂。非营利组织在其支持者心中的地位可能源自感性和客观因素。为了能恰如其分地设计营销方案，确定重要因素就显得尤为必要。此外，非营利组织经常需要与多个不同的支持者打交道，比如不同类型的服务对象或赞助商，以及各种资助者。不同的支持者可能会使用不同的维度来对某个非营利组织进行评级，或者在每一个给定的维度上对不同的非营利组织进行评级。当每个支持者都很重要时，就必须考虑他们各自的定位。最后，一个非营利组织不可能在其细分市场的每个重要维度上都能表现突出。因此，非营利组织决定争取的地位很有可能涉及各种维度的权衡。相对于竞争对手，非营利组织需要决定在哪些维度上胜出的可能性最大。

（三）品牌化

美国营销协会（The American Marketing Association）把一个品牌

---

①   Andreasen and Kotler, *Strategic Marketing for Nonprofit Organizations*.

②   Wymer etal., *Nonprofit Marketing*.

（brand）定义为"一个名称、术语、设计、符号或任何其他特征，以区别一个卖方的产品或服务如何与其他卖方不同[1]"。一个非营利组织的品牌是公众确定和识别非营利组织的一种方式。品牌可以采取名称、商标、标志或口号的形式。我们可能熟悉或经常看到某些非营利组织的名字，比如联合之路、美国红十字会、美国人道协会和救世军。理想情况下，品牌是值得纪念的、有意义的、讨人喜欢的、可转移的、可适应的（意味着它们的使用可以被扩展和定制），并且在法律上是有保障的[2]。然而，我们也需要清楚地知道品牌本身仅仅是符号而已。对一个品牌的重要认知是了解设计它们的目的，即影响非营利组织目标公众的观念和传达复杂的心理和情感信息。这些观念和信息可能承载着非营利组织各类含义，包括它的属性、利益、价值、文化、个性以及用户的性质[3]。因此，非营利组织的品牌既反映了非营利组织的使命，也反映了非营利组织独特的社会贡献，同时也是对目标受众和其他利益相关方的绩效承诺[4]。

发展一个品牌包括定义非营利组织的独特之处和它所从事的领域，以及理解既然非营利组织试图影响各类受众，那么它值得受众重视它的原因。这些信息提供了两个方面的指导，一是帮助非营利组织形成所希望传递的与其属性相关的形象信息，二是帮助非营利组织做出如何传递这些形象信息的决策。

成功的品牌可以带来如下好处[5]。

- 差异化。用户知道他们能从非营利组织获得什么。
- 增强绩效。用户信任非营利组织，这将提高组织产品和服务使用率。

185

---

[1] American Marketing Association, *Dictionary*, definition of *brand* (n. d.), accessed February, 10, 2010, http://www.marketingpower.com/_layouts/Dictionary.aspx? dLetter=B.

[2] Brad Van Auken, *The Brand Management Checklist: Proven Tools and Techniques for Creating Winning Brands* (Eastbourne, UK: Gardners Books, 2004).

[3] Jennifer L. Aaker, "Dimensions of Brand Personality," *Journal of Marketing Research* 34, no. 3 (1997): 347-356.

[4] Sargeant, *Marketing Management for Nonprofit Organizations*.

[5] Sargeant, *Marketing Management for Nonprofit Organizations*.

● 信誉保障。用户对非营利组织有信心，使其能够更好地应对任何短期问题或危机。

● 增强忠诚度。用户与非营利组织建立情感联系。

● 伙伴关系。其他组织更愿意与该组织建立关系。

然而，品牌化可能涉及多种挑战。品牌化所需要的规划和实施可能十分复杂。除了适当的名称和标识之外，品牌化的成功与否还取决于非营利组织与公众之间沟通的一致性，以及通过行动加强或削弱该沟通所传递的形象和信息的程度。为了建立和加强品牌效应，就需要建立和维护传播流（传播流指的是大众传播媒介发出的信息和影响，经过各种中间环节"流"向传播对象的社会过程——译者注。），这就需要付出大量的努力和利用多种资源。此外，在非营利组织中，与所有要素和级别相关的行为都必须以强化品牌为目的，而这在大型或地理位置较为分散的非营利组织中是非常困难的。

为"千禧一代"（the Millennial Generation）（大致被归类为 1979 年至 1994 年间出生的人）打造的品牌就是这些挑战中的一个典型例子。帕特里夏·马丁（Patricia Martin）在最近的一份关于 22 岁到 30 岁人群的报告中指出："每一代的年轻人都有其独特的特点……'千禧一代'在青年时期却不同于'婴儿潮一代'（the Boomer generation）（在第二次世界大战之后的 1946~1964 年间，美国共有 7590 多万婴儿出生，约占美国目前总人口的 1/4，这一时期出生的人群被称为婴儿潮一代——译者注）。"这在很大程度上归因于迅速更新换代的科技。[①]"千禧一代"的主要区别在于他们更多地使用社交媒体进行交流和互动。马丁的报告提供了三个关于营销人员如何与这一代互动的见解。

● 品牌不再是世界的中心，用户才是。"千禧一代"需要载体来提供关于营销组合的信息。福特的一位品牌经理谈道："我们想得到他们没有偏见和未经过滤的意见……好的、坏的或者漠不关心的。

---

① Patricia Martin, *Tipping the Culture: How Engaging Millennials Will Change Things* (Chicago: Lit Lamp Communications, 2010).

品牌化的过程不可能有意激怒用户，否则品牌也将不复存在。"

●讲有意义的话。"千禧一代"对真实体验的根深蒂固的渴望需要从情感上由充实和真实的内容来满足。品牌通过强烈的戏剧性故事情节和人物来增加其情感吸引力。

●帮助他们建立品牌归属感。"千禧一代"渴望知识的分享。通过分享，它赋权给"千禧一代"并使之具有影响力。了解和领会学习和信息交换需求的品牌可以形成强有力的联系。通过征求和回应用户的评论、吸引博客作者、采访"千禧一代"以及邀请其进行点评和评论，可以帮助"千禧一代"与组织和他们彼此之间建立联系。

186

八 管理产品

基于上述的考虑和分析，在我们进行了目标市场选择之后，营销就可以进入下一个阶段，即营销战略的制订，它使用了营销组合（Marketing Mix）的四个元素（4P）。正如前面所讨论的那样，营销所拥有的这四个变量（或工具）是产品（Product）、推广（Promotion）、价格（Price）和地点（Place，也称作分销渠道）。

（一）产品

组织的产品通常是首要考虑的因素，因为其参数将塑造或决定组合中的其他元素。在营销组合中使用的"产品"（product）这个术语来源于营利性企业的营销，它实际上常常用于产品的销售。对于非营利组织来说，营销组合中的产品类别的含义必须扩展到服务和项目。正如我们之前提到的，尽管有一些非营利组织提供有形产品，但大多数还是提供服务。此外，一些非营利组织执行旨在改变行为的营销方案。这些方案被称为社会营销（social marketing），即它们不向目标受众提供任何有形的产品，而仅依靠沟通来履行职能。

产品

产品是交付给目标市场接收者的有形物品。营销产品涉及多个战略考虑。产品旨在为接收者提供核心利益，满足他们的需要和愿望，使他

205

们一开始就支持非营利组织。非营利组织还可以通过扩张或增强产品来为接收者提供附加价值。产品的扩张可以通过满足更多的目标市场需求或意愿来进一步对非营利组织与其竞争者进行区分。

非营利组织的产品组合可以进行如下描述和战略性地操控：（1）长度、宽度和深度；（2）使命相关性；（3）吸引客户或赞助者的能力[①]。长度指的是产品类型或产品线的数量。宽度指的是每个产品线中的基本产品的数量。深度指的是每个产品的变化数量。这些因素可以改变以满足目标市场的期望。善意组织就是一个有趣的例子，它善意接收二手物品并在其零售店转售。这些物品材质可以是任何类型的不易损坏的材料，包括各类的衣服、家具、家用物品、体育用品、电子产品、书籍等。因此，善意的产品长度、宽度和深度都具有优势。为吸引顾客而设计的产品被称为优质产品（product leaders）或旗舰产品（flagship products）。一家非营利组织可能会在产品线上增加一类口碑不凡的产品，以创立一个优质产品。

服 务

服务有许多显著的特点，同时对营销产生影响[②]。

● 无形性。服务在消费之前不存在，且服务一旦被消费就不复存在。服务生产者的主张不能得到事先评估，因此使得服务难以区分。例如，咨询服务在特定时间开始和结束，在服务完成之前既不能评估咨询服务的质量也不能评估它的结果。

● 非持久性。服务不能预先产生并按照标准时间进行存储。超额生产的能力因此丧失，同时也难以保证优化使用。在需求较少的时期对咨询服务进行存储的行为是不可能的。而在这一时期，咨询师们将无所事事。

● 同时性。服务是在同一时间被生产和消费的。这意味着生产

[①] Andreasen and Kotler, *Strategic Marketing for Nonprofit Organizations*.

[②] See Eugene M. Johnson, Eberhard E. Scheuing, and Kathleen A. Gaida, *Profitable Service Marketing* (Homewood, IL: Dow-Jones-Irwin, 1986); Valarie A. Zeithaml, A. Parasuraman, and Leonard L. Berry, "Problems and Strategiesin Service Marketing," *Journal of Marketing* 49, no. 2 (1985): 33–46.

者和消费者需要在相同时间和地点进行交流。例如，咨询服务就需要双方在场。

●异质性。服务的质量在不同的组织、提供者和场合中有所不同。这使得保证服务的性能标准和质量非常困难。例如，提供相同类型治疗服务的不同咨询师可能因为他们的自身个性和培训经历等原因，各自会以不同的方式开展服务。甚至同一位咨询师的服务也会根据其情绪、服务对象的感受和治疗阶段的不同而有所不同。

鉴于上述这些特征，营销服务需要以不同于营销产品的方法进行。如何保证质量是一个关键的问题。目标受众通过对服务质量的期望与实际服务的感受进行比较，来理解和判断服务的质量。因此，了解目标市场对服务质量的理解以及它们的基础就显得尤为重要。这可能需要从目标受众那里获得信息，而这些信息提供起来往往却很难[①]。例如，那些刚刚参与咨询服务的人可能并不清楚什么是一次令人满意的咨询服务。然而，一旦成功获得这些信息，非营利组织就可以制订针对服务质量的客观度量指标，并根据这些指标来监测其质量。此外，还可向目标受众提供有关服务质量的间接指示，如高质量设施；知识渊博、彬彬有礼、乐于助人的员工；证书或赠品。例如，红十字会已成为在灾难响应领域首屈一指的私营部门，并获得良好的声誉。多年来，通过应对人为和自然灾害时广为称颂的表现，它的声誉得到了不断的提升。为了保障响应的质量，红十字会制订了广泛招聘、培训和后勤流程，使其能够迅速和有效地做出回应。

社会营销

社会营销（Social marketing）是指为了目标受众或整个社会的利益而试图改变社会行为的某种形式。这有时可能导致目标市场行为的巨大转变，如美国心脏协会所寻求的健康行为的增加。非营利组织通过与目标受众的沟通来开展社会营销。组织还可以提供激励和使用其他手段来

---

① 如果想要好好地做，服务感受质量的评估可能会相当复杂，请参见 Sargeant, *Marketing Management for Nonprofit Organizations*, for a discussion of various techniques。

促进或鼓励行为的改变。社会营销在 20 世纪 70 年代初作为一个独特的概念出现。正如本章开头的珍爱女人心项目所描述的那样，社会营销能够处理重要的社会问题，并且能够产生显著的积极效果。社会营销已处理了各类社会问题，并开展了许多家喻户晓的活动。例如，打击滥用药物和酗酒、说服辍学的学生返回学校和督促准妈妈获取产前护理。

　　社会营销试图让目标市场做以下四件事的其中一件：（1）接受一种新的有益行为（例如，把食品废物做成堆肥）；（2）拒绝一种潜在的不良行为（例如，不吸烟）；（3）改变当前的一种行为（例如，多做运动）；（4）抛弃一种旧的不良行为（例如，开车时不发短信）①。社会营销具有许多独有的特征和挑战。一方面，目标受众可能对目标行为背后的问题漠不关心，或者看不到行为改变带来任何直接的个人利益。另一方面，行为可能涉及有争议的话题，或者目标受众实际上反对行为的改变。多个维度决定了实现改变的难度。当人们高度参与时，当行为频繁发生而不是偶尔一次或几次时，以及当行为由群体而不是个人表现出来时，行为的改变将尤为困难②。

　　鉴于社会营销的复杂性和难度，它往往需要谨慎地规划。合适的营销目的和目标市场必须被确定。社会营销的内容（信息或奖励措施，或两者兼而有之）必须基于对当前和期望行为的决定因素以及如何促进适当的行为改变的可靠研究。同样，营销组合的其他元素（特别是推广）的设计和实施必须与行为模型一致。

　　目前，社会营销活动主要依靠互联网进行。利厄·金（Leah King）回顾了一个重要的促进行为变化的社会营销活动。这项活动由施瓦兹（Schwartz）和哈迪森（Hardison）开发，并采用在线整合模型（图8.3)③。这个模型使用在线资源（如网站、电子邮件、博客和电子交流）来产生行为改变。网站可以用来提供有关特定行为的信息，例如吸烟的危害。目标受众可以通过参与和使用提供给他们的工具，来帮助他们思

① Philip Kotlerand Nancy Lee, *Social Marketing*：*Influencing Behaviors for Good*（Thous and Oaks, CA：Sage, 2008).

② Andreasen and Kotler, *Strategic Marketing for Nonprofit Organizations*.

③ Leah King, "Using the Internet to Facilitate and Support Health Behaviors," *Social Marketing Quarterly* 10, no. 2（2004）：72-78.

考行为的改变。例如，可以提供在线工具来评估吸烟行为和健康状况。此外，其他受众可以通过博客或其他个人传播方式分享他们的经验和意图，以改变他们的行为，从而降低吸烟的频率或戒烟。这种行为变化的维持可通过自助或支持小组的方式来实现。

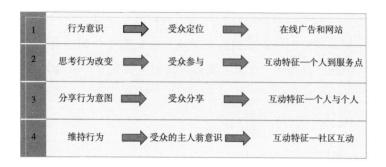

图 8.3 促进行为改变的在线整合模型

资料来源：Leah King，"Using the Internet to Facilitate and Support Health Behaviors," *Social Marketing Quarterly 10*，no. 2（2004）：72–78. Copyright ©2004 Routledge. Reprinted with permission。

在评论这个模型的使用情况时，利厄·金总结如下。

- 离线的行为改变活动应该转换为在线的环境，使其成为受众理解、共享和维持行为改变的重要场所（place）。一个全面的网站是可以频繁访问的站点，其中的信息、活动和社区的组合不断被优化，以支持特定的健康行为的改变。
- 为了有效地接触到互联网上的受众，并试图提供支持或改变行为，组织必须熟悉受众的在线习惯，例如他们在网上搜索的信息内容及搜索原因，他们想要的信息类型和搜寻的方式，以及他们向他人传达所学内容的方式。
- 互补性网站上的互动式广告和营销推广可以向网站推送访问者，以及捕捉已产生行为改变意识和准备好让网站帮助其改变或维持健康行为的这部分受众的信息。
- 与互补性网站建立非付费的伙伴关系在发展信息意识和提高点击率方面是非常有价值的。

190

金描述了一个使用该模型的大型社会营销活动。全国青年禁毒媒体运动（The National Youth Anti-Drug Media Campaign）由美国国会于 1998 年创建①。该运动的目标受众包括青少年及他们的父母和其他有影响力的人（新闻界人士、艺人和教育者）。该运动设计了六个不同的网站，向不同的目标受众传递信息。许多媒介（广播节目、电视节目和印刷品）被用来传递毒品预防信息，并邀请目标受众访问这些网站以获得更多信息。网站还为访问者提供信息交流、建议和支持的平台。在 5 年的时间里，网站共有超过 5 千万次的访问量和 1 亿 5 千万页面的浏览次数。例如，Freevibe.com 是一个为 14 岁到 16 岁的青少年所开发的网站，在 2004 年，它每月有 100 万的访问量。

（二）推广

推广是向市场传达关于非营利组织提供的服务或产品的可用性和福利的信息。一般来说，推广有多个目标。推广用于向目标受众传递信息。这包括向新用户告知产品或服务的信息或向当前用户传递关于目前产品新特性的信息。此外，推广用以说服当前和潜在用户参与某种形式的行为。这种行为可能是积极的，如购买或使用服务或产品。也可能是消极的，如避免一些有害行为。推广也可以用来提醒用户关于服务或产品的可用性或具有的某些特征。当某种服务已经存在一定的时间或产品处于其生命周期的成熟阶段时，推广能发挥很大的作用。推广还可以把一种特定的产品从该组织或其竞争对手拥有的其他产品中区分开来。需要指出的是，产品或服务独特的性能与其替代品相比，显得更加有优势和
191 合适。

我们需要认识到推广是与当前和潜在用户沟通的一种重要形式，这不仅仅是考虑广告的措辞。沟通的过程需要发送者或源头（如非营利组织）传达特定的想法，再用文字或符号编辑这种想法，最后通过某种沟通渠道或媒介（如电视或小册子）发送给接收者（如目标受众），这些受众随后解读这些文字或符号，并形成想法。此外，接收者总是向发送

---

① Office of National Drug Control Policy, "National Youth Anti-Drug Media Campaign," accessed January 18, 2012, http：//www. whitehouse. gov/ondcp/anti-drug-media-campaign.

者提供反馈（另一条消息），而整个过程的每一个阶段都可能会受到噪声或失真的影响。

为使推广有效，它必须考虑沟通过程的各个方面。对接收者的了解会揭示用户所采用的破解过程和发现信息的解读不同于初衷的可能性。例如，青少年很可能会以与老年人截然不同的方式去理解来自他们认为的权威人物的信息。这些因素将影响重要信息特征（如主题和风格）的设计①。鉴于总体的营销目标和具体的推广目的，需要确定信息的整体主题（总体想法或主旨）。在此之后，我们就需要使用适当的符号来建立一致的风格或基调。例如，关于一条为受虐狗提供家园的信息，与它们在新家园中快乐地成长情景相比，推广信息应该在何种程度上反映出这是一只曾经受过虐待的狗？

营销人员还需要决定他们用以推广的工具。综合而言，这些工具被称为推广组合（promotional mix）。推广组合的一个主要选择是付费广告（paid advertising）。广告可以传递戏剧性的信息，但成本却很高。此外，付费广告是非个人化的，因为消息不能被定制或仅针对目标市场中的一部分。所使用媒体的性质和高效传递的需要将决定受众的规模和多样性。例如，在广告播出的特定时间，它的信息将传递给任何收看电视的人。

非营利组织也可在公益广告（public service announcement，以下简称PSA）中宣传其服务或项目的特征。PSA 是一类被认为符合公共利益的信息。非营利组织可能会免费获得部分消息的开发、生产和发布的机会，而免费的部分往往由相关方赞助。

另一个选择是促销（sales promotion）。促销活动提供旨在刺激需求的短期激励措施，如礼品、折扣、赠品和竞赛。虽然短期需求可能会相应地增加，但促销活动存在几个潜在的缺点。在用户心目中，它可能与营利企业进行的许多促销活动联系在一起，从而彰显不出非营利组织的特殊性。此外，用户可能会对促销习以为常，并在促销结束时（例如当价格恢复正常时）做出消极反应。 192

也可以使用更直接的推广方法，其中最常见的是直邮（direct mail）。

① Brenda Gainer and Mel Moyer, "Marketing for Nonprofit Managers," in *The Jossey-Bass Handbook of Nonprofit Leadership & Management*, 2nd ed., Robert D. Herman & Associates (San Francisco: Jossey-Bass/Wiley, 2005), 277-309.

非营利组织向自己的用户、大客户或其他数据库发送邮件，同时针对特定的收件人定制邮件。这基本能实现一对一的信息传递，而且相当节省成本。

网络推广（electronic formats）的增长成为最新的发展趋势。这种方式很好地利用了迅速更新换代的计算机技术、互联网和社交媒体。这极大地提高了非营利组织与目标受众，以及受众之间相互沟通的能力。世界银行（World Bank）的数据显示，2009 年，有 78% 的美国人是互联网用户[1]。这一数据比 2000 年的 44% 有所上升。非营利组织对互联网使用的增加也做出了回应。导航星（GuideStar）在 2004 年对 6000 多家非营利组织进行的一项研究发现，大约有 97% 的组织使用互联网提供信息，如使命宣言、财务报告和说明，而大约 55% 的组织使用互联网来获得支持，如会员、捐赠和志愿者[2]。电子营销最主要的渠道是网站和社交媒体。

如今，建立网站几乎成为每家非营利组织的必做工作之一。网站用来提供信息和吸引受众。2004 年，慈善网络（the Network for Good）对 2000 多人进行的一项研究发现，49% 的受访者访问过非营利组织网站，并搜索过关于特定项目或志愿者招聘的信息[3]。其中，超过 75% 的受访者表示，他们在访问网站时更进一步地参与了相关活动。对于如何建立一个性能良好的网站，受访者的报告指出排名前五项的特征分别是：（1）关于非营利组织所开展项目的重要内容；（2）关于捐赠资金的财务报告信息；（3）关于如何使操作简易的指导；（4）关于如何参与的信息；（5）关于如何成为其成员的信息。此外，一个网站应该[4]：

- 信息一目了然；
- 适用于不同的用户；
- 提供双向沟通的平台；

---

[1] World Bank, "World Development Indicators" (last updated July 28, 2011), accessed July 30, 2011, http://www.google.com/publicdata/explore? ds = d5bncppjof8f9_&met_y = it_net_user_p2&idim = country: USA&dl = en&hl = en&q = internet+usage.

[2] Wymer etal., *Nonprofit Marketing*.

[3] Wymer etal., *Nonprofit Marketing*.

[4] Kotler and Lee, *Social Marketing*.

- 提供相关链接；

- 与组织的品牌形象一致。

社交媒体是与朋友、家人和同事沟通的私人渠道。这些渠道包括博客、电子邮件、播客、YouTube、聚友网（MySpace）、推特（Twitter）和脸书（Facebook）。社交媒体具有巨大的动员潜力。例如，在2011年初推翻埃及政府的过程中，社交媒体就发挥了重要作用[①]。这种通过交流建立起来的联合力量也可被营销人员利用。最近的一项研究发现，当一个有影响力的人使用口头宣传影响了另外两人的购买行为时，一旦沟通的方式变为线上，这种影响力会增至八人[②]。

之前提到的全国青年禁毒媒体宣传运动就是一个很好的例子，它说明了如何将网站和社交媒体结合起来支持和加强宣传运动的推广。先前关于如何向"千禧一代"进行营销的讨论清楚地说明了这个通过社会连接在一起的年龄组是如何引导组织将社交媒体纳入并整合到产品和服务的推广中的。为了促进用户使用社交媒体，非营利组织现在使用脸书、YouTube、推特和其他社交媒体的现象已经非常普遍。

（三）价格

非营利组织的定价涉及一些营利性企业通常不会遇到的复杂性。非营利组织的使命涉及非财务的目标。此外，使命的追求可能有多种方式，这就可能导致定价分歧。此外，目标受众可能无法支付他们享受服务的全部（或部分）价值。

在考虑是否要收费时，一般要思考几个问题[③]。收费当然会带来收入。它还可以提高客户对非营利组织的认识，帮助非营利组织衡量产出，阻止产品或服务的过度使用，提高用户的主人翁意识以及维护用户的尊严。然而，如果收费的行为威胁到组织的使命，或者当受益人难以支付时，则不应收取。

---

① L. Gordon Crovitz, "Egypt's Revolution by Social Media: Facebook and Twitter Let the People Keep Ahead of the Regime," *The Wall Street Journal*, February 14, 2011.

② Kotler and Lee, *Social Marketing*.

③ Wymer etal., *Nonprofit Marketing*.

具体来说，可建立一个定价策略来达成多个不同的目标。定价是为了带来尽可能多的收入，从而使利润最大化。为此，非营利组织对其用户需求的了解就十分必要了。定价的另一个目标是回收生产成本。对成本的回收可能是全部，也可能是部分（如果剩余部分由内部或外部补贴来弥补的话）。非营利组织也可能寻求最大化市场份额和吸引尽可能多的用户。如果追求这一目标，那么组织则可能成为市场上价格最低的供应商。对社会公平的考虑也会影响定价策略，这可能意味着对贫困人群少收费而对富有人群多收费的情况产生。定价可能被用作负面激励，例如鼓励人们不要从事某些行为，这与政府试图通过对香烟征收高额税的方式类似。

一般说来，定价有三种方法。第一种方法是以产品、服务或项目的生产成本（cost of producing）作为定价的基础。定价仅为了弥补成本（收支平衡定价）就是这种方法的一个例子。如果根据成本设置一个使价格超过成本相应百分比（涨价）则是另一种定价方法。当能准确地确定成本时，这种定价方法是最可行的。例如，非营利组织向潜在的购房者提供社区可用住房的信息就可以使用这种策略，因为所提供材料（标准住房信息）的成本是明确的。然而，情况并不总是这样。当特定服务或项目的成本分配很难时，基于成本的定价将非常困难或者不够准确。

成本的确定可能存在诸多困难①。组织既有固定成本，也有可变成本。可变成本通常归因于每个产品。例如，上面描述的每一项住房材料的成本可以查到。然而，固定成本并不会随着销售量的变化而改变。这些成本包括租金、月工资和其他日常开销。用固定成本除以总销售额，以提供每个产品的固定平均成本，所以这个平均成本将随着销售量而变化。此外，当一个组织生产多个产品或服务时，它必须决定日常开销的分配比例。例如，提供住房福利的非营利组织也可以提供财务管理培训和家庭维修项目。但对各种项目进行日常开销的分配不可能总是完全平均的。

基于用户需求（user demand）的定价是第二种方法。它脱离了成

---

① Blacks Academy. net, "Cost-Based Pricing"（n. d.），accessed August 1, 2011, http: // www. blacksacademy. net/content/4001. html.

本，价格可能高于也有可能低于基于成本的定价。这种方法确实让非营利组织有更多接触用户的机会。例如，食品银行对其产品进行定价，以使低收入人群也能负担得起。为了更好地利用这一技术，非营利组织需要了解其用户的需求弹性。这是指需求随着价格上涨而减少的量。如果一个非营利组织试图让尽可能多的用户受益，那么由于价格上涨而导致的需求下降将是一个重要的考虑因素。

第三种方法是通过竞争（competition）关系设定价格。例如，这种类型的定价出现在竞争激烈的从事日间护理或养老院行业的非营利组织中。这个方法相对容易实施，因为竞争者的价格是现成可寻的。竞争者的价格是衡量市场可承受价格的一种方法，因此可以为非营利组织的价格设置一个"上限"。竞争对手的价格也成为降价的参照，为非营利组织争取市场份额的增加提供了一种途径。然而，我们应确保击败竞争对手的价格不会导致质量下降或使命漂移。

195

（四）地点

营销组合中"地点"这个部分解决的是产品、服务或项目如何在目标受众中可用，以及如何分配的问题。分销渠道被定义为"为了便于交易，使营销人员和目标客户或市场在同一地点和时间聚集起来的通道①"。在分销渠道中需要完成许多功能，包括运输、存储、分类、购买、销售和融资。分销渠道的两个基本方面是：（1）渠道的物理和物流细节的设计；（2）渠道在满足目标市场的需求和期望方面的性能。

渠道设计中的一个重要决策是分销应该是直接的还是间接的。在直接分销（direct distribution）中，非营利组织将控制向用户提供产品、服务或项目的所有方面。这将赋予非营利组织对渠道设计和性能的最大控制权。然而，这种设计需要大量的资源和高度的专业知识。对于非营利组织来说，使用间接分销（indirect distribution）和一些专业的中介机构来完成部分分配功能可能更经济、有效。

分销渠道设计中的另一个重要决策是使用多少个服务点以及每个点可提供的产品、服务和项目。这一决定与用户的特征和建立多个服务点

---

① Wymer etal. , *Nonprofit Marketing*.

所需的费用有关。我们在做这一决定时，通常从三个方面进行考虑。便利（convenience）产品或服务是用户不必费力就能轻松获取的产品或服务。因此必须在多个服务点充分地提供。例如一家非营利组织提供的是关于禁止吸烟的宣传。大多数人不愿为了获得这些资料而多费力气。因此，必须在他们经常光顾的地方提供这些资料。相反，用户会为获取选购（shopping）产品或服务做出一些努力，因而这些产品或服务可以位于较远的位置。比如说善意组织的零售店。用户认为特种（specialty）产品和服务具有特殊性，因此他们会为得到它们而竭尽全力。对于这部分产品和服务，非营利组织可以选择对组织最为经济的定位模式。例如，美国人道主义协会提供专业的动物保护服务，且通常在一个城市只设一个服务点。

分销渠道在获得服务或产品时如何影响目标市场的体验也是一个广泛关注的问题。在营利性企业中，这可能被称为购买体验（buying experience）。分销渠道可以提高用户在几个方面的体验①。服务点的数量、位置和特性等因素可以为用户节省时间和费用，而如果每一个服务点都能满足所有需求，将同样对用户体验有所帮助。当然，这很可能需要非营利组织支付额外的费用。交货地点的氛围（atmosphere）也是因素之一。例如，卫生设施的设计需要在患者的心中营造专业精神和传达关爱感觉。

九　本章小结

在本章中，我们研究了非营利组织与所在环境相关的最重要的方式之一。营销通常负责产生非营利组织生存所需的资源，同时提供非营利组织用来完成其使命的产品、服务或项目。为了成功地启动和维持这些重要的交易，营销人员以创造性的方式将目标受众的需要和愿望与组织的使命和能力相匹配，从而产生两者的价值。研究、规划、战略和策略需要协调一致，才能得到这些结果。

在下一章，我们将开始本书的第三部分。在这部分中，我们将介绍领导、管理和传承相关的主题。第九章作为第三部分的开始，介绍了非营利组织高层的考虑因素以及讨论理事会和治理。

---

①　Andreasen and Kotler, *Strategic Marketing for Nonprofit Organizations*.

十　问题思考

1. 基于本章所描述的营销原则，针对同一客户群，具有有限营销预算的基于社区的非营利组织能否有效地与资源充足的国际非营利组织和营利组织进行竞争？如何才能实现？

2. 识别一个具有高度知名度和成功品牌的非营利组织并试图解读该品牌的含义及其联系。

3. 识别和讨论一个成功的社会营销案例和一个失败的案例。在两种情况下，讨论成功和失败的原因分别是什么。

十一　练习

练习 8.1　营销机会

如果把珍爱女人心项目的目标列入示例 8.1 的四个单元格中，该项目会采取什么步骤？请分别对每个单元格进行讨论。　197

练习 8.2　服务

确定非营利组织正在经历引进阶段的一项服务，将其与生命周期后期的服务进行比较。从营销的角度来看，您对这些服务有什么建议？

练习 8.3　市场渗透与多元化

确定一个追求市场渗透战略的非营利组织和另一个追求多样化战略的非营利组织。比较两个非营利组织，思考它们开展营销工作的不同之处。

练习 8.4　市场细分

儿童保育市场如何进行有意义地划分？根据书中提到的三个标准，为一个非营利组织的市场定位提供建议。非营利组织所采用的市场定位和标准与营利性企业相比，不同之处在哪里？　198

第三部分

领导、管理和传承

第九章　理事会和治理

全国有色人种促进会（National Asssociation for the Advancement of Colored People，以下简称 NAACP）是美国历史最悠久且规模最大的民权协会，它经历了一系列充满挑战的时期。自 1909 年成立以来，该非营利组织有过很多届的执行主任和理事会成员，其中一些人在领导组织方面比其他人更出色。梅尔莉·埃弗斯-威廉斯（Myrlie Evers-Williams）是从众人中脱颖而出的理事会成员之一。理事会分歧，理事会与执行主任之间的紧张关系，导致对该组织采取法律行动的丑闻，以及对会员利益缺乏战略关注，这些都使得 NAACP 处于十分不利的地位。作为 NAACP 理事会主席，埃弗斯-威廉斯领导理事会成功地将该组织从其声誉低落和财务状况危险的险境中拯救出来。她通过承认该组织的问题并认为该组织因其历史性的民权贡献而值得被挽救，使她重新获得捐助者的财政支持。她修改了管理结构，以提高效率和问责制，并且激励理事会成员从以前的自私和局部为导向的基础上去改变他们的政策和做法。在她的指导下，理事会为了组织的利益而共同努力。与她的前任形成鲜明对比的是，她依靠合理的论据而非使用报复的威胁去影响理事会成员。当评论她在拯救组织中的作用时，她声明："我一直在建立团队。我并非一个人完成，一切都是团队共同完成的。许多人都认为只有一个人可以拯救组织，这是很可悲的。我并不具有所有所需的才能，所以像任何优秀的管理者一样，你可以让身边都围绕着最优秀的人才。①"

---

① Case details are from J. E. Austin, Elaine V. Backman, Paul Barese, and Stephanie Woerner, *The NAACP*, Harvard Business School Case 9-398-039, November 7, 1997.

❖❖❖

在美国，治理理事会在法律上被指定为对非营利组织承担受托责任。理事会成员应确保非营利组织按照其成立的规则运作，并负责适当地支出资源。对于 501（c）（3）的公共服务组织来说，这意味着非营利组织对社区利益做出回应并对其负责，而不是为服务组织创始人而存在。对于由美国国税局分类为会员服务（互利型）的非营利组织，理事会负责尊重会员的利益并给予他们章程中所规定的权利。对于资助型基金会，理事会主要是为了看到该组织在法律指导范围内追求资金来源的愿望。对于所有类型的非营利组织，理事会应监督执行主任，设定和保护非营利组织的使命，确保遵守法律，并确定哪些总体战略将有效实现非营利组织的使命和愿景。正如全国有色人种促进会所证明的那样，非营利组织的理事会在这些任务中并不总是成功的，但可以通过共同愿景重新焕发活力，并再次成为组织成功的关键驱动因素。

非营利组织的理事会是公民参与①和建立合法性的重要渠道，它允许非营利组织获得财政支持，并在没有严格政府监管的情况下运作。利益相关方可以通过其理事会任职的个人对非营利组织进行判断②。

理想情况下，治理理事会和执行主任建立有效的伙伴关系，同步领导非营利组织。一方面，理事会可能会失灵，对非营利组织在实现其使命和获得财政稳定方面的成功贡献甚微。当执行主任在支持理事会的治理角色方面感到不舒服或不熟练时，理事会可能受到执行主任的限制或削弱。另一方面，理事会可能对非营利组织的有效性和生存至关重要，特别是当组织正在经历执行主任的变更，其使命的挑战以及面临财务和声誉压力时，正如 NAACP 在埃弗斯-威廉斯被理事会选为组织领导时那样。

---

① Francie Ostrower and Melissa M. Stone, "Governance: Research Trends, Gaps, and Future Prospects," in *The Nonprofit Sector: A Research Handbook*, 2nd ed., ed. Walter W. Powell and Richard Steinberg (New Haven, CT: Yale University Press, 2006), 612-628; Ruth McCambridge, "Underestimating the Power of Nonprofit Governance," *Nonprofit and Voluntary Sector Quarterly* 33, no. 2 (2004): 346-354.

② Rikki Abzug and Joseph Galaskiewicz, "Nonprofit Boards: Crucibles of Expertise or Symbols of Local Identities?" *Nonprofit and Voluntary Sector Quarterly* 30, no. 1 (2001): 51-73.

本章探讨了理事会的非营利组织领导力。我们审查理事会的职责和有效性，并回顾理事会配置和组成的选项。我们还检验了帮助理事会运作的工具。由于理事会作为决策小组的角色需要考虑潜在的利益冲突和方法，我们还讨论了冲突管理。最后，我们从广阔的视角来学习治理这个概念，它超越了治理仅仅是理事会的角色和责任这一理念。

202

一　非营利组织治理理事会的职责

包括美国在内的许多国家都确立了非营利组织的治理理事会职责。与法律对理事会的要求相比，那些从非营利组织寻求有益产品、服务和项目的人通常对理事会有更高的要求。[1]。以下理事会职责清单改编自BoardSource 发布的实用指南，BoardSource 是理事会的主要资源中心之一[2]。

1. 设定组织的使命和目的。理事会负责创建和审查使命宣言，并阐明实现使命的目标和方法。

2. 选择执行主任。执行主任向理事会报告，理事会有责任聘请以及在有正当理由的情况下开除执行主任。

3. 提供适当的财务监督。理事会在法律上有责任确保适当的财务控制措施到位。他们应该帮助制订年度预算并定期审查财务报表，以确保资源得到妥善利用。

4. 确保充足的资源。理事会有责任确保非营利组织拥有实现使命所需的资源。理事会制定的目标应该来自对满足这些目标所需资源的理解。

5. 确保法律和道德的完整性并保持问责制。理事会应确保非营利组织遵守法律并符合道德标准。

6. 确保有效的组织规划。理事会应参与战略规划和监督战略目标的实现。

7. 招募和指导新理事会成员并评估理事会绩效。理事会负责其

① BoardSource, *The Nonprofit Board Answer Book*, 2nd ed. (San Francisco, Jossey-Bass, 2007).

② BoardSource, *The Nonprofit Board Answer Book*.

自身的运作和发展，并应评估其自身的绩效。

8. 提高组织的公共形象。理事会成员是非营利组织的代表。理事会应采取行动以吸引对该组织的支持。

9. 确定、监督和加强组织项目。理事会应确定实施哪些项目，并对其进行审查，以确保它们有效并与使命保持一致。

10. 支持执行主任并评估他的表现。理事会负责确保执行主任拥有有效的资源和专业支持，理事会应当评估执行主任的表现。

（一）理事会的法定职责

根据《美国非营利组织和慈善信托法》，理事会成员的职责有三个标准。在履行这些标准时，理事会履行其信托职责。非营利组织理事会的法律标准是注意义务、忠实义务和服从义务。

注意义务（Duty of Care）

理事会成员须代表非营利组织参与做出明智的决策。这包括在需要时召开会议、谨慎审查做出合理决定所必需的重要事实，在必要时咨询专家，并确保达到法定人数以作出正式决定。只要理事会成员秉持诚意运作，并证明他们正在努力做出谨慎的决定，他们就很可能会被认为履行了注意义务。对于天使女王医院诉雅戈尔案（Queen of Angels Hospitals v. Younger），理事会进行了不适当的和解而被认为违反了其信托责任。理事会批准向没有为该医院工作的天主教姐妹提供经济补偿，以回应有关姐妹因过去的服务而被拖欠工资的无理索赔。但理事会从未要求其提供工作时间的证据，姐妹的工作可以被合理地视为捐赠，因此法院裁定理事会没有做出良好的商业判断①。

内奥米·奥诺（Naomi Ono）建议非营利组织理事会应该仔细记录他们的决策过程，以表明他们履行了应尽的义务。他们应该创建和保留背景材料、会议记录、备忘录和声明，以解释他们对可能需要审查的任何行动的决定。除了表明审查了重要事实外，理事会还应表明决定是在理事会积极参与下做出的。会议应事先通知，并在法定人数和投票程序上

---

① BoardSource，*The Nonprofit Board Answer Book*.

遵守章程。理事会还应监督已委派与理事会决策相关的重要职责的任何委员会，以确保理事会在使用委员会信息或建议时采取负责任的行动①。

忠实义务（Duty of Loyality）

理事会成员需要抛弃他们的个人和商业利益，并为非营利组织的最佳利益做出决策。一旦理事会做出决定，每个理事会成员都应支持该决定，否则应从理事会辞职。但是，理事会成员可能仍希望记录他们对某个决定的不同意见。如果后来发现此决定违反理事会职责或与非法活动有关，这可以保护他们免于承担个人责任。理事会成员还应尊重与非营利组织的合法活动相关的保密性。

违反忠实义务的例子很多。例如，一个说服理事会从她的公司购买不需要的保险并向她支付佣金的执行主任正在获取不正当的个人利益。在两个互相竞争拨款和捐赠的非营利组织的理事会同时担任执行主任的人，很可能无法履行对两个组织的忠实义务。甚至理事会成员投资了与非营利组织有竞争关系的营利性企业也可能与非营利组织存在利益冲突。利用非营利组织资源的理事会成员也可能违反该义务。例如，理事会成员购买首次出售给非营利组织的艺术品或其他财产被视为违法，除非非营利组织拒绝。在斯特恩诉露西·韦伯·海斯全国执事和传教士培训学校（Stern v. Lucy Webb Hayes National Training School for Deaconesses & Missionaries）的开创性案例中，理事会对医院资金管理不善，违反了忠实义务。尽管有机会在其他地方获得更多的回报，理事会成员投票决定将这些资金投资于与其中一些成员有个人利益的银行。无利益关系的理事会成员没有意识到可以从交易中受益的成员所持有的相互冲突的利益，他们并没有尝试去披露相关的利益冲突②。

理事会可以用来防止违反忠实义务标准的一种简单方法是制订一项利益冲突政策，并让每个理事会成员签署一份声明，表示其理解并将遵守该政策。政策和声明的审查应当每年进行。在政策审查和年度报表签署期间，以及相关情况出现时，理事会成员应披露冲突。当冲突发生时，理事会可以选择让该成员弃权，并在讨论该问题时不出席理事会。理事

---

① Ono, "Boards of Directors Under Fire."

② Ono, "Boards of Directors Under Fire."

会也可以更加谨慎，并指定一个特别的独立委员会来调查不涉及理事会成员利益的方案①。理事会还应制订政策，解雇和替换那些因冲突而使他们无法成为有效理事会成员的个体。

服从义务（Duty of Obedience）

理事会成员有责任确保非营利组织在其成立时设立的章程或条款中描述的目的依然有效。捐赠的资金应该用于履行非营利组织的使命。理事会成员应做出决定，使非营利组织的活动围绕在既定的使命周围。这意味着如果理事会希望对使命做出重大改变，应该获得法律咨询意见。为了说明谨慎的重要性，思考这个例子：纽约法院判决医院理事会通过投票关闭医院的教学、研究和急症护理设施并将房地产出售给另一家医院的行为违反了服从义务②。

理事会也应该对接受哪些捐款保持谨慎。如果捐赠的使用受到高度限制或有多种解读方式，最好拒绝捐赠或要求修改捐赠合同，以避免将来因捐赠者的意图而产生的法律纠纷。正如巴恩斯基金会（The Barnes Foundation）的案例所展示的那样，当捐赠者去世时，解读捐赠者的意图可能就会变得特别棘手。当基金会决定将已故捐赠者的艺术收藏品从其原始位置移走时，该基金会遭受了许多与服从义务相关的诉讼。基础的信托条款规定艺术品须留在原地，而机构留在原地，并且不能建造新的设施。理事会则声称，要使基金会生存下来，就需要将其收藏从郊区迁出重新安置，以便创造更多的公众访问和增加筹资机会③。

（二）免责

不履行委托职责的理事会成员可能会面临法律诉讼。对于从非营利组织获得超额经济利益的个别理事会成员，可以处以罚款。法律要求理事会成员避免私人采购（private inurement），这与非营利组织的非分配约束（non-distribution constraint）有关。理事会成员不应将组织的任何利润分配给自己，也不应与非营利组织签订不符合非营利组织最佳利益的合

---

① Ono, "Boards of Directors Under Fire."
② Jeremy Benjamin, "Reinvigorating Nonprofit Directors' Duty of Obedience," *Cardozo Law Review* 30, no. 4（2009）：1677-1708.
③ Benjamin, "Reinvigorating Nonprofit Directors' Duty of Obedience."

同。在一些州，理事会成员被禁止自我交易（self-dealing），即与他们所服务的非营利组织签订合同。非营利组织可以对理事会成员的服务费用进行补偿和支付薪资，但必须是合理的。

有保险政策的某些非营利组织至少部分地保护了其理事会成员，使他们在该组织被起诉或有其他财务困难时免受个人伤害。当理事会被发现其违反责任且个别理事会成员未受到犯罪活动指控时，该政策可能包括对非营利组织或理事会成员的处罚。当理事会成员的绩效或私人利益受到审查时，它也可能为理事会成员支付法律代理人费用。

美国的一些非营利组织理事会已经采纳了2002年萨班斯-奥克斯利法案的规定，尽管美国政府要求非营利组织只遵守其中两项规定。该法案是针对营利领域中的丑闻而制定的，并对公司理事会提出了新的要求。在萨班斯-奥克斯利法案之后，一些州增加了法规来限制非营利组织的理 206 事会。该法案要求非营利组织保护举报人并制订有关销毁文件的规则。该法案的其他条款导致一些非营利组织理事会实践的志愿或州级变更，包括强制使用审计委员会，以及禁止向理事会成员和执行主任提供贷款①。

（三）对比理事会角色和执行主任角色以及责任

非营利组织最常见的挑战之一是区分理事会和执行主任的角色。一个简单的回答是理事会关注整体情况和组织的总体战略，而执行主任侧重于战略和一般工作惯例的日常实施。更具体地说，这意味着理事会为非营利组织制定了主要政策，例如使命、道德规范、服务理念和基本任务，以及广泛的战略和目标。这说起来容易做起来难，因为大多数理事会每年会议次数少于四次，大多数理事会的信息有限，而且有些成员可能在理事会的任职时间较短。非营利组织的员工通常被视为负责指导日常运营的次要流程、标准运营计划和工作规则。在这种分工下，某些领域的责任模糊不清，例如，制定营销和财务政策。

对于如何恰如其分地建立理事会和执行主任的关系，以支持高水平

---

① Michael J. Worth provides a useful discussion of Sarbanes-Oxley in *Nonprofit Management: Principles and Practices* (Thousand Oaks, CA: Sage, 2009).

的理事会和组织效率，并非所有学者都能达成一致。约翰·卡佛（John Carver）是对非营利组织传统做法最直言不讳的批判者之一，他并不是唯一一个表示大多数理事会的执行工作最好是留给执行主任的人①。在卡佛的政策治理模型中，他概述了区分理事会和执行主任任务的框架。他设计这种模型是为了防止理事会一方面偏离战略性的重大决策，另一方面简单地将员工的建议进行不经审查的批准。总体来说，卡佛的模型表明理事会应该②：

1. 设置完结政策（End Policies），以描述组织应该完成的任务；
2. 制定手段声明（means statements），以说明执行主任不能触碰的界限，但应在方法上赋予执行主任实现目标的自由裁量权；
3. 明确界定理事会和执行主任的责任；
4. 说明理事会将遵循的流程；
5. 确定理事会最终的负责对象。

207　　与卡佛的立场相反，其他学者认为模糊理事会任务与执行主任任务之间的界限是恰当的。理查德·查特（Richard Chait）、威廉·瑞安（William Ryan）和芭芭拉·泰勒（Barbara Taylor）认为，执行主任和理事会应该共同致力于应对非营利组织最重要的事情。作为一个团队，他们应该关注委托责任，确保遵守法律和资源得到妥善管理。除此以外，理事会应与执行主任和其他高级职员一起制定战略规划、长期方向和目标。理事会还应与执行主任合作，进行生成性或"打破常规"③。研究人员认为模糊理事会和执行主任角色最常见于年轻的、以志愿者为基础的草根组织。这些组织往往拥有更多参与非营利组织日常运作的理事会。

---

① 其他有关理事会有效性的评论包括 Michael Klausner and Jonathan Small "Failing to Govern? The Disconnect Between Theory and Reality in Nonprofit Boards and How To Fix It," *Stanford Social Innovation Review* 43（Spring 2005）：42-49。
② John Carver, *Boards That Make a Difference：A New Design for Leadership in Nonprofit and Public Organizations*, 3rd ed.（San Francisco：Jossey-Bass/Wiley, 2006）.
③ Richard Chait, William P. Ryan, and Barbara E. Taylor, *Governance as Leadership：Reframing the Work of Nonprofit Boards*（San Francisco：Jossey-Bass/Wiley, 2005）.

很少有非营利组织能够实现卡佛的理想，通常理事会都会受到执行主任的大力指导。研究发现，理事会和执行主任之间的权力平衡因非营利组织而异，甚至在同一个非营利组织内也会随着时间而变化。发展阶段、年龄、规模以及与原始捐赠者和创始人的距离都可以影响理事会所承担的角色和责任①。佛朗斯·奥斯特罗尔（Francie Ostrower）和梅丽莎·斯通（Melissa Stone）发现，当非营利组织没有严重依赖政府资源，当非营利组织还处于危机中、规模较小、非官僚化或者处于成立初期时，理事会往往拥有比执行主任更大的权力。当执行主任拥有专业资格和资历并在理事会成员没有很高的社会经济地位时，他往往拥有更大的权力。主要由女性组成的理事会比主要由男性组成的理事会的权力更小②。

实际上，理事会的运作方式存在很大差异，并且不存在强有力的责任分工预测指标。本章开篇所描述的 NAACP 的完整案例回顾了理事会主席、理事会和执行主任的权力动态如何随时间而变化③。它说明了一个非营利组织在其理事会和执行主任之间经历的权力斗争，以及缺乏关于理事会和员工责任和期望的清晰政策的负面结果。不幸的是，对于NAACP 来说，当一个人追求对组织极大的控制权时，权力的不平衡导致了不当行为的产生，使 NAACP 处于危险之中。在这个案例中，我们看到了权力腐败的古老延续，以及当理事会未能有效抵制强大的执行主任或理事会主席，并且未能作为一个整体行使注意义务、忠实义务和服从义务时，危机就会产生。

一个可用于评估理事会和执行主任动态的模型由米里亚姆·伍德（Miriam Wood）提供，由朱莉娅·克拉森（Julia Classen）对其进行修改④。伍德认为理事会的行为是周期性的。在成立之后，理事会倾向于经历超级管理，关注企业责任和认可这几个运营阶段，如表 9.1 所述。 208

---

① Miriam M. Wood, "Is Governing Behavior Cyclical?" *Nonprofit Management & Leadership* 3, no. 2 (1992): 139-163; David O. Renz, "Leadership, Governance, and the Work of the Board," in *The Jossey-Bass Handbook of Nonprofit Leadership and Management*, 3rd ed., David O. Renz and Associates (San Francisco: Jossey-Bass/Wiley, 2010), 125-156.

② Ostrower and Stone, "Governance."

③ Austin et al., *The NAACP.*

④ For a fresh treatment of Miriam Wood's model (described in Wood, "Is Governing Behavior Cyclical?"), see Julia Classen, "Here We Go Again: The Cyclical Nature of Board Behavior," *Nonprofit Quarterly*, Spring 2011, 16-21.

此周期的每个阶段都没有设定的时间范围，并且理事会可能会回到早期阶段，以应对他们所面临的挑战类型。虽然并非所有非营利组织都经历了表中所罗列的这些阶段，但它们说明了理事会和执行主任之间相互关联的一些常见方式，以及随着时间的推移，关系会如何演变。

表 9.1 理事会和执行主任动态阶段

阶段	理事会的关注点	理事会的招募
创始期：共同子阶段	对理事会进行个人和专业的投资，以创立新的非营利组织。理事们往往兼任理事会成员和志愿者，并与非营利组织的执行主任（如果有）并肩工作。理事会关注的是非营利组织如何生存的问题。潜在的问题是理事会和员工角色交织在一起，使得难以进行适当的检查和保持平衡	理事会成员是创始人或创始人的朋友。他们因为对使命的热情而被非营利组织吸引，或者被创始人从其已有的社交网络中选中
创始期：维持子阶段	理事会认为非营利组织相对稳定。关注的是需要什么类型的理事会成员技能、专业知识和资源才能维持组织。执行主任在此阶段的责任是建立一个支持非营利组织和可执行的理事会。潜在的问题是新理事会成员可能没有像创始人那样对非营利组织有热情，也可能不了解他们的治理角色	最初的理事会成员离职，为新成员让路。这些新成员因为可以为非营利组织带来技能、资源而被选中
超级管理阶段	理事会成员因其专业知识和技能而开始质疑执行主任，并试图影响非营利组织的治理角色。理事会开始感到更加独立于执行主任。除了治理之外，它还花费时间进行管理。潜在的问题是理事会可能会尝试进行微观管理，挑战执行主任对运营的权力	新成员开始认为他们的主要职责是管理和监督，但一些理事会成员仍然在执行主任或其他员工的监督下充当志愿者
关注共同责任	理事会专注于其治理责任，并期望执行主任履行责任和保持透明度。执行主任负责管理系统，为理事会提供决策所需的信息，理事也可能会使用其他信息来源。理事会和执行主任职责明显分开。潜在的问题是理事会依赖执行主任来获取信息和透明度	理事会的作用是招募和指导新成员，这些招募的新成员是来实施治理和提供支持，而非管理非营利组织

209

续表

阶段	理事会的关注点	理事会的招募
认可阶段	理事会以粗略的方式履行职责。它的工作重点变成召开高效的会议。理事会依然在运作，但基本不参与组织运营。潜在的问题是理事会假设一切顺利而没有完全致力于其治理责任，它就变成了一个"不经审查就批准"的理事会	选中的理事会成员越来越忙碌且声望卓越，他们能投入理事会事务的时间相当有限

资料来源：Miriam M. Wood, "Is Governing Behavior Cyclical?" *Nonprofit Management & Leadership* 3, no. 2（1992）. Copyright ©1992. Adapted with permission of John Wiley and Sons, Inc。

二　理事会的有效性

作为理事会职责的一部分，它应评估自身的绩效，并考虑如何提高对非营利组织治理的贡献。可以用一项简单的活动评估理事会的成功与职责，对问题进行确认和解决，以取得更好的绩效。用于更全面地识别理事会优势和劣势的工具包括但不限于 Boardsource 在线自我评估，理事会成员可以使用它来了解他们在履行职责、实现理事会多元化和包容性方面做得如何。除了对非营利组织来说是一个通用工具之外，Boardsource 还提供专业在线的理事会自我评估工具，以便会员协会、社区基金会、学校和信用合作社能够更具体地解释其使命和背景的独特特征[1]。研究非营利组织和理事会有效性的研究人员采用的评估工具有三个，分别是一个由国家非营利组织理事会中心提供的评估工具[2]和两个在学术研究期刊上发表的评估工具[3]。所有这些工具都有一个基本假设，即非营利组织理事会应履行核心职责及其委托责任。

---

[1] See BoardSource, *Assessment Tools*（n. d.），http：//www.boardsource.org/Assessments/selfassessments.asp，for descriptions of Board Source materials.

[2] Larry Slesinger, *Self-Assessment for Nonprofit Governing Boards*（Washington, DC：National Center for Nonprofit Boards, 1996）.

[3] Douglas K. Jackson and Thomas P. Holland, "Measuring the Effectiveness of Nonprofit Boards", *Nonprofit and Voluntary Sector Quarterly* 27, no. 2（1998）：159-182；Mel Gill, Robert J. Flynn, and Elke Reissing, "The Governance Self-Assessment Checklist：An Instrument for Assessing Board Effectiveness," *Nonprofit Management & Leadership* 15, no. 3（2005）：271-294.

并不存在一种统一而有效的衡量标准适用于所有非营利组织的理事会。执行主任和理事会主席可能会在评估个别理事会成员和理事会整体表现时优先考虑不同的标准①。理事会的优先事项和成就可能因资金来源、项目挑战和其他因素而异。例如，一个非常依赖个人捐款的非营利组织的理事会可能将筹资作为一个主要优先事项，如果理事会吸引了大量的财政捐赠，则认可其有效性。非营利组织中积极参与倡导的执行主任可能通过对重要政策制定者提供准入和合法性的程度来评价其理事会。治理历史悠久、运作良好的非营利组织的理事会可能很少强调使命开发、制定运营政策和参数，但新成立理事会的非营利组织仍在确定其目的和方法，他们可能用内部政策的创造和执行来评价理事会的有效性。一个新的非营利组织的理事会可以通过在建立非营利组织的知名度和声誉方面取得的成功来评判自身。

有关检验理事会有效性对特定维度的影响以及理事会影响组织有效性方式的研究十分有限②。罗伯特·赫尔曼（Robert Herman）和大卫·伦兹（David Renz）等研究人员系统地尝试将理事会和非营利组织的有效性联系起来。以下是一些研究综述的发现。

- 让主要捐赠者在理事会中任职与组织有效性相关联③。
- 理事会成员强调的活动种类与依赖捐赠和政府支持有关④。
- 成员接受了如何成为优秀理事会成员的培训，这样的理事会

① 凯文·卡恩斯（Kevin Kearns）在一项探索性研究中发现，在比较理事会成员的有效性时，理事会主席和执行理事的衡量标准是不同的。"Effective Nonprofit Board Members as Seen by Executives and Board Chairs," *Nonprofit Management & Leadership* 5, no. 4 (1995): 337-358.

② Ostrower and Stone, "Governance." Also see William A. Brown, "Exploring the Association Between Board and Organizational Performance in Nonprofit Organizations," *Nonprofit Management & Leadership* 15, no. 3 (2005): 317-339.

③ Jeffrey L. Callen, April Klein, and Daniel Tinkelman, "Board Composition, Committees, and Organizational Efficiency: The Case of Nonprofits," *Nonprofit and Voluntary Sector Quarterly* 32, no. 4 (2003): 493-520.

④ Mayer N. Zald, "Urban Differentiation, Characteristics of Boards of Directors, and Organizational Effectiveness," *American Journal of Sociology* 73, no. 3 (1967): 261-272; Jeffrey Pfeffer and Gerald R. Salancik, *The External Control of Organizations: A Resource Dependence Perspective* (Stanford, CA: Stanford University Press, 2003; originally published 1978).

比没有接受培训的更有效①。

● 有理事会参与正式规划的非营利组织具有更高的绩效②。

● 非营利组织的财务实力和增长与理事会正规化和共同愿景有关③。

● 理事会总体有效性与理事会规模和委员会规模无关，但与参与战略规划与否有关④。

● 更大的理事会规模与更多数额的捐赠⑤以及在项目上花费的低资金比例有关⑥。

● 组织有效性与理事会在战略规划、理事会发展、资源开发、财务管理和冲突解决方面的活动水平正相关⑦。

学者们讨论了非营利组理事会对整体组织有效与否的重要性⑧。理事会在遵循执行主任的指示和建议的程度上差异很大，而不是发展和

---

① Jeffrey L. Brudney and Patricia Dautel Nobbie, "Training Policy Governance in Nonprofit Boards of Directors," *Nonprofit Management & Leadership* 12, no. 4 (2002): 387-408.

② Julie I. Siciliano, "The Relationship Between Formal Planning and Performance in Nonprofit Organizations," *Nonprofit Management & Leadership* 7, no. 4 (1996), 387-403.

③ Pat Bradshaw, Vic Murray, and Jacob Wolpin, "Do Nonprofit Boards Make a Difference? An Exploration of the Relationship Among Board Structure, Process, and Effectiveness," *Nonprofit and Voluntary Sector Quarterly* 21, no. 3 (1992): 227-249.

④ Bradshaw et al., "Do Nonprofit Boards Make a Difference?"

⑤ David E. Olson, "Agency Theory in the Not-for-Profit Sector: Its Role at Independent Colleges," *Nonprofit and Voluntary Sector Quarterly* 29, no. 2 (2000): 280-296.

⑥ Pablo de Andrés-Alonso, Natalia Martin Cruz, and M. Elena Romero-Merino, "The Governance of Nonprofit Organizations: Empirical Evidence from Nongovernmental Development Organizations in Spain," *Nonprofit and Voluntary Sector Quarterly* 35, no. 4 (2006): 588-604.

⑦ Jack C. Green and Donald W. Griesinger, "Board Performance and Organizational Effectiveness in Nonprofit Social Services Organizations," *Nonprofit Management & Leadership* 6, no. 4 (1996): 381-402; Brown, "Exploring the Association Between Board and Organizational Performance in Nonprofit Organizations."

⑧ 以下文章为讨论理事会对非营利组织有效性的重要性提供了信息。Brown, "Exploring the Association Between Board and Organizational Performance in Nonprofit Organizations"; Robert D. Herman and David O. Renz, "Board Practices of Especially Effective and Less Effective Local Nonprofit Organizations," *American Review of Public Administration* 30, no. 2 (2000): 146-160; Katherine O' Regan and Sharon M. Oster, "Does the Structure and Composition of the Board Matter? The Case of Nonprofit Organizations," *Journal of Law, Economics & Organization* 21, no. 1 (2005): 205-227.

制定自己的决策。除了基本的委托责任之外,他们的职责也各不相同。这使进行大规模研究变得困难。理事会结构、战略方向和责任之间存在太多差异,因此难以得出理事会对组织有效性影响的有力结论。较为清楚地是,积极参与的理事会和被动不积极的理事会的区别在于,前者有积极推动组织有效性的潜力,而后者的努力对非营利组织的成功影响甚微。

查特、霍兰德和泰勒表示,理事会可能表现出色,并在展示六项能力时为非营利组织的有效性做出积极贡献①。

211　　　　1. 环境能力。理事会通过在决策时考虑组织的文化、规范、价值观、原则和历史来展示环境能力。例如,埃弗斯-威廉斯帮助NAACP 理事会援引其民权使命和价值观,以便重新获得由于该组织管理不善而撤资的捐赠者的支持。

2. 教育能力。花时间教育自身关于组织及其环境,并分析其自身运作的理事会,更有可能获得识别不良绩效和解决新出现的有效性问题所需的信息。埃弗斯-威廉斯通过直接面对 NAACP 理事会的小组来展示教育能力,并向他们表明,只有理事会成员作为一个整体努力而非拘泥于权力斗争,该组织才能生存。

3. 人际关系能力。理事会需要作为一个群体运作,利用理事会成员的技能和知识,建立凝聚力,并且培养未来的理事会领导者。正如本章后面更详细讨论的那样,埃弗斯-威廉斯利用她的人际交往技巧来建立理事会共识,并增加 NAACP 理事会中被动成员的动机和参与。

4. 分析能力。当理事会寻求多种观点和反馈时,他们可能会做出更好的决策,以帮助他们认识到组织面临的情况和问题的复杂性。当 NAACP 理事会致力于拯救非营利组织时,它寻求各种内部和外部利益相关方的反馈,以了解他们的利益以及非营利组织可以采取哪些不同的方式来更好地满足他们的需求。

---

① Richard P. Chait, Thomas P. Holland, and Barbara E. Taylor, *Improving the Performance of Governing Boards* (Phoenix, AZ: Oryx Press, 1996).

5. 政治能力。理事会需要理解并对组织的关键组成部分的利益保持敏感。这有助于他们发展并保持健康的关系。例如，在为 NAACP 招聘新的执行主任时，理事会必须就执行主任对理事会的权力进行协商。新主任的利益必须与问责制和透明度的需求相权衡。

6. 战略能力。鉴于理事会的主要责任是制定战略，理事会需要将时间集中在关键的战略优先事项上，而非围绕次级重要的事项。NAACP 理事会面临的挑战之一是，将集中于制定战略的短期危机导向转变为将组织转向更理想的局面，而理想局面是理事会可以制定的以使命达成为重点的长期战略。

非营利组织的理事会用于提升自身能力和为提高效率和问责制所给予的关注程度各不相同。托马斯·霍兰德（Thomas Holland）解释了理事会可以采取哪些措施来确保他们的行为得当①。 212

- 制订明确的期望和责任声明。这些声明应针对每个理事会成员和整个理事会来编写。例如，理事会可以编写理事会职务说明，指明要履行的义务和秉持的价值观。

- 强调坚持利益冲突政策。例如，理事会可以坚持认为，在决策中具有个人或商业利益的理事会成员应对这些利益保持公开透明，并且当他们可以直接从理事会的决策中受益时，限制他们的投票权。

- 通过专注于优先事项来促进有效性和问责制。通过为理事会制定目标并定期重新审视目标的进展，理事会就能保持专注。

- 让与捐赠者进行双向沟通成为一种惯例。理事会应报告其工作情况并征求反馈意见。例如，理事会可以邀请访客参加理事会会议并有公开评论期，也可以就非营利组织的声誉寻求非正式反馈。

- 自我评估和通过第三方进行正式评估。评估可以改善问责制，并为所需的改进提供指导。例如，理事会可以利用年度会议来审查

---

① Thomas P. Holland, "Board Accountability: Lessons from the Field," *Nonprofit Management & Leadership* 12, no. 4 (2002): 409-428.

绩效标准及其工作成果，理事会成员可以集体讨论并尝试找到工作的替代方案。

每个理事会必须制订自己的治理方法①。虽然有些州在设计、政策和实践的选择上设置了基本规定，但不存在一种最佳的组织和运作方式。例如，一些州的法律规定了理事会成员的最低数量，并禁止自我交易（由非营利组织与理事会成员的公司签订合同）。除了遵循非营利组织的法律要求，我们还建议采用结构性权变理论（structural contingency theory）方法②。换句话说，理事会应该根据非营利组织的情况处理突发事件。以下我们将回顾一些理事会的备选方案，并研究突发事件如何影响最佳选择。

（一）通过权变确定理事会配置

帕特丽夏·布拉德肖（Patricia Bradshaw）提供了一份有用的理事会类型清单。她认为非营利组织的环境表明了它应该具备的理事会类型，同时回顾了五种基本的理事会配置③。

213

政策治理配置

政策治理（policy governance）配置可以在遵循卡佛模型和其他框架的理事会中找到，其中理事会和员工角色之间有明确的界限，理事会专注于大局战略和政策制定。在这个模型中，结构正式化并且理事会和员工之间存在严格的等级安排。理事会委员会往往是永久性的，具有明确的授权。理事会倾向于主要关注捍卫非营利组织在其市场中的地位。许多专注于提供服务的成立已久的大型非营利组织都有这种类型的理事会。这是非营利性医院和大学的典型特征。

---

① See, for example, Maureen K. Robinson, *Nonprofit Boards That Work：The End of One-Size-Fits-All Governance* （Hoboken, NJ：Wiley, 2001）; and Candace Widmer and Susan Houchin, *The Art of Trusteeship：The Nonprofit Board Member's Guide to Effective Governance* （San Francisco：Jossey-Bass/Wiley, 2000）.

② See Lex Donaldson, *The Contingency Theory of Organizations* （Thousand Oaks, CA：Sage, 2001）, for a summary of contingency theory.

③ Patricia Bradshaw, "A Contingency Approach to Nonprofit Governance," *Nonprofit Management & Leadership* 20, no. 1 （2009）. 61–81.

支持者或代表治理配置

支持者或代表治理（consituency/representative governance）配置类似于政策治理配置，因为它是正式的、有明确的角色和职责，并使用具有明确授权的常设委员会。但是，它在决策过程中往往更加分散，为委员会和员工提供更多权力。它还拥有更多样化的成员资格，因为理事会成员由支持组织选举或任命到指定的席位。理事会成员可能认为他们代表特定的利益集团。NAACP 有这种类型的委员会，其席位分配给特定的地理区域。这种类型的理事会的重点是确保听到参与者的声音。

创业或企业治理配置

具有创业或企业治理（entrepreneurial/corporate governance）配置的理事会比前面描述的理事会更不正式和少官僚化。它往往比常设委员会更多地使用短期工作组和项目组。理事会和员工的角色清晰度较低，重叠程度较高。该治理配置将重点放在高效的工作流程和完成工作上。规划过程倾向于非正式地出现而不是正式结构化。理事会成员提供创业视角，反映出对创新的兴趣，以改善非营利组织的绩效。许多新的非营利组织都有适合这种配置的理事会，直到他们建立更正式和结构化的运营方式。

紧急蜂窝治理配置

紧急蜂窝治理（emergent cellular governance）配置是最不正式的类型。该理事会具有有机的紧急运营方式。它几乎不存在形式化和官僚主义。理事会定期寻求非理事会成员的投入和参与。这种配置最有可能出现在具有替代或非主流意识形态的非营利组织中，例如女权主义、社会正义和反压迫组织。理事会可以清楚地阐明共享领导的价值和避免给任何一个个体赋予过多的权力。

214

混合配置

有些理事会不属于这些配置中的任何一种。它们可能具有每种类型的特征。这些混合（hybrid）理事会可能是适应环境压力和非营利组织领导者偏好的产物。

布拉德肖认为，当外部环境不确定且不稳定时，创业/企业或紧急蜂窝治理配置是最佳选择。这些理事会具有较少的固定结构，允许它们更快地动员以应对环境变化。更多样化的会员资格可以帮助他们意识到和处理不断变化的问题。当非营利组织的外部环境复杂，包括多个潜在竞争利益的利益相关方，而不是拥有一个有着相同期望的同类利益相关方的简单环境时，支持者/代表治理配置或紧急蜂窝配置可能是最佳选择。这些结构鼓励理事会上不同声音的出现。政策治理理事会是美国最传统的委员会，可能最适合稳定的、非复杂的环境。该环境是指众所周知的、可预测的挑战和一致的利益相关方期望[1]。

还有一个有用的理事会类型框架适用于会员服务类非营利组织，例如全国制造商协会、筹资专业人员协会等专业和贸易协会。这些非营利组织的建立是为了服务成员，因此这类组织的理事会面临反映成员利益的压力。格奥尔格·冯·施努宾（Georg von Schnurbein）确定了以下四种一般类型的协会理事会[2]。

卫星治理

卫星治理（satellite governance）结构（比喻像卫星那样环绕某个中心的人或者事物。——译者注）出现在个人作为附属的会员协会中。附属的个人可以通过其在国家理事会的指定席位来控制国家组织。理事会的行为有点像议会，理事会中的个人投票主要是为了支持其地区利益而非国家协会的利益。与地区附属机构相比，国家协会较弱。

代表治理

代表治理（delegate governance）类似于卫星治理，因为该理事会以联邦制结构为基础，受到国家协会附属机构的强烈影响。但是，在代表治理中，国家组织所服务的成员是组织，而在卫星治理中，成员是个人。国家理事会由成员组织任命为组织代表的个人组成。这些代表往往是因为他们在政治谈判方面的技能和保护其所属组织利益的能力而被选中的。

---

[1] 布鲁德尼（Brudney）和诺比（Nobbie）在"非营利组织理事会的政策治理培训"中发现，卡佛（Carver）的政策治理模型不太可能在理事会成员超过 15 人且理事会成员同时也是员工的组织中成功实施。

[2] Georg von Schnurbein, "Patterns of Governance Structures in Trade Associations and Unions," *Nonprofit Management & Leadership* 20, no. 1 (2009): 97-115.

执行治理

以执行治理（executive governance）为特色的协会理事会几乎没有权力，并且服从于协会的付薪员工。员工在咨询小组的协助下开展该组织的大部分工作。与具有治理权限的个人相比，理事会成员更像是组织的客户。

核心治理

协会可能会有少数成员，这些成员通过其行业领域的权力主导理事会。与这些强大的精英成员相比，该协会的地区附属机构影响甚微。在这个核心治理（inner-circlegovernance）模型中，理事会的核心小组处于控制地位。

冯·施努宾提供的框架帮助我们理解了仅仅考虑理事会与执行主任的关系是不够的。在非营利组织的服务成员中，非营利组织成员的权力也是相关的，应被视为决定理事会结构的关键战略权变。在联邦制结构中，理事会席位是为指定的附属个人或组织保留的，附属个人或组织可能比执行主任对国家组织有更大的影响力。在更加集权化的会员协会结构中，执行主任或一些掌权的成员有机会获取更多的控制。非营利组织对成员越重要，他们就越希望在理事会中拥有代表权和权力。

（二）确定理事会的组成

理事会成员为理事会带来知识、技能、观点和关系。不同资产受重视的程度因理事会而异。并非所有理事会成员都可以单独提供非营利组织所需的一切。能力强的理事会能够向个别理事会成员求助，以满足特定的需求。例如，尽管所有理事会成员都应该能够阅读该非营利组织的财务报表，但并非所有人都能善于理解复杂的贷款安排。因此，借入和借出资金的非营利组织理事会增加一名会计师是有利的，他可以协助保障贷款业务。一个显示理事会成员当前和期望的资产表，可以成为一个有用的工具，来评估理事会的组成，以及帮助做出有关招聘内容的决定，从而填补空缺的理事会席位。示例 9.1 提供了华盛顿州金县联合之路使用的理事会组成分析表。

216

示例 9.1　理事会组成分析表

	性别和年龄										种族或民族						部门								被代表的地理区域				专业领域							影响范围				
	女性	男性	18~24岁	25~34岁	35~44岁	45~54岁	55~64岁	65岁及以上	自我认同为残疾人	自我认同为男同性恋、女同性恋、双性恋、变性人	亚裔/太平洋岛民	非洲裔/非洲裔美国人	白人	西班牙裔/拉美裔	美洲原住民	其他	邻居联盟	执法	教育	政治团体	信仰团体	本地媒体	小型商业	医药商业	东王县区域	大西雅图区域	北王县	南王县	项目评估	法律	人力资源	筹资	财务管理	公共关系	房地产/财产管理	接触有钱的人	接触有专业知识的人	接触邻里领导、团体	接触社区领导、团体	其他
理事会任职年数																																								
理事会成员																																								

注：该表有助于提名发展委员会选择新的理事会成员。[允许委员会]将社区专业知识、技能、经验、专业等与理事会和委员会定义的机构需求相匹配。

资料来源：United Way of King County, Washington. Reprinted by permission of the United Way of King County。

研究表明，理事会中的人口异质性可以促进对利益相关方的敏感性和创新性[①]。拥有能够接触到各种信息和资源的理事会成员有利于让非营利组织抓住机会。通过与不同社区的联系，理事会成员可以监测非营利组织的看法和期望，并了解影响组织履行其使命能力的外部变化。从同质的紧密联系的个人群体中吸引成员的理事会可能会限制可以提交给理事会讨论的观点和信息，以及与支持团体沟通的机会。因此，给理事会的通常建议是招聘与重点支持群体有联系的候选人，并为理事会会议带来新的相关观点。

一些理事会认识到在会上拥有某些观点和经验的价值，因此为特定类型的理事会成员指定了席位。例如，一个人可以被任命为某一特定地理区域、服务对象群、年龄组、社会阶层或机构伙伴的指定代表进入理事会。一些理事会寻求按比例反映非营利组织所服务的人口统计数据，有时是由于外部利益相关方的压力。例如，国际仁人家园鼓励少数民族和当地社区在其附属机构的理事会中做代表[②]。一些资助型基金会的资金决策会受到寻求资助的非营利组织理事会的组成如何反映其服务人群的影响，例如 Z. 史密斯·雷诺兹基金会（Z. Smith Reynolds Foundation）。

理事会可能由特定类型身份的团体主导[③]。例如，YWCA 和青少年联盟（Junior League）的理事会的使命与女性相关，理事会也由女性主导。具有宗教信仰的社会服务机构和医院倾向于让该宗教的成员主导理事会。而私立学校的校友组织由拥有这些学校学位的人士主导也是理所当然的。研究表明，总体而言，非营利组织理事会特别是规模较大、声望较高的非营利组织，往往由男性主导[④]，以及具有管理专业经验和管

---

① 有关理事会多元化和包容性问题的概述，请参阅 William A. Brown, "Inclusive Governance Practices in Nonprofit Organizations and Implications for Practice," *Nonprofit Management & Leadership* 12, no. 4（2002）: 369-385.

② See, for example, D. Mark Austin and Cynthia Woolever, "Voluntary Association Boards: A Reflection of Member and Community Characteristics," *Nonprofit and Voluntary Sector Quarterly* 21, no. 2（1992）: 181-193.

③ Abzug and Galaskiewicz, "Nonprofit Boards."

④ Ostrower and Stone, "Governance"; Francie Ostrower, *Nonprofit Governance in the United States: Findings on Performance and Accountability from the First National Representative Study*（Washington, DC: Urban Institute, 2007）.

理教育背景的个人主导①。一些证据表明，虽然非营利组织在招聘拥有管理硕士学位的理事会成员时没有明显的性别偏见，但在比较不拥有硕士学位的男性和女性理事会成员时，会出现倾向于男性的偏见②。通过了解理事会中身份团体的类型，非营利组织领导者可以更好地识别由于共同背景和利益而形成的理事会成员之间的联盟。理事会中的少数群体如果要为理事会活动带来任何独特的观点和才能，可能需要额外的支持和鼓励。

理事会的组成应当考虑到理事会成员的声誉和价值。拥有良好社会地位的理事会成员表明，非营利组织应当是合法且值得信赖的，这在利益相关方对非营利组织实际从事的活动感到质疑时特别有帮助。通过选择体现特定价值观的理事会成员，非营利组织向外界发送有关其组织类型的信号。例如，里基·阿布朱格（Rikki Abzug）和约瑟夫·加拉斯基维茨（Joseph Galaskiewicz）认为，受过高水平教育以及有管理和专业背景的理事会成员向外部成员表明该非营利组织致力于高效运作③。

邀请谁在理事会任职和谁去邀请取决于理事会的类型。有些理事会是自我延续的。通常在提名委员会提出建议后，现任理事会成员选举个人填补空缺席位。会员服务型非营利组织通常由该组织成员选出理事会。有时，成员小组选举代表担任理事会的指定席位。理事会也可能有外部机构任命的当然成员（ex officio members，当然成员是指由于担任另一个职位而成为一个机构中［理事会、委员会、议会等］的成员。——译者注）。例如，章程可以指明非营利组织的赞助商或政府机构有权任命理事会成员。也可以为服务对象预留一定数量的理事会席位。例如，具有联邦资格的医疗中心是服务弱势人群的社区诊所，它要求51%的理事会席位留给诊所的客户。从服务对象群招募理事会成员可能需要特别的努力，从而找到对愿意学习如何成为有效理事会成员有兴趣的个人。英国的布龙阿丰社区住房（The Bron Afon Community Housing）慈善组织在其网页

---

① Abzug and Galaskiewicz, "Nonprofit Boards."
② Mary Tschirhart, Kira Kristal Reed, Sarah J. Freeman, and Alison Louie Anker, "Who Serves? Predicting Placement of Management Graduates on Nonprofit, Government, and Business Boards," *Nonprofit and Voluntary Sector Quarterly* 38, no. 6（2009）：1076-1085.
③ Abzug and Galaskiewicz, "Nonprofit Boards."

上预留了空间来投放招聘和培训材料，展示了有助于说服服务对象在理事会任职的信息类型①。

非营利部门的理事会平均规模各不相同。拥有较多预算和员工的非营利组织倾向于拥有更大的理事会，运营特别复杂的非营利组织也一样。理事会规模与理事会和非营利组织的有效性之间没有明确的关系。在决定理事会规模时，需要考虑的因素包括法定最低规模要求和理事会的工作性质。较小规模的理事会可能更容易安排会议和达到法定人数。他们也可能更容易成为一个有凝聚力的单位，并且与理事会事务管理相关的成本更低。较大规模的理事会在确保所有理事会成员积极参与和了解情况方面面临更大的挑战，特别是如果理事会在很大程度上依赖委员会来完成其大部分工作。然而，规模更大的理事会能够提供更广泛和更深入的经验和联系。

219

（三）使用理事会工具

有多种工具可以帮助理事会提高效率。在成立阶段需要章程，如果更改，应将其发送给相应的州政府部门。随着时间的推移，可能会创建和发展其他工具以满足理事会的需求和挑战。

章　程

理事会的章程（bylaws）是其运作的规则。例如，章程条款可能涵盖理事会规模、理事会席位候选人资格、官员职位和投票流程。通过遵循这些规则，理事会可以避免重新制订流程并且保持行动一致，从而最大限度地减少在流程中不公平或混淆的情况，例如如何处理理事会成员之间的冲突。大多数州为非营利组织提供示范章程，组织可以选择对其全盘采用或由理事会修改后再使用。这些州的示范章程有一些来自美国律师协会并发的《非营利法人法案的修订范本》（Revised Model Nonprofit Corporation Act）②。全部或部分采纳该范本的州包括印第安纳州、密西西

---

① See Bron Afon Community Housing, Board Member Recruitment （n. d.）, accessed December 17, 2011, http：//www. bronafon. org. uk/Home/Workingwithus/Board Memberrecruitment/tabid/623/Default. aspx.

② See the Revised Model Nonprofit Corporation Act （1987） at http：//www. muridae. com/nporegulation/documents/model_npo_corp_act. html.

比州、蒙大拿州、北卡罗来纳州、南卡罗来纳州、田纳西州、华盛顿州和怀俄明州。如果一个非营利组织没有制订和遵循其章程，州政府将让非营利组织按照州政府采用的章程范本行事。

官　员

理事会传统上由理事会主席或理事长领导，他们召开理事会会议，有权签署合同并检查非营利组织。其他受欢迎的官员职位包括副主席或主席候选人、财务主管和秘书。当主席缺席时，副主席通常负责主持理事会会议。财务主管协调理事会对财务报表的审查，并有权签署组织的支票。秘书一般负责会议记录，然后由理事会在随后的会议上批准。某些理事会任命一名议事员或要求秘书监督理事会，以确保其遵守章程和会议规则，例如罗伯特议事法则（*Robert's Rules of Order*）。

委员会

许多理事会以委员会的形式来执行理事会会议任务。比起全员参与的理事会会议，它更适合在小组中开展。理事会委员会可以包括员工和非理事会成员，也可以不包括。威廉·布朗（William Brown）和乔尔·艾弗森（Joel Iverson）发现，强调创新和试验的非营利组织与其他理事会相比，它们更可能充分地采用委员会的形式来行使其职责，并让非理事会成员担任理事会成员的职位，而不仅仅关注当前取得的成就。[1]

常设委员会（standing committees）是在章程中设立的常设小组，是理事会结构的一部分，受欢迎的常务委员会包括审核和财务委员会（负责监督财务报表的审核和审查每月的财务报告），提名委员会（负责推荐新的理事会成员），基金开发委员会（负责捐赠），项目委员会（负责监督服务的提供），人力资源委员会（负责人事问题，包括对执行主任的审查），以及执行委员会（由理事会成员组成并在理事会会议上做决定）。特设委员会或专职小组可负责处理短期或特殊的需要。

入职前培训、培训、自我评估和组织报告

如本章前面所述，理事会成员对非营利组织及其所在环境的熟悉程度是非常重要的。为新理事会成员提供入职前培训的理事会可以为

---

[1]　William A. Brown and Joel O. Iverson, "Exploring Strategy and Board Structure in Nonprofit Organizations," *Nonprofit and Voluntary Sector Quarterly* 33, no. 3（2004）：377-400.

新成员打造一个良好的开端，让他们学会如何成为高效的理事会成员。对理事会成员有用的文件包括组织的体制和章程、使命宣言、规划、年度报告、目标、预算、财务报告、项目说明、组织结构图和政策。理事会成员的其他有用材料包括相关法律，理事会成员和委员会的联系人名单，委员会描述，理事会成员职位描述，理事会官员职位描述，会议议程和流程规则，活动安排，会议纪要，组织评估和需求评估。理事会自我评估可以帮助成员了解他们的薄弱环节并确定理事会发展的需求。

咨询团体

除了理事会之外，非营利组织可能还有咨询团体。这些团体有许多名称，如咨询理事会、咨询委员会。有些可能附属于特定项目，例如特殊事件或由拨款支持的试点项目，或者诸如筹资等需求。这些团体可能会承担理事会的一部分压力和工作量。它们还可以作为培养未来理事会成员的场所，或者作为理事会成员任期结束后任职的场所。这类群体可能会吸引那些愿意以有限的身份帮助非营利组织但不承担委托责任的个人。

（四）管理理事会冲突

理事会是独特个体组成的团体，所以理事会成员之间不可避免地会有分歧和沟通不畅的时候。任何团体中都会有冲突，如果理事会成员之间或理事会与执行主任之间的分歧从未浮出水面，那么说明这可能是一个被动和闲散的理事会。通过很好地管理冲突，理事会可以帮助确保有效的领导。

冲突分阶段发生。第一阶段是潜在冲突（latent confilct），冲突的条件已经成熟，但人们缺乏对冲突的认识。导致冲突的原因包括资源稀缺，对权力差异不满，对目标和战略缺乏共识，竞争的价值观以及不发达的互动规范。理事会发现确保没有与理事会决策相关的潜在冲突会很有帮助。潜在的冲突可能通过指派某人充当反对派，并提出可能的相反观点，以及由一位理事会主席向理事会成员保证提出顾虑和问题是适当的，从而暴露出来。

在感知冲突（perceived conflict）阶段，个人意识到理事会里面存在

245

冲突。在此阶段分析冲突的根源是有帮助的。冲突是由于个体差异、信息缺陷、不兼容的角色还是环境压力？冲突的焦点是问题本身还是问题中涉及的人？为了消除冲突中的剑拔弩张，尝试将焦点从相关人员转移，并将冲突重新定义为对问题的分歧而非对个人的争议是非常有用的。一旦冲突变得个人化，可能很难在没有伤害、沮丧和愤怒的情况下解决冲突。理想情况下，冲突将被建设性地用于分享信息、协商差异并创造性地改善各方的情况。

当个人因误解或分歧而感到紧张或焦虑时，就会产生情感冲突（felt conflict），如果个人采取行动追求自己的立场或利益，这种冲突就会变成明显冲突（manifest conflict）。这可能涉及积极行动或退出当前局面。在某些情况下，为了避免感知冲突或潜在冲突，理事会成员将进行集体思考，与初步决策达成一致，以避免对某个问题进行诚实的讨论。示例9.2 显示了集体思维的症状。在某些情况下，个人会故意升级冲突，以增加解决冲突的可能性。这种升级可以采取多种形式，包括让第三方参与，例如通过向媒体泄露信息。当冲突得不到有效解决时，可能会导致沮丧和不满。

肯尼斯·托马斯（Kenneth W. Thomas）回顾了五种冲突处理模式及其使用建议（见示例9.3）。处理冲突的最佳方式因情况而异。冲突处理方式的选择取决于所涉及的个性、互动规范、攸关的利益、时间要求以及对过去冲突结果的看法。

222

示例 9.2　理事会成员集体思维的症状

"刀枪不入"	成员感到安全并不受无效行动的影响
过度合理化	成员忽视警告并合理化理事会的行为
道德优越感	成员认为理事会本质上是品行端正和诚信尽责的
墨守成规	成员认为那些持不同观点的人不称职或不值得考虑
压力动态	成员鼓励遵守规范，且不允许探索替代方案
自我审查	成员未能表达问题或顾虑
一致认同	成员认为理事会中的每个人都持有相同的观点
思维守卫	成员不向他人透露可能破坏共识、引起关注和提出问题的信息

资料来源：Adapted from Irving Janis，"Groupthink，" Psychology Today，June 1971．

一个高效的理事会将建立一种文化。在这种文化中，成员可以自由地对问题发表意见，而不会让冲突演变成个人冲突。鼓励意见分歧可以帮助理事会成员避免集体思维并做出更好的决策。理事会成员还将认同，一旦理事会做出决定，全体理事会应该支持它，即使是对于那些当时投票反对该决定的成员。个别理事会成员的分歧和缺乏对理事会决策的承诺可能会导致被要求遵守理事会指令的员工感到困惑。

作为 NAACP 理事会主席，梅尔莉·埃弗斯-威廉斯的一个优势是她能够将理事会召集到一起进行有效的决策。她没有威胁或不让个别理事会成员参与决策，而是使用合乎逻辑的理性论据来说服他们同意她的立场。在危机情况下，当一个常见但无效的回应是保持戒备时，她却愿意公开分享信息并让利益相关方提供意见。通过角色模型讨论行为，她帮助改变了理事会的文化，使成员对不同观点和对现状的挑战变得更加开放。她的经验证明，即使是观念极其根深蒂固的理事会，也可以使他们更有效地管理冲突，并最终管理他们的非营利组织。

223

示例 9.3 五种冲突处理模式与使用时间

模式	何时使用该模式
竞争或强迫	当快速果断的行动至关重要时； 当不受欢迎的行动需要实施时； 当您知道在对非营利组织至关重要的问题上，您是正确时； 当面对那些利用非竞争行为的人时
合作	当所有的顾虑都很重要，为了找到综合解决方案时； 当您希望学习时； 将不同观点的人的见解融合在一起时； 通过双方共识的过程获得承诺时； 消除对关系产生负面影响情绪时
妥协	当一个目标不值得花费时间和精力去合作或竞争时； 当拥有同等权力的对手有相互排斥的目标时； 为了实现临时安置时； 为了在时间压力下达成解决方案时； 合作或竞争失败时作为增援时

续表

模式	何时使用该模式
回避	当一个问题是微不足道的或更重要的问题迫在眉睫时； 当您认为没有可能使问题满意时； 当潜在的破坏超过解决方案可能带来的好处时； 当人们需要冷静下来并重新获得观点时； 需要收集信息时； 当其他人可以更有效地解决问题时； 当一个问题与另一个更严重的问题无关，或仅出现某些征兆时
接纳	当您发现自己错了时； 当问题对别人而言比对您更重要时； 建立社会信用供以后使用时； 尽量减少损失时； 当和谐与稳定尤为重要时； 通过从错误中吸取教训让他人得以发展时

资料来源：Adapted from Kenneth W. Thomas，"Toward Multi-Dimensional Values in Teaching：The Example of Conflict Behaviors," *Academy of Management Review* 2，no. 3（1977）：487。

三 广泛的治理概念

本章不应该给人留下理事会是负责非营利组织治理的唯一实体的印象。正如大卫·伦兹所解释的那样，"治理"领域已经超越了"理事会"的范畴①。伦兹认为，当社区面对复杂的问题时，他们会通过组织网络来解决这些问题。没有一个非营利组织能够提供所有的领导力来解决这个问题。单个非营利组织可以提供解决问题的服务，但整体的方法是通过相关实体之间的总体关系网络被设计、组织、提供资源和协调（以伦兹的话说就是"治理"）。这些关系的结构和这种结构中存在的领导力可能会不断发展。作为这些整体网络一部分的非营利组织的理事会，需要了解他们在这种领导体系中的角色。在这种共享的权力动态中，有效的理事会理解跨越组织边界并共享对社区影响的责任的必要性。

朱迪·弗赖维特（Judy Freiwirth）表示，在这个更为广泛的治理框架中，非营利组织理事会可以通过四项功能做出贡献：规划、倡导、评

---

① William A. Brown and Joel O. Iverson，"Exploring Strategy and Board Structure in Nonprofit Organizations," *Nonprofit and Voluntary Sector Quarterly* 33，no. 3（2004）：377-400.

估和委托照顾①。作为规划者，他们可以协助制定战略方向和协调，并可就趋势和优先事项提供意见。作为倡导者，他们可以帮助进行需求评估，并为有关政策和倡导活动的决策做出贡献。对于评估功能，他们可以参与评估设计和实施，提供资源、反馈和专业知识。他们的委托照顾活动包括定义资源需求、开发资源流和资源管理。对于这种共同治理的实例，请参考弗赖维特的家庭之家（Home for Families）的例子，这是马萨诸塞州的一个全州性组织，为无家可归者提供服务。每年它的理事会和员工都会与一系列三方成员和合作伙伴组织进行富有远见的会议，这有助于形成自身和他人的倡议性。作为为无家可归者服务网络的一部分，家庭之家提供领导力发展项目，其项目毕业生分担制定和实施倡导战略的责任。

四　本章小结

并非所有人都可以被邀请到非营利组织的理事会任职。任职的人需要了解理事会治理中的法律和道德责任。本章概述了理事会成员的基本职责以及注意义务、忠实义务和服从义务。它提供了可用于创建有效理事会的能力和工具。本章还概述了理事会组成和结构的选择，并回顾了冲突的基本方法。理事会有机会在指导和支持其组织方面发挥积极作用。理事会通过确保其非营利组织对关键利益相关方负责，可以提供重要因素。

下一章将帮助我们更多地了解执行主任在非营利组织中的作用。理想情况下，理事会和执行主任作为一个团队工作，以促进非营利组织及其服务社区的最佳利益。了解执行领导角色可以帮助理事会为执行过渡做好准备，并帮助他们审查执行人员的绩效和为非营利组织的运营提供支持。

五　问题思考

1. 非营利组织理事会成员有共同特征吗？如果有，是什么？除了共

---

① Judy Freiwirth, "Community-Engagement Governance: Systems-Wide Governance in Action," *Nonprofit Quarterly*, Spring 2011, 40-50.

同的特征，理事会应寻求哪种类型的多样性？

2. 在共享治理体系中，理事会需要了解其非营利组织作为社会关系系统的一部分的角色。理事会应如何做好准备，以有效地为应对同一社会问题的组织的治理工作做出贡献？

六 练习

练习 9.1 比较理事会

比较两个非营利组织的理事会。他们所采用的规模、组成、官员和委员会有何相同点和不同点？您认为哪些因素可以解释这些相同点和不同点？

练习 9.2 章程

阅读一个非营利组织理事会的章程。该章程如何有助于提高理事会效率并减少冲突的可能性？您是否有任何修改该章程的建议？

226

练习 9.3 管理理事会冲突

参加一次非营利组织的理事会会议。理事会主席是否鼓励理事会成员表达想法和不同意见？会议期间是否有任何冲突？如果有，冲突是什么，是否得到有效处理？

227

第十章　执行主任和领导力

移动的桑特罗波尔（Santropol Roulant）是一家位于加拿大蒙特利尔的非营利组织。它为那些有需要的人提供必要的服务，并为不同的人提供深入和有意义地参与社区活动的场所。它一直是由居住在社区的年轻人来经营。它的核心服务是上门送餐项目（Wheels delivery program）。该组织还提供一个屋顶花园（与其他机构合作）和工作坊。工作坊主要是烹饪和自行车服务。基于法律需要和民主原则，它的网站信息显示了该组织在制订领导结构、执行主任和理事会的角色及职责的一套严谨的方法①。在该组织成立后9年，它转变成一个会员制组织，并由成员选择理事会。它鼓励执行主任竞选理事会席位。许多非营利组织对谁能成为会员以及会员必须缴纳会费的概念过于狭隘，而桑特罗波尔则不同。该组织把过去一年里收到过餐食、做出过捐款、参与过志愿者服务或成为雇员的任何人都当做会员来对待。

移动的桑特罗波尔是1995年由克里斯·戈德歇尔（Chris Godsall）和基思·菲茨帕特里克（Keith Fitzpatrick）创立的，当时他们都还不满28岁。在1997年以前，他们一直领导着这个组织。为了给组织聘用员工，他们利用政府资金，与需要就业的年轻人签订了6个月的合同。这让组织走上了管理常规员工调动的道路，包括执行主任。自该组织成立以来，它经历了好几届主任的替换，其中的一些人领导该组织经历了动荡时期甚至是濒临破产的年代。尽管存在财务挑战，执行主任及员工的

---

① 案例细节来自HR Council for the Nonprofit Sector，"Workplaces That Work，Case Study#2：Santropol Roulant"（n. d.），accessed December 21，2011，http：//hrcouncil. ca/hr-toolkit/santropol-case-study. cfm。

频繁流动，桑特罗波尔依然得以生存下来，并凭借青年参与和社区服务的出色表现而获得资助。

YouTube上发布的视频概述了该组织对其执行领导层过渡的计划方案。视频重点展示了组织中一个具有魅力的领导者是如何转变为新任领导简·拉比诺维茨（Jane Rabinowitz）。这位新领导被认为拥有更加丰富的管理经验[①]。在担任这个职位前，拉比诺维茨已在移动的桑特罗波尔工作了5年。新的职位需要拉比诺维茨管理500多名志愿者、10名全职员工和2名兼职员工。拉比诺维茨将非营利组织描述为一个功能性家庭。在这个家庭中，志愿者、员工和服务对象同样受到重视。大家的工作职责非常灵活，可在组织需要的时候贡献自己的力量。员工和志愿者有权尝试新的想法，并积极地参与决策。

上任后，拉比诺维茨开始按照理事会的建议制订人力资源政策和流程。她单独采访了员工，从而了解在处理人力资源问题方面缺乏的一致性和透明度，然后她将员工召集到一起来共同讨论大家关心的问题。她把这一挑战和其他"成长的痛苦"视为年轻员工学习的机会。她的另一个重点是扩大该组织的工作网络。作为其中的一种机制，它鼓励员工参与当地组织的委员会。通过这种方式，员工可以交换对桑特罗波尔和社区有益的意见。该组织同时制订了一份概述核心参与原则的文件，并与其他网络成员分享。桑特罗波尔的领导层认为，这些原则（本章后面会提到）是组织成功的关键。

拉比诺维茨了解她在组织里的角色是让那些来到该组织的人更好地工作。她指出："对我们来说，在桑特罗波尔帮助那些参与组织的年轻人理解并做出有思想的选择是非常重要的。选择做某事是因为它与你自身产生共鸣。让他们选择做好事，并在过程中收获快乐，这就是桑特罗波尔存在的主要意义。"

是什么造就了一个完美的领导者？当我们在拉比诺维茨的领导下

---

① *Santropol Roulant—Leadership and Transitions*，video posted by The J. W. Mc Connell Family Foundation（June2008），accessed December 21，2011，http：//www. mcconnell foundation. ca/en/resources/multimedia/video/santropol-roulant-leadership-and-transitions.

观察移动的桑特罗波尔时，我们发现这位有想法的领导者却正在努力制订和实施他人的想法。当组织走下坡路时，我们应该责怪她吗？如果她没有设定组织的方向，却依然有员工自愿跟随，那么，她真的是一位领导者吗？传统概念中的领导者构建组织的愿景，并激励他人来追求。而在非营利组织中，特别是为其成员服务的组织，这可能不是最好的模式。

本章将探讨领导力，并将重点放在执行主任的作用上，而非放在理事会上。我们回顾个人和团体的特点、动力和环境因素，而这些因素可能影响领导效应的选择和有效性。此外，我们将研究非营利组织的共享领导力和正式领导的更替。本章最后介绍了执行主任的发展和继任。

一　非营利组织的执行主任

根据包括美国在内的多国法律框架，即便执行主任是该组织的创始人，他也从属于组织的理事会。在一些非营利组织中，执行主任在理事会中占有一席之地并拥有理事会投票决定权。执行主任在理事会中的席位可能被指定，或像移动的桑特罗波尔的情况一样，通过选举产生。在美国，担任执行主任角色且同时在理事会中享有投票权的人通常被称为理事长；反之，他们通常被称为执行主任或首席执行官。

非营利组织通常由一个人负责组织的全面管理。本书我们称为执行主任或首席执行官的首席职员，他们可能会获得报酬，也可能不会。

然而，正如第四章所讨论的那样，关于非营利组织的结构，一些组织可能也存在两个最高领导者来负责管理工作。例如，在艺术机构中就可能有艺术主任和行政主任①。艺术主任管理艺术项目，行政主任管理诸如营销和会计等其他职能，并且两位主任都不具备管理对方的权力。在大都会歌剧院（the Metropolitan Opera），一位总经理和一位音乐主任担任了高管的角色。我们也可以在宗教、教育、卫生和其他类型的非营利组织中找到双重领导的例子。一部分非营利组织通过专门机构（如神

①　Wendy Reid and Rekha Karambayya, "Impact of Dual Executive Leadership Dynamics in Creative Organizations," *Human Relations* 62（2009）：1073-1112.

学院、医学院或音乐学院）来获取专业知识。而双重领导结构往往就出现在这部分非营利组织中，并使个人有资格在管理对核心使命的追求方面具有执行级别的角色，但不赋予该人管理复杂组织的专业管理能力。因此，非营利组织的管理部门与使命分离，且两位管理层的主任都具有向理事会报告的平等权利①。

一些非营利组织基于女权主义、民主赋权、平等参与和发言权原则，不存在某一个人享有管理其他组织成员权力的等级结构②。通常在这种类型的组织中，有一个管理组织执行的决策团队，而团队中没有一个人对他人拥有明确的管理权力。一个决策团队也是一类全部由志愿者组成的草根组织的典型。这些草根组织只有一个执行主任，但志愿者往往轮流担任最高领导者的角色。

随着非营利组织变得更为复杂或主任的经验和专业知识不断增长，执行主任的权力也可能产生变化。例如，负责协调反传统狂欢节的火人组织（the Burning Man）在成立初期采用了非正式的共享领导力结构，但该组织发现，随着时间的推移，组织需要更明确的权力等级③。这个狂欢节源自加利福尼亚海滩上的一个实验性艺术体验项目，并由一组志愿者负责协调。而现在它已经发展成为一个参加人数超过 48000 人的项目。这些参与者组成一个繁华的临时城市，他们需要在黑石沙漠的一个实验性社区里生活一周。随着活动复杂性的增加，对执行主任角色中正式领导者的需求也在与日俱增。正式领导者用于管理该组织目前盈利的部分。

230

（一）非营利组织执行主任的职责

学者们往往认为一家非营利组织的成长和生存的责任在于执行主任，而非理事会。他们觉得担任执行主任角色的人通常应该最熟悉组织内部

---

① Gary M. Romano, "Dual-Executive Structures in Religious Non-Profit Organizations" (master's thesis, Virginia Polytechnic Institute and State University, June 1995); Reid and Karambayya, "Impact of Dual Executive Leadership Dynamicsin Creative Organizations."

② Patricia Yancey Martin, "Rethinking Feminist Organizations," *Gender & Society* 4, no. 2 (1990): 182-206.

③ Katherine Kang-Ning Chen, *Enabling Creative Chaos: The Organization Behind the Burning Man Event* (Chicago: University of Chicago Press, 2009).

操作、环境和成长机会的复杂性①。正如赫尔曼（Herman）和海默维奇斯（Heimovics）所言，执行主任具有执行中心权力（executive centrality）。执行主任的职责是让理事会履行职责。与理事会相比，执行主任更容易获得关于组织运作情况的信息，拥有与组织使命有关的更多专业知识，并且经常作为非营利组织的公众形象代表出现。因此，执行主任担负着决定组织成功与失败的重任②。

非营利组织的运营手册和资料倾向于将执行主任描述成为处理组织日常事务的角色，而将理事会描述为影响非营利组织重大决策的角色③。实际上，如前一章所讨论的那样，执行主任和理事会的角色常常混淆在一起。事实上，一些"墨守成规"的理事会从不做出独立于执行主任的建议和愿望的决定。迈克尔·沃思（Michael Worth）提出了非营利组织执行主任的十项基本职责，并由 Board Source（Board Source 的前身是美国非营利委员会中心，是一家成立于 1988 的非营利组织。——译者注）十项职责整理如下④：

1. 致力于使命的实现；
2. 领导员工和管理组织；
3. 认真负责地执行财务管理；
4. 领导和管理筹资工作；
5. 遵循最高道德标准，确保问责制并遵守法律；
6. 协调理事会参与规划并带头执行；

① Robert D. Herman and Richard D. Heimovics, "Executive Leadership," in *The Jossey-Bass Handbook of Nonprofit Leadership and Management*, 2nd ed., ed. Robert D. Herman & Associates (San Francisco: Jossey-Bass/Wiley, 2005), 153-170; Robert D. Herman and Richard D. Heimovics, *Executive Leadership in Nonprofit Organizations: New Strategies for Shaping Executive-Board Dynamics* (San Francisco: Jossey-Bass/Wiley, 1991).

② Herman and Heimovics "Executive Leadership."

③ Arnold J. Olenick and Philip R. Olenick, *A Nonprofit Organization Operating Manual: Planning for Survival and Growth* (New York: Foundation Center, 1991); Michael J. Worth, *Nonprofit Management: Principles and Practices* (Thous and Oaks, CA: Sage, 2009).

④ Board Source, *The Source: Twelve Principles of Governance That Power Exceptional Boards* (Washington, DC: Board Source, 2005), cited in Worth, *Nonprofit Management: Principles*.

7. 培养未来的领导者;

8. 建立外部关系并做好支持工作;

9. 确保项目的质量和有效性;

10. 支持理事会工作。

　　对非营利组织执行主任的招聘广告和职位说明的研究表明,它们通常能够反映出这些职责,但也揭示了所需要的各种侧重点或优先级。示例 10.1 给出了移动的桑特罗波尔对执行主任期望的描述。

示例 10.1　移动的桑特罗波尔执行主任职位描述

　　移动的桑特罗波尔是一家年轻的组织,拥有创新和创造性发展的历史,其使命是通过食品活动,将跨代和跨文化的人们聚集在一起,从而建立一个健康和充满活力的社区。执行主任负责带领移动的桑特罗波尔度过组织发展的下一个阶段,同时确保项目的卓越性、相关性以及创造参与社区的新机会。执行主任需凭借自身的远见卓识和想象力来发展组织的内部能力,以及发展该组织在地方和国家问题上享有发言权的广度和深度。最终,执行主任的作用是设计出能够满足基本社会服务的新的和有活力的方法,以便带来更深层次的社会变革愿景,成为社区发展的催化剂,并赋予个人和社区权力。

　　执行主任根据理事会制定的愿景、使命、政策和目标,对移动的桑特罗波尔的活动和运营进行全面的管理。执行主任享有普遍的权力并需要承担责任。执行主任在战略规划和政策制定方面与理事会合作,并依据理事会的指导方针进行执行。执行主任需领导组织的员工和志愿者并提供指导。执行主任对理事会负责。

　　资料来源: Santropol Roulant, *The Government of Santropol Roulant—Roles and Responsibilities* (2009), http://santropolroulant.org/2009/E-membership.htm. Reprinted by permission of Santropol Roulant。

　　正如桑特罗波尔的职位描述所反映的那样,执行主任的职责包括管理和领导。管理职责需要确保工作以有效率和高效的方式进行。而领导职责则需决定工作的内容应该是什么(what),以及激励他人去追求推动工作开展的愿景。约翰·科特(John Kotter)提供了一个有用的总结,用以描述管理者和领导者之间的区别。他解释说,领导者通过设定方向和愿景关注变化,让人们认同愿景,并激励人们来实现愿景。相反,管理者制订计划和编制预算来产出成果。他们通过组织、雇佣员工和分配工作以及报告关系来执行计划;他们控制、解决问题、纠正偏离计划的偏差[①]。换句话说,领导者的职责是制订共享计划,而管理者的职责是

---

　　① 　John Kotter, "What Leaders Really Do," *Harvard Business Review*, May-June 1990, 103-111.

对计划的实施进行协调。例如，桑特罗波尔的拉比诺维茨在将制定人力资源管理政策作为首要任务以确保公平和透明度时，她担任的是领导者的角色。而当她协调制定和实施政策的流程时，她担任的是管理者的角色。

232

（二）领导者职责

一份适用于非营利组织执行主任的领导者职责的通用清单可从詹姆斯·库兹（James Kouzes）和巴里·波斯纳（Barry Posner）的框架中找到[1]。这两位作者认为成功的领导者需要从事以下五项关键的领导活动。

挑战现状

领导者应该勇于尝试和具有冒险精神，以鼓励创新，从而找到更好的方式来改变现状。例如，罗伯特伍德约翰逊基金会（the Robert Wood Johnson Foundation，以下简称 RWJF）通过征求受赠人的反馈和与其他基金会进行对比来挑战现状，以获得改善基金会运作的办法。RWJF 的执行主任里莎·拉维佐·莫里（Risa Lavizzo Mourey）使用基金会的"B"等级来激励信息收集和运营方式的改变，即使这些变化带来的好处多年后才能显现[2]。

激发共同愿景

领导者应该在头脑中有一个清晰的愿景，并通过分享让人们产生共鸣。马丁·路德·金（Martin Luther King Jr.）是南方基督教领袖会议（the Southern Christian Leadership Conference）的创始人，也是一位伟大的演说家，他善于激励他人。"我有一个梦想"的演讲就是他发表的一个令人信服的愿景声明[3]。

让人行动起来

领导活动不仅只关乎领导者本身。领导者应该合作，建立团队和支持盟友。作为卡布姆（KaBOOM!）（卡布姆是一家非营利组织，致力于

---

[1] James M. Kouzesand Barry Z. Posner, *The Leadership Challenge*, 4th ed.（San Francisco: Jossey-Bass/Wiley, 2007）.

[2] Shahryar Minhas and Susan Parker, "The Robert Wood Johnson Foundation"（Center for Effective Philanthropy, n. d.）, accessed December 21, 2011, http://www.effective philanthropy.org/assets/pdfs/CEP_Robert Wood Johnson_Repeat Case.pdf.

[3] To listen to the speech go to Internet Archive, http://www.archive.org/details/MLKDream.

确保所有的孩子都有一个安定的童年并通过积极的玩乐来茁壮成长。——译者注）的创始人和主任，德瑞尔·哈蒙德（Darell Hammond）所设计的非营利组织鼓励和支持对共建儿童游乐场有兴趣的社区组织。他清楚地知道，他接触的个体之间通过建立联系和社会资本，即使在他的参与工作结束很久以后，这些人仍然能通过合作来解决当地的问题。

以身作则

领导者的行事方式应该与自身的信念和价值观相一致。圣雄甘地（Mahatma Gandhi）就是如此。作为印度国民大会党（the Indian National Congress）的领袖，他奉行己所不欲勿施于人的理念。他的日常活动反映出他所信奉的价值观：非暴力、真理和谦逊。

鼓舞人心

领导者应庆祝取得的成就，相信和关心他们的员工及组织的使命。非营利部门人力资源委员会（The HR Council for the Nonprofit Sector）建议领导者对员工进行表扬时，要做到：不吝啬表扬；表扬应是真诚和心怀感激的；表扬的内容应涵盖员工成就的细节；表扬应该是面对面的或通过手写的文字；表扬不应跟批评混为一谈；表扬不应只给予完美的表现①。

二 理解领导力

对领导力的研究得出了许多适用于非营利部门的方法。通过对方法进行分析，我们提供了针对领导力最实用的五个基本原则：

- 高效领导者并不完全相同；
- 高效领导者改变自身风格以适应形势；
- 高效领导者有自我意识并能管理强大的价值体系；
- 高效领导者整合和平衡角色和观点；
- 高效领导者明智地运用权力和影响力。

---

① See HR Council for the Nonprofit Sector, "Keeping the Right People: Employee Recognition" (n. d.), accessed December21, 2011, http://hrcouncil.ca/hr-toolkit/keeping-people-employee-recognition.cfm, for this list as well as other resources on employee recognition.

（一）高效领导者并不完全相同

早期学者引入领导力特性理论（trait theories），认为有些人与生俱来的特征，跨越时间和情境，使他们成为伟大的领导者。但经过几十年的研究，还没有出现能够区分高效领导者和追随者的一套普遍的稳定人格特征，所以伟人（great person）理论也遭到了质疑①。学术界的学者和实践者不断提出常见的领导特征和行为清单。但现在有了一种假设，即不管个人是否天生具有这种特征，他们都可以被教导成为伟大的领袖。

非营利组织领导者的外形特征和个性风格迥然不同。然而，有些人的心目中仍有自认的领导原型或意向的领导，影响他们对高效领导者的看法。研究表明，当个人表现出与领导者的固有印象一致的外形特征时，他们更有可能被视为高效的领导者，这些固有印象包括种族、性别和身高②。固有印象在文化上和历史上都是特定的。例如，在美国早期社会，高大、白种人、外向的男性被认为比其他男性更具领导者特征，而他们拥有更多成为领导者的机会则有助于印证这一看法。

非营利部门为削弱领导者的固有印象提供了帮助。在美国，即使妇女和少数民族在其他领域面临职业阻碍，她们在非营利组织中仍能具有影响力③。简·亚当斯（Jane Addams）是非营利组织赫尔之家（the Hull House）的创始人，也是第一位获得诺贝尔和平奖的美国妇女（1931 年获奖）；克拉拉·巴顿（Clara Barton）是美国红十字会的创始人（1881 年成立）；还有马丁·路德·金是 1957 年南方基督教领袖会议的共同创始人。他们只是少数几个领导非营利组织的历史人物，却塑造了我们今天所看到的非营利部门。即使不能参与投票，或被有影响力的社会阶层排斥，妇女、非裔美国人、天主教徒、犹太人，以及其他被剥夺权利或

234

---

① Gary A. Yukl, *Leadership in Organizations*, 2nd ed. （Upper Saddle River, NJ: Pearson Prentice Hall, 1989）.

② Angelo J. Kinicki, Peter W. Hom, Melanie R. Trost, and Kim J. Wade, "Effects of Category Prototypes on Performance-Rating Accuracy," *Journal of Applied Psychology* 80, no. 3 （1995）: 354-370.

③ See David C. Hammack, *Making the Nonprofit Sector in the United States* （Bloomington: Indiana University Press, 1998）.

被边缘化的个人创立并领导非营利组织参与美国公民的生活。他们所建立的许多非营利机构至今仍然存在，成为权力机构的替代组织。但是，传统领导者的固有印象仍然可以帮助解释为什么在一些非营利组织的分部，白种男性在历史上仍占据着更多的最高领导者职位①。

虽然人们不再相信成功的领导者只有一种性格和外形特征，但学者们发现某些个性特征在领导者当中非常普遍。成功的领导者往往雄心勃勃、精力旺盛、坚韧、值得信赖、可靠、开放、聪颖和自信。他们有领导的渴望并能整合大量信息。他们了解自己的行业和相关的技术问题，相信自己的能力，积极主动，有创造力，有能力适应追随者的需求和形势的要求②。与追随者相比，他们往往更具合作精神，更善于表达且更有可能受过良好的教育③。他们因诚实、前瞻性、启发灵感和具备能力而受人钦佩④。一份关于非营利部门和营利部门的优秀领导者的调查表明，非营利组织领导者区别于营利组织的突出特点是有效的关系管理、同理心和包容性、透明度和信心以及耐心和灵活性⑤。

（二）高效领导者改变自身风格以适应形势

特定领导风格的有效性取决于情境因素。因此，领导者需要在他们的职场舞台上具有不同的风格。领导者首先需要从以工作为导向和以关系为导向这两种领导行为中做出选择。他们还需要选择更具交易性的还是变革性的领导方式。

---

① 有关美国劳工的回顾，请参阅 Laura Leete，"Work in the Nonprofit Sector," in *The Nonprofit Sector: A Research Handbook*, ed. Walter W. Powell and Richard Steinberg（New Haven, CT: Yale University Press), 159-179. 有关挪威非营利组织中女性比例不足的讨论，请参阅 Dag Wollebaek and Per Selle，"The Role of Women in the Transformation of the Organizational Society in Norway," *Nonprofit and Voluntary Sector Quarterly* 33, no. 3, suppl. (2004): 1205-1445。

② Jerald Greenberg and Robert A. Baron, *Behaviorin Organizations*, 5th ed. (Upper Saddle River, NJ: Pearson Prentice Hall, 1995).

③ Debra L. Nelson and James Campbell Quick, *Organizational Behavior: Found ations, Realities, and Challenges*, 4th ed. (Mason, OH: South-Western/Cengage Learning, 2003).

④ Kouzes and Posner, *The Leadership Challenge*.

⑤ See Ray & Berndtson, *Successful Leaders in the Nonprofit Sector: Ten Qualities for Top Performance* (2005), accessed December 21, 2011, http: //www.odgersberndtson.ca/fileadmin/uploads/canada/Documents/PDFs/NonProfitE. pdf.

工作导向型和关系导向型领导行为

最基本的领导框架之一建议领导者应该根据情况来改变他们的领导方法。领导组合中应存在以下三种行为方式。

- 工作导向型领导（Task-oriented leadership）。领导者需要定义和组织工作关系，确定角色和职责，建立沟通渠道和流程。例如，移动的桑特罗波尔的执行主任拉比诺维茨就在制定人力资源管理政策时展现了这种领导风格。拉比诺维茨制订了面谈时刻表，单独询问了每个员工并集体回顾了现有做法，最后分析出新的政策。

- 关系导向型领导（Relationship-oriented leadership）。领导者培养友好和温馨的工作关系，鼓励信任和尊重，并满足社会和情感的需求。拉比诺维茨展示了关系导向型领导才能，确保年轻志愿者因他们的贡献而受到欢迎和尊重。

- 放任型领导（Laissez faire leadership）。领导者不给予明确指令。它既不是工作导向型领导，也不是关系导向型领导。它通过不设置障碍来赋予员工权力。在桑特罗波尔试图让它的员工服务于其他机构的委员会这一行为中，拉比诺维茨就采取了放任的领导方式。员工在决定加入哪些委员会以及在委员会会议期间所交换的信息内容方面具有独立性。

研究表明，工作导向型领导风格在对领导者非常不利的情况下最有效，而在非常有利的情况下（例如被下属信任和尊重并具有正式的权威时）也同样有效。而当情况缓和时，关系导向型领导风格则更加适合。在工作不明确的情况下，工作导向型领导往往最佳[①]。

对于非营利组织的执行主任而言，这就意味着如果他没有得到员工或理事会的充分信任或尊重，那么最好通过集中精力分配工作和安排活

---

① Fred E. Fiedler and Martin M. Chemers, *Leadership and Effective Management* (Glenview, IL: Scott, Foresman, 1974); the path-goal theory advances Fiedler's earlier work. See also Chester Schriesman and Mary Ann Von Glinow, "The Path-Goal Theory of Leadership: A Theoretical and Empirical Analysis," *Academy of Management Journal* 20, no. 3 (1977): 398 – 405, for research support for employing task-focused leadership in ambiguous task situations.

动来展示能力和获得可信度，从而实现正式目标，而不是花费大量时间试图了解员工的个人情况，来满足他们的社会和情感需求。在这种情形下，员工和理事会成员可能会对领导者将关系改善的重要性放置于工作成果之前而对该领导的领导才能持怀疑态度。而随着领导者产出更多与工作相关的成果，就会使员工的信心增强。这时，领导者就可以花费更多的时间和精力来培养工作关系。

对于受到好评和尊重的领导者，采用工作导向型领导方式会更加有效。员工感到自己在一个被支持的环境中工作，所以工作导向型领导方式能够提高效率，同时不会破坏积极的工作文化。但这并不意味着应该避免采用关系导向型行为。正如拉比诺维茨领导桑特罗波尔时所做的那样，关系导向型领导方式可以与更多的工作导向型相结合。对于员工和志愿者能够完全胜任的工作，如例行送餐服务，拉比诺维茨就把时间花在与员工进行友好互动上，这一举动展示出她对员工贡献的重视度。

236

赫塞（Hersey）和布兰查德（Blanchard）的情境领导（situational leadership）理论阐述了应何时使用工作导向型和关系导向型领导方式。对两者做出选择的前提应根据工作成熟度或追随者执行任务的准备程度[①]。情境领导模型中有四种主要的领导行为：授权（delegating）、支持（supporting）、教练（coaching）和指导（directing）。如果追随者的能力低下，工作欲望不高，则建议采用教练型领导行为。采用这种领导行为的领导者将工作导向型和关系导向型领导方式结合起来，为员工指明方向，并且随着员工学会如何工作而不断给予鼓励。当员工有很高的能力和高度执行力时，就应采用授权型领导行为。在这种情况下，领导可采取不干预的方式，而员工取得成功的可能性也很大。对于具有中等偏高能力和执行能力不稳定的员工，领导者应该使用支持型领导行为来进行鼓励，而无须提供指导。当员工能力低但执行力强的时候，他们就可以从指导型领导行为中获益，并乐于接受这种指导。在这种风格中，领导者将明确告知他们该如何完成任务。

[①] Paul Hersey, Kenneth H. Blanchard, and Dewey E. Johnson, *Management of Organizational Behavior* (Upper Saddle River, NJ: Pearson Prentice Hall, 2008).

交易型和变革型领导方式

还有一个有用的领导风格框架对比了交易型（transactional）和变革型（transformational）领导方式[1]。交易型领导方式非常适合不需要重大改变的组织。交易型领导行为包括在现有的系统中工作，以确保使命追求适当地进行。采用交易型领导风格的领导者能促进组织的稳定性和逐步改善。相比之下，变革型领导行为包括激励追随者努力实现新愿景和执行组织中的重大改变。当一个非营利组织刚刚成立，或面临重大危机，或生存环境产生变化时，一个组织的当前使命和方法的价值就会被削弱，这时，就需要采用变革型领导方式。

移动的桑特罗波尔领导者的领导方式在交易型和变革型之间循环变化。例如，当它面临第一次财政危机而缺乏正式领导者时，桑特罗波尔再次聘用了组织的创始人之一。这个人曾经把组织从单纯的概念彻底转变成了现实的存在，是非常有能力的。当对变革型领导者的需求结束时，他辞去了执行主任的职位，由一位更善于交易型领导风格的领导者所替代。能够轻松切换领导风格的领导者是非营利组织不可多得的宝贵财富。

（三）高效领导者有自我意识并能管理强大的价值体系

了解和接受自己对个人的幸福、成长、自信和生活中成功的看法都是非常必要的。这也是认识和接受他人重要的第一步[2]。如果一个人不知如何看待自己和他人的相似与不同，他就不太可能擅于创建和维持具有包容性和多样性的组织[3]。学者们认为，只有充分了解自己，才能成为像领导者一样成功的人。根据弗朗西斯·赫塞尔宾（Frances Hesselbein）和艾伦·斯拉德（Alan Shrader）的说法，"领导力是一个如何成为而非如何去做的问题[4]"。罗伯特·奎因（Robert Quinn）提出了

237

① James Mac Gregor Burns, *Leadership* (New York: Harper Collins, 1978).

② Erich Fromm, "Selfishness and Self-Love," *Psychiatry* 2 (1939): 507–523; Carl R. Rogers, *On Becoming a Person* (Boston: Houghton Mifflin, 1961).

③ Barry Cross Jr., "Perspective Then and Now: Making the Invisible Visible," *Diversity Factor* 16, no. 2 (2008): 9–15.

④ Frances Hesselbein and Alan Shrader, *Leader to Leader* 2: *Enduring Insights on Leadership* (San Francisco: Jossey-Bass/Wiley, 2008), xii.

一种思想，即"每个领导者都是不同的。每个人都有自己独特的方法。重要的不是他们做了什么，而是他们成为谁[①]"。

非营利组织的执行主任需要了解自己的价值观，这些价值观如何与组织的使命相一致，以及他人根据不同的价值观行事的可能性。对所有的人来说，价值观是"影响我们生活的各个方面的根深蒂固的普遍标准：我们的道德判断，我们对他人的反应，以及我们对他人和组织目标的承诺[②]"。正是通过有意识地展现我们的价值观，我们深深地融入非营利组织的使命中，并对工作充满热情。明确我们的价值观有助于我们做出决定并坚持下去。

如果非营利组织的使命不足以吸引员工和支持者，那么不管组织的领导者能力如何，都有可能失败。执行主任需要理解、相信并清楚地传达组织的使命。通过把组织使命与共同的价值观联系起来，领导者可以激励他人去努力实现这一使命。例如，重视安全的个人可以被激励，从而支持以减少犯罪行为为目的的非营利组织。有些人重视教育和健康，领导者就可以利用这一点，鼓励他们帮助学校和医院。通过强调与他人拥有的共同价值观，领导者可以获得广泛的支持。

一旦执行主任不再相信组织的使命或价值观，他就应该选择离开。当领导者对组织的主张和希望的实现持不同观点时，他们的有效性就被削弱。反醉驾母亲协会（Mothers Against Drunk Driving，以下简称 MADD）的创始人兼主席凯德·莱特纳（Candy Lightner）就是这样一个例子。当该组织改变目标并开始关注与醉驾无关的饮酒问题时，她离开了该组织。她解释说："它比我曾经想要或设想的禁酒行为更加深入。我设立 MADD 的初衷并不是为了处理酒精的问题，而是解决酒后驾驶的问题。"[③]

模范领导者体现了他们所倡导的价值观。当领导者在生活中的期望与组织的愿景一致时，他们日常的行为作风就能完整地代表在组织中的做事风格。这样，领导者还能同时培养有助于自身和组织的关系。移动的桑特罗波尔的九个核心参与原则（示例 10.2）是非营利组织作为所有

---

①　Robert E. Quinn, "Building the Bridgeas You Walk on It," *Leader to Leader* 34（2004）: 21-26.

②　Kouzes and Posner, *The Leadership Challenge*, 212.

③　"MADD as Hell and Not Going to Take It Anymore," *Broadcasting*, April 1985, 58.

行动的基础而引入的价值观。它的领导者相信组织的成功正是因为遵循了这些原则。

238

示例 10.2　移动的桑特罗波尔的九个核心参与原则

1. 人是资源。每一个与移动的桑特罗波尔接触的人都被看作是一个具有多重维度的整体，当给予足够的发展空间时，这些维度就会为组织提供活力、创新能力和整体效能。

2. 关系生产力。为有效的人际和群体沟通创造空间和技能是组织生活中不可或缺的，也是富有成效的方面。

3. 适应变化。我们将变革和不确定性视为学习和发展的机会。对于像移动的桑特罗波尔这样由年轻人经营的组织来说，员工和志愿者流动是必然的，也是组织节奏的积极因素。

4. 培养个人学习和组织创造力。我们重视个人成长、好奇心和玩乐，这对于移动的桑特罗波尔的活力和生产力至关重要。

5. 协作领导。我们致力于深入参与，共享决策和领导力，以便在我们履行使命的同时促进每个人的学习和成长。

6. 空间的重要性。我们关注实体空间的状态和安排，因为它影响人们与组织和彼此的关系。

7. 引力结构。我们邀请人们根据自己的兴趣和好奇心参与各种工作、项目、对话和决定。

8. 一致性。我们的目标是在我们的所有关系中（与服务对象、员工、理事会成员、志愿者、资助者、合作伙伴、邻居等）基于最深入的价值观来行事。

9. 社区建设。我们努力成为自己希望在世界上看到那种改变和鲜活的榜样，而不仅是成为改变的工具。

资料来源：Santropol Roulant，"*Santropol Roulant's Core Principles of Engagement*"（n.d.），http：//hrcouncil.ca/hr-toolkit/documents/SR _ Core _ Principles.pdf. Reprinted by permission of Santropol Roulant。

众所周知，对信任的建立和维护是重要的领导技能。只有建立人与人之间的信任，人们才会更愿意合作并遵照他人指示行事[1]。当领导者的价值观对人们进行引导并对他人保持透明时，人们的行动就能够预测，而他们做出的决定也变得易于理解。这就引发了对信任的开发和维护的思考。约尔克维克兹（Jurkiewicz）和马西（Massey）指出，领导者不应该一心想着如何取悦他人。他们可以通过根据条理化的标准做出艰难的决定、对这些决定负责并坚定所选择的前进方向来赢得尊重[2]。对于一

239

---

[1]　Hyejin Bang，"Leader-Member Exchange in Nonprofit Sports Organizations：The Impact on Job Satisfaction and Intention to Stayfrom the Perspectives of Volunteer Leaders and Followers，" *Nonprofit Management & Leadership* 22，no.1（2011）：85–106.

[2]　Carole L. Jurkiewicz and Tom K. Massey Jr.，"The Influence of Ethical Reasoning on Leader Effectiveness，" *Nonprofit Management & Leadership* 9，no.2（1998）：173–186.

个非营利组织的领导者来说，能证明自己拥有始终如一地遵守价值观和道德标准的能力可能比营利部门的领导者来说更加重要。托马斯·杰文斯（Thomas Jeavons）认为，为了担负起管理稀缺资源的重任，非营利组织的执行主任需要显得可信、道德高尚，并且愿意在组织的运作中维护更高的价值①。

除了了解自己的价值观以及这些价值观与非营利组织价值观之间的关系之外，领导者还应该意识到自己的劣势和优势。与其把精力集中于改善自己的薄弱领域，领导者不如请别人对其进行弥补②。例如，如果领导者知道自己不擅长制定标准，那么他们可以邀请擅长这项工作的人加入。如果他们意识到自己过度专制，他们可以将决策权委托给团队，并站在旁观者的角度，在不参与的情况下，给予团队达成共识的空间和自由。而对自身优势的了解可让领导者投入时间和精力来开发能够与最强的领导风格配合使用的情境。例如，当领导者知道他们善于通过热情洋溢的演讲来激励他人时，就可以制造公开演讲的机会。

自我意识也是文化能力的重要组成部分，文化能力是了解不同文化和背景的人并与其进行沟通和有效互动的能力。文化认同与种族、民族、国籍、性别、年龄、性取向、身体能力、阶级、工作状态、语言、宗教和移民身份有关。为了提供一个包容性的工作场所，非营利组织领导者需要知道自己的假想、信念和偏见，以及这些特质可能造成的影响他人感受和尊重的方式③。通过自我意识感知到自身对多样性的看法，领导者就可以更好地抑制任何可能破坏包容性的苗头。指南针（CompassPoint）组织（CompassPoint 是一家成立了 43 年的非营利组织，帮助非营利组织领导者和致力于社会正义的运动获得权力。——译者注）的文化能力学习项目（Cultural Competence Learning Initiative）提供了系列课程，包括强调领导者自我意识的重要性。它讲述了一位执行主任的故事。这位主任

---

① Thomas H. Jeavons, "When the Management Is the Message: Relating Values to Management Practice in Nonprofit Organizations," *Nonprofit Management & Leadership* 2, no. 4 (1992): 403–417.

② Daniel Goleman, "Leadership That Gets Results," *Harvard Business Review*, March-April 2000, 78–90.

③ See Patricia St. Ongeetal., *Embracing Cultural Competency: A Roadmap for Nonprofit Capacity Builders* (Nashville, TN: Fieldstone Alliance, 2009).

是白人，并认为应该允许有色人种来领导这项工作。直到意识到自己并未主张所需的领导才能，她才真正拥有推动组织多元文化进步的能力。一旦认识到她需要像支持其他倡议一样支持多样性和包容性，非营利组织才能取得更大的进步①。

（四）高效领导者整合和平衡角色和观点

李·鲍曼（Lee Bolman）和特伦斯·迪尔（Terrence Deal）告诉我们，高效的领导者在对一种情况进行观察和做出解释时，通常会使用多种框架或方法②。这些框架为理解和应对组织的挑战提供了不同的视角。根据不同的框架，可以选择不同的领导行为，因此在制定针对不同情境的应对策略之前，将所有框架进行整合是非常重要的。这些框架分类如下：

- 结构框架：关注目标、期望、流程和政策；
- 象征框架：关注共同的信仰、价值观和规范；
- 人力资源框架：关注希望、关系和偏好；
- 政治框架：关注权力、冲突和关系中的共同利益。

这些框架已被罗杰·赫尔曼（Roger Herman）和理查德·海默维奇斯（Richard Heimovics）应用于非营利组织中③。在赫尔曼和海默维奇斯的研究中，他们发现高效的非营利组织的执行主任与表现欠佳的同行相比，使用政治框架的可能性更高。政治框架为领导者提供了一个关于冲突、权力关系和外部因素如何影响决策和政策的视角。在使用此框架时，他们运用了冲突解决技能，并与联盟和利益小组合作。研究人员发现，总的来说，非营利组织的执行主任往往强调结构框架。当使用结构框架时，他们设定明确的目标、期望、流程和策略。而较少被非营利组织执

---

① Compass Point Nonprofit Services, *Multicultural Organizational Development in Nonprofit Organizations：Lessons from the Cultural Competence Learning Initiative*（2010），accessed October 5, 2011, http：//www. compasspoint. org/sites/default/files/docs/research/CP%20Cultural%20Competence%20Lessons%20FINAL%20RPT. pdf.

② Lee G. Bolman and Terrence E. Deal, *Reframing Organizations：Artistry，Choice，and Leadership*, 3rd ed.（San Francisco：Jossey-Bass/Wiley，2003）.

③ Herman and Heimovics, "Executive Leadership."

行主任使用的框架是人力资源和象征框架。当使用人力资源框架时，领导者对希望、关系和偏好做出反应，并赋予他人权力。领导者对象征框架的使用包括创建共同的信念、价值观和规范，换句话说，就是培养共同的组织文化。

最高效的非营利组织领导者是那些能够使用多个框架观察情况，发现每个视角所强调的需求，并以解决这些需求为目的来行动的领导者。例如，一个高效的执行主任可以向员工和理事会成员展示对强大的外部利益小组做出相应的行为是如何与组织价值观（象征框架）相一致的，这种行为如何为员工带来利益（人力资源框架），以及如何遵循既定的流程（结构框架）和提高非营利组织的谈判地位（政治框架）。

有时多个框架的使用导致执行主任充当了看似互不相容的角色。他们表现出行为复杂性（behavioral complexity），这个术语通过假设多个角色来捕捉领导者如何对众多支持者的竞争期望做出反应①。行为复杂性理论和相关的经验发现表明，领导者需要平衡角色，而不是把它们看成非此即彼的选项②，就像他们需要从多个角度看待事情一样。

241

（五）高效领导者明智地运用权力和影响力

鉴于政治技能对非营利组织执行主任的重要性，回顾主任和他人可能拥有的权力来源以及他们可能采取的影响策略会大有裨益。影响他人的有效性可以通过组织和个人的权力来源以及所使用的策略来预测③。

许多人对建立和使用权力的战略思想有负面反应。有些人担心，个人如果拥有的权力过多，就可能导致权力滥用以及不符合集体的最大利益。他们的担忧是正常的。研究表明，一个组织领导者的权力越大，他

---

① Robert Hooijberg and Robert E. Quinn, "Behavioral Complexity and the Development of Effective Managers," in *Strategic Leadership: A Multi organizational-Level Perspective*, ed. Robert L. Phillipsand James G. Hunt (Westport, CT: Quorum Books/Greenwood, 1992), 161-175.

② Robert E. Quinn, Sue R. Faerman, Michael P. Thompson, Michael Mc Grath, and Lynda S. St. Clair, *Becoming a Master Manager: A Competing Values Approach*, 5th ed. (Hoboken, NJ: Wiley, 2011).

③ John R. P. French Jr. and Bertram Raven, "The Bases of Social Power," in *Studies in Social Power*, ed. Dorwin Cartwright (Ann Arbor, MI: Institute for Social Research, 1959), 150-167.

倾听别人并接受建议的可能性就越小[1]。手握权力的人往往过度相信自己的判断。睿智的执行主任知道，政治和权力的使用是不可避免的，通过认识权力动态并接受他人的意见，他们能够更好地推进自己组织的利益[2]。正如罗莎贝斯·莫斯·坎特（Rosabeth Moss Kanter）和其他学者理解的那样，领导者可以利用他们的权力为处于困境的人们进行有利的调解，吸引资源，接触其他决策者，制定议题，获取有用的信息并建立一支高执行力的员工队伍[3]。

242

个人和职位权力来源

个人和组织的特征影响个人能拥有权力的大小。在分析某种情形下的权力动态时，使用约翰·弗兰奇（John French）和伯特伦·瑞文（Bertram Raven）所编制的列表非常有用。这个列表罗列出个人和职位权力领导者的类型：法定、奖赏、强制、参照、专家、努力相关、中心相关、关键相关、灵活相关、可见性相关和关联相关[4]。

法定权力（legitimate power）来源于追随者的权力，并反过来对追随者施加影响。被视为法定领导者的个人往往被认为能够很好地履行他们对追随者的承诺。法定权力往往来自所对应的职位。因此，执行主任仅仅凭借工作头衔就拥有了一个管理他人的法定权力。然而，如果执行主任不按照追随者的价值观和规范行事或者工作效率低下，那么尽管拥有主任的头衔，他们仍然可能失去权力的法定性。一旦失去头衔，他们也可能失去权力。主任所管理的员工可能因为主任的头衔而做他们所要求的事，而不是由于主任自身的影响力，所以当执行主任的角色产生改变时，他们就会发现自己对某些人的影响力也随之消失。因此，从执行主任角色转变为理事会成员或其他志愿者角色的创始人可能会发现，他现在对非营利组织日常运营的影响力变小了。

---

[1] Kelly E. See, Elizabeth W. Morrison, Naomi B. Rothman, and Jack B. Soll, "The Detrimental Effects of Power on Confidence, Advice Taking, and Accuracy," *Organizational Behavior and Human Decision Processes* 116, no. 2 (2011): 272-285.

[2] David A. Whetten and Kim S. Cameron, *Developing Management Skills*, 5th ed. (Upper Saddle River, NJ: Pearson Prentice Hall, 2002).

[3] Rosabeth Moss Kanter, "Power Failures in Management Circuits," *Harvard Business Review*, July-August 1979, 65-75.

[4] French and Raven, "The Bases of Social Power."

奖赏权力（reward power）来源于控制他人的奖励和积极成果的能力。它与强制权力（coercive power）密切相关，强制权力是通过对惩罚的惧怕来影响他人的能力。作为对奖赏权力的回应，人们为了获得积极的利益而服从上级指令；强制权力则是为了避免消极后果而服从。由非营利执行主任把控的奖励和惩罚包括但不限于金钱、信息、工作分配、工作轮班、接受以及表扬和批评。在第十二章中，我们将详细讨论如何将奖励和惩罚（即积极和消极的激励）作为激励工具来使用。

具有参照权力（referent power）的执行主任对他人产生的影响力来源于员工对他们的喜爱。富有魅力的个人具有很强的参照权力。人们喜欢围绕在他们的身边，称赞他们，并想取悦他们。性格亲切的个人往往也具有参照权力。他们很容易交到朋友，他们的朋友也愿意出于友谊和个人爱好而支持他们。有证据表明，具有吸引力的外表也与参照权力有关。人们发现有吸引力的人成功的概率更高，这可能是来自追随者的假设，认为他们具有社会期望的个性特征，并且是正直和有效的[1]。与参照权力较低的人相比，参照权力较高的人成为榜样的可能性更高。通过增强自身的参照权力，执行主任可能会发现他人在效仿他们的态度和行为。

具有专家权力（expert power）的执行主任具有他人所依赖的技术知识和专长。拥有独特而有用的知识是一种权力来源。如果个人认为有人比自己理解问题或解决难题的能力强，那么他们更愿意遵循这个人指定的方向或给出的指令。然而，执行主任高度专业化知识的发展也有一个弊端。如果对一个人的其他权力来源有充分的了解，那么高水平专业知识所需的投资可能就不值得了。此外，当执行主任是唯一具有特定专长的人时，非营利组织中就无人可以来监视其不正当行为，或当执行主任休假或病假、有利益冲突或必须优先处理其他事项时，就没有替补人员。不仅如此，当具有较强专家权力的执行主任意外离职且没有继任者计划时，非营利组织所面临的困难将增加，执行主任所具备的知识也随之消失。继任者计划应包括培养可以分享或替代现任执行主任专业知识的个人。

个人可以通过积极可靠的表现来获得努力相关权力（effort-related power）。个人越能表现出有用的努力，他们就越可能被他人所依赖和在

---

[1] Whetten and Cameron, *Developing Management Skills*.

没有监督的情况下自由行事。由于过去的良好表现和努力工作的意愿，243
新的机遇尽早会降临。出于对过去努力的感激，一种负债感或义务感随
着时间产生。这也帮助解释为什么即使当前表现不佳，非营利组织也不
愿意解雇在组织中工作多年的执行主任。执行主任在过去因付出的巨大
努力而产生的权力也能保持到现在。

个人通过组织或网络中的职位可以获得五种权力形式。其中之一是
中心相关权力（centrality-related power），它来自控制他人互动和获取信
息。正如本章前面所描述的，执行主任通常具有与理事会相关的中心权
力，我们称之为执行中心（executive centrality）权力。对于非营利组织
的运营和表现成果，他们往往能比理事会掌握更多的信息。他们能够以
一种使他们看起来有效的方式呈现这些信息，并鼓励他人同意他们的建
议。他们还可以控制流向员工、服务对象和其他利益相关方的重要信息。

关键相关权力（criticality-related power）来自对他人表现至关重要的
工作表现。个人的表现越能影响他人，就越有权力。如果有人能够在某
人身边工作，且不会产生任何障碍或困扰，那么这个"某人"就缺乏关
键相关权力。这就帮助解释了为什么当员工的工作不依赖于志愿者的表
现时，志愿者在非营利组织中就会感到有心无力。对于员工来说，志愿
者的工作是次要的。如果执行主任具有关键相关权力，其他人就会懂得
执行主任的成就对于非营利组织的成功来说至关重要。执行主任可以通
过许多方式增加关键相关权力。例如，可通过负责获取和分配资源来帮
助员工完成工作、构建工作小组以及批准员工的工作和为其提供支持。

做事的灵活程度构成了灵活相关权力（flexibility-related power）。对
一个非营利组织来说，检查和平衡非常重要，保障了灵活相关权力不会
被滥用。做事过于灵活的主任会造成不道德和无效的情况产生。例如，
美国联合之路的威廉·阿拉莫尼（William Aramony）行使权力支付了与
非营利组织的使命无关的费用，并执行了最终与组织的价值观和法律不
一致的项目。正如《时代》（*Time* magazine）杂志的一篇文章所说："在
某种程度上，威廉·阿拉莫尼是自己成功和超越行为的牺牲品[①]"。联合

---

① Michael Duffy, "Resignation Charity Begins at Home," *Time*, June 24, 2001, accessed December 21, 2011, http://www.time.com/time/magazine/article/0, 9171, 159170, 00.html.

之路的理事会赋予阿拉莫尼很强的独立性。考虑到他担任非营利组织主席已有 21 年之久和捐赠金额的大幅增长，理事会或许不会对此事深究。

244　　可见性相关权力（visibility-related power）来自一个可以被其他有影响力的人知道和看到的职位。正因为此，受媒体欢迎的执行主任才拥有权力。考虑到他们的知名度，其他人不愿意对其进行挑战。他们和非营利组织被高度认同。如果他们的行为举止不良，就会对他们的组织产生严重的影响，正如联合之路的阿拉莫尼主席的轻率行为被揭露并被判贪污罪那样。联合之路收到的捐款因此在全国范围内下滑。然而，执行主任的可见性相关权力也可以使非营利组织受益。可见性会让执行主任为组织打开资源的大门。积极的关注和意识能够帮助使命的完成。

执行主任也可以具有关联相关权力（relevance-related power）。控制优先处理的任务和成果的能力赋予其权力。例如，非营利组织的使命与社区领导者和资助者相关性越大，其执行主任拥有的权力就越大。在移动的桑特罗波尔，执行主任与那些利用非营利组织来联系社区的志愿者，以及那些依靠送餐服务来维持身体营养来源和社会寄托的服务对象高度相关。

影响他人的策略

现在我们来回顾一下影响他人的三种普遍策略：惩罚、互惠和理性[1]。这些策略并非万无一失，而且它们的道德适当性会因情况而异。每一个策略都可能被所影响的对象阻碍[2]。尽管如此，执行主任能够明智地使用这些策略并知道其他人也在使用是十分有用的。

惩罚策略（retribution）包括强迫别人去做影响者想要做的事情。这种策略可能采取威胁或强制的形式。例如，如果员工的表现没有改善，执行主任可能会用解雇来威胁员工。惩罚策略的优点是它可以引发快速行动。而缺点在于它可能引起对侵权的关注、产生怨气、损害影响者和被影响者之间的关系。观察施加影响过程的其他人会认为惩罚是剥削的、咄咄逼人的或不配合的。如果威胁不加剧，影响者所期望的行为就不可持续。惩罚策略通常需要持续的威胁来维持行为的影响力，除非被影响

---

[1]　David Kipnis, "Psychology and Behavioral Technology," *American Psychologist* 42 (1987): 30-36.

[2]　Ideas on neutralization are taken from Whetten and Cameron, *Developing Management Skills*.

的个体不再产生消极情绪，并在所期望的行为表现中找到内在价值，通过指出相互依赖关系并制造出相应的威胁，可对惩罚策略进行削弱。

互惠策略（reciprocity）是风险较小的影响策略，它鼓励他人去做影响者希望做的事情。互惠策略包括对他人施以恩惠或讨价还价。例如，如果部门主管愿意承担额外的工作，那么执行主任就可增加该部门的预算。为了使这个策略起作用，所有参与者通常需要被视为可信赖的，并且需要持有对方认为有价值的资源。如果有既定的交换标准和足够的谈判时间，这也是很有帮助的。该策略可以鼓励一个有用的观点（即"这对我有什么好处？"）和一种假设（即可以就与影响者之间的互动进行协商）。作为对互惠影响策略的回应，被影响的人会发现任何操纵和高压力的谈判策略以及建议替代的交换过程对他的利益是有帮助的。

理性策略（reason）是第三种普遍的影响策略。通过理性策略，影响者可以迎合被影响者的价值观并提出强调优点和需求的事实。例如，执行主任可以向员工表明，上班迟到对服务对象来说是一件非常不好的事，并且违背了员工之间该尊重他人的信念。当使用理性策略并基于共同目标和价值观时，期望的行为才能可持续且无须进一步干预。通过理性策略，被影响人能够接受期望行为的内在优点并将期望内化来见证它的执行。由于需要建立信任、讨论与情况相关的共同目标和价值观以及解决所有分歧或误解，因而该策略与惩罚策略或互惠策略相比，需要花费更长的时间。一旦信任建立，这种策略就会变得更加有效率和高效。过分强调不共享的信念、价值观和目标，把给予的权力用来拒绝请求以及在达成任何共识之前结束讨论都可能会破坏理性影响策略。

三　强有力的领导者和共享的领导力

成就一个强有力领导者的某些相同特征在实际中可能会削弱一家非营利组织。在本节中，我们讨论了控制力较强的领导者可能危及组织，因而我们建议非营利组织应鼓励领导责任的共享。

（一）魅力型领导者

富有魅力的领导者能产生个人磁场，这是一种能激发追随者不加批判的奉献精神的品质。对于魅力型领导者，追随者被领导者的个性所影响，认为领导者具有非凡的，有时甚至是超人的品质。对魅力型领导者的热情可以使追随者紧紧地团结在领导者的愿景周围，并在其指导下工作。同时，追随者强烈的奉献精神和热情可能导致他们忽视领导者的任何负面品质，并对任何反对或取代领导者的人产生抵制行为。

虽然魅力型领导者在短期内会非常有效，但一些学者认为，从长远来看，他们会给组织带来风险。追随者需要得到魅力型领导者的认可，并且积极地去取悦领导者，而采取的行动却不是基于共同的愿景或价值观。当个人加入组织的原因是由于他们被魅力型领导者所吸引，而不是致力于履行组织的使命时，非营利组织长期的可持续性就会受到影响。有些作者甚至认为，过分依赖任何领导者的个人才能都会给组织带来伤害。正如约翰·加德纳（John Gardner）所解释的那样，一些"领导者也许非常有天赋，能够亲自解决问题，但如果他们无法使这一过程制度化，他们的离职就会严重影响曾经就职的组织"①。

领导者不一定非要有魅力才能激励追随者。现实生活中存在许多缺乏魅力但依然高效的领导者例子。这一观点在雪莉·撒加瓦（Shirley Sagawa）和黛博拉·若斯潘（Deborah Jospin）的关于介绍具有超凡魅力的非营利组织的书中得到了加强②。她们发现，即使非营利组织的领导者不是通过自身的个性魅力吸引追随者，他们也可以发展高度的社会资本。领导者可以在非营利组织的核心成员之间建立牢固的联系，并与这个核心群体之外的其他群体或个人建立桥梁。这些联系的力量可以激励相关人员从事支持组织愿景的活动。这些个人之所以相互吸引，不是因为他们希望跟随一个魅力型领导者前进的方向，而是因为具有组织使命的一致性。

（二）创始人兼执行主任

一些有魅力的非营利组织领导者也可能恰巧是组织的创始人。他们拥有使梦想成真所需的才能、知识和技能。许多非营利组织的成立和持续的

---

① John W. Gardner, *On Leadership* (New York: Free Press, 1990); Alfred Vernis, Maria Iglesias, Beatriz Sanz, and Angel Saz-Carranza, *Nonprofit Organizations: Challenges and Collaboration* (New York: Palgrave Macmillan, 2006).

② Shirley Sagawa and Deborah Jospin, *The Charismatic Organization: Eight Ways to Grow a Nonprofit That Builds Buzz, Delights Donors, and Energizes Employees* (San Francisco: Jossey Bass/Wiley, 2009).

存在归功于他们的创始人给予组织郑重的个人承诺，以及创始人吸引追随者的个人魅力。然而，一个强大的创始人可能会导致非营利组织遭受创始人综合征（founder's syndrome）的影响，即创始人对组织有太多的控制权以致其脆弱。即使在创始人离开后，他的弱点也可能依然困扰着该组织。

由于作为执行主任的创始人在组织中曾进行大量的个人投资，因而他们可能难以与非营利组织的其他人分享权力。在对创始人与非创始人进行比较的为数不多的研究中，斯蒂芬·布洛克（Stephen Block）和史蒂文·罗森博格（Steven Rosenberg）发现，与非创始人相比，创始人对理事会的控制欲更强[1]。由创始人管理的非营利组织理事会开会的频率 247 比非创始人要低，而且创始人兼执行主任更有可能制订理事会议题，且在理事会投票方面具有更大的影响力。与非创始人相比，创始人的信念更强，认为他们应该在招募理事会成员方面发挥重要作用。当理事会对创始执行主任没有足够的权力时，创始人会认为理事会应向他报告，而不是他向理事会报告。

对比非营利组织长期的管理工作，创始人的领导特质可能更加适合组织的建立。放眼在发展中国家工作的非营利组织，大卫·布朗（L. David Brown）和阿尔卡纳·卡莱冈卡尔（Aarchana Kalegaonkar）讨论了有天赋的远见者和创业者是如何在从事筹办和管理工作时显得不够专业的[2]。苏珊·钱伯雷（Susan Chambre）和纳奥米·法特（Naomi Fatt）还指出，在研究新成立的解决艾滋病问题的非营利组织时，富有魅力的领导者在管理和技术方面存在弱点[3]。尽管创始人可能具有号召他人实现愿景的才能，但在这么做时，他们往往会更注重获得外部支持，而不是建立有效的内部流程。

在非营利组织的成长期发生的事情对其长期生存至关重要。创始人可能会在组织中留下自身偏好的议题和愿景的痕迹，并且最初制订的政

① Stephen R. Block and Steven Rosenberg, "Toward an Understanding of Founder's Syndrome: An Assessment of Power and Privilege Among Founders of Nonprofit Organizations," *Nonprofit Management & Leadership* 12, no. 4 (2002): 353–368.

② L. David Brown and Archana Kalegaonkar, "Support Organizations and the Evolution of the NGOSector," *Nonprofit and Voluntary Sector Quarterly* 31, no. 2 (2002): 231–258.

③ Susan M. Chambre and Naomi Fatt, "Beyond the Liability of Newness: Nonprofit Organizationsinan Emerging Policy Domain," *Nonprofit and Voluntary Sector Quarterly* 31, no. 4 (2002): 502–524.

策和实践可以持续很多年。赋予创始人对非营利组织太多的控制权可能
会导致隐藏的管理挑战，以及由创始人的弱点所带来的遗留问题。如果
创始人具有较高的技能和能力，那么他的员工可能会对他产生过度依赖。
一旦创始人离开，就会造成技能缺失而难以弥补。如果创始人没有储备
人员来进行能力的培养，那么一旦创始人离职，组织的员工将一时难以
适应突然降临在身上的较大权力和重大责任。

　　通过积极地为创始人（可能也是执行主任）的离职做准备，非营利
组织就能避免这些转变所带来的负面影响，特别是首先应该努力避免对
执行主任的过度依赖。在某些情况下，担任执行主任兼创始人的离职也
会使组织有机会变得更加强大。米里亚姆·伍德（Miriam Wood）发现，
当组织失去创始人时，他们倾向于聘请专注于内部管理的执行主任，这
是由创始人领导的非营利组织中常见的薄弱环节①。

（三）共享的领导力

　　对富有魅力的领导者或创始人的严重依赖显然不是一个可持续的模
式。即使这位执行主任非常受人尊敬，也会对非营利组织产生不利影响。
248　对执行主任的尊重使决策参与和领导能力建设的广泛性变得困难。一些
学者认为，领导力需要融入社区，而不应仅存在于某个有想法的人身
上②。索尼娅·奥斯皮纳（Sonia Ospina）、贝瑟尼·戈德索（Bethany
Godsoe）和埃伦·谢尔（Ellen Schall）解释说，领导力的创造是一个集
体参与的过程，而不应由某个人来主导③。根据这一思路，它传达给非
营利组织执行主任的信息是领导力应该被分享④。共享领导和授权他人

---

① Miriam M. Wood, "Is Governing Behavior Cyclical?" *Nonprofit Management & Leadership* 3, no. 2 (1992): 139–163.

② In addition to Vernis et al., *Nonprofit Organizations*, see Mary Tschirhart, *Artful Leadership* (Bloomington: Indiana University Press, 1996); and Wilfred H. Drath and Charles J. Palus, *Making Common Sense: Leadership as Meaning-Making in a Community of Practice* (Greensboro, NC: CCLPress, 1994).

③ Sonia Ospina, Bethany Godsoe, and Ellen Schall, "Co-Producing Knowledge: Practitioners and Scholars Working Together to Understand Leadership," in *Building Leadership Bridges*, ed. Cynthia Cherrey and Larraine R. Matusak (New York: International Leadership Association, 2002), 59–67.

④ Vernis et al., *Nonprofit Organizations*.

的方式是非营利组织的执行主任在短期和长期均高效的关键。

　　这也是移动的桑特罗波尔所采取的方法。在桑特罗波尔中，谁也不能长期担任执行主任。该组织的执行主任们清楚地知道他们必须为下一任领导者做好准备。因此，他们通过组织由上而下推动决策。桑特罗波尔将自己定义为一个由年轻人领导的组织，并计划让年长的执行主任离开这个职位。新的执行主任知道组织中还有其他人可以依靠，并从他们身上来获得有用的技能、知识和人脉。他们认为自己有责任确保权力能够与组织中具有领导兴趣的人分享。

　　正如移动的桑特罗波尔所经历的那样，领导力可以在整个组织中被发现并得到培养。管理层和项目负责人可以承担领导任务。咨询小组和工作组可以通过他们建议和其他资源来发挥领导作用。从组织中退休的领导者中聘用的主任可以担任临时领导的角色。通过减弱每个个体对组织的重要性，非营利组织可以为当前和未来的领导者建立一个强有力和广泛的基础。

四　领导层的过渡和领导者的发展

　　执行主任的变更对于非营利组织来说可能是一个艰难的时期。如果执行主任比较强而有力，那么组织的员工和理事会就会对他产生依赖，就会发现组织内部缺乏有能力的人来填补离任主任的职位。参与组织的人被吸引的原因可能是主任本身，而不是组织的使命，因此主任的离职也可能伴随着支持者的流失。当一名执行主任被理事会解雇时，可能会出现一系列不同的挑战。解雇意味着对当前状况的不满，但不一定已经制订好下一步的计划。如果主任的职位空缺了，理事会可能会试图接管其管理职能。临时或新任执行主任需要快速评估情况，并确定是否同意理事会、员工和其他利益相关方关于需要和可行事项的意见。新任执行主任的选择不当或长时间职位空缺可能会使问题复杂化，使非营利组织难以渡过转型期和恢复活力。

　　管理非营利组织主任的过渡已成为一个行业。许多咨询公司和过渡指南可以帮助非营利组织积极地应对领导层的继任问题，或迅速响应新的执行主任的紧急需要。然而，非营利组织很少有领导者继任计划。最近一项对美国非营利组织的随机抽样调查显示，即使受访者意识到继任

249

计划的重要性，但能够做好过渡准备的组织却很少。没有开发人才的项目预算，没有紧急继任计划，理事会和主任没有讨论过继任的可能性，也没有建立处理主任级别领导变更的流程①。

在开展招聘工作时，建立一套标准的流程非常重要。这些流程包括识别潜在的候选人、鼓励候选人的职场兴趣、筛选潜在候选人、准备空缺职位的工作内容描述、面试、对新员工进行入职培训并提供相应支持。在确定和招募正式主任的同时，选择一位临时主任暂代这一空缺有时也是十分必要的。为了给筛选和培训流程提供帮助并缓解过渡时期的紧张，理事会可以考虑邀请前任执行主任到场和请求他提供协助。

聘请执行主任是理事会的责任，而执行主任需要负责雇佣其他所有的员工。对于理事会来说，过渡时期的关键任务是评估组织，确定组织在目前的发展阶段需要的执行主任类型，以及确定现有及预估的组织和环境挑战。当新上任的执行主任在新岗位和职责上进行适应和调整时，理事会也应提供相应的协助。要求执行主任在上任后的前几个月制订30天和90天的工作计划可以帮助执行主任确认工作的优先顺序，并确保理事会和执行主任对前期工作表现期望的一致性。

根据迈克尔·阿利索（Michael Allison）的研究，理事会的成功过渡面临三个典型威胁：（1）他们低估了雇佣不良员工的风险和成本；（2）他们没有做好招聘工作的准备；（3）他们没有利用好执行主任过渡期间的机会②。对新的执行领导者的聘用过程也可看成是一次组织反思和更新的时机。理事会可以把执行主任的离职所带来的影响作为动力来对整个组织和新领导的关键工作角色和责任进行详细的评估。

执行主任的候选人可以来自组织内部或外部。存在一种说法（未经证实），即一个非营利组织的执行主任不太可能胜任另一个组织的执行主任职位③。而更典型的情况是，执行主任的角色由非营利组织的员工进行填补，这些员工从组织中升职或从一个组织跳槽到另一个组织以获得更多

---

① Karen Froelich, Gregory Mc Kee, and Richard Rathge, "Succession Planning in Nonprofit Organizations," *Nonprofit Management & Leadership* 22, no. 1 (2011): 3-20.

② Michael Allison, "Into the Fire: Boardsand Executive Transitions," *Nonprofit Management & Leadership* 12, no. 4 (2002): 341-351.

③ Allison, "Into the Fire."

的领导责任。尽管非营利部门的许多员工在整个职业生涯中都会就职于这个行业，但部门内的流动却并不罕见①。一些学者预计，该部门可能会涌入大量退休人员，以取代退休的"婴儿潮一代"（Baby Boomers）。这些新任领导者可能拥有政府或营利性企业的领导经验。此外，高等教育项目有了迅猛的增长，为个人在非营利部门的工作做出准备②。这些项目的毕业生可能会增加非营利组织领导者的劳动力储备。

2006年《勇于领导》（*Daring to Lead*）的报告引发了人们对非营利部门预估的领导力短缺的重视。这份报告揭露了许多非营利组织的领导者计划在5年内离开他们现任的职位③。同年，布利吉斯潘集团（The Bridgespan Group）估计，在该部门未来十年内，将需要大量的高级管理人员④。2007年和2008年的研究报告显示，年轻员工不愿意成为非营利组织的执行主任，这加剧了人们对未来合格领导者短缺的担忧。产生这种困境的部分原因与当前领导者纷纷计划离职的原因几乎相同，即缺乏足够的薪酬，难以保持工作与生活之间的平衡以及筹资需求的压力。此外，一些年轻的非营利组织专业人士称，他们常常因缺乏高级管理人员的指导而感到沮丧⑤。

尽管因预估的领导力短缺问题而引发了为培养未来领导者提供的一系列建议，但人们仍然怀疑这种所谓的危机究竟有多严重。2009年，珍妮特·约翰逊（Janet Johnson）建议劳动力市场和非营利组织应根据供需情况进行调整。她预计，领导者薪酬会增加，老年工人的劳动力

---

① Mary Tschirhart, Kira Kristal Reed, Sarah J. Freeman, and Alison Louie Anker, "Is the Grass Greener? Sector Shifting and Choice of Sector by MPA and MBA Graduates," *Nonprofit and Voluntary Sector Quarterly* 37, no. 4 (2008): 668-688.

② Roseanne M. Mirabella, *Nonprofit Management Education: Current Offerings in University-Based Programs* (Seton Hall University, 2009), http://academic.shu.edu/npo.

③ Jeanne Bell, Richard Moyers, and Timothy Wolfred, *Daring to Lead* 2006: *A National Study of Nonprofit Executive Leadership* (San Francisco: Compass Point Nonprofit Services, 2006).

④ Thomas J. Tierney, "The Leadership Deficit," *Stanford Social Innovation Review*, Summer 2006, 26-35.

⑤ See Josh Solomon and Yarrow Sandahl, *Stepping Upor Stepping Out: A Reportonthe Readiness of Next Generation Nonprofit Leaders* (New York: Young Nonprofit Professionals Network, 2007). Also see Marla Cornelius, Patrick Corvington, and Albert Ruesga, *Ready to Lead? Next Generation Leaders Speak Out* (San Francisco: Compass Point Nonprofit Services with the Annie E. Casey Foundation, the Meyer Foundation, and Idealist.org, 2008).

市场参与度会增加，年轻工人获得的技能将提升，志愿者、理事会成员以及风险慈善机构之间的技能分享将增加，甚至部门的组成将被重塑，以减缓"婴儿潮一代"的退休所带来的冲击①。并非所有现任执行主任都会立即退休。随着年轻人晋升为领导者职位，他们将有机会慢慢重塑对非营利组织执行主任工作性质的期望。通过高校项目、认证系统和监管环境提高该部门的专业化程度，也可能会改变工作的普遍性质及其所带来的回报和挑战。

251　　正如移动的桑特罗波尔所做的那样，内部领导力发展项目鼓励和为现任员工接管执行主任的职位做出准备。为了鼓励员工晋升，可以为他们提供在理事会成员面前展示其领导能力的机会，并鼓励他们参加提高领导能力和增加资历的课程。有前途的员工可以得到支持，从而拓展他们的人脉关系。确定和培养有潜力担任执行主任职位的员工可以帮助确保内部领导力继任计划顺利进行。

　　许多大学项目有针对性地训练学生成为非营利组织的领导者。对现任执行主任进行调查，从而找出他们认为最重要的培训主题和用于设计教育项目的结果②。随着时间的推移，培训主题的选择相对稳定，根据需要管理的组织的特征和每个受访者的背景略有不同。一项研究罗列了对非营利组织执行主任非常重要的主题：领导力、道德观和价值观、长期规划、财务管理、召开有效会议、创造力、公共关系、人际交往技能、短期规划、管理变革、冲突管理、项目评估、协作和交流、筹资、质量管理、公开演讲、需求评估、管理多样化的劳动力、个人成长和压力管理、志愿者管理、营销、员工薪酬和评估、理事会招聘和发展以及项目申请书撰写③。这个内容也可以调整。例如，我们可以增加文化敏感度和创业技能，这两个主题都得到了对领导力和能力建设感兴趣

①　Janet L. Johnson, "The Nonprofit Leadership Deficit: A Case for More Optimism," *Nonprofit Management & Leadership* 19, no. 3 (2009): 285-304.

②　For examples see Drew A. Dolan, "Training Needs of Administratorsin the Nonprofit Sector: What Are They and How Should We Address Them?", *Nonprofit Management & Leadership* 12, no. 3 (2002): 277 - 292; and Michael O'Neill and Kathleen Fletcher, eds., *Nonprofit Management Education: U. S. and World Perspectives* (New York: Praeger. 1998).

③　Mary Tschirhart, "Nonprofit Management Education: Recommendations Drawn from Three Stakeholder Groups," in *Nonprofit Management Education: U. S. and World Perspectives*, ed. Michael O'Neill and Kathleen Fletcher (New York: Praeger, 1998), 62-80.

的作家相当多的关注①。在第一章中讨论并在附录中概述的非营利组织管理项目的 NASPAA 和 NACC 标准也提供了培养未来领导者所需要做出的努力。

同时具备所有高度发展的领导才能的执行主任几乎不存在。高效的主任会寻找方法来开发所需的技能，对于自身所缺乏的技能，会通过培养他人获得。他们还可以通过领导力替代方案（substitutes for leadership）找到弥补自身弱点的方法。这些替代方案是减少积极领导需求的组织因素。例如，一种深厚的组织文化可以承载共同的价值观和规范，从而塑造行为和信念。正式的政策、规则和标准化的流程可以减少对工作导向型领导的需求。专业培训和认证可以指导行为，即使领导者不对员工进行激励，员工也会致力于提高工作质量。与对期望和能力没有把握的员工相比，具有高度自信和能力的非营利组织员工在与领导者建立情感联系和渴望得到支持方面的需求更少。具有高度凝聚力的团队可能会发现，即使缺少上级的帮助，他们也可以相互指导和支持。

252

五　本章小结

执行主任是组织的象征。根据不同情况，他们需要使用不同的风格、视角、角色和行为。他们的责任是与他人分享领导力，以确保组织的长期可持续性。高效的领导者需要具备直接或间接影响他人的技能，并明智地使用权力。无论公平与否，大众总是认为非营利组织执行主任应对自己组织的表现负责，不管是值得称赞的还是受到责备的。通过培养自己和潜在继任者的领导能力，鼓励共享领导力以及使用领导力替代方案，非营利组织的执行主任可以加强他们的组织并保证组织的可持续性。

在下一章中，我们将讨论人力资源管理。从战略上看，所有非营利组织领导者，不论其组织规模大小，都可以从让个人参与使命的履行中受益。人力资源管理系统和策略将有助于这一努力。

---

① For example, see Terence Jackson, "A Critical Cross-Cultural Perspective for Developing Nonprofit International Management Capacity," *Nonprofit Management & Leadership* 19, no. 4 (2009): 443-466.

六   问题思考

1. 本章认为，一个强有力和控制力强的执行主任对组织来说是存在风险的。您同意这个论点吗？为什么？

2. 您的领导力优势和劣势是什么？您认为自己在哪些情况下是一位合格的领导者？

七   练习

练习 10.1   领导力经验分享

采访一位非营利组织的执行主任，询问他在管理非营利组织方面收获的经验，并在本书对应的章节中找到相似的观点。

练习 10.2   领导风格

253   在 YouTube 上选择并观看一段关于非营利组织执行主任的视频。你认为这个人是变革型领导者还是交易型领导者？还是两者兼而有之？在视频中，是否提到任何关于工作导向型领导行为或关系导向型领导行为？

练习 10.3   管理和领导工作

寻找一份关于非营利组织执行主任的工作描述。在招聘广告中，它描述了哪些管理工作？哪些领导工作？这份工作对您的吸引有多大？哪
254   些部分最吸引您，而哪些部分可有可无？

第十一章　战略性人力资源管理

大哥哥大姐姐埃德蒙顿地区组织（Big Brothers Big Sisters：Edmonton & Area，以下简称 BBBSE）的执行主任莉兹·奥尼尔（Liz O'Neill）非常清楚人力资源对其组织的重要性[①]。2010 年，该非营利组织共有 2700 名志愿者，为 3500 名儿童提供了服务[②]。为了向有需要的儿童及其家人提供有效的一对一指导，BBBSE 做到了知人善任。在奥尼尔的任期内，该组织蓬勃发展。仅在一年内，在没有增加 BBBSE 的员工数量或让员工超负荷工作的情况下，却让接受服务的儿童数量增加了一倍。通过对人力资源的认真关注，参与同其他机构的共享安排，建立一种重视有偿和志愿员工并以服务对象和服务提供为重点的组织文化，来管理持续的需求驱动型增长。

奥尼尔将组织成功的关键因素归功于重塑的人力资源管理系统。BBBSE 参与了一个试点项目，为埃德蒙顿地区六个非营利组织的执行主任提供有关人力资源管理方面各个领域的援助和最佳实践建议。理事们审查了他们的组织，寻求在不牺牲质量的前提下提高效率的机会。在试点期间，奥尼尔找到了与其他机构合作的方法，以更好地满足服务对象的需求，并设计了一个员工结构，这种结构能够增加员工的参与度以及给予他们技术和社会支持。她受到的鼓舞和具备的洞察力让她退后一步

[①]　案例细节来自 HR Council for the Nonprofit Sector，"Workplaces That Work，Case Study # 3：Big Brothers Big Sisters—Edmonton"（n. d.），accessed December 21, 2011，http：// hrc ouncil. ca/hr-toolkit/BBBS_Case study. cfm。

[②]　Big Brothers Big Sisters：Edmonton & Area，"History"（2010），accessed December 22, 2011，http：//www. bbbsedmonton. org/ABOUT/History/tabid/60/Default. aspx。

并检视整体情况，而不是只关注眼前的员工问题。因此，她简化了服务提供流程，从而节省了资金。一些节省的成本用于建立人力资源经理和使命效能经理这两个新职位。最终，对新的服务提供方式不适应的员工被解雇，但 BBBSE 在他们寻求新工作的过程中给予了支持。这是一个困难但必须经历的过程，正如奥尼尔在关于 BBBSE 的视频中所描述的那样①。

更加注重人力资源及其与其他职能的整合是值得的。虽然非营利组织留住拥有儿童保育经验的人是一项挑战，但志愿者和付薪员工保留率很高。员工对需要做的事情以及他们想要实现的共同愿景有共同的理解。他们有机会提供反馈、发表意见、参与新项目的开发，并参与年度预算和规划流程。地方咨询委员会和地区机构的代表也贡献他们的想法来帮助 BBBSE。参与非营利组织的每个人都被邀请参加培训课程，以确保理事会成员、员工和志愿者能在同一个知识层面上沟通。奥尼尔继续致力于在员工队伍、与 BBBSE 共享服务的机构以及其他大哥哥大姐姐分支机构进行能力建设。

前两章讨论了非营利组织的理事会和执行主任。本章重点介绍负责组织运作的员工，主要是付薪员工和志愿者。理事会和执行主任依靠这些员工有效地追求其非营利组织使命的能力。因此，应将人力资源管理考虑因素纳入战略规划过程、评估实践以及预算和行动规划的决策中。奥尼尔在 BBBSE 中发现，采取积极主动和全面的人力资源方法，而非简单地对日常员工问题做出回应，这样在无须额外的财务资源的情况下，增加了该非营利组织的成长能力。其他非营利组织也可以从寻求改善人力资源能力的方法中获益，同时要考虑财务限制、劳动力供应和服务需求。

本章定义了人力资源能力和战略性人力资源管理，然后探讨如何估算未来所需的人力资源能力，接着说明员工参与的周期，这是一个包含基本人力资源职能和活动的四阶段模型，从初始参与开始，并贯穿发展、

---

① *Big Brothers Big Sisters：Edmonton & Area*, video posted by HR Council for the Nonprofit Sector（2008）, accessed December 22, 2011, http：//www.youtube.com/watch？v = 9rkPfHK8cP4.

维护和分离阶段。下一章将增加关于影响非营利部门员工动机和绩效的更多信息和实例。

一 人力资源能力和人力资源管理

人力资源能力（Human resource capacity，以下简称 HR 能力）是指在内部执行组织工作的人员（如理事会、执行主任、付薪员工、志愿者和其他非营利组织成员）的能力、经验和才能。人力资源能力还可能包括临时工（contingent workers），即非永久性地为非营利组织工作的个人。临时工包括顾问、独立承包商、自由职业者、通过外部劳务公司雇用的临时合同工、实习学生、借贷高管、领政府津贴的工人〔例如，美国志愿服务队（AmeriCorps VISTA）、RSVP 和美国和平部队（Peace Corps）成员〕、法院指定的社区服务工作者和被要求提供社区服务的福利接收者。

人力资源管理（Human resource management，以下简称 HR 管理）是指为调动和最大限度地发挥人力资源能力而制定的政策和实践。人力资源管理影响着工作场所的文化和工作条件，以及个人为工作带来的技能、知识和能力，并且可以通过培训和其他方式发展。战略性人力资源管理为管理人员提供工具和技术以激励员工，并降低员工、组织和服务对象的风险。例如，它可以实施公平的奖励制度，并确保员工的安全和争议解决的权利得到保护。

如果非营利组织目前的 HR 能力与当前或预计的 HR 需求不匹配，那么需要在参与周期内启用新的个人，或者需要开发当前员工的能力并更好地利用这些能力，以便现有员工能够满足服务需求。关键问题有：应该让哪些任务被承包出去以及哪些任务交由内部执行？并且，应该为这些任务招聘哪些类型的员工（例如，员工应是有偿的还是志愿的）？在资源严重受限的情况下（例如，由于失去大额资助），非营利组织可能不得不缩减其 HR 能力。一个关键问题是：如何能够以较低的成本维持能力？或者，如果至少有一个技能、知识或能力领域的短缺是不可避免的，那么应该放弃什么类型的 HR 能力？BBBSE 为我们提供了一个例子，说明对 HR 能力和 HR 管理的审查如何帮助执行主任思考，让她可以在现有预算范围内为更多的客户提供相同数量的志愿者，但前提是志愿者通过新的人力资源主管职位和服务提供系统的重新设计得到了更好的支持。

（一）评估现有人力资源能力

为了评估 HR 能力，非营利组织领导者需要清楚地了解现有员工能够做什么和愿意做什么。评估非营利组织当前 HR 能力的一种简单方法是列出组织中需要完成的主要任务，并将每项任务与执行该任务所需的能力相匹配。下一步是制定能力清单（abilities inventory）。该清单记录了员工具有或可能具有的能力。这些能力可以从对空缺职位描述的研究以及单个员工的特征［例如教育背景、获得的证书和许可、工作经历（志愿者和付薪岗位）、爱好以及外语技能等能力］中识别。

即使员工有能力，他们也可能不愿意执行特定任务。绩效评估、员工调查、个性化发展计划和个人访谈可以帮助确定一个人是否已做好准备并有动力去承担不同的责任。可能需要额外的培训或指导，以提高对特定工作任务的信心和能力。激励工具可能有助于增强执行指定任务的意愿。

HR 矩阵可以说明当前和期望中 HR 能力之间的差距。为了实现非营利组织使命而需要完成的任务在纵轴上列出，可用员工在横轴上列出。可以为每个个体输入信息，以表明他们当前具有与任务需求相关的能力，以及他们理想任务活动的可用时间。矩阵还可以显示每个人可以根据准备情况和可用时间被要求发展的能力，以及这些潜在能力如何匹配分配的任务。在 BBBSE，奥尼尔对当前 HR 能力的评估显示，没有人有足够的时间或技能来战略性地协调和支持志愿者，因此聘用专门的人力资源经理是合理的。

（二）预测服务需求

各种内部和外部因素可能会影响未来的服务需求，从而影响 HR 能力和 HR 管理。通常情况下，只有大型的资源充足的非营利组织才有时间和金钱来对服务需求进行复杂的预测。然而，即使是最小的非营利组织，也可以追踪它们的服务被使用的时间，并确定在当前的人力资源能力下，需求是否超过了供给。通过收集服务提供和等待名单的数据，可以识别解释全年高峰期和低谷期以及长期趋势的模式。

所有非营利组织都可以寻找可能导致服务需求显著增加或减少的环境变化。对大众媒体和行业特定报告的简单扫描可以揭示可能影响服务需求的外部条件，例如，机构即将关闭将导致其服务对象搜索新的服务提供商。调查问卷可用于查看当前客户是否计划返回以获取更多服务。互联网可用于查找有关移民和其他影响所服务地理社区趋势的报告。以下是影响服务需求的样本因素。我们鼓励非营利组织寻找在其特定背景下重要的其他因素。

258

经济条件

经济条件是许多非营利组织服务需求和可用劳动力资源规模的关键驱动因素。例如，随着失业率上升，对提供食品、住所和求职服务的非营利组织的需求亦上升。当失业率较低时，非营利组织可能需要支付更多费用才能与其他雇主竞争最合适的员工，并可能会发现从减少的人才库中吸引志愿者更加困难。尽管经济衰退，但一些联邦政府数据显示，美国非营利部门的复苏能力很强。一项研究表明，非营利部门的总就业人数从 2009 年到 2010 年增长了 8.8%，而这一时期私营企业部门失业率惊人，对通过非营利组织提供的服务和可用于提高人力资源能力的资金的需求更大，失业员工进入了非营利组织潜在的付薪员工和志愿者队伍中。只有一类非营利组织，即雇员少于 10 人的非营利组织就业率下降。对于拥有 1000 多名员工的非营利性医疗保健组织而言，就业率上升了16.7%[1]，这至少部分归因于政府经济复苏资金的涌入[2]。

人口与人口结构变化

在面临人口与人口结构变迁的地区，非营利组织可能会发现他们目前的 HR 能力超过或不足以满足预期的服务需求。如果他们的人力资源

---

① Agency for Healthcare Research and Quality, *Medical Expenditure Panel Survey* (July 2011), accessed December 22, 2011, http: //www. meps. ahrq. gov/mepsweb/survey _ comp/Insurance. jsp.

② Rick Cohen, "HHS Data: Nonprofit Jobs Picture Mixed, Faster Job Growth Than in For-Profit Sector, Small Nonprofits Hit Hard by Recession," *Nonprofit Quarterly*, October 5, 2011, accessed December 22, 2011, http: //www. nonprofit quarterly. org/index. php? option = com _ content&view = article&id = 16496: hhs-data-nonprofit-jobs-picture-mixed-faster-jobgrowth-than-in-for-profit-sector-small-nonprofits-hit-hard-by-recession&catid = 153: features&Itemid = 336.

能力过剩，他们可能会通过减少劳动力或扩大服务范围或使命来做出回应。例如，在华盛顿特区，为低收入移民提供服务的非营利组织将其 HR 能力转移到周边县有需要的人群，将他们的焦点从组织最早办公地点附近的区域移开，虽然那里曾经有最大的需求，但是现在却很少有低收入移民[①]。人口变化也可以改变员工需要具备的能力。例如，在移民涌入且英语能力有限的社区中，当地的非营利组织可能会寻求能够为这一群体服务的双语员工。

使命实现

一些非营利组织很幸运地看到他们的服务需求下降，因为他们或其他人已经成功地解决了组织创立以来就一直致力于解决的问题。例如，一旦开始实施小儿麻痹症预防措施，美国出生缺陷基金会需要弄清楚如何处理其过剩的人力资源能力。其他非营利组织发现使命的成功产生了更大的需求。提供广受欢迎的艺术表演的非营利组织可能会发现未来的节目已售罄。致力于增进理解并减少对成瘾行为的污名化（例如赌博或疾病如精神疾病）的非营利组织发现，正如它们所希望的那样，有更多的个体寻求治疗服务。

自然环境

一些非营利组织的服务需求随着自然环境条件的变化而变化。例如，极端温度、风暴和自然灾害可能使个人需要庇护所服务。基于一天中的时间和季节的不同，急诊室和健康诊所也会有不同类型的健康服务需求。

服务网络中的其他参与者

当其他组织启动、扩大或终止相同或类似的服务时，非营利组织的服务需求可能会发生变化。与非营利组织互补，或竞争组织的营销和宣传活动可能会改变对非营利组织服务的需求。例如，政府鼓励锻炼和改善营养的公共宣传活动可能会对娱乐设施、社区花园、健康诊所以及与健康行为有关的其他非营利组织服务的需求产生连锁反应。

---

① Venture Philanthropy Partners, *Greater Than the Sum of Its Parts*, *Part* 1: *A Regional Perspective on Changing Demographics* (January 2009), accessed December 22, 2011, http://www.vppartners.org/sites/default/files/reports/VPP-Greater-than-the-Sum.pdf.

外部资金和政府补偿政策

如第六章和第十四章所述，政府可以确定哪些组织是经批准的服务提供者。如果非营利组织获得政府资助，政府机构也可以规定非营利组织必须提供的服务数量。非营利组织服务提供的地理和人口范围也可以由资金来源设定。对潜在服务对象来说，政府拨款和报销的可用性可能会影响服务能否负担得起并因此被需要，以及提供者必须具备的专业资格类型，以便服务对象利用政府资金。

技术和文化转变

新技术和公众态度会影响需求。一些非营利组织的方法可能会过时，而其他一些方法则会变得流行。例如，年轻一代倾向于从其网站而非个人会议中获取非营利组织的信息。表格的在线完成和数据集的自动更新减少了对员工时间的需求。另外，创新的医疗干预正在减少对大型外科手术的需求，大学发现学生对远程学习的兴趣超过了传统课程，这也改变了 HR 能力需求。

（三）预测人力资源能力需求

一旦非营利组织了解其当前的 HR 能力以及服务需求的可能变化，就可以更好地预测其未来的 HR 能力需求。要回答的关键问题是：

- 战略目标的实现需要哪些技能和知识？
- 什么样的员工以及需要多少才能满足各种需求？
- 将需要哪些新工作，以及哪些现有工作将不再需要？
- 我们现有的员工能否填补所需的工作岗位？
- 我们在保留现有员工方面有多成功？
- 我们需要做些什么才能为这些工作培养员工？
- 我们是否有足够的管理者和培训师来发展和支持员工？
- 我们目前的人力资源和实践是否足以满足未来需求？

人力资源能力建设的决策应该通过了解每种类型的员工可能提供什么以及管理不同类型的员工所需的资源来了解。例如，BBBSE 严重依赖

260

志愿者。大哥哥大姐姐埃德蒙顿地区组织在全国范围内进行的一项研究表明，对孩子们来说重要的是他们的生活中有一个关爱他们的成年人，而不是他们与指派的人所做的活动①。如果这些成年人是被雇来照顾孩子的，他们可能不会对孩子产生那么大的影响。这是因为孩子们知道指派给他们的成年人是志愿者，这实际上加强了关爱出自真心的这一想法。

　　大多数志愿者在非营利部门工作，一些非营利组织完全依赖于志愿劳动力②。志愿者和付薪员工在加强非营利组织的能力方面可能有所不同。许多研究都检验了价值和规范如何影响志愿者与付薪员工的使用决策。例如，唐尼林·洛塞克（Donileen Loseke）发现在家庭暴力庇护所使用付薪员工方面存在相当大的矛盾心理③。付薪员工在自我服务和自我赋权项目中被视为不一致，这些项目促进了同伴的支持网络。在非营利组织中使用付薪员工也可能被视为破坏了非营利组织工作所反映的利他主义的观点，并支持将非营利组织的工作视为具有工具价值职业的想法。经济公式不足以计算使用志愿者与付薪员工的成本和收益。尽管缺乏明显的经济效益④，许多非营利组织都使用志愿者，但有证据表明，志愿者的需求受到志愿者生产力、产出和经济成本计算的影响⑤。这表明，正如伍兹·鲍曼（Woods Bowman）所总结的那样，志愿者不仅仅是付薪员工的替代品⑥。

---

①　Joseph P. Tierney and Jean Baldwin Grossman, with Nancy L. Resch, Making a Difference: An Impact Study of Big Brothers Big Sisters (Philadelphia: Public/Private Ventures, 2000), accessed December 22, 2011, http://www.ppv.org/ppv/publications/assets/111_publication. pdf.

②　Laura Leete, "Work in the Nonprofit Sector," in The Nonprofit Sector: A Research Handbook, 2nd ed., ed. Walter W. Powell and Richard Steinberg (New Haven, CT: Yale University Press, 2006), 159–179.

③　Donileen Loseke, The Battered Woman and Shelters: The Social Construction of Wife Abuse (Albany: State University of New York Press, 1992).

④　Woods Bowman, "The Economic Value of Volunteers to Nonprofit Organizations," Nonprofit Management & Leadership 19, no. 4 (2009): 491–506.

⑤　Femida Handy and Narasimhan Srinivasan, "The Demand for Volunteer Labor: A Study of Hospital Volunteers," Nonprofit and Voluntary Sector Quarterly 34, no, 4 (2005): 491–509.

⑥　Bowman, "The Economic Value of Volunteers to Nonprofit Organizations," 504.

二　参与周期

有效的人力资源管理有多种活动。这些活动可以按照他们在参与周期中的位置进行分类。如示例 11.1 所示，周期中的活动分为四个阶段：初始参与、发展、维护和分离。

261

示例 11.1　付薪员工和志愿者的参与周期

初始参与			
确定新员工的理由	吸引候选人	筛选员工	建立书面和心理合同

发展		
社会化员工	衡量绩效、确定发展需求并分享反馈	提供学习机会

维护		
提供薪酬、福利、认可和奖励	促进安全和多产的工作环境	保存和归档记录

分离	
理解分离的原因	可能重新协商立场

262

阶段一：初始参与

初始参与阶段包括四项活动：确定新员工的理由，吸引候选人，筛选员工，建立书面和心理合同。

确定新员工的理由

在初始参与阶段，应确定并明确阐述新员工参与的理由。这需要深刻地了解我们在前几章中讨论过的主题：非营利组织的使命、目标、战略和结构。在解释为什么需要更多员工时，非营利组织领导者应该能够将人力资源需求与组织的使命和规划明确联系起来。例如，在 BBBSE，莉兹·奥尼尔认为雇佣一名人力资源经理是合理的，因为过去的经验表明，如果没有固定员工来保证连续性，人力资源问题可能得不到足够的重视。她还认识到，如果有人可以更好地利用志愿者的时间，那么还可以处理未实现的需求。幸运的是，由于重新设计服务提供流程节省了成本，BBBSE 能够在不增加预算的情况下增加该职位。

用志愿者、付薪员工、实习生或临时合同工填补进入新职位的观点应成为设立该职位的理由。即使有可以雇用付薪员工的资金，也可能有充分的理由选择其他类型的工人。杰弗里·布鲁德尼（Jeffrey Brudney）提供了选择志愿者而非付薪员工的众多理由，包括成本效益、获得外部拨款的能力提高、社区访问的增强、与服务对象的更好联系以及筹资福利[1]。如果使用志愿者而非付薪员工的理由是志愿者能够比付薪员工更好地与服务对象建立同伴关系，那么服务对象的相关特征可以决定所寻求的志愿者类型。例如，家庭暴力的幸存者可能最适合成为志愿者来帮助寻求庇护的受虐妇女。如果有人认为比起付薪员工，志愿者更善于筹资，那么应该寻求那些在筹资方面更为自如并且曾经向非营利组织提供经济捐赠的人。

非营利组织可以通过将任务外包给咨询公司或使用其他类型的临时应急的工作关系来显著提高其 HR 能力。咨询顾问、临时劳工公司、借调高管、实习生、领补助员工如美国志愿服务队或美国和平部队人事部门，以及可以为非营利组织处理短期或专业任务的其他类型工人，他们可以增加非营利组织的能力，而无须增加固定付薪员工或志愿者。这样做的好处是，非营利组织不需要为这些类型的员工提供保险和退休福利。它也不需要担心这些员工期望在非营利组织中获得晋升机会，尽管可以非正式地评估他们胜任固定职位的潜力。临时或应急的工作关系的使用在美国很受欢迎[2]，并且很可能在非营利部门增长[3]。其他国家的学者也

263

---

[1] Jeffrey L. Brudney, "Designing and Managing Volunteer Programs," in The Jossey-Bass Handbook of Nonprofit Leadership and Management, 2nd ed., ed. Robert D. Herman & Associates (San Francisco: Jossey-Bass/Wiley, 2005), 310-344.

[2] Susan N. Houseman, "Why Employers Use Flexible Staffing Arrangements: Evidence froman Establishment Survey," *Industrial and Labor Relations Review* 55, no. 1 (2001): 149-170; Mary Tschirhart and Lois R. Wise, "U. S. Nonprofit Organizations' Demand for Temporary Foreign Professionals," *Nonprofit Management & Leadership* 18, no, 2 (2007): 121-140; Arne L. Kalleberg, "Nonstandard Employment Relations: Part-Time, Temporary and Contract Work," *Annual Review of Sociology* 26 (2003): 341-365.

[3] Joan E. Pynes, *Human Resources Management for Public and Nonprofit Organizations* (San Francisco: Jossey-Bass/Wiley, 1997).

注意到这类劳动力对非营利部门的贡献①。研究表明，为非营利组织提供无偿服务的人力资源专业人员是特别宝贵的资源，他们的地位也在不断上升，例如埃尔登·艾默生（Eldon Emerson），他为 BBBSE 的莉兹·奥尼尔提供建议，建议的内容涉及本章开篇案例中描述的试点项目的一部分②。

吸引候选人

初始参与阶段也可能涉及吸引潜在的新员工加入非营利组织。虽然保留和再培训员工通常比招募新员工更容易和更具成本效益，但并非总是可行的。为回应能力需求，可以将个人晋升、降级或横向移动到组织内的新职位。但是，有时 HR 能力不足使其无法从当前的劳动力中获取人才。此外，合同、工会规则、政府法规和就业政策可能会阻止当前员工责任的改变。

要招募新员工，第一步是考虑职位所需的特征以及可能具有这些特征的个人类型。与其采取广撒网、无重点的方式，如在非营利组织广泛传播招聘机会和邀请所有感兴趣的申请人参与其中，非营利组织还不如进行更有针对性的邀请，这样一来，申请人可以更好地满足其需求，这种方法也更具成本效益并让参与的人不感到沮丧。如果这项工作需要某些技能、证书和时间，应当使其清晰明确。应使用书面职位说明（job descriptions）来确定哪些资格和承诺是必需的和哪些是优先的。志愿者和付薪员工的职位描述的基本要素如下：

- 职位名称；
- 主管的职务和联系信息；
- 职位的一般描述，包括责任和义务；
- 任务分配概述及其与非营利组织使命的关联；

① Stephen Almond and Jeremy Kendall, "Taking the Employees' Perspective Seriously: An Initial United Kingdom Cross-Sectoral Comparison," *Nonprofit and Voluntary Sector Quarterly* 29, no. 2 (2000): 205-231.

② James W. Shepard Jr., *Strengthening Leadership and Human Resource Capacity in the Nonprofit Sector: Pro Bono as a Powerful Solution: National Research Findings* (San Francisco: Taproot Foundation, n. d.), accessed December 22, 2011, http://www.taprootfoundation.org/docs/Taproot-Strengthening-Leadership-HR-Capacity.pdf.

- 必备的资格和期望的资格;

- 所需的评估和培训（例如，犯罪背景调查、保密协议、健康评估以及所需的入职前培训和相关培训参与）;

- 时间承诺;

- 福利（有形的和无形的）。

有许多机制可以用于寻找适合非营利组织工作岗位的个人[1]。组织外的搜索可能涉及印刷广告、广播和电视促销、网站发布、社交媒体传播、安置机构、高管招聘人员、专业搜索公司、大学和学院的职业发展中心、实习项目列表、公司的高管借调计划，政府安置计划，专业和贸易协会通讯公告以及志愿者中心。非营利组织也可以寻求员工、理事会、其他机构和服务对象的推荐。口碑广告通常是有效的，因为现有的员工可以从他们的专业和个人圈子中招募合适人选，并分享在非营利组织中工作的故事[2]。还有一种招聘机制则为工会。虽然工会成员在大多数非营利部门并不常见，但在需要时，适当的工会可能对寻找这些合格的员工至关重要[3]。

在识别招募潜在员工的合适方法时，非营利组织可以从广泛的思考中受益。随着"婴儿潮一代"的退休，劳动力资源人口和代际的变迁，用人单位对人才的竞争加剧，非营利组织需要越来越关注为具有不同背景和兴趣的员工创造一个受欢迎的和支持的环境的重要性。比起使用多种广告方法来吸引潜在员工，主要依赖口碑广告的风险之一是所确定的候选人群缺乏多样化。很少有研究比较不同部门之间的歧视，但现有的研究表明，非营利部门在工资和其他工作方面上的歧视可能少于其他部门[4]。尽管如此，当非营利组织的员工从他们的个人网络而不是通过更

---

[1] For good ideas see Mary R. Watson and Rikki Abzug, "Finding the Ones You Want, Keeping the Ones You Find," in *The Jossey-Bass Handbook of Nonprofit Leadership and Management*, 2nd ed., ed. Robert D. Herman & Associates (San Francisco: Jossey-Bass/Wiley, 2005), 623–659.

[2] See Michael A. Zottoli and John P. Wanous, "Recruitment Source Research: Current Status and Future Directions," *Human Resource Management Review* 10 (2000): 353–382, for a review of research on recruitment sources.

[3] Pynes, *Human Resources Management for Public and Nonprofit Organizations*.

[4] Pynes, *Human Resources Management for Public and Nonprofit Organizations*.

广泛的广告中吸引求职者时，他们很可能会吸引那些与他们相似的人。这可能造成恶性循环，非营利组织越缺乏多样性，就越难以吸引不同类型的候选人。那些考虑为非营利组织工作的人可能会将其视为具有特定年龄、种族、性别或其他易于观察特征的组织。在招聘策略中，非营利组织还应考虑如何为残疾人提供便利，让其无法成为选择最佳候选人的障碍。

　　无论非营利组织是在寻找付薪员工还是志愿者，重要的是找到适合工作特点、组织文化、规范和价值观的人[①]。非常适合的员工最有可能表现出高绩效、满意度和承诺。仅仅相信非营利组织的使命并不足以确保其能够胜任该职位。非营利组织应提供有关工作内容、工作氛围和组织文化的实际介绍。拥有更准确信息的个人更擅长选择能够保持他们积极性和承诺的工作环境。例如，某人想要在青年服务机构中工作以帮助儿童，如果他知道工作职责与儿童的接触很少，那么他可能不会申请该职位。关心职业发展的人可能会认识到，如果她发现一份工作提供较少的机会证明其领导能力，那么这项工作并不适合这个人。

　　很明显，非营利组织应该寻找能胜任工作或能够接受培训以达到职位标准的人。但是，一些非营利组织的领导者可能会有裙带关系，或者觉得他们需要聘请捐赠者推荐的不合格人士。为了理解该职位的资格，非营利组织可以执行工作分析以确定有效绩效所需的条件。期望的 KSAs（Knowledge，skills，and abilities，知识、技能和能力）可写入职位描述并在职位公告中注明，以帮助吸引和筛选候选人，并最终用于绩效评估[②]。

　　非营利组织面临的一个特殊挑战是需要精心管理志愿者的招募流程。志愿者名单上的人数多于实际需要的人数，这就存在问题。志愿者可能会因为没有被分配参与行动，或觉得因为志愿者人数过多而得不到有意义的工作而感到失望。拥有后备的支持可能是有用的，但也可能导致员

265

[①]　For reviews of the literature on fit see Amy L. Kristof-Brown, Ryan D. Zimmerman, and Erin C. Johnson, "Consequences of Individuals' Fit at Work: A Meta-Analysis of Person-Job, Person-Organization, Person-Group, and Person-Supervisor Fit," *Personnel Psychology* 58, no. 2 (2005): 281–342; and Benjamin Schneider, "Fits About Fit," *Applied Psychology* 50, no. 1 (2001): 141–152.

[②]　The example comes from Lawrence Kleiman, *Human Resource Management*, 2nd ed. (Mason, OH: South-Western/Cengage Learning, 2000).

工被招募进来，但没有执行过有价值的工作就离开了。当志愿者期望执行核心任务但却被分配到外围的管理或其他类型的任务时，他们会感到沮丧。虽然他们的理想主义可能促使他们为非营利组织工作，但由于他们没有为直接使命结果做出贡献，他们会认为自己的任务没有意义，非营利组织就很难留住他们。尽管为组织建立一个庞大的志愿者库可能非常诱人，但招聘人员应对真正存在的工作机会保持谨慎和诚实。

众包（Crowdsouring），通常通过网络公开招募将任务外包给大型团队，是一种相对较新的加强能力的方法，但非营利组织一直在试验它①。Netsquared. org 使用众包通过在线设计竞赛寻找新的徽标。纽约公共广播节目使用听众作为研究人员和公民记者。希望实验室（HopeLab）向孩子们征询增加体育活动的意见。有些人可能会说众包只是寻找和使用志愿者的替代性方法，但它通常是短期参与的一项任务。众包对参与周期的活动投入很少，这与我们鼓励更多忠诚的志愿者或付薪员工是相反的，他们希望长期为这项任务做出贡献，并更多地融入非营利组织。

筛选员工

员工筛选过程的形式和价值各不相同。尽管面试是筛选候选人群的一种流行手段，但研究表明，他们在预测工作绩效方面并非那么有用。他们可以传达信息，以判断是否有可能适合并清理对工作和组织的误解。鉴于某些推荐人因担心诉讼或其他原因而限制其提供信息，因此调查推荐信也可能会产生误导。尽管如此，推荐人可用于验证事实并提供观察和记录行为的示例，例如无故缺席、公开演讲经历以及在截止日期前成功完成任务。应该检查从业许可和教育学位，以确保求职者确实具有所需证明。在某些情况下，法律要求进行犯罪背景调查，例如，当准员工将与青少年近距离接触时。

非营利组织应建立系统，以确保在选择过程中遵守法律规定。非营利部门的有偿工作也遵循营利性工作相同的规则。例如，在美国，第七条法案（Title VII）（美国《民权法案》第七条，该法专门打击工作场所的性别

---

① The examples come from Rebecca Leaman, "Crowdsourcing: How Business and Nonprofits Tap into the Wisdom of Crowds" (June 11, 2008), accessed December 22, 2011, http://www.wildapricot.com/blogs/newsblog/2008/06/11/crowdsourcing-how-business-and-nonprofits-tap-into-the-wisdom-of-crowds.

歧视。——译者注）特别禁止了基于种族、肤色、宗教、性别和国籍的就业歧视。其他法案解决了其他形式的非法歧视，例如因年龄或怀孕而受到的歧视。移民法规定了针对非美国公民的雇佣限制。虽然志愿者不像付薪员工那样受到监管，但志愿者筛选和选择仍然需要遵循法律指导原则，以避免在志愿者无意造成伤害时归咎于招聘疏忽。对于某些工作任务，需要对志愿者和付薪员工进行背景调查。除了解决招聘实践和资格问题外，法律还影响可提供的合同条款，例如工资、工时、休假福利、安全和保险。对于额外的信息，非营利组织可以咨询政府机构的网站，如劳工部和国税局的免税部门，以及州政府和地方政府网站。

建立书面和心理契约

在做出建立工作关系的共同决定之前，双方必须清楚地理解职位的初始职责和相关的绩效期望。虽然与职位相关的任务和目标应与非营利组织的使命保持一致，但可以根据组织和未来员工的需要设计各种不同的工作安排。例如，员工可以跨组织分配时间。在某些情况下，非营利组织可能需要协商多个员工来分担同一工作。在初始参与阶段，工作时间和分担政策应由员工和非营利组织共同协调并达成一致。

一旦选择作为新员工进入组织，作为签约过程的一部分，他们必须获得所有需要的权限。非营利组织应对法律要求哪些是付薪员工、哪些是合同工保持清晰，然后提交适当的文书。在美国，国税局提供资源，用于对员工进行分类和确定要归档的适当信息（www.irs.gov）。有时，需要具备特殊权限。寻求雇佣 H-1B 签证的临时外国专业人员的非营利组织必须遵守工资规则，并且必须在 H-1B 雇佣的正式请求中证明美国国内劳动力供应不足①。对于青年员工，应从父母或法定监护人处获得许可。实习和借调的行政安排可能需要特殊的文书。

对于付薪员工，决定他们的报酬可能会非常棘手。工资调查可用于查找国内不同地区的不同类型的非营利职位的平均值，以及具有不同类型的使命和预算规模的非营利组织职位的平均值。超出这些标准可能会受到批评。由于支付给员工的薪酬过高，许多非营利组织遭到媒体和公

---

① Tschirhart and Wise, "U. S. Nonprofit Organizations' Demand for Temporary Foreign Professionals."

众的攻击。例如，在 2008 年的几个月里，中央卡罗来纳联合之路的理事会为其向执行主任提供的 120 万美元的薪酬方案辩护，但最终一致要求执行主任辞职或将其解雇以应对社区压力①。这个非营利组织并不是唯一在薪酬方案中认为自己没有任何错误，面对公众强烈抗议或政府调查而退缩的组织。2011 年，青年人研究所（Young Adult Institute，一个为发展性残疾人群服务的非营利组织）的理事会采取了行动，补救了给予前任执行主任和其他高级管理人员的近百万美元的薪酬方案②。关于这方面的例子比比皆是。

虽然书面合同可能提供有关职位的任务和绩效期望的信息，以及有关员工将获得的报酬或福利信息，但任何书面合同都不可能足够广泛纳入非营利组织对员工的或员工对组织的所有期望。研究表明，个人同意为一个组织工作，除了所有明确的法律合同之外，隐含的心理契约（psychological contract）也发挥着作用，它捕捉了个人对组织所承担义务的看法以及组织对其应尽的责任③。这些心理契约存在于所有类型的员工中④。当不存在正式的书面合同时，心理契约可能在获取相互责任的看法方面变得重要。一旦员工认为心理契约被打破，没有得到预期的培训或晋升机会，就可能产生包括满意度、生产力以及继续与非营利组织合作愿望降低的后果。

管理者可以通过鼓励潜在员工和新员工去表达他们对相互义务的理解，以努力避免违背心理契约。如果有任何认为的义务无法兑现，管理者可以给予解释，并减轻所有负面后果。例如，管理者可以对潜在志愿

---

① Eric Frazier and Kerry Hall, "United Way's Challenge: Rebuilding a Region's Trust," *Charlotte Observer*, August 27, 2008, accessed December 22, 2011, http://www. charlotteobserver. com/2008/08/27/153812/united-ways-challenge-rebuilding. html.

② Barbara Benson, "Pay Scandal Shakes Nonprofit's Board," *Crain's New York Business*, September 12, 2011, accessed December 22, 2011, http://www. crainsnewyork. com/ article/20110912/FREE/110919989.

③ Denise M. Rousseau, *Psychological Contracts in Organizations: Understanding Written and Unwritten Agreements* (Thousand Oaks, CA: Sage, 1995). 有关心理契约对志愿者适用性的讨论，请参阅 Steven M. Farmer and Donald B. Fedor, "Volunteer Participation and Withdrawal: A Psychological Perspective on the Role of Expectations and Organizational Support," *Nonprofit Management & Leadership* 9, no. 4 (1999): 349-368.

④ Matthew A. Liao-Troth, "Attitude Differences Between Paid Workers and Volunteers," *Nonprofit Management & Leadership* 11, no. 4 (2001): 423-442.

者（希望将志愿者工作变成有偿工作）解释，即使他做得很好，也不大可能雇佣他到有偿的就业岗位。

非营利组织将任务外包给商业公司或其他非营利组织，而非使用内部员工，从而最小化了参与周期后期阶段的需求，但使得承包阶段在规定工作安排方面尤为关键。在外包任务时，非营利组织需要适应所有法律，禁止其与其理事会成员或付薪员工相关的个人或公司签订合同。使用竞争性招标流程有助于避免指责某些个人或公司在签订合同上具有不公平的优势。

阶段二：发展

发展阶段帮助员工将他们自身定义为非营利组织的一部分，并磨炼其技能、知识和能力，从而有效地完成任务。对于基本的发展活动，个人可以在为非营利组织工作的整个时期之内重复进行，包括社会化、衡量绩效、识别发展需求、分享反馈和提供学习机会。

社会化员工

在社会化过程的早期，作为绩效管理系统中的一项任务，员工需要清楚地理解他们的工作职责和绩效期望[①]。与员工一起制订明确的绩效计划有助于使他们的活动与组织使命保持一致，并提供未来绩效评估的基础。社会化过程也应该强化组织文化中的价值观。例如，许多组织将多元化的重要性作为其使命的一部分，并认识到为所有成员创建和维持一种支持多元化的劳动力文化的重要性。因此，社会化活动应该具有包容性，并应鼓励员工认可自己的个性以及包容他人的个性。一个非营利组织的文化价值观应该与新员工明确共享，共享可以通过入职培训材料、欢迎演讲以及其他明确组织道德基础和运营原则的沟通方式来实现。

269

---

① 基于战略的绩效管理系统的详细讨论，请参阅 Dick Grote，*The Performance Appraisal Question and Answer Book: A Survival Guide for Managers*（New York：AMACOM，2002）。For a summary of Grote's system and guidelines for giving feedback, see Robert E. Quinn, Sue R. Faerman, Michael P. Thompson, Michael McGrath, and Lynda S. St. Clair, Becoming a Master Manager: A Competing Values Approach, 5th ed.（Hoboken, NJ：Wiley, 2011），60-63.

随着时间的推移，个人被社会化，进入新角色。与刚入职非营利组织的新员工以及被调位或晋升到新职位的员工此时还是局外人，直到他们被组织接受为止。在发展阶段，他们学习了所在单位的价值观和规范，并成为高效员工。约翰·瓦勒斯（John P. Wanous），阿尔农·赖歇尔（Arnon E. Reichers）和 S. D. 马利克（S. D. Malik）提供了一个四阶段的社会化综合方法（见图 11.1）①。完成各个阶段所需的时间因个人、工作和组织而异。对管理者来说重要的是认识到员工需要时间来理解和接受组织现实，明确他们的角色，了解他们如何适应组织，并感觉成功被整合。入职培训、被介绍给同事、导师项目、参观、团队任务和简报可以加快员工社会化进程。这些活动中的每一项都为员工提供了与同事一起参与的机会，询问有关非营利组织的问题，并观察其他员工。

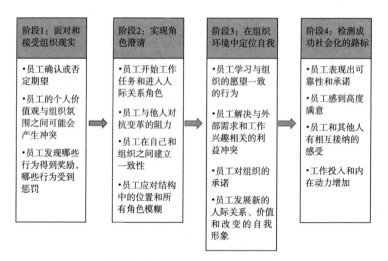

图 11.1 员工的社会化综合方法

资料来源：Adapted from John P. Wanous, Arnon E. Reichers, and S. D. Malik, "Organization Socialization and Group Development Toward an Integrative Perspective," *Academy of Management Review* 9 (1984): 674。

270

---

① John P. Wanous, Arnon E. Reichers, and S. D. Malik, "Organization Socialization and Group Development Toward an Integrative Perspective," *Academy of Management Review* 9 (1984): 674.

最终，员工可能会用组织来定义自我。他的自我形象可能与他在组织中的角色和参与有关。创始人有时会这样。他们可能会发现很难离开他们的非营利组织或者看到组织的改变。随着非营利组织的转型并可能将他们抛在身后，他们可能会感到迷失自我。其他高度社会化的员工也可能会因失去创始人而感到自己的个人身份受到威胁。了解这种社会化动态可以帮助管理从创始人到新领导者的过渡。这会是一个痛苦的过程，员工可能需要时间来改变他们的自我形象，以适应变化的非营利组织的现实。新的惯例和人际关系需要时间才能得以发展并成为新的规范。

衡量绩效、确定发展需求并分享反馈

从工作的第一天开始就表现非常出色的员工是罕见的。即使是执行简单任务的员工，也需要知道获取供给的渠道，清楚适当的休息时间以及了解他们的同事。发展需求的识别来自员工自我、主管、同事、导师或其他意识到绩效弱点的人，例如服务对象。

有各种工具可以帮助衡量绩效、确定发展需求并分享反馈。一些最常见的工具包括绩效评估、自我评估、基准测试、平衡记分卡、结果测量、同行评审[1]以及职业咨询。非营利组织的质量改进系统还可以为员工提供绩效数据，并使他们走上持续改进的道路[2]。使用与员工绩效目标相关的特定行为测量，而非进行一般性观察，可以确定员工需要改变的方面（如有）。表11.1列出了可以使用的绩效评估的一些示例、可能导致绩效不佳的一些发展问题，以及一些帮助员工改进的潜在解决方案。

绩效不佳可能并非员工的过错。对绩效的影响将在下一章中详细讨论。简而言之，分工不明确、目的冲突、资源匮乏以及其他组织因素可能导致绩效不佳。在确定解决方案之前，确定绩效不佳的根本原因非常重要。举行绩效评估会议提供了与员工讨论的机会，根据问题的根本原因确定最适合的发展活动，以改善未来的绩效。

271

---

[1] Martin E. Purcell and Murray Hawtin, "Piloting External Peer Review as a Model for Performance Improvement in Third-Sector Organizations," *Nonprofit Management & Leadership* 20, no. 3 (2010): 357-374.

[2] For a discussion of these programs see Ben Cairns, Margaret Harris, Romayne Hutchison, and Mike Tricker, "Improving Performance? The Adoption and Implementation of Quality Systems in U. K. Nonprofits," *Nonprofit Management & Leadership* 16, no. 1 (2005): 135-151.

表 11.1　基于发展问题和潜在解决方案的不良绩效测量

不良绩效测量	如果绩效没能达到期望，可能的潜在发展问题	潜在的解决方案
员工遭到多次投诉	难以管理冲突；缺乏合作	侧重于冲突管理的社交或人际关系训练
	多样性的挑战	多样性培训
投入的低质量和低数量	缺乏对流程的理解	技术性培训
	不愿意寻求资源或协助	自信和有效沟通技术的培训
错过最后期限的次数多和提交工作的平均延迟天数高；无故缺席；上班迟到	难以管理时间	时间和压力管理培训
	太多任务	重构工作量
	家庭和工作职责冲突	灵活的工作安排；工作时间的修改
公众演讲中受众的评价不佳；向记者或他人泄露内幕消息或私人信息	缺乏公共演讲经验	沟通培训
	不清晰或不合适的信息	组织导览，组织情况简报，组织发言人
	缺乏整个组织的沟通计划和危机管理流程	隐私法和组织流程的指导

资料来源：Adapted from John P. Wanous, Arnon E. Reichers, and S. D. Malik, "Organization Socialization and Group Development: Toward an Integrative Perspective," *Academy of Management Review* 9 (1984)。

当然，绩效目的设定、绩效回顾和反馈的投入水平必须通过可能的收益来证明。对于一些短期工作，这些过程不太可能值得花费太多时间或精力。尽管如此，可能仍有机会向员工提供有用的反馈，并考虑下一次这种性质的参与如何对非营利组织和参与者而言更加有效。例如，对学生工作项目的质量感到失望或满意的非营利组织领导者应该告知学生和监督教员这一结论。也许可以对未来的任务做出改变，为所有参与者带来更多好处。

研究表明，绩效评估是最不受欢迎的组织流程之一①，并且通常被

---

① Gina Imperato, "How to Give Good Feedback," *Fast Company*, August 31, 1998, accessed December 22, 2011, http://www.fastcompany.com/magazine/17/feedback.html.

认为对组织、管理者或员工没有任何好处①。它通常被认为是一个消极过程，侧重于发现错误并归咎责任。然而，一个好的绩效评估系统可以被更好地描述为提供一个过程来庆祝过去的成功和识别未来成长的机会。重新构造绩效评估过程并不意味着忽略绩效问题（需要解决实际和期望绩效之间的负差异和正差异）。然而我们的重点不在于惩罚过去的糟糕绩效，而在于促进未来的出色绩效。

为了帮助在反馈会议中设置正确的基调，管理者最好从积极的行为和绩效结果开始。在庆祝这些成功之后，要求员工确定他想要改进的领域，并询问管理者可以通过哪些行动来帮助他取得更大的成功，这也有助于保持积极的合作基调。管理者应该牢记，反馈讨论的主要目标是提出一个有利于组织和员工的行动计划。该行动计划可能包括进行一些组织变革（例如，修改服务提供流程以简化所需的工作），对管理行为进行部分修改（例如，在分配任务时提供更明确的指示）以及为员工提供一些发展机会。根据绩效评估会议开始时设定的积极基调，确定别的发展机会既要反映员工的利益，也要反映组织的需求。

提供学习机会

大多数人都受到自我改进愿望的激励。这将在下一章中详细讨论。这里的相关内容是人力资源管理应该为员工提供学习机会，这些机会可以采取多种形式。辅导、咨询、导师和培训都可以作为干预手段，以提高绩效并保持高动力。辅导（Coaching）往往侧重于发展能力，而咨询则侧重于改变态度。辅导分享建议和信息，并帮助制订标准和目标。在咨询（counseling）中，员工会发现问题并提出解决方案。当员工准备好改变时，辅导和咨询都是有效的，是非防御性的，并且感觉受到支持而非被干预所冒犯。指导（Mentoring）涉及将资深员工与初级员工匹配。273 资深员工可以作为榜样，通过提供建议、有用的介绍为初级员工提供参与重要项目的机会，从而促进初级员工的发展。培训（Training）往往侧重于解决与任务相关的知识和技能的需求。

---

① Charles S. Jacob, *Management Rewired: Why Feedback Doesn't Work and Other Surprising Lessons from the Latest Brain Science* (New York: Penguin, 2009), cited in Quinn et al., Becoming a Master Manager, 60.

如果执行主任在没有充分准备和同伴支持网络足够的情况下履职，那么辅导可能特别有帮助。指南针组织发现，在为非营利组织的高管提供辅导计划的六个月内，这些领导者在提高与员工的沟通效率更强的领导能力和更强的自信心方面都有所改善。辅导也与保留率正相关①。罗伯特·菲舍尔（Robert L. Fischer）和大卫·贝梅斯（David Beimers）在回顾了非营利组织高管的试点辅导项目时也报告了积极的结果②。

对于许多员工来说，工作变化可能会满足发展利益。轮岗（Job rotation）涉及在同一组织层面的工作中进行员工轮换。这让他们使用不同的技能，并让他们接触到非营利组织的多个方面。例如，医院的实习生可能会改变部门，以便更好地了解他们的工作偏好，以及更广泛地了解部门如何互动。工作扩大化（Job enlargement）涉及向工作添加任务，使其更加复杂和有意义。例如，员工可能不仅被要求填写募捐信封，还要记录收到的捐款并发送感谢信，这帮助他们查看该任务的结果。工作丰富化（Job enrichment）涉及给予员工更多的责任和决策权。员工可能会被要求规划并确定其任务的优先级，分配资源并执行任务，评估任务结果，并决定是否继续开展任务。例如，作为工作丰富化项目的一部分，参与处理筹资请求信件的员工可能会被要求决定邮件的发送频率，并提供关于筹资信件的内容。

阶段三：维护

维护参与阶段包括了许多促进持续工作关系的常规人力资源活动。这些活动的例子包括提供薪酬、福利，认可和奖励员工，促进安全的和多产的工作环境，保存和归档记录。

提供薪酬、福利、认可和奖励

员工需要根据合同协议来获得报酬。非营利部门的薪酬方案差异很
274　大，但对于有全职付薪员工的非营利组织来说，对该部门不提供底薪的

① CompassPoint Nonprofit Services, *Executive Coaching Project: Evaluation of Findings*, study conducted by Harder+Company Community Research (2003), accessed December 22, 2011, http://www.compasspoint.org/sites/default/fi les/docs/research/2 _ cpcoachingexecsumm. pdf.

② Robert L. Fischer and David Beimers, "Put Me In, Coach: A Pilot Evaluation of Executive Coaching in the Nonprofit Sector," *Nonprofit Management & Leadership* 19, no. 4 (2009): 507-522.

担忧通常是多虑了。对于某些工作，非营利组织的薪酬甚至可能高于政府和营利部门的雇主。劳拉·李特（Laura Leete）解释了对于相同的一份工作，非营利部门的薪酬可能低于或高于其他部门的工资的原因①。低薪的一个解释是，非营利组织员工认为他们获得了福祉，或者可以通过参与非营利组织来追求他们的信仰。他们接受较低的工资，也因为他们认为非营利性企业并不是在利用他们来赚取利润。另一种解释是，薪酬差异是由于雇主的规模和资源不同，而与其是否为非营利组织无关。至于为什么非营利组织的工资和报酬有时高于其他部门相同工作的工资和报酬？原因包括非营利组织税收较低、监管成本较低、缺乏利润最大化的压力，所有这些都可能使得更多的资源用于支付员工报酬。

许多组织提供非营利组织的薪资信息，这些信息可以帮助设定合适的薪酬。在互联网上可以搜索到的薪资信息提供者有 salary. com，GuideStar Nonprofit Services（有关顶级高管薪酬的信息），非营利组织专业化（Professionals for Nonprofits），慈善导航（Charity Navigator）和 payscale. com。《慈善杂志》（*Philanthropy Journal*）提供了很多 2010 年非营利组织薪资报告的链接②。对报告的审查表明，平均工资不仅取决于职称，还取决于任务、地点、预算规模和薪资研究的方法。

正式和非正式的绩效承认以及内在和外在奖励是维护参与的一部分。无论是有偿服务还是志愿服务，员工都可能会珍惜受到尊重的方式，这表明他们的贡献得到了重视，并且对他们的承诺得到了尊重。对于付薪员工，有明确的证据表明他们如何被对待将影响组织绩效和员工福祉。安娜·哈利-洛克（Anna Haley-Lock）和让·克鲁兹（Jean Kruzich）列出的研究表明，提供更多慷慨和灵活福利的非营利组织具有更高的员工保留率、工作绩效和工人满意度，而员工不满、职业倦怠和跳槽更多地发生在低薪、工作时间不规律以及保险和退休养老金有限制的非营利组织中③。研究并未

---

① Laura Leete, "Work in the Nonprofit Sector."

② Terrie Temkin, "Nonprofit Salaries in 2010," *Philanthropy Journal*, July 26, 2010, accessed December 22, 2011, http://www. philanthropyjournal. org/resources/managementleadership/ nonprofit-salaries-2010.

③ Anna Hayley-Lock and Jean Kruzich, "Serving Workers in the Human Services: The Roles of Organizational Ownership, Chain Affiliation, and Professional Leadership in Frontline Job Benefits," *Nonprofit and Voluntary Sector Quarterly* 37, no. 3（2008）: 443-467.

发现非营利部门和其他部门在福利方面始终存在差异，但确实提供了证据，表明类似职位的福利存在很大差异①。在下一章中，我们将讨论如何向员工表明他们被感谢的方法。关于认可员工的方法不计其数，从简单口头感谢表达到绩效奖励，年度志愿者庆祝活动，以及需要记录绩效信息和进行公平评估的其他奖励和回报。

促进安全和多产的工作环境

维护阶段还涉及促进安全和多产的工作环境。例如，在美国，工作条件应符合职业安全与健康管理局法案中列出的标准和规则。如美国残疾人法案（Americans with Disabilities Act）所述，需要为残疾人员工提供相应设施。应保护所有工人免受同事以及与组织互动的其他个人（包括服务对象和理事会成员）的骚扰。应给予员工完成工作所需的资源。还应建立一种促进道德标准和组织价值观的工作文化。由其他组织支付报酬的志愿者和临时工可能面临的挑战是，他们的服务可能被错误地认为是无偿的，因此可能无法获得支持他们表现良好的资源。应为他们提供办公场所、与其他员工接触机会、培训机会、工作用品、绩效反馈和其他所需资源。

保存和归档记录

非营利组织应为每位员工保存适当的记录。这不仅要满足法律要求，还要追踪有助于理解 HR 能力和提供绩效反馈的信息。某些就业信息（如健康检查和社会安全号码）应被保密并加以保护，以避免身份盗用和侵犯隐私。

罗伯特·马西斯（Robert L. Mathis）和约翰·杰克逊（John H. Jackson）提供了一个比例列表，可能有助于识别 HR 潜在的问题领域②。例如，了解填补某些类型的职位空缺通常需要的时间和单个申请人的招聘成本是有用的。它可以帮助非营利组织判断不同类型的招聘广告的价值，还可以提供信息，说明在一个职位被填补之前，调整他人的工作安排以完成重要任务的必要性。记录所接受的工作邀请与发出的工

---

① Hayley-Lock and Kruzich "Serving Workers in the Human Services."

② Robert L. Mathis and John H. Jackson, *Human Resource Management: Essential Perspectives*, 2nd ed. (Mason, OH: South-Western/Cengage Learning, 2002).

作邀请之间的百分比也是有用的。如果百分比很低，则说明所提供的薪酬和福利不具竞争力。追踪薪酬成本对总收入的影响，特别是对那些没有直接提供服务的员工薪酬，有助于判断非营利组织是否容易受到公众对其薪酬预算比例的批评。每年辞职人数与每年员工总数之比也很有用。如果自愿离职率很高，可能是选拔过程"才不配位"，也可能存在其他问题，如恶劣的工作条件和对同事的失望等。当然，正如我们在第十章所提到的移动的桑特罗波尔组织所发现的那样，由于非营利组织吸引的员工类型，例如青年员工，预计会有很高的员工流动率。

276

阶段四：分离

在参与周期的这个阶段，个人离开非营利组织或被调任到另一个岗位。终止工作关系可以是自愿的或非自愿的，计划中的或计划外的。非营利组织的目标应该是友好分离，使员工感受到被公平地对待并对组织有良好的感情。员工离职时应准确理解非营利组织并接受分离的必要性。

理解分离的原因

一些人力资源管理系统会有一个机制，如离职面谈，询问员工并获得有关离职原因的信息。离职面谈是减少员工离职带来的任何负面情绪的机会。通过感谢员工的贡献并讨论他可以继续参与非营利组织的方式，可以增强其积极的感受。非营利组织可能有能力提供再就业安置服务，如职业咨询、简历援助、求职工作坊、工作列表和推荐。在离职面谈中讨论这些资源可以改善离职员工对组织的态度。

当员工因不满而离开时，在离职面谈中获得的信息可能对识别组织需要改进的领域特别有用。心怀不满或沮丧的员工一旦知道即将离开组织，就更愿意诚实地表达自己的意见。例如，一个深受打击的员工可能没有把这个信息传达给他的主管，但是在离职面谈中可能表明他的任务太复杂或者他的培训不足。一旦知道了这些信息，就有可能为未来的员工解决这个问题，或者甚至可能有机会延迟或阻止当前员工的离职。

可能重新协商立场

失去一名有价值的志愿者或付薪员工可能会对非营利组织实现其使命的能力产生负面影响。找到一种方法来保留希望自愿与组织分离的个人可能是值得的。也许员工可以接受另一种安排。例如，全职员工可能愿意兼职或作为志愿者继续工作。认为自己的工作不够具有挑战性的个人可能会被转岗到新的职位或承担额外的职责，并与总体 HR 能力需求保持一致。

277

三　本章小结

正如关于 BBBSE 的开篇案例中所指出的那样，任何组织的成功都取决于知人善任。良好的人力资源管理让员工与使命保持一致。在初始参与阶段，使命是增加新员工、找到合适的员工和设定工作期望理由背后的推动力。在发展阶段，社会化加强了员工对使命的承诺。衡量绩效、识别发展需求和提供反馈有助于确保员工的活动与使命保持一致。在维护阶段，提供薪酬和福利会创造员工的相互义务感。认识到并奖励员工为实现组织使命所做的努力进一步强化了员工的承诺。分离是不可避免的，但可以通过确保明智地使用人力资源的方式进行管理，并为提高完成使命的 HR 能力提供投入。

在下一章中，我们将继续检验绩效问题。我们增加了关于激励理论的更多信息，并就如何创建和维护积极主动的高绩效员工队伍提供实践指导。与战略性人力资源管理系统相结合，激励员工的努力很可能会有助于提高 HR 能力。

四　问题思考

1. 非营利组织是否有不违背志愿者心理契约的道德责任？为什么？非营利组织如何避免违背心理契约？

2. 在什么情况下，非营利组织提供的薪酬与营利性雇主提供的相同职位的薪酬相比具有竞争力？什么时候可以减少报酬？

3. 思考今天的经济和社会环境，当前条件对非营利组织吸引新志愿者和付薪员工的能力有何影响？

五　练习

练习 11.1　参与周期

考虑您的上一份工作。将您的经验应用于参与周期。在四个主要阶段的每一个阶段发生了什么？在每个阶段的哪些地方做得好？哪些地方需要改进？

278

练习11.2 招聘广告

查找并比较类似的两个非营利组织的招聘广告。使用本章中的观点，考虑其中一个广告是否比另一个更有可能吸引适合非营利组织的申请人。解释为什么一个广告比另一个更好，或为什么两个广告都会有类似的结果。

练习11.3 对比付薪员工和志愿者

分析非营利组织劳动力的构成。关注付薪员工和志愿者。这两类员工在工作任务以及在参与周期的每个阶段支持他们的活动和资源方面有何不同？

279

第十二章　动机与绩效

　　高线公园（The High Line Park）位于曼哈顿，它是在一条长期未使用的高架铁路的基础设施上修建而成的。这条高架铁路开通于 1934，并于 1980 年停止运行。为废弃的铁路设计新的用途是罗伯特·哈蒙德（Robert Hammond）和约书亚·戴维（Joshua David）的想法，他俩在一次社区会议上相识，并有一个共同的愿望，即拯救这条高架铁路①。1999年，他们成立了高线之友（Friends of the High Line）（高线之友是一个以社区为基础的非营利组织。——译者注），以阻止历史建筑被拆除，并将其改造成有利于街区居民的设施。高线之友的创始人致力于改变居民对这条铁路的看法。从前，这条铁路被人们忽视和讨厌。现在，它成为这座城市独特的资产。2006 年，公园的动工仪式在这里举办。仅建立支持者联盟、收集设计理念、进行经济分析（为带来的利益高于修建成本进行说明）、说服 CSX 运输公司（将高架铁路捐赠给城市）和获得市、州和联邦当局的批准就耗时 7 年。高线公园的第一部分开放于 2009 年，第二部分开放于 2011 年。12 年来，这些创始人和他们的朋友以及招募的员工一直保持着维护高架铁路并将其建成观光地的积极性和动力。用演员爱德华·诺顿（Edward Norton）的话来说，这个公园展示了"事情可以成为它本应呈现的状态"。高线之友的成功，为其他对城市、历史和环境保护感兴趣的组织提供了启示。

　　高线公园被描述为新一代公共公园的代表。在这些城市空间里，社

---

　　① 案例细节来自 the High Line Website，http：//thehighline.org；see especially the "History" and "Friends of the High Line" pages. The site also includes videos.

区成员共同努力来确定它们的使用方式，从而使社区受益。高线公园支持者的动机各不相同。设计师黛安·冯·福斯滕伯格（Diane Von Furstenberg）称之为贯穿整座城市的"缎带"，是"美丽而浪漫的"的化身。一些人没有站在审美的角度，而更多地是为了提醒人们关于这个城市的工业历史。另一些人则认为它提供了教育学龄儿童的场所，不同背景的人们也可以聚在一起参与娱乐活动。还有部分人受到高线公园产生 280 的税收收入和财产增值的激励。

创始人成功地召集了众多怀有不同动机的党派，采取行动来保护这座建筑，并建设了这座城市绿洲。高线之友开始于一小群志同道合的志愿者，而现在，它已是一家拥有超过 55 名员工，28 名理事会成员，以及 14 名法定退休理事会成员的非营利组织。它为高线公园提供了 70% 的年度运营费用。高线之友根据与纽约市签订的协议对高线公园进行日常维护，并通过观光、讲座、表演、公共艺术项目和其他活动在高线公园周围构建起一个充满活力的社区。

本章关于非营利组织的动机和绩效。正如前面的案例所表述的那样，对于非营利组织来说，激励他人的想法通常不仅限于本组织的正式员工。除了付薪员工，非营利组织领导者也需要激励志愿者、合作伙伴、政府官员、立法者、捐赠者、服务接收者和其他利益相关方。为了使高线公园这一构想成为现实，罗伯特·哈蒙德和约书亚·戴维激励艺术家、建筑师、企业主、公民领袖、捐赠基金会、社区居民、学校教师和他人一起为高线公园的创立集思广益，鼓励他们做出财务贡献（以实现愿景）、游说政府、亲自体验新开发的空间并吸引他人感受高线公园带来的好处。然而，光有动机是远远不够的。领导者需要提供资源和培训，以确保那些愿意为公园提供帮助的人能够有效地开展工作。

在这一章中，我们回顾了如果动机与能力相结合的话，它是如何对行为产生影响的。前一章研究了非营利组织的人力资源管理系统，讨论了付薪员工和志愿者的建议管理方法。本章重点在了解人的动态，以鼓励最佳表现。它还提供了有用的信息，用以诊断表现不佳的原因和创造改善工作态度、行为和成果的条件。

一 对绩效的影响

对于那些希望影响绩效的人来说，三个简单的公式能够提供一定的帮助①。示例 12.1 展示了一个基于这些公式的模型。该模型表明，绩效取决于能力和动机。能力取决于自身的本领、培训和资源。动机是个人愿望和承诺的函数。例如，高线之友的创始人必须弄清楚谁拥有把高架铁路移交给城市的能力，然后激励他们。他们还必须说服政府官员采取必要的行动，把铁路线变成公园。创始人认识到他们缺乏本领或资源来设计公园，因此他们向其他具有这种资历的人求助。为了激励设计师，创始人让设计师从设计竞赛中汲取灵感，并制订了具有截止日期和支付时间表的合同。这有助于鼓励设计师实现愿望和承诺。

281

示例 12.1　对绩效的影响

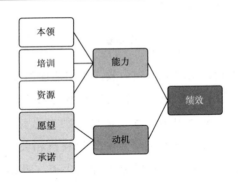

三个公式：
绩效是能力和动机的函数。
能力是本领、培训和资源的函数（完成的能力和机会）。
动机是愿望和承诺的函数（完成的能动性）。

当个人的绩效不佳时，管理者可以诊断问题的原因。首先应查看的问题之一是确定绩效不佳是由于缺乏完成工作的能力，还是由于缺乏动

① 有关这些公式和使用过它们的学者的信息，请参阅 David A. Whetten and Kim S. Cameron, *Developing Management Skills*, 5th ed.（Upper Saddle River, NJ: Pearson Prentice Hall, 2002）。

机。如果是缺乏能力，那可能是由于缺少本领、培训或资源。如果是缺乏动机，那么这个人可能缺乏开展工作的愿望或承诺。

- 本领。个人可能缺乏擅长的技能、知识或个性特征。如果一项工作需要高水平的协作和沟通，那么他们可能没有能力与他人建立信任或共享工作。他们也可能缺乏足够的体力或理解力。举一个高架铁路项目的例子：哈蒙德和戴维知道自己缺乏找出旧铁路最佳用途的本领，因此他们对此进行了研究并举办了设计竞赛。

- 培训。人可能与生俱来有某种本领，却不知道该如何来做。个体接受培训，学会以某种方式来完成工作，但是培训可能不正确或不充分，或随着时间推移不合时宜，从而导致绩效问题的产生。在高架铁路项目中，为了帮助教师在课程中有效地利用公园，高线之友组织为教育者提供课程指南和培训。

- 资源。完成的机会取决于环境。有些环境能够提供执行所需的资源，有些却不能。资源的缺乏可能导致绩效不佳。个体无法好好执行的原因可能是缺乏所需的材料、用品、技术、说明、使用权或其他资源。高线之友组织提供视频、报告和图示来帮助倡导者的筹资和游说活动。如果没有这些资料，倡导者成功的概率就不会那么高。

- 愿望。个体可能不想完成某项工作。他们可能认为不完成的好处大于完成的好处。他们可能看不到完成这项工作所带来积极结果的价值，因而不愿意开展工作。例如，最初反对把高架铁路建成公园的人们认为这条高架铁路十分难看，且保留下来的可能性微乎其微。然而，一旦确信铁路线的保留是可行的，这些人就开始提供财政支持并成为志愿者。

- 承诺。个体可能有完成的愿望，但缺乏坚持的动力。他们缺乏对完成的承诺。例如，如果志愿者和捐赠者看到自己的努力对解决复杂的社会问题可能只起到了微小的推动作用，他们就可能感到疲劳。随着时间推移，他们继续投入这个事业的动力逐渐减弱，因为他们会被其他需要关注的需求分散注意力。高线之友组织的创始人通过集会、进度报告和庆祝里程碑活动来维持这种承诺。

282

领导者和管理者可以使用各种方法和工具来应对缺乏的本领、培训、资源、愿望和承诺。表 12.1 提供了一些常用的建议。

表 12.1 影响最佳绩效的常用建议

绩效指标	建议
本领	招募已经具备所需知识、技能和能力的人； 重新分配或培训缺乏本领的人； 组建团队以获得互补的本领
培训	设计和提供培训，以便个体清楚如何行动以及应何时行动； 提供手册和相关参考资料； 鼓励个人识别自身在知识、技能和能力上的弱点，以便非营利组织能够应对，从而避免绩效问题的产生
资源	改善技术以弥补本领或培训的需求； 确保提供执行所需的信息； 提供足够的空间、时间、帮手和供给
愿望	帮助个人了解绩效为自己和他人带来的好处； 创建一个工作环境，让个人看到自身绩效的成果； 强调组织或项目的基本价值，以便个人能够更好地理解工作的意义
承诺	把巨大和长期的工作分成较小和短期的任务，这样个人才能看到进步； 轮岗工作以避免无聊和疲劳； 减少分心； 确保工作具有挑战性，但不至于令人沮丧或气馁； 成功的道路上不断庆祝阶段性成就

二 动机理论

动机的理论处理通常着重于动机的内容理论（content theories）和过程理论（process theories）。内容理论主要强调影响动机个体内部的变量，而过程理论既着眼于环境，也着眼于个体来对动机做出解释。经典的动机理论有亚伯拉罕·马斯洛（Abraham Maslow）的需求层次理论、克莱顿·奥德弗（Clayton Alderfer）的 ERG 理论、弗雷德里克·赫兹伯格（Frederick Herzberg）的双因素理论、戴维·麦克利兰（David McClelland）的习得需要理论，以及公共服务动机理论、期望理论、操作制约和行为矫正理论、社会学习理论、目标设定理论和公平理论。

虽然这些经典的动机理论通常适用于营利性环境，但有证据表明，它们也同样适合非营利性的工作场所①。例如，雷内·贝克斯（René Bekkers）研究了志愿者的动机，发现奖励、价值取向和角色示范对志愿者的动机做出了解释②。凯瑟琳·席普斯（Catherine Schepers）和她的合作者发现，经典理论的基本前提是非营利部门和营利部门需求一致，但实际激励因素可能不同；非营利组织的员工往往比营利机构的员工具有更强的偏好，他们看重社会回报、帮助他人的工作、成长机会和内在待遇③。志愿者对个人成长、外部认可和社会归属有强烈的需求④。在下面的章节中，我们从每种经典的动机理论中汲取基本要点并用它们作为基础，阐述关于非营利部门动机和绩效的研究成果。基本的要点如下：

    √ 人们的动机是满足自身需求且因人而异；

    √ 一旦某种需求不能被满足，人们就会选择其他需求；

    √ 人们会受到内在奖励和外在奖励的激励；

    √ 工作环境影响人们的需求；

    √ 非营利组织吸引无私的人；

    √ 人们按照他们希望带来的最好和最不坏的结果行事；

    √ 人们的行为受到正强化和负强化的影响；

---

① 这些理论的实证基础及其对管理思想演变的价值的评估来自各种教科书。而对本章最有用的是：John M. Ivancevich and Michael T. Matteson, *Organizational Behavior and Management*, 6th ed.（Boston：McGraw-Hill/Irwin, 2002）；Hal G. Rainey, *Understanding and Managing Public Organizations*, 3rd ed.（San Francisco：Jossey-Bass/Wiley, 2003）；and Debra L. Nelson and James Campbell Quick, *Organizational Behavior：The Essentials*（New York：West, 1996）。

② René Bekkers, *Giving and Volunteering in the Netherlands：Sociological and Psychological Perspectives*（Utrecht, Netherlands：Interuniversity Center for Social Science Theory and Methodology, 2004）.

③ Catherine Schepers, Sara De Gieter, Roland Pepermans, Cindy Du Bois, Ralf Caers, and Marc Jegers, "How Are Employees of the Nonprofit Sector Motivated? A Research Need," *Nonprofit Management & Leadership* 16, no. 2（2005）：191-208.

④ Joan E. Pynes, *Human Resources Management for Public and Nonprofit Organizations*（San Francisco：Jossey-Bass/Wiley, 1997）；Matthew J. Chinman and Abraham Wandersman, "The Benefits and Costs of Volunteering in Community Organizations：Review and Practical Implications," *Nonprofit and Voluntary Sector Quarterly* 28, no. 1（1999）：46-64.

<blockquote>
√ 人们通过效仿榜样来改变自己的态度和行为；

√ 设定适当的目标可以带来激励；

√ 人们期望报酬公平。
</blockquote>

（一）人们的动机是满足自身需求且因人而异

马斯洛的需求层次（hierarchy of needs）理论提供了关于个人试图通过有偿和志愿工作来满足需求的见解[①]。马斯洛根据优先顺序以金字塔的形式来排列这些需求，并认为人们首先会选择满足较低层次的需求，再满足较高层次的需求。由于成长和发展的基本需要，人们会努力向金字塔上游移动。根据马斯洛的说法，未被满足的需求会导致冲突、压力和挫折的产生，这会对绩效产生负面影响。马斯洛认为，一旦需求被满足，它就会停止激励行为的产生。他还认为，员工的行为受到实现最低层次需求欲望的支配，这种欲望驱使他们去满足这些最低需求。但目前研究人员无法证实马斯洛的这一说法。虽然没有发现任何经验证据支持需求满足行为层次的概念，但是个人参与非营利组织以满足需求的想法已经明确建立。很明显，非营利组织的管理者不应该假设所有人的需求都相同。马斯洛确定了生理、安全、社会、尊重和自我实现的需求，如图 12.1 所示。

参与一个非营利组织（如高线之友）使个人能够满足马斯洛提出的基本需求。这些需求出现在多数非营利组织的使命宣言中。许多非营利组织的建立是为了帮助个人满足其生理和安全的需求。因此，美国各个城市的庇护所和救济厨房随处可见。许多非营利休闲俱乐部主要服务于人们的社会需求，青少年俱乐部通常建立在尊重和社会需求的基础上。例如，男孩女孩俱乐部（Boys and Girls Clubs）和其他青年服务的会员组织（如女童子军）致力于帮年轻人建立信心和创建社交网络，以获得积极的同伴支持。许多员工、志愿者和捐赠者以满足个人自我实现需求的方式为非营利组织做出贡献。通过参与非营利组织，他们找到了存在的意义并发展了自身的知识和技能。

[①] Abraham H. Maslow, *Maslow on Management* (Hoboken, NJ: Wiley, 1998).

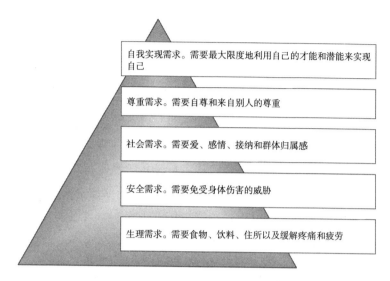

图 12.1　马斯洛的需求层次理论

资料来源：Adapted from Abraham H. Maslow, *Maslow on Management* (*New York*: *Wiley*, 1998)。

286

同样的行为可以满足不同的需求①。例如，志愿者一个简单行为（如提供膳食或辅导孩子功课）就可以满足 E. 吉尔·克莱（E. Gill Clary）及其同事所整理的志愿者功能清单中列出的所有需求：

- 社交需求：满足于和朋友在一起的时光和获得来自于自己钦佩之人的认可；
- 职业需求：满足于获得与工作有关的福利或晋升；
- 理解需求：满足于学习、实践技能和锻炼能力；
- 价值需求：满足于表达无私或人道主义的关心；
- 保护需求：满足于减少因比他人幸运而产生的内疚感或逃

---

① 这是具有强大实证支持的功能理论的基本前提，请参阅 Daniel Katz, "The Functional Approach to the Study of Attitudes," *Public Opinion Quarterly* 24 (1960): 163-204, for a basic statement of the theory. 关于志愿者的申请，请参阅 see D. Gil Clary and Mark Snyder, "A Functional Analysis of Altruism and Prosocial Behavior: The Case of Volunteerism," in *Review of Personality and Social Psychology*, vol. 12, ed. M. Clark (Thousand Oaks, CA: Sage, 1991), 119-148。

避个人问题；

- 进步需求：满足于个人成长或受到尊重。

充分了解参与非营利组织的每一位员工、志愿者、捐赠者和他人的需求有时并不容易。与其为了满足多种需求而设计好所有的工作内容和创造出开展工作所需的相应环境，还不如允许一些工作的自由选择和给予执行方式一定的灵活性。如果有员工缺乏工作动力，为了对他进行激励，他的经理和领导者会发现确定这名员工认为最重要的需求，帮助他选择工作内容或改善工作环境来满足他的这些需求是很有帮助的。例如，具有高度社会需求的人可以选择群体协作的工作，而具有高度尊重需求的人可以选择能够获得大量积极反馈的工作。

（二）一旦某种需求不能被满足，人们就会选择其他需求

奥德弗的 ERG 理论（ERG theory）与人类采取行动来满足自身需求的基本思想是一致的①。奥德弗认为，马斯洛层次中的需求可以归类为三种基本需求：满足于食物、空气、水、报酬和安全工作环境的生存需求（existence needs）；满足于有意义的社会和人际关系的关系需求（relatedness needs）；以及满足于个人的创造性或生产性贡献的成长需求（growth needs）。

奥德弗提出了多种需求可能同时影响个人行为的想法。这种想法得到研究的支持，也获得人们的认同。人们以某种方式行事的动机通常有很多。当人们不能满足某组需求时，就可能会集中精力去满足另一组需求。例如，由于获得更具挑战性职位的机会为零而不能满足个人的成长需求时，该名员工的管理者就可通过提供在工作团队、任务小组、志愿者团体或运动队中与他人进行社交和建立团队归属感的机会（促进关系需求），来对这名员工进行激励。

理查德·沃特斯（Richard Waters）和丹尼斯·博特里（Denise Bortree）给出了一些关于促进非营利组织工作环境的有用结论。他们发现信任和包容对于维持年轻志愿者的承诺是非常关键的，他们建议付薪

---

① Clayton P. Alderfer, *Existence*, *Relatedness and Growth*: *Human Needs in Organizational Settings*（New York: Free Press, 1972）.

员工通过将志愿者纳入工作组、邀请他们参加会议、支持他们努力工作、让他们有参与决策的机会以及理解他们的需求和担忧来表达对志愿者的尊重和感谢[1]。这些建议与志愿者管理项目的标准建议也是一致的。如果付薪员工不把志愿者的工作看作是有价值的贡献，而是看作资源的消耗，那么安排志愿者与员工协同合作会对员工的满意度和承诺感产生负面影响。要求付薪员工把时间、精力和资源投入到表现不佳的志愿者身上，也可能导致士气低落和员工的流失。相反，让员工与表现优异的志愿者合作可以促使较高的员工保持率和满意度[2]。让员工和志愿者融洽合作的关键是无论是员工还是志愿者都不会感到自己的时间被白白浪费掉。

（三）人们会受到内在奖励和外在奖励的激励

赫兹伯格的双因素理论（two-factor theory）认为，当一些因素不足时会导致工作的不满情绪产生；但即使这些因素充足，也不会获得强烈的满足感[3]。保健因素（Hygiene factors）是外在激励，如给予下属支持的主管、安全工作环境以及诸如工资和福利的外部奖励。相较之下，激励因素（motivators）是内在激励，在个体的内部运作。这些内在激励包括工作带来的享受、对工作的看重和兴趣、个人成长的感觉以及实现高层次的需求，如尊重和自我实现。虽然研究人员尚未证实内在和外在激励在影响满意度和动机方面的作用是否不同，但他们发现这两种类型都可以影响付薪员工和志愿者的态度和行为。尤其是无私（服务他人）以及有利（服务自己）动机有助于解释在非营利部门中从事志愿服务[4]和

---

[1]　Richard D. Waters and Denise S. Bortree, "Buildinga Better Workplace for Teen Volunteers Through Inclusive Behaviors," *Nonprofit Management & Leadership* 20, no. 3 (2010): 337-356.

[2]　Steven G. Rogelberg, Joseph A. Allen, James M. Conway, Adrian Goh, Lamarra Currie, and Betsy McFarland, "Employee Experiences with Volunteers: Assessment, Description, Antecedents, and Outcomes," *Nonprofit Management & Leadership* 20, no. 4 (2010): 423-444.

[3]　Frederick Herzberg, Bernard Mausner, and Barbara Bloch Snyderman, *The Motivation to Work* (Hoboken, NJ: Wiley, 1959).

[4]　Debra J. Mesch, Mary Tschirhart, James L. Perry, and Geunjoo Lee, "Altruists or Egoists? Retention in Stipended Service," *Nonprofit Management & Leadership* 9, no. 1 (1998): 3-22.

就业的兴趣[1]。

288　如第十章关于执行主任和领导者所述，国家层级的研究表明非营利组织在留住现有执行主任和招募年轻一代担任领导角色方面将面临重大挑战。2006 年的《勇于领导》(Daring to Lead) 研究报告发现，由于薪酬不足、工作倦怠、退休金偏少以及筹资责任过重等原因，主任们正纷纷计划离职[2]。2008 年《准备好领导了吗?》(Ready to Lead?) 研究报告调查了非营利组织领导层，发现下一代领导者对缺乏指导和内部职业道路不明确感到沮丧[3]。由于筹资责任重、工作时间长、工资和退休金较低等原因，一些人觉得非营利组织执行主任这一职位不具吸引力。这些研究强化了一个观点，即非营利部门的工作存在抑制因素（保健因素），管理者可以尝试改善或避免这些情况，从而更好地开展招募工作和留住非营利组织的员工。

如果把赫兹伯格的观点付诸行动，那么非营利组织就应该努力使工作变得更加有趣和有意义，并更富有个人成就感，才能促进激励和满意度。他们还应该提供外在奖励，如主管的表扬和愉快的工作环境。一些非营利组织的领导者倾向于依赖内在激励，而不是外在。他们认为，为实现非营利组织的使命而获得做出贡献的机会就已经是一个充分的动力了。因此，他们支付较低的工资，不对员工发展进行投入，并假设员工和志愿者的执行力一直处于较高水平且不需要太多的积极反馈或鼓励。然而，这种想法可能导致那些在非营利部门追求事业发展的人感到工资过低，且工作负荷过高。

①　Mary Tschirhart, Kira Kristal Reed, Sarah J. Freeman, and Alison Louie Anker, "Is the Grass Greener? Sector Shifting and Choice of Sector by MPA and MBA Graduates," *Nonprofit and Voluntary Sector Quarterly* 37, no. 4 (2008): 668-688. Also see Paul Light, "The Content of Their Character: The State of the Nonprofit Workforce," *Nonprofit Quarterly* 9, no. 3 (2002): 6-16; Shawn Teresa Flanigan, "Factors Influencing Nonprofit Career Choice in Faith-Based and Secular NGOs in Three Developing Countries," *Nonprofit Management & Leadership* 21, no. 1 (2010): 59-75.

②　Jeanne Bell, Richard Moyers, and Timothy Wolfred, *Daring to Lead* 2006: *A National Study of Nonprofit Executive Leadership* (San Francisco: Compass Point Nonprofit Services, 2006).

③　Marla Cornelius, Patrick Corvington, and Albert Ruesga, *Ready to Lead? Next Generation Leaders Speak Out* (San Francisco: Compass Point Nonprofit Services with the Annie E. Casey Foundation, the Meyer Foundation, and Idealist. org, 2008).

非营利部门关于内在激励的讨论有很多，且相较于其他部门，非营利部门中的内在激励更加明显。研究发现，与营利部门的同行相比，非营利部门付薪员工的利益倾向往往较弱[1]。例如，一项关于非营利组织职业和行业转换的研究发现，非营利组织付薪员工比营利企业付薪员工更加倾向于选择能够帮助他人的工作，而对高薪的重视程度也相对较低[2]。这种高层次的内在激励常常被用来解释为什么非营利组织员工愿意接受低工资。当外在奖励增加时，理论上内在激励就会下降[3]。约翰·德科普（John Deckop）和卡罗尔·西尔卡（Carol Cirka）在对非营利组织引入绩效工资制度的审查中发现了这一点。内在激励水平最高的员工在面临绩效工资制度时，这种激励的下降幅度最大[4]。然而，其他研究（如针对美国志愿服务队员）尚未发现当外在奖励存在时，内在激励会下降的情况[5]。

一些最简单和最便宜的奖励对满意度和激励可能产生巨大的影响。例如，一项针对送餐服务项目志愿者的研究发现，一般来说，每个工作日为志愿者提供一块新鲜的饼干比他们偶尔收到的加油卡、节假日小点心、参加答谢活动、从简报中获得感谢、与名人见面或其他有形奖励更加珍贵。研究发现，一些志愿者一旦意识到他们因付出的时间和努力而得到了报酬或某种程度上的补偿时（不论补偿有多微小），他们也不愿再继续从事志愿者服务。总的来说，同许多其他研究一样，这项研究表明志愿者和付薪员工往往不希望获得相同程度的同等奖励。做出积极的改变、能够帮助别人、接受小而有形的奖励（比如饼干）通常对维持大

289

[1]　See Philip H. Mirvis, "The Quality of Employment in the Nonprofit Sector: An Update on Employee Attitudes in Nonprofits Versus Business and Government," *Nonprofit Management & Leadership* 3, no. 1 (1992): 23–42; Jenny Onyx and MadiMaclean, "Careers in the Third Sector," *Nonprofit Management & Leadership* 6, no. 4 (1996): 331–346.

[2]　Tschirhart et al., "Is the Grass Greener?"

[3]　Edward L. Deci, *Intrinsic Motivation* (New York: Plenum, 1975).

[4]　John R. Deckop and Carol C. Cirka, "The Risk and Reward of a Double-Edged Sword: Effects of a Merit Pay Program on Intrinsic Motivation," *Nonprofit and Voluntary Sector Quarterly* 29, no. 3 (2000): 400–418.

[5]　Mary Tschirhart, Debra J. Mesch, James L. Perry, Theodore K. Miller, and Geunjoo Lee, "Stipended Volunteers: Their Goals, Experiences, Satisfaction, and Likelihood of Future Service," *Nonprofit and Voluntary Sector Quarterly* 30, no. 3 (2001): 422–443.

多数志愿者的积极性非常有用①。

（四）工作环境影响人们的需求

麦克利兰（McClelland）的习得需要理论（learned needs theory）认为，绩效是基于对成就、权力和归属的需要。该理论还对需求进行研究，认为它是通过文化的影响而获得的，因此工作环境可以加强对某些需求的追求②。例如，因为主导和负责某项工作而被主管予以奖励，就可以增强一个人对权力的需求以及随后为追求权力所做的不懈努力。成就需要的想法可以扩展到营利性公司。如果公司鼓励和奖励志愿服务的行为，那么它的员工更有可能成为志愿者。与公司的领导共同参与社区服务项目可以满足营利性员工的归属需要和成就需要，而有机会担任志愿者团队的领导角色可以满足权力需要③。实际上，员工的职业也会影响他的志愿意愿。娜塔莉·韦伯（Natalie Webb）和里基·阿布朱格（Rikki Abzug）发现职业群体从事志愿工作的可能性各不相同，并得出结论，认为职场中的规范和价值观有助于形成志愿意愿④。

获悉需求的前提可与领导者如何影响组织文化的大量文献相联系⑤。组织文化反映指导组织内部行为和态度的共同信念、态度、价值观和规范。文化产品包括组织的使命宣言、口号、行为守则、有形的奖励和认可以及设施，成员的穿着方式，以及他们的互动方式。一些简单的事情，比如怎样接听电话和办公室墙上所展示的内容，可以显示组织共同的价

---

① Laura C. Phillips and Mark H. Phillips, "Volunteer Motivation and Reward Preference: An Empirical Study of Volunteerism in a Large, Not-for Profit Organization," *SAM Advanced Management Journal*, Autumn 2010, 12–39.

② David C. Mc Clelland, "Business Driveand National Achievement," *Harvard Business Review*, July-August 1962, 99–112.

③ Mary Tschirhart and Lynda St. Clair, "Diversity Issues in Workplace Volunteer Service Programs: Participation and Perceptions," paper presented at the Association for Research on Nonprofit Organizations & Voluntary Action Conference, Atlanta, GA, November 15–17, 2007.

④ Natalie J. Webb and Rikki Abzug, "Do Occupational Group Members Vary in Volunteering Activity?" *Nonprofit and Voluntary Sector Quarterly* 37, no. 4 (2008): 689–708.

⑤ 有关如何在非营利组织中引导组织文化的更多细节，请参阅 Paige H. Teegarden, Denice R. Hinden, and Paul Sturm, *The Nonprofit Organizational Culture Guide: Revealing the Hidden Truths That Impact Performance* (San Francisco: Jossey-Bass/Wiley, 2011).

值观和规范。非营利组织的领导者需要了解他们的组织文化以及被文化所强化的行为。例如，与官僚和刻板的文化价值相比，在创新的文化价值中，员工更乐于创造和尝试。领导者可以通过建立与共同的信念、价值观和规范一致的奖励制度来强化组织文化。例如，通过表扬付薪员工与志愿者的合作并确保对志愿者和员工的团队给予奖励，就可以削弱员工和志愿者之间的一些典型的权力差异以及强化人人平等的这一理念。组织文化可以加强或缓解员工和志愿者之间的紧张关系，这取决于员工对志愿者管理系统的理解和重视程度①。

（五）非营利组织吸引无私的人

公共服务动机理论（Public service motivation theory）最初是针对政府雇员提出的，后来又被应用到非营利部门和营利部门。詹姆斯·佩里（James Perry）和路易斯·怀斯（Lois Wise）提出，公务员有四个主要的动机维度：决策参与、致力公共利益、同情怜悯和自我牺牲②。非营利部门的工作可以成为发扬利他主义的场所。对公共服务动机的研究发现，为帮助他人，个体将他人的利益置于自身利益之上和将自己置于危险境地的意愿各不相同。具有较高公共服务动机的个人更有可能在非营利或政府部门工作，而不是在营利部门。

研究人员发现，在非营利部门中，为了帮助他人，个人常常将工作与生活之间的平衡打破，因此更容易产生职业倦怠。当他们试图帮助的人还在受苦时，他们可能会因为度假、领取薪水或接受奖励而感到内疚。正如约翰·布劳尔（John Brauer）和杰德·埃默森（Jed Emerson）在他们关于倦怠的非营利组织员工的文章中所说的那样："很多人都认为他们和其他人一样应该改变这个世界，从而加入'做好事'的行业。他们不遗余力地去帮助机构完成使命。但是，当贫困问题没有终止、环境持续

---

① Steven G. Rogelberg, Joseph A. Allen, James M. Conway, Adrian Goh, Lamarra Currie, and Betsy McFarland, "Employee Experiences with Volunteers," *Nonprofit Management & Leadership* 20, no. 4 (2010): 423-444.

② James L. Perry and Lois R. Wise, "The Motivational Bases of Public Service," *Public Administration Review* 50 (1990): 367-373; James L. Perry, "Measuring Public Service Motivation: An Assessment of Construct Reliability and Validity," *Journal of Public Administration Research and Theory* 6 (1996): 5-24.

衰退并且意识到任何人或机构都无法解决这种复杂和压倒性的问题时，他们的这种美好的激情可能直接导致工作的倦怠。"① 为了避免倦怠，非营利组织管理者应该坚持让员工休假和合理规划工作时间。他们还能帮助员工注重阶段性的工作成就，让他们看到自己正在产生积极的影响，这样员工就不会气馁。

（六）人们按照他们希望带来的最好和最不坏的结果行事

自从维克托·弗鲁姆（Victor Vroom）引入期望理论（expectancy theory）以来，该理论已得到实证研究的充分支持。期望理论认为个体根据他们的行动计算他们取得好结果和坏结果的概率和价值。然后，为了让这种最好和最不坏的结果出现，他们的行为就会随之而努力②。该理论假定个体是理性的，并遵循功利原则。它的最新表述着眼于两种类型的预期：通过努力工作带来的某种绩效水平的可能性和绩效水平获得一定程度奖励的可能性。该理论指导管理者了解员工对努力工作与绩效之间以及绩效与奖励之间关系的期望。它还表明，管理者应该了解员工最偏爱的奖励类型。然后，管理者可以帮助员工看到通过努力工作达到某种绩效水平的可能性，以及帮助他们看到这种绩效将带来的奖励，而这种奖励也是员工所重视的。

无论何时，当一个非营利组织承担一项具有挑战性的任务时，员工总会质疑其成功的可能性。每当这时，期望理论就能提供帮助。它可以帮助管理者了解有时需要改变对可能性的看法，以鼓励在工作上达到最佳绩效。例如，为了让高架铁路变成有用资产的这一想法吸引最初的反对者，开展这项工作的领导者必须首先让他们相信，丑陋碍眼的事物也可以变得美丽。如果不对非营利组织最终能够成功抱有必胜的信念，那么所采取的行动很可能会变得无力，甚至会适得其反。许多非营利组织承担着巨大的使命并正在处理复杂和困难的社会问题。为保持员工的积极性，在实现使命的过程中，领导者需要能够展示工作的进度。当终点

---

① John Brauer and Jed Emerson, "Saving the World and Nonprofit Staff, Too," *Foundation News & Commentary* 43, no. 1（2002），accessed January11, 2012, http：//www. foundationnews. org/CME/article. cfm? ID＝1726.

② Victor H. Vroom, *Work and Motivation*（Hoboken, NJ：Wiley, 1964）.

看起来依然遥遥无期时，标注每一个里程碑对于保持志愿者和员工的参与度至关重要。

期望理论还有助于管理者了解职业倦怠现象，这普遍存在于处理严峻社会问题的志愿者和员工当中。长年累月解决社会弊病却收效甚微或接受帮助的人无法进步甚至经常退步，处于这种情形下的员工往往会感到筋疲力尽。他们觉得自己没有发挥作用或者不再认为回报值得所付出的努力。一旦成功的程度需要被量化，非营利组织的员工就会感到压力，从而产生倦怠，即使记录成功本身就很难。有时，一个帮助他人的小故事可以提醒员工，尽管资源不足，他们的工作仍然有意义且可行。有一个大家十分熟悉的故事：一个试图把搁浅的海星送回大海的人为自己的行为解释道，即使不能拯救所有的海星，他的行为依然能对少数被拯救的海星产生影响。

（七）人们的行为受到正强化和负强化的影响

操作制约和行为矫正（Operant conditioning and behavior modification）方法来自斯金纳（B. F. Skinner）等行为心理学家的成果。他们解释了管理者如何强化所期望的行为和消除不甚理想的行为。例如，每当布置新的工作任务时，如果志愿者经常被她的主管忽视，那么该名志愿者就不太可能继续开口询问。缺乏主管的关注就是负强化。申请更多志愿者工作的行为最终将不再出现。反之，当志愿者提交工作任务和申请更多的工作时，如果主管对她表示热情地欢迎和感谢，那么该名志愿者就很可能愿意完成工作，甚至完成更多的工作。在这种情形下，主管使用了正强化。

操作制约和行为矫正的研究对管理员工有着重要的意义。正强化在影响行为方面比惩罚更加有效就是其中一个重要发现。此外，对已出现的行为进行强化会更快地获得期望的行为，但是一旦强化结束，该行为也更有可能停止。间歇的强化可能需要更长的时间来形成期望的行为，但一旦强化中止，该行为就可能持续更长的时间[①]。

强化的方式可能非常简单，就像感谢、赞扬、责备、尴尬、表彰或成为积极榜样一样。需要注意的情况是，奖励一种行为很容易，却可能

---

① Rainey, *Understanding and Managing Public Organizations*.

滋生另一种行为的产生①。例如，一个非营利组织对外表示需要建立良好的客户服务，但实际上可能会因为服务客户的数量较多而奖励员工。为了有效地鼓励所期望的行为，任何绩效管理系统都需要对其激励的内容敏感②。

（八）人们通过效仿榜样来改变自己的态度和行为

社会学习理论（Social learning theory）帮助管理者了解个体如何通过选择一个榜样并效仿榜样的行为和态度来激励自己③。这个理论为非营利组织管理者提供了一个启示，即员工可以从观察和欣赏他人的过程中受益。管理者可以给予员工接触潜在优秀榜样的机会，但员工效仿榜样与否就是他们自己的选择了。通过观察来学习是一种很常见的方式。除了正式培训外，人们还可以通过在工作和社交环境中观察团队成员和他人来学习。会议、共享兴趣组、阅读圈和工作观摩就是观察他人和寻找榜样的几个途径。

导师项目可能对提高非营利组织的绩效有用。导师提供技术培训和知识分享，从而提高被辅导者的能力。导师也可以通过担任榜样来影响动机。一项针对非营利组织老年护理项目员工的研究发现，有导师的员工帮助他人的动机明显更强，自尊心也更强，对社会问题的理解也更深入，在工作中更能体现他们的价值观。他们对组织的使命抱有更强烈的信念，更愿意支持同伴，并且在他们的看护工作中受到的压力更小④。该组织从导师项目得到的积极结果表明，在项目中引入导师这一角色的做法是值得的。通过分享他们的经验教训和从经验中获得的观点，导师可以缓解经验不足的员工所面临的挑战和塑造积极的态度和行为。

所有参与非营利组织的个体都应该意识到，无论何时，只要有人观

293

---

① Steven Kerr, "Onthe Folly of Rewarding A, While Hoping for B," *Academy of Management Executive* 9, no. 1 (1995): 7-14 (original article published 1975).

② Rob Paton, *Managing and Measuring Social Enterprises* (Thousand Oaks, CA: Sage, 2003). Also see Ben Cairns, Margaret Harris, Romayne Hutchison, and Mike Tricker, "Improving Performance? The Adoption and Implementation of Quality Systems in U.K. Nonprofits," *Nonprofit Management & Leadership* 16, no. 1 (2005): 135-151.

③ Albert Bandura, *Social Learning Theory* (New York: General Learning Press, 1977).

④ Bernadette Sánchez and Joseph R. Ferrari, "Mentoring Relationships of Eldercare Staff in Australia: Influence on Service Motives, Sense of Community, and Caregiver Experiences," *Journal of Community Psychology* 33, no. 2 (2005): 245-252.

察他们，他们的行为和态度就可能成为他人的榜样。即便是服务对象也可以成为榜样。许多员工和志愿者都曾提到，他们从与服务接收者的互动中学到了很多东西。在关于执行主任的章节中，我们探讨了他们是怎样的角色榜样，以及他们的行为对设定组织基调的重要性。在第二章中，我们讨论了当发现员工的不道德行为时应立即阻止的重要性，否则这些行为可能被他人模仿。领导者迈出自己的办公室并"四处走动"的其中一部分价值在于，通过这种方式，可以从领导者身上反映出积极的态度和行为，同时也可以方便领导者观察他人。如果领导者看到负面的角色榜样，他们可以尝试改变这些人的行为或者将他们直接解雇。

（九）设定适当的目标可以带来激励

目标设定理论（goal-setting theory）概括了目标如何影响行为[①]。我们在第二章中回顾了清晰和有意义的目标如何使利益相关方能够根据这些目标是否得到满足来判断组织的有效性。在这一章中，我们的重点是个人和团队级别的目标。为了鼓励最佳绩效，目标应该是具体的、有挑战性的和具备实现的可能性。如果目标难以实现，对与目标相关和类似的工作承诺就可能会动摇。例如，与成功的筹资人相比，当没有达到筹资目标的筹资人开展下一个筹资活动时，他的动机明显降低。

当一个非营利组织不能实现某些目标时，领导者应该积极地规划对未来的期望。通过让员工认清当前的条件，从而设置新的目标。如有必要，领导者可以同员工一起来寻找未达目标的原因。如果是由于缺乏能力，领导者就能发现员工所需要的实现目标的足够资源和培训。如果是由于缺乏动力，领导者能发现改变员工实现目标的愿望和承诺的缘由。

人们对目标的反应各不相同，但总的来说，随着对目标价值认知的增加，其承诺也会相应增加。在实现目标的过程中，反馈进展通常是非常必要的，这能让目标对绩效产生积极的影响。但应用这一理论存在一个难点，即目标可能很难被详细说明，行动也可能适得其反，特别是在

294

---

① Key scholars contributing to this line of research are Edwin A. Locke, Gary P. Latham, and Craig C. Pinder. See, for example, Edwin A. Locke, "Toward a Theory of Task Motivation and Incentives," *Organizational Behavior and Human Performance* 3, no. 2 (1968): 157-189.

处理高层战略时或处于具有多重、复杂和竞争目标的情况下①。

玛丽·切尔哈特（Mary Tschirhart）及其同事利用目标设定框架，研究了美国志愿者服务队成员在非营利组织中设定的初始目标的重要性，然后考察了他们对目标实现的认识②。这些研究人员找到了五个总体目标的依据，并将其与一年后成员的志愿愿望相结合。他们发现，没有实现目标的那部分美国志愿者服务队成员在后来不太愿意再做志愿者。研究人员还发现，当这些员工不相信他们的工作能够让他们自我感觉良好或觉得被需要时，他们不太可能实现其余的重要和高级目标。自尊目标达成的满意程度好像会影响其他目标的追求与实现。这项研究的一个实际意义是，管理者可以从了解员工的目标中获益，并通过提供足够的培训和资源来实现目标，或者说服员工改变不切实际的目标，从而确保目标可以达成。

（十）人们期望报酬公平

公平理论（equity theory）发现，员工会在类似的工作环境中将自身的努力和报酬与他人进行比较③。绝大多数人都需要得到公平的对待。一旦他们认为不公平时，就可能改变自身的行为。如果他人因同样的工作获得更多的报酬，或因较少的工作获得同等的报酬，那么员工可能会做出多种行为。他们可能会减少工作时间或投入的精力；可能会努力获得更高的产出，以引起人们对其优秀表现的关注；他们可能更改比较对象或重新评估他们对投入、产出和结果的计算；他们也可能选择离开或衡量是否可以继续容忍这种不公的对待。

在非营利部门，员工可能无法进行精确的对比。由于投入和成果是多方面的，这给计算和对比带来难度，从而无法判断公平与否。例如，作为筹资人的付薪员工可能将自己与为同一活动筹资的志愿者进行比较。与志愿者相比，付薪员工可能拥有不同的人际关系以培养潜在的捐赠者，以及不同的资源（可多可少）来支持筹资活动。这些员工因自身的努力所获得的报酬也有很大差别。特别是员工有作为外在奖励的报酬。该理

295

---

① Rainey, *Understanding and Managing Public Organizations*.

② Tschirhart et al., "Stipended Volunteers."

③ J. Stacy Adams, "Toward an Understanding of Equity," *Journal of Abnormal and Social Psychology* 67（1963）：422-436.

论的价值在于帮助管理者看到不公平观念可能带来的负面影响。它还表明，管理者应该意识到员工会比较以及他们对待不平等的敏感度。

劳拉·李特（Laura Leete）发现非营利部门对公平的重视度比营利部门更高[1]。公平感影响着非营利工作的许多方面，尤其是薪酬体系。在德科普和西尔卡对非营利组织的绩效薪酬体系的考察中，他们发现对公平和期望的关注非常普遍。有些人认为绩效评估并不准确，并且认为薪酬并没有合理分配和奖励给绩效最佳的人，尽管这是设计绩效薪酬系统的初衷[2]。这些的想法会对绩效产生负面的影响。

对不同工作的员工采取不同的报酬类型也可能带来麻烦。安娜·哈雷-劳科（Anna Haley-Lock）认为，非营利组织的管理者试图对那些被认为具有内在动机且工作内容与组织的使命直接相关的员工支付较低的报酬，而对那些工作内容与组织使命的实现没有直接关系，不是被组织使命"吸引"来工作，只是看重薪资报酬的员工支付较高的报酬[3]。由此带来的不平等可能导致动机和绩效问题。

三　本章小结

总的来说，非营利部门的员工满意度相对较高[4]。大量研究表明，即使存在薪酬较低、工作量过大和资源不足的压力，非营利组织的员工也比营利企业的员工的满意度和忠诚度高。由于对使命的追求和对经历的满意，他们倾向于长期在组织中工作[5]。大多数人对在非营利部门就业有着稳定的偏好。这些偏好与个人价值观以及教育和工作背景有关[6]。尽管非营

---

[1]　Laura Leete, "Wage Equity and Employee Motivationin Nonprofit and For-Profit Organizations," *Journal of Economic Behavior & Organization* 43, no. 4 (2000): 423–446.

[2]　Deckop and Cirka, "The Risk and Reward of a Double-Edged Sword."

[3]　Anna Haley-Lock, "Variation in Part-Time Job Quality With in the Nonprofit Human Service Sector," *Nonprofit Management & Leadership* 19, no. 40 (2009): 421–442.

[4]　Light, "The Content of Their Character." Also see Carlo Borzaga and Ermanno Tortia, "Worker Motivations, Job Satisfaction and Loyalty in Public and Nonprofit Social Services," *Nonprofit and Voluntary Sector Quarterly* 35, no. 2 (2006): 225–248.

[5]　William A. Brown and Carlton F. Yoshioka, "Mission Attachment and Satisfaction as Factors in Employee Retention," *Nonprofit Management & Leadership* 14, no. 1 (2003): 5–18. Also see Waters and Bortree, "Building a Better Workplace for Teen Volunteers Through Inclusive Behaviors."

[6]　Tschirhart et al., "Is the Grass Greener?"

利部门可能不得不与营利部门竞争有能力的领导者，但总有一部分人对非营利性事业充满热情，并且渴望实现与自身价值体系相一致的使命。

由能力和动机来预测绩效的基本动力不能被忽视。本章概述了基于经典理论和实证研究来影响能力和动机的各种理论。这些理论与前一章关于人力资源系统的想法相结合，形成了鼓励付薪员工和志愿者高水平绩效的知识基础。在关于项目评估的下一章，我们将不再考察单个员工的有效性， 296 而是通过考察整个项目的有效性，揭示更多关于绩效的见解。

四　问题思考

1. 针对同等工作，非营利部门的薪酬是否应低于政府或营利部门？这在什么情形下适用？为什么？

2. 如何确定您所管理的团队中，员工表现不佳是由于能力不够还是动机问题？

五　练习

练习 12.1　满足需求

思考一个您熟悉的工作。准备一份清单，列出通过开展这项工作可能需要满足的个体需求。如何改变工作环境以允许更多的需求通过工作得到满足？

练习 12.2　正强化和负强化

持续观察三天自己的行为。在此期间，您在他人身上使用正强化和负强化的频率？他们的反应是否因您使用的强化类型而不同？您最有可能使用正强化和负强化的情形分别是什么？

练习 12.3　回应不公平

想想您在工作中所遇到的不公平情形。您是如何回应不公平的？您或该组织通过其他方式解决了这个不公平的问题吗？如果是的话，是怎样做到的？ 297

第四部分

评估、连接和适应

第十三章　项目评估

护士与家庭伙伴关系（Nurse-Family Partnership，以下简称 NFP）项目由科罗拉多州丹佛大学（University of Colorado Denver）儿科、精神病学和预防医学教授大卫·奥尔兹（David Olds）创立[①]。20 世纪 70 年代早期在市中心的日托中心工作时，奥尔兹受到低收入儿童生活中的地区性风险和困难的冲击。他意识到儿童需要更早的帮助，他基于学者和实践者的工作努力，设计了一个独特的家庭访问项目，该项目将依赖注册护士，并在服务对象怀孕期间开始实施。该项目的目标包括通过改善女性的产前健康来改善妊娠结局，通过减少功能失调的护理来改善儿童的健康和发育，以及通过帮助每个母亲为未来设定愿景来改善她们的生命历程，这将涉及计划任何未来的怀孕、留在学校和就业。

在之后的 30 年里，他在随机对照试验中测试了该项目。1977 年，第一次试验是在纽约州埃尔迈拉的农村贫困白人家庭中进行的。该项目产生了积极的影响。为了测试该模型的通用性，在田纳西州孟菲斯市市中心的非裔美国人家庭中进行了第二次测试。实验中发现了类似的积极结果。第三次试验在科罗拉多州丹佛市进行，以测试该模型可用于西班牙裔家庭，并测试使用辅助专业人员代替护士的效果（这被认为是一种节省成本的措施）。测试显示该项目对拉丁裔人有效，但使用辅助专业人员

[①]　案例细节来自 Andy Goodman, *The Story of David Olds and the Nurse Home Visiting Program* (Princeton, NJ: Robert Wood Johnson Foundation, 2006); Nurse-Family Partnership, "About" (n. d.), accessed December 24, 2011, http://www. nursefamilypartnership. org/about/program-history; and David Olds, Perry Hill, Ruth O' Brien, David Racine, and Pat Moritz, "Taking Preventive Intervention to Scale: The Nurse-FamilyPartnership," *Cognitive and Behavioral Practice* 10, no. 4 (2003): 278-290。

产生的结果较差。对这些试验结果的分析产生了 13 篇学术论文，这些论文合在一起证明了积极的结果。这使得资助者和政策制定者相信并支持该项目的扩展，并于 1996 年在俄亥俄州、怀俄明州、加利福尼亚州、佛罗里达州、密苏里州和俄克拉荷马州建立了该项目。护士与家庭伙伴关系国家服务办公室是一个国家非营利组织，成立于 2003 年，旨在促进全美护士与家庭伙伴关系项目高质量的复制，并为执行机构提供持续的护理教育和实践支持、项目质量保证、营销和政府关系等。该项目继续大幅扩张，到 2005 年，它在二十个州运营，为 2 万个家庭提供服务。截至 2010 年 8 月，该项目已扩展到 32 个州。此外，自 2006 年以来，已收到其他国家关于制定该模式的问询。

正如开篇案例所示，护士与家庭伙伴关系项目是经过精心设计的。它基于行为理论，并在大范围传播之前进行了深度评估。评估结果用于确定最终的项目配置。结果表明这是一个以传递持续的积极成果而受到广泛尊重的项目。非营利组织面临需要证明它们会产生影响。基金会和慈善家在寻求社会影响（social impact）时希望更具战略性，政府机构需要有关项目结果的信息，理事会成员需要有关组织活动的信息[1]。非营利组织如何确定他们在追求使命方面的表现？他们如何确定项目有益于他们的服务对象？在为组织提供资金或做出其他重要决策之前，他们如何向资助者和其他需要影响证据的利益相关方提供信息？为了回答这些问题，在本章中我们将研究非营利组织如何评估其项目的有效性。我们重点针对具体项目的评估，而非对整个非营利组织的有效性的评估（该部分已在第二章中被详细讨论）。对于单一项目的非营利组织，非营利组织和项目的有效性密切相关。然而，在拥有多个项目的大型非营利组织中，组织有效性评估的复杂性超出了任何单一项目的评估。

---

[1]　Patricia Flynn and Virginia Hodgkinson, "Measuring the Contributions of the Nonprofit Sector," in *Measuring the Impact of the Nonprofit Sector*, ed. Patricia Flynn and Virginia Hodgkinson (New York: Kluwer Academic/Plenum, 2001), 3-16.

一　项目评估和问责制管理

项目评估历史悠久。在对评估的回顾中，苏珊·帕多克（Susan Paddock）指出，在美国，组织和项目的正式评估始于19世纪后期的学生评估[①]。第二次世界大战后，评估开始应用于公共项目管理。20世纪60年代大社会（Great Society）的社会项目导致公共支出大幅增加，同时对评估的关注也在增加[②]。立法者寻求对诸如向贫困宣战（War on Poverty。美国总统林登·约翰逊于1964年提出。——译者注）、示范城市（Model Cities。属于总统林登·约翰逊提出的大社会和向贫困宣战的一部分。——译者注）等项目的表现进行独立和透彻的分析。对于许多项目，国会要求拨出资金用于项目评估。在此之前已有项目评估，但这些评估通常由机构员工在内部进行。新评估模型的一个关键特征是坚持使用外部评估人员。

需要定期审查联邦项目的立法是在20世纪70年代早期颁布的，当时联邦政府将许多联邦项目的拨款下放给各州[③]。正式评估是拨款的要求。此外，管理和预算办公室（Office of Management and Budget）还设立了评估和项目实施部（Evaluation and Program Implementation Division）。由于这些发展，项目评估便在学界和实践领域蓬勃发展。而今一些专业期刊，例如《评估季刊》（*Evaluation Quarterly*）专注于这一领域；也有专业协会，例如美国评估协会（American Evaluation Assoication），可供该领域的学生和专业人士使用。

政府项目的评估始于一个相对简单的理性模型。该研究评估了项目的初始目标最终完成的程度。随着时间的推移，这种方法在考虑到公共项目的现实性和复杂性的重要方面得到了加强。例如，项目通常有多个目标，由于不可预见的情况，项目可能会随着时间的推移而发生变化。此外，当项目还在进行中，评估就可能已经开始用于改进项目绩效。

项目评估在非营利部门已被广泛采用。自20世纪80年代以来，非

[①] Susan Paddock, "Evaluation," in *Understanding Nonprofit Organizations: Governance, Leadership, and Management*, ed. J. Steven Ott (Boulder, CO: Westview, 2001).

[②] Peter Rossi, Howard Freeman, and Sonia Wright, *Evaluation: A Systematic Approach* (Thousand Oaks, CA: Sage, 1979).

[③] Robert Anthony and David Young, *Management Control in Nonprofit Organizations*, 6th ed. (Boston: McGraw-Hill/Irwin, 2003).

302

营利组织面临政府资金减少、经济放缓和衰退、支持用市场解决社会问题的保守政治意识形态的兴起、随着申请数量的增加引发资金竞争的增加等问题。在这种环境下，资助者和其他外部利益相关方越来越多地要求非营利组织提供证据，以证明他们正在发挥作用并产生影响。因此问责制已成为非营利组织的主要关注点。项目评估是问责制的核心方面，因此项目评估对非营利组织而言愈发重要。

从最普遍的意义上讲，问责制（accountability）是指承担责任或为自己的行为负责的义务或意愿[1]。基于此，组织问责制通常被定义为组织对自身以外的人或事负责，承担开展活动的责任，并对活动进行披露[2]。组织也可以对内部标准负责。标准可以通过行为准则和使命宣言来表达[3]。问责制涉及四个核心构成[4]：

- 透明度：收集和提供可供审查的信息；
- 负责任或正当性：为行动和决策提供明确的理由，以防它们被质疑；
- 合规性：通过监测、评估流程和结果来遵守规则或标准；
- 强制性：对透明度、正当性或合规性的不足施加约束。

在实践中，问责制涉及三个基本问题。组织对谁负责？组织对什么负责？组织可以通过什么方式负责？艾布拉西姆（Alnoor Ebrahim）研究了非营利组织问责制，并指出非营利组织应该对多个参与者负责，包括向上到资助者，向下到服务对象，在内部对自己和使命负责[5]。此外，

303

---

[1] Merriam-Webster（online），*definition of accountability*（n. d.），accessed August 17, 2011，http：//www. merriam-webster. com/dictionary/accountability.

[2] Grover Starling，*Managing the Public Sector*，3rd ed.（Chicago：Dorsey Press，1986）；and Merriam-Webster（online），definition of accountability.

[3] Ronald E. Fry，"Accountability in Organizational Life：Problem or Opportunity for Nonprofits？" *Nonprofit Management & Leadership* 6，no. 2（1995）：181-195.

[4] Alnoor Ebrahim and Edward Weisband，*Global Accountabilities：Participation，Pluralism，and Public Ethics*（New York：Cambridge University Press，2007）.

[5] Alnoor Ebrahim，"The Many Faces of Nonprofit Accountability," in *The Jossey-Bass Handbook of Nonprofit Leadership and Management*，3rd ed.，ed. David O. Renz and Associates（San Francisco：Jossey-Bass/Wiley，2010），101-122.

非营利组织对财务、治理、绩效和使命负责。非营利组织问责机制包括公开报表和报告、评估和绩效评估、自我监管、参与和适应学习。

项目评估在问责制方面发挥着重要作用。凯文·卡恩斯指出："问责制实质上是公共和非营利组织为更高权威（公共信任）服务的义务，公共信任是他们的授权、权威和合法性的最终来源。"[1] 这种公共信任为非营利组织的产出和结果服务，问责制需要对这些结果进行评估。对于 NFP 而言，评估不仅对于发展项目至关重要，而且对于向资助者和政策制定者有说服力地证明该项目的价值以及该项目值得支持也是必不可少的。

20 世纪 90 年代出现了几项促进非营利部门评估的重大举措。1993 年的《政府绩效和结果法案》强调了获得联邦支持的非营利组织的问责制[2]。此外，1996 年，美国联合之路启动了结果测量方法，以评估联合之路资助机构的项目结果[3]。该模型已经成为非营利部门最广泛使用的结果测量方法。据报道，2008 年，450 个当地联合之路鼓励约 19000 个由它资助的机构测量其项目结果[4]。该 UWA 模型的基础是投入、项目活动、产出和结果的明确说明，如图 13.1 所示。UWA 模型的一些重要优势已广泛纳入当前的项目评估实践，包括强调结果、将项目改进作为主要动力，并且使用逻辑模型作为重要工具[5]。这些将在后面详细讨论。

304

二 理解基本项目理论

在讨论项目评估的细节之前，我们需要定义项目的基本元素（见

---

[1] Kevin Kearns, *Managing for Accountability: Preserving the Public Trust in Public and Nonprofit Organizations* (SanFrancisco: Jossey-Bass/Wiley, 1996), 11.

[2] Melissa M. Stone, Barbara Bigelow, and William Crittenden, "Research on Strategic Management in Nonprofit Organizations: Synthesis, Analysis, and Future Directions," *Administration & Society* 31, no. 3 (1999): 378-423.

[3] United Way of America, *Measuring Program Outcomes: A Practical Approach* (Washington, DC: United Way of America, 1996).

[4] Michael Hendricks, Margaret Plantz, and Kathleen Pritchard, "Measuring Outcomes of United Way-Funded Programs: Expectations and Reality," in *Nonprofits and Evaluation*, *New Directions for Evaluation*, no. 119, ed. Joanne G. Carman and Kimberly A. Fredericks (SanFrancisco: Jossey-Bass/Wiley, 2008).

[5] Hendricks et al., "Measuring Outcomes of United Way-Funded Programs."

```
项目组成
投入 ——→ 项目活动 ——→ 产出 ——→ 结果 ——→ 影响

NFP项目元素示例
    投入：护士、母亲、儿童、其他照料者
    项目活动：家庭探访、产前保健、咨询和教育
    产出：适当的儿童保育、求职
    结果：计划怀孕、就业
    影响：健康运作的家庭
```

图 13.1   项目的基本元素：以 NFP 为例

图 13.1）。投入（Inputs）包括项目的服务对象以及项目活动所需的资源，如劳动力和资本。项目活动（Program activities）是组织为实现预期项目结果而采取的步骤。这可能包括指导、咨询或医疗流程。产出（Outputs）是项目活动的最直接后果。例如，在职业教育项目中，项目活动可包括举办一些课程。在这种情况下，产出将是学生在教学过程中获得的教学小时数。产出被期盼能够产生结果。结果（Outcomes）是项目参与者因项目活动而发生的短期和中期变化。结果可能涉及知识、技能、态度、意图或行为的变化。在我们的例子中，学生的结果将是职业相关知识和技能的提高。然而，结果并不是项目的最终目标。影响（Impacts）指广泛的改变。这些变化发生在项目参与者或其周围环境（包括社区、社会或环境）之中，是设计项目结果的初衷。职业教育项目的毕业生应该能够获得更好的工作，这不仅有益于他们的福祉，也有益于他们的社区。

三　项目评估过程

项目评估过程应通过一系列逻辑相关的步骤进行，包括准备评估，征得领导者和利益相关方的同意和承诺，选择合适的评估设计，收集和分析数据，以及报告评估结果。该基本模型可以用于大型和小型非营利组织。

（一）准备项目评估

非营利组织必须具备评估其项目的意愿和能力。他们必须培养能力、定义目的、设定目标，并获得所有必要的支持。

建立评估能力

为了建立评估能力，组织需要"不断创建和维持一个整体组织流程，这个流程使得质量评估及其使用成为日常工作的一部分①"。这需要为评估分配足够的人力资本、物质和财务资源。鲍里斯·沃尔科夫（Boris Volkov）和简·金（Jean King）描述了评估能力的三个要素②：

- 用于评估的资源：人员、设施、资金、设备、软件和时间，以及员工和志愿者技能、知识、经验和动机；
- 有利于评估的结构：一个评估能力建设的计划，将评估纳入组织政策和流程，一个用于报告和监测评估的系统，以及有效的沟通和反馈系统；
- 支持评估的组织环境：评估的内部支持与外部利益相关方需求相结合。

确定项目评估目的

如果要使用评估结果实现更大的问责制和提高绩效，则需要仔细规划评估本身，并应解决一些重要问题。帕多克指出项目评估可以做到如下几点③。

- 为规划决策提供信息；
- 确定是否需要更详细和更全面的评估；
- 追踪项目进度；
- 确定项目是否已完成其目标（结果评估）；

---

① Stacey Hueftle-Stockdill, Michael Baizerman, and Donald W. Compton, "Toward a Definition of the ECB Process: A Conversation with the ECB Literature," in *The Art, Craft, and Science of Evaluation Capacity Building*, New Directions for Evaluation, no. 93, ed. Donald W. Compton, Michael Baizerman, and Stacey Hueftle-Stockdill (San Francisco: Jossey-Bass/Wiley, 2002).

② Boris Volkov and Jean King, "A Grounded Checklist for Implementing Evaluation Capacity Building in Organizations," paper presented at the Joint Meeting of the American Evaluation Association and the Canadian Evaluation Society, Toronto, October 2005.

③ Paddock, "Evaluation."

- 确定项目是否按计划实施（过程评估）。
- 测量单位或实践的有效性或效率；
- 确定是否存在意外后果；
- 评估利益相关方满意度；
- 比较项目或方法以确定在新环境中的最佳方法。

306

NFP 项目的评估被用于服务所有目的。第一次评估用于测试初始项目设计。随后的评估测试了该项目对其他服务接收者和地理区域的有效性。此外，还测试了两种不同的服务提供模式，以确定哪种模式是更有成效和效率的。最后，评估结果是规划项目扩展和建立国家非营利组织的基础。

鉴于这些不同目的，很明显，可以对各种利益相关方进行评估。然而，对于任何评估，利益相关方可能有不同的议程，并支持不同的绩效标准和指标。在这些情况下，项目评估可能涉及纠纷和政治游戏。对NFP 利益相关方的考虑清楚地说明了这一点。这些利益相关方显然包括获得服务的母亲和家庭以及提供服务的护士。这些利益相关方希望获得有效且易于提供的服务。实施该项目的机构将对其项目的运作情况和取得的成果感兴趣。其他儿童福利提供者可能会对其机构能在多大程度上采用这些服务感兴趣。地方政府官员和社会服务提供者会对服务如何充分利用公共资源感兴趣。学术界则对确定哪些项目活动产生哪些结果以及这对儿童福利理论有何意义感兴趣。为了减少冲突的可能性，在评估开始之前，利益相关方之间达成一致非常重要。无论考虑哪种类型的评估，都必须确定主要利益相关方并让他们参与到这一过程中。

获得利益相关方的全面支持

那些对项目未来负责的人必须被纳入评估过程，并且必须相信该过程将产生积极的结果。因此，重要的是评估计划的第一步，即组织领导者的承诺。这一承诺既需要为评估提供支持，也需要同意认真反思评估结果。将项目重要的利益相关方纳入计划和可能的评估设计过程也很重要。这些利益相关方可能包括各种员工职能的代表，也可能包括服务对象或组织外的其他人员。项目人员具有详细的项目执行知识，能够准确地确定项目实际运行方式的关键方面，并帮助解释结果。服务对象可以识别项目的成功和问题，以及其他可能的意外项目效果。

307

建立明确的目标

现在，关键是要明确具体的目标和评估的最终用途。这可能涉及主要利益相关方之间的协商。然而，在这一阶段，重要的是要在谈判之后达成共识，以便向利益相关方发出信号，表明这是一项认真的努力并值得花费时间和精力，同时确保希望根据结果采取行动的人相互合作，最后还需要建立足够的资源和时间框架。资源或时间的匮乏会对最佳评估目标和设计造成损害。这将导致参与该过程的人员感到沮丧，并可能对组织领导者的项目改进承诺持怀疑态度。对于 NFP 项目，评估目标随时间而变化。早期的评估关注测试大卫·奥尔兹设计的项目。他的项目细节基于他和其他从业者的经历以及学术文献。必须确定的是，从这些来源获得的期望已在实践中得到证实。也对替代服务提供者（护士与辅助专业人员）进行测试，并使用评估来测试该项目可用于不同社区和种族群体的程度。

（二）确定评估方法

一旦确定了评估的目的和目标，评估将面临多种选择方案。篇幅限制了我们详细讨论之前列出的每个目标的项目评估。我们将重点关注过程和结果评估，因为它们是两种最有可能被非营利组织使用的类型。

我们已经区分了两种一般评估方法。所采取的方法将对评估可以回答的问题类型、谁进行评估以及收集的数据类型产生影响。约翰·汤姆斯（John Thomas）描述了一种客观的科学家方法（objective scientist approach）[1]。这种方法基于自然科学研究模型，并且对项目评估具有特殊意义。这种方法的一个关键特征是追求客观性。确保客观性的流程包括保持评估人员与项目之间保持距离，以尽量减少项目人员潜在的偏见所带来的影响。因此使用外部评估者进行评估。此外，还收集了定量数据。这些数据被认为是客观的，因为它们不需要定性数据的主观解释。评估的目标是测量项目目标是否已完成，并不考虑该项目的内部运作。评估在项目结束

---

[1] John Thomas, "Outcome Assessment and Program Evaluation," in *The Jossey-Bass Handbook of Nonprofit Leadership and Management*, 3rd ed., David O. Renz and Associates（San Francisco：Jossey-Bass/Wiley, 2010）：401-430.

时开始实施，因此该评估还具有总结目的，并且其遵循的模式被描述为

结果评估（outcome evaluation）过程。

　　客观科学家方法是在公共机构的早期项目评估中制订的。它基于这样的理念：项目目标十分明确，可以客观地衡量，且目标完成数据对决策者来说是充分的。这可能适用于立法者讨论项目更新的情况，但对于那些关心项目改进的人来说，这是不够的。他们需要有关项目的更多详细信息。为了提供这些信息，一种替代性方法被开发出来，它被称为使用中心评估（utilization-focused evaluation）[1]。这种方法的目标是更全面的评估，它涵盖了项目员工的见解和项目运作的细节。虽然外界的客观观点具有价值，但项目员工对项目的实际运作方式有深入的了解，能够识别项目逻辑中因果关系的问题，明确中间项目步骤，提供主观项目目标的详细信息，并协助解释结果。为了支持这些评估，除了客观数据之外还使用了细化的定性数据。评估旨在提供知识使员工能够改进项目以增强其结果和影响。这种知识可以在项目结束之前使用。因此，该评估具有形成（formative）目的，并且其遵循的模式被描述为过程评估（process evaluation）过程。

　　NFP 初始项目模式建立在一个核心原则上，即注册护士凭借其受过的良好教育，是最具有资格进行家访的人选。然而，随着该项目获得认可，资助者试图通过使用辅助专业人员来降低项目成本。比起注册护士，这些辅助专业人员接受过高中教育，但没有学士学位或任何大学预备课程。为了测试这一点，丹佛进行了一项研究，将辅助专业人员访问的母亲结果与护士访问的母亲结果进行了比较。对该研究的评估表明，护士访问的母亲具有与之前评估相同的积极结果，而辅助专业人员访问的母亲所产生的积极结果则少得多。此外还进行了过程评估。这表明母亲和护士之间的互动质量高于母亲和辅助专业人员（例如，护士提供的信息更多并更值得信赖）。这是为了对两种实施方案之间的结果差异负责。这些结果被用来证明继续使用护士是合理的。

（三）理解变革理论和逻辑模型

　　项目本质上是对实现某些想法的测试。一旦收集了针对特定目标

---

[1]　Michael Quinn Patton, *Utilization-Focused Evaluation*: *The New Century Text*, 3rd ed. (Thousand Oaks, CA: Sage, 1997).

的支持，就可以建立实现这些目标的必要条件或项目。例如，如果有足够的支持来减少吸烟，就可以建立一个反吸烟项目。而社会项目是基于关于如何产生行为改变或社会影响的变革理论（theories of change）。这些变革理论细化了因果关系，并作为确定项目活动和结果的基础。例如，依赖教育的反吸烟项目背后的变革理论不同于提高烟草价格背后的变革理论。前者依赖的理论是人们可以接受教育从而选择健康行为，而后者依赖的理论是人们是理性的计算器，并且只会为特定产品支付一定的价格。虽然这两种理论在某些情况下都有效，但在吸烟的情况下，哪种理论效果更好可能并不明确。社会行为很复杂，产生行为改变的最佳方式往往是不明确或有争议的。

这与项目评估有何关系？结果评估可以告知非营利组织其项目结果是否理想。如果答案是肯定的，该组织就有证据表明该项目的变革理论所假设的因果关系是有支持依据和有用的。例如，对 NFP 计划的积极评估有力地支持了一种结论，即产前健康和护理以及父母支持的基本理论对于实现预期的结果方面是有效和有用的。然而，当未获得预期的项目结果时，仅仅进行结果评估无助于非营利组织区分失败的两种可能原因。一个原因可能是该项目的变革理论不合适，这意味着因果关系不如预期，因此，项目活动不会带来预期行为的变化。我们称之为理论失败（theory failure）。在依赖教育的反吸烟项目的例子中，如果预期的减少吸烟没有出现，那么教育对于这种类型的成瘾症可能使用有限。或者，改变理论可能是合适的，但项目却没有正确地运行。例如，反吸烟项目中的教育材料可能没有分发给合适的人或没有以正确的方式发放。经常遇到的预算水平不足或在运行项目的过程中不得不进行妥协的问题，我们称之为项目管理失败（program administration failure）。在这种情况下，通过过程评估补充结果评估，以便密切评估项目的运行方式，将有助于确定影响的缺乏是否是由理论或项目管理失败引起的。

研究指出，项目需要建立在明确的变革理论基础之上。一方面，这些理论可能是广泛的、复杂的且基于学术研究，正如 NFP 所使用的那些。另一方面，它们的规模不大但也基于经验和实践，女超人计划（Project Superwomen）可以很好地证明这一点，该项目旨在帮助受虐待的女性幸存者找到工作①。变革理论可以通过一系列步骤得以发展，从确定假设和结果（identifying assumptions and outcomes）开始。女超人计划涉及的假设是：（1）女性的非传统工作（例如电工）工资较高，因此应该成为培训的目标；（2）受过虐待的女性除了需要工作培训外，还需要培训应对技能。理想的结果包括长期就业、应对技能、非传统工作的合乎市场需要的技能、工作场所行为技能。下一步是倒推规划法（backward mapping）和连接结果。倒推规划法涉及查看理想的结果并指定生成它们所需的前提（项目步骤）。对于女超人计划，倒推规划法发现了以下降序排列的逻辑。

- 女性最终获得长期就业是通过获得应对技能、职位和工作技能的中期结果实现的。
- 通过同伴咨询以及对危机的实际支持来教授应对技能。在实习中教授技能，然后进行关于工作场所期望和工作技能课程的培训。此外，雇主接受有关如何使用实习生的教育。
- 要获得这种受教育的机会，就必须让女性参与该项目，这就要求女性做好参加的准备和参与教学，并在需要时获得托儿服务。
- 在这之前，女性需要得知和了解该项目，这就需要各种渠道（如社会服务机构）向她们提供信息。

最后，这种倒推规划法显示在逻辑模型（logic model）中。逻辑模型应该明确与产生结果相关的假设、干预和其他条件。除了基本项目元素之外，逻辑模型还可用于指定先行和中介变量。这些变量对于确定项目运行的参数以及可能对项目绩效和结果产生影响非常重要。例如，该项目可能对不同教育水平的女性（先行变量）有不同的结果。此外，雇主承诺提供高质量的实习可能对实现结果（中介变量）很重要。逻辑模型使变革理论和产生影响的基础变得清晰，并为项目评估提供了良好的基础。示例 13.1 显示了女超人计划的变革理论和逻辑模型。

311

---

① Act Knowledge and the Aspen Institute Roundtable on Community Change, *Guided Example*: *Project Superwomen* (2003), accessed September 5, 2010, http://www.theoryofchange. org/pdf/Superwomen_Example. pdf.

示例 13.1 女超人计划的变革理论和逻辑模型

为家庭暴力幸存者提供工资可维持生计的长期就业 Ⓐ Ⓑ

Ⓒ 幸存者获得应对技巧

Ⓓ ⑭ 幸存者在非传统领域具有市场技能

幸存者体验并制订合适的工作场所行为

幸存者知道如何获得帮助并处理她们的问题

女性加入实习

幸存者参加同伴咨询

女性有新的支持系统

女性参加非传统领域技能的培训

女性参加关于工作场所期望的培训

雇主接收如何使用实习生的教育

⑬

⑤ ⑧ ⑨ ⑫

③ ⑥ ⑦ ⑪

④ ⑩

女性参加项目 ②

Ⓔ

女性获得定期托儿服务

女性下定决心和准备参加该项目 Ⓖ

Ⓕ

女性得知该项目

①

社会服务机构、培训项目和非营利性庇护所提供者合作开发针对家庭暴力幸存者特定问题的就业项目

- - - - - 干预
———— 多米诺效应（无需干预）
◯ 假设（见下页）
Ⓞ 相关干预（见下页）

假设	干预
A. 女性在非传统领域有工作机会	1. 实施宣传活动
	2. 筛选参与者
B. 对于女性来说，非传统的工作，如电气、管道、木工和建筑管理，更有可能支付可以维持生计的工资，更有可能加入工会并提供工作保障。其中一些工作也为向上流动提供了一个阶梯，从学徒到师傅，为入门级员工提供职业前途	3. 设立辅导课程
	4. 领导小组会议
	5. 为短期危机提供帮助，例如住房收回或出庭
	6. 提供一对一的咨询
	7. 开发电气、管道、木工和建筑维护方面的课程
C. 处于虐待关系中的女性需要的不仅仅是工作技能，也需要在情感上为工作做好准备	8. 进行课程
D. 女性可以学习非传统技能并在市场中竞争	9. 开发课程和经验学习情境
E. 该项目不能帮助所有女性，因此必须对进入该项目的女性进行筛选，以便有足够读写能力、计算能力且生活稳定能够保证参与度的女性可以参与课程。该项目没有资源来提供基本技能或主要社会服务	10. 进行课程
	11. 确定潜在的雇主
	12. 创建雇主数据库
	13. 让女性与实习相匹配
	14. 帮助女性获得长期工作
	样本指标
	结果：为家庭暴力幸存者提供工资可维持生计的长期就业
F. 离开受虐处境的女性往往是单身母亲，因此除非有托儿服务，否则她们无法工作	指标：就业率
	目标人口：课程毕业生
	基线：47%的项目参与者是失业状态，53%的项目参与者获得最低工资
G. 妇女必须摆脱受虐待的处境。该项目假设仍然处于虐待中的妇女将无法定期参加，可能对他人构成危险，并且不会在情绪上做好准备	门槛：90%的毕业生一份工作可维持 6 个月，且每小时至少赚 12 美元

资料来源：Andrea Anderson，*The Community Builder's Approach to Theory of Change*：*A Practical Guide to Theory Development*（Washington，D. C.：Aspen Institute Roundtable on Community Change，2005），Resource Toolbox，p. 33. Reprinted with permission of The Aspen Institute。

313

（四）指定项目目标

指定可测量的目标是项目评估中的一项重要活动，它将逻辑模型与评估过程联系起来。我们可以区分为结果目标、影响目标和活动目标。结果和影响目标（Outcome and impact goals）是结果评估的基础；活动目标（activity goal）是内部项目活动和过程评估的基础。后者可能包括指导、咨询或实习的小时数。在 NFP 项目中，我们有一个明确规定的结果和活动目标的例子。项目活动在怀孕期间开始。护士会拜访母亲以建立信任并提供有关产前护理、饮食和吸毒危险的教育[①]。总之，护士尝试在怀孕期间进行 14 次访问，并在婴儿期进行 28 次访问。护士提供信息，鼓励家庭成员提供协助，帮助母亲设想符合其价值观和目标的未来，并帮助母亲评估避孕、儿童保育和职业选择。活动目标通过广泛的研究被建立和完善，其中替代性的活动被评估和舍弃，例如使用辅助专业人员而非护士。活动目标通常是最容易阐述、实现和测量的，因此压力在于将项目评估局限于过程评估。

出于项目和评估目的，卡罗尔·维斯（Carol Weiss）指定了另一种目标[②]。衔接目标（Bridging goals）被定义为介于活动目标和结果目标之间的目标。衔接目标被视为依赖于活动并取得成果。例如，在 NFP 项目努力让母亲留在学校的过程中，与母亲（活动）和留在学校的母亲（结果）之间的衔接目标可能是母亲越来越意识到辍学带来的终生负面后果。衔接目标是项目活动与结果之间的连接，因而是项目背后变革理论所体现的核心。因此，它们代表了构建项目的概念基础。为了证明该项目的变革理论是合适的，表明衔接目标已经完成并产生了结果是有必要的。对于 NFP 而言，变革理论基于这样一种观念，即适当提供的支持和教育可以产生积极的行为改变。母亲的态度和动机的变化可以被认为是关键的联系，可以作为衔接目标。

（五）收集数据

三项 NFP 试验中的适当数据收集对于 NFP 整体评估的成功至关重要。鉴于将 NFP 建立为主要公共卫生倡导者的目标，从资助者、社区领导者、实践者和学者那里获得支持至关重要。这些利益相关方将使用在项目评估中发现的证据来衡量项目的价值，而这一证据是否有力，完全取决于它所依赖的数据。项目的改进和发展也取决于令人信服的关于项目运作和影响的数据。

314

[①]　Argosy Foundation, *Research Brief*: *Nurse-Family Partnership* （Milwaukee, WI: Argosy Foundation, 2006）, accessed August 10, 2011, http://www.argosyfnd.org/usr_doc/Nurse_Family_Brief.pdf.

[②]　Carol H. Weiss, *Evaluation Research*: *Methods of Assessing Program Effectiveness* （Upper Saddle River, NJ: Pearson Prentice Hall, 1972）.

项目评估的数据收集和分析基于社会科学中已使用的各种研究方法，包括心理学、社会学和经济学等。这是一个宽泛的主题，许多优秀的文献可供使用，其中一些专门针对评估。在这里，我们只提供一些基本准则。简·魏-斯基勒恩（Jane Wei-Skillern）及其同事提供了一种将数据收集与评估相关联的有用方法，如图13.2所示。他们指出，当人们从投入转向影响时，往往会在时间上越走越远，远离组织的中心，控制程度下降，可测性下降，抽象性上升，可以对归因的把握程度更低。通常在区域1中可以收集大量数据用于项目管理，过程评估数据也很容易获得。区域2的数据可用性更值得怀疑。问题变成，关于组织活动结果的常规数据收集在组织"外部"的距离应当有多远［即什么是正常数据水平线（normal data horizon）］？组织外部收集数据的距离也与影响评估相关（区域3）。这个区域的数据将是昂贵的，并且因果关系的归因将变得更加困难。非营利组织可能会发现很难收集和使用区域3的数据。

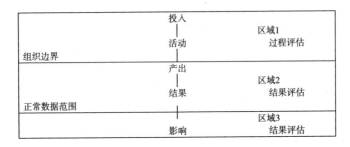

图13.2 价值链、绩效管理和评估的区域

资料来源：Adapted from Jane Wei-Skillern, James Austin, Herman Leonard, and Howard Stevenson, *Entrepreneurship in the Social Sector* (Thousand Oaks, CA: Sage, 2007), 332。

315

NFP在每个地点（一共三个研究地点）项目启动后立即开始进行评估。我们将这些研究放在区域2。这些评估很快就发现了积极的结果。在纽约埃尔迈拉，项目试验中的女性在怀孕第30周之前就参加了项目[①]。

[①] David Olds, Charles Henderson, Robert Chamberlin, and Robert Tatelbaum, "Preventing Child Abuse and Neglect: A Randomized Trial of Nurse Home Visitation," *Pediatrics* 78 (1986): 65-78.

随后她们获得了四种不同水平的服务。我们将在下面的章节讨论实验设计时描述该部分内容。对于接受护士探访的女性,访问始于怀孕期间(理想情况是怀孕早期),并且在 2 年的时间内每周一次、2 周一次,或者每月进行一次。为了收集数据以评估项目结果,女性在项目开始时和孩子出生后的第 6、10、12、22 和 24 个月接受了访谈。在第 6、12 和 24 个月,对儿童进行称重、测量和发育测试。2 年来还检查了医疗、儿童虐待和疏于照顾的记录。该研究的数据显示,比起未接受任何服务的母亲,接受护士探访的母亲在怀孕期间吸烟较少,并且她们早产分娩较少。此外,她们更少地忽视或虐待她们的孩子,并提供更合适的儿童护理服务,她们的孩子在急诊室出现的概率更低,事故发生率和中毒发生率更低。

然而,NFP 模型假设了从项目可以获得的长期福利[1]。这些影响可以在区域 3 找到。对于母亲来说,假设的福利包括减少药物滥用、减少福利依赖和扩大怀孕的时间间隔。对她们的孩子来说,预计的长期福利包括更少的情绪、行为和认知问题,以及更少的学业失败、反社会行为和药物滥用。NFP 认为,尝试评估其项目的长期后果并进行广泛的后续研究非常重要[2]。例如,在埃尔迈拉,在孩子出生后的第 15 年对家庭进行跟踪的研究发现了对儿童纪律记录的显著影响。在孟菲斯,3 年、6 年和 9 年的随访研究发现,受访母亲的孩子在各种测量上都有优异的分数,包括词汇、算术测试以及 6 岁时的心理综合评分、9 岁更高的平均分和学业成绩。在丹佛,4 年随访研究的结果还发现,受访母亲的孩子在各种测量方面得分都很高,包括语言测试和行为适应测试。正因为关注了项目的初始测试,才能够进行后续测试(可以定位服务对象等)。该项目还能够获得进一步评估的资金。

316

---

[1] David Olds, Peggy Hill, Ruth O'Brien, David Racine, and Pat Moritz, "Taking Preventive Intervention to Scale: The Nurse-Family Partnership," *Cognitive and Behavioral Sciences*, forthcoming.

[2] 有关后续研究结果的总结,请参阅 GiveWell, *Nurse-Family Partnership(NFP)—Full Review*(n. d.),accessed December 24, 2011, http://www.givewell.org/united-states/early-childhood/charities/NFP/full-review#FormalstudiesoftheNFPmodel. See also the Nurse-Family Partnership Web site at http://www.nursefamilypartnership.org。

理解不同类型的数据

评估中使用的数据可能有各种来源。项目管理要求保存关于项目投入、活动和产出的记录（records）。基于该信息的统计数据也会定期计算。然而，这些通常是对于运行项目有用的定量测量，并且它们不传达任何主观或解释性信息。这些数据可能在过程评估中很有用，但因其不够详细而不足以成为主要的信息来源。作为其他组织活动的一部分，例如战略规划或营销，可以定期或偶尔收集结果数据。

信息可以直接从服务接收者（service recipients）处获得。在某些情况下，其他来源的服务对象记录可能可用。更典型的是，服务对象对他们收到服务的看法以及他们对这些服务的满意度可以通过调查而被评估。调查可以通过个人访谈、邮件、电话或互联网进行。调查的优势在于它们可以根据评估的数据需求进行定制。例如，额外的相关服务对象的信息还可以通过这些调查获得，例如人口统计、相关活动或使用的其他服务或组织。鉴于人们收到的广告和募捐信息泛滥，调查的缺点包括邮件或电话调查的回复率可能较低；由于某些人群的计算机使用有限，对互联网调查的回复率不同；以及有关自我报告信息准确性的问题。人们可能会犹豫是否表露有关敏感或有争议话题的信息，例如药物或酒精使用。他们也可能担心保密性或担心他们提供的信息的使用情况。此外，即使是适度广泛的调查设计也需要谨慎关注诸如问题的措辞和调查布局等技术因素。这些技术细节包含在进行调查研究的文献或指南中。

定性（qualitative）数据收集技术主要是观察和深入访谈。这些技术通常由训练有素的专家执行。观察者需要意识到他们正在寻找的信息的不同表现方式。例如，在观察群体互动时，他们需要知道群体凝聚力是如何被展现出来的。深度访谈员需要对何时使用探索性问题来获取更详细的信息或允许受访者将话题扩展到主题的其他相关方面非常敏感。但是，这些技术值得付出努力，因为它们可以提供有关项目运行方式或服务对象受影响方式的非常详细的信息。

317

收集结果评估数据

结果评估需要有关实现项目结果目标程度的数据。这些目标与项目活动给接收者所带来的变化有关。因此，必须获得可归因于项目活动的接收者的改变数据。目前有各种数据收集的设计可用。它们都将项目结果与没有项目的情况进行比较。阿黛尔·哈勒尔（Adele Harrell）和她的同事们对这些设计进行了很好的研究[1]。它们在推断因果关系的程度上有所不同。它们在数据收集和分析的难度方面也各不相同。资源或专业知识有限的组织可能无法执行更复杂的设计，但他们可以考虑使用那些不太复杂的设计。

为了表明项目活动带来了行为改变，表明行为改变与项目活动（协变，covariation）一致是有必要的，项目发生在行为改变之前（适当的时间顺序，time order），行为改变不是由其他因素造成的（非虚假关系，nonspuriousness）。前两个条件通常可以通过项目设计以相当简单的方式处理。但第三个要求很难解决。

实验（Experimental）设计被开发出来以明确地满足以上三个要求。个人或团体随机分配到两组中的一组。这是为了确保两组在实验开始时相似。每组进行前测，测量感兴趣的行为。然后对一组进行实验处理（我们的例子中的 NFP 项目）。另一组，即对照组（control group），未接受实验处理。两组在后测（posttest）中再次进行测试，两组之间的任何差异都可归因于实验处理的影响。虽然这些实验是评估因果关系的黄金标准，但它们在现实环境中的使用是有限的。主要问题是对控制组和实验组进行随机分配的能力及其适当性。有些项目，例如青年宵禁，不能有选择地只针对目标人群的一部分。此外，伦理问题可能会被提出来，理由是反对不给对照组福利。

NFP 使用实验设计测试其项目。埃尔迈拉研究具有典型性[2]。它通过卫生部产前诊所、私人产科医生办公室、计划生育联合会（Planned Parenthood）（它是一个在美国及全球提供生育健康护理的非营利组织。——译者注）、公立学校以及其他各种卫生和人类服务机构，一共招募了 400 名孕妇。这些女性至少具有以下母性特征中的一种，使得

---

[1]　有关结果和过程评估的更多详细讨论，请参阅 Adele Harrell, Martha Burt, Harry Hatry, Shelli Rossman, Jeffrey Roth, and William Sabol, *Evaluation Strategies for Human Service Programs: A Guide for Policymakers and Providers* (Washington, DC: Urban Institute, 1996).

[2]　Olds et al., "Preventing Child Abuse and Neglect."

318 其婴儿易患健康和发育问题：（1）年龄小（不到19岁）；（2）单亲状态；（3）社会经济地位低。这些家庭随机分配到以下四种治疗条件之一。

* 治疗1。这些家庭作为对照组。怀孕期间没有收到任何项目服务。婴儿在1岁和2岁时接受了感官问题和发育问题的筛查。如果需要，可以转介给专家。

* 治疗2。这些家庭由当地医疗保健提供者提供了免费交通服务，让她们定期进行产前和幼儿保育。婴儿在1岁和2岁时接受了婴儿筛查的服务。

* 治疗3。除了交通和筛查服务外，还为怀孕期间的家庭提供家庭探访。护士每2周访问一次家庭，并在怀孕期间平均进行了9次访问。

* 治疗4。家庭接受与治疗3相同的服务。此外，护士继续访问，直到孩子2岁。开始阶段的访问是每周一次。超过2年后，频率每6周减少一次。

该实验设计对不同治疗方法的影响进行了复杂的统计分析，并对认可的发现负责，它们在众多学术期刊上被发表。

虽然有时可以通过创意设计或对照组的后续服务来解决对实验设计的反对意见，但结果评估通常使用准实验（quasi-experimental）设计来进行。这些设计放宽了实验设计的要求。最常见的变化是放松对实验组或对照组的随机分配。通常评估人员使用尽可能相似的小组进行比较。例如，可以使用同一所学校的两个班级。然后使用多变量统计技术来控制组之间的剩余差异。

此外，还有许多非实验（nonexperimental）设计，它们与理想的实验设计相差甚远。它们没有比较组或没有接触过该项目的个人。虽然它们相对容易且便宜，但存在许多方法上的缺点。一个主要的限制是他们无法估计该项目的全部影响，因为没有数据可用于未接受过服务的人。这些设计包括：

- 比较服务对象在项目参与之前和之后的不同；
- 时间序列设计基于对包括项目参与者群体的项目之前和之后的结果的重复测量；
- 基于同一组参与者的重复结果测量的小组研究；
- 各组参与者的项目后比较。

鉴于他们的资源和专业知识，小型社区非营利组织可能会发现这些更简单、非实验性的设计最适合他们。只要可以获得感兴趣的参与者特征的某种测量，这些设计就可以被使用。例如，人们在参与戒烟项目之前和之后吸烟的程度如何？简单的问题可用于评估这一点。也可以使用基于观察的其他措施。例如，参加体育健身项目后，参与者的力量和耐力是否增加了？

收集过程评估数据

哈勒尔及其同事还描述了为了过程评估而进行的数据收集设计。收集这些数据是为了显示项目在何种程度上按规定实施，以识别任何意外后果和意外结果，并从员工、参与者和社区的角度理解该项目。设计包括个案研究、焦点小组和民族志。

个案研究（Case studies）需要对项目进行深入研究，以确定项目的运作方式，项目实施遇到的障碍，哪些战略最成功，以及项目运作需要哪些资源和技能。个案研究还可用于评估竞争的项目模型，以确定最佳替代方案。收集的信息将帮助项目设计者选择或开发最符合项目变革理论和逻辑模型的关键项目元素。个案研究产生定性数据，从半结构化访谈、焦点小组或研究人员的观察中进行收集。半结构化访谈询问具体问题，但允许受访者回答他们想要提供的详细信息。此外，探问可用于获得额外的材料。通过这种方式，受访者可以揭示复杂的和未预料到的对项目现实的描述和解释。

焦点小组（Focus groups）对检查态度和行为都很有用。许多利益相关方聚集起来进行焦点讨论。这些小组讨论由协调人指导，另一位研究员在场进行详细记录。对话也被记录下来。几个一般性问题用于指导小组成员之间的对话。讨论的目标可能有所不同。可能是就某个问题达成共识或尽可能多地提出不同的观点。鉴于目标，应仔细选择小组的构成

320 从而能够提供相关的观点和特征。然后研究人员通过使用详细的笔记和记录来总结对话。如果举办了多场焦点小组讨论，那么会产生一个总体概要。

民族志（Ethnography）使用观察和非结构化访谈来研究项目过程、项目的社区背景、参与者看待它们的因果过程以及决策模型。目标是了解员工、参与者和其他人的主观经验，然后使用这些信息来理解是否以及如何实现项目目标。研究人员观察项目运行、制作详细的现场笔记，并分析他们的观察和笔记，以确定主题和趋势。这种灵活的非结构化的方法有助于识别意外后果和非期望的结果。意外的观察可能会产生全新的变革理论。

分析数据和呈现结果

数据需要分析才会具有意义。评估从特定目的开始，而分析必须足以解决评估所要回答的问题。数据分析是一个高度专业化的领域，如果分析不只是简单的描述和突破，则可能需要经过专门培训的人员或外部专家。结果评估依赖于组或个体的比较，需要统计分析来确定上面讨论的实验和相关设计的结果。这些分析技术广泛用于心理学研究，并且发展良好。过程评估全部或部分依赖于定性数据的分析和解释。需要找到成功或失败的原因。统计分析在这些分析中的作用较小，这些分析严重依赖于描述、总结和解释。研究人员使用这些方法的经验是获得有用结果的重要因素。社会学和人类学领域已经开发并使用了这些方法。

获得结果后，需要将其分发给评估的利益相关方，包括组织领导者、理事会成员、项目员工、资助者、参与或关注评估的其他外部人员。这些不同组的信息需求可能不同，应相对应地配置和报告结果。对于某些群体，例如捐赠者或政府机构，结果数据对于他们的决策来说是最相关和最充足的。对于其他人，例如项目经理，过程数据是最相关的。他们寻求对项目活动做出判断和改进，并需要非常详细的信息。高层领导（如理事会成员）可能需要某些类型的数据。总结性的结果数据对他们

321 很重要，但他们的决定也涉及项目活动。对于任何利益相关方群体而言，很重要是无须提供或多或少的信息。信息太少会使问题无法回答并使决策失败，太多或过于复杂的信息会混淆并可能误导那些获取信息的人。除了满足利益相关方的需求外，还需要及时提供结果。可能需要在特定

的时间范围内做出决策，然后由评估人员来协调解决。

四 实践中的评估挑战

在项目评估方面，非营利组织面临许多挑战。许多基于社区的非营利组织缺乏意愿、专业知识和资源，无法进行由专家在政府背景下进行的大规模和经费充足的评估①。在非营利组织的背景下，利益相关方所要求的评估可被视为对组织实际工作的侵入性转移②。乔安妮·卡曼（Joanne Carman）和金佰利·弗雷德里克斯（Kimberly Fredericks）在一项人类服务非营利组织的研究中证明了这些困难③。

"我们花在项目评估上的时间和金钱是不值得的。"

"我们根本没有知识或专长来进行高质量的项目评估。"

"我们为项目评估所做的大部分工作都是象征性的。"

"在评估上花费时间和资源会影响我们最擅长的服务。"

"项目评估要求只是我们的捐赠者为我们设置的障碍。"

尽管面临挑战，但大多数非营利组织仍在关注项目评估。卡曼和弗雷德里克斯发现，在他们的研究中，90%的非营利组织报告说他们评估了自己的项目。然而，评估的广泛性差异很大。一方面，大约1/3的人报告他们做得很少或只做了一些评估。另一方面，只有18%的受访者表示他们不遗余力地评估所有的项目。评估结果用于战略管理以及外部报告或项目推广。评估信息最常见的战略管理用途包括帮助改变现有项目

---

① Mary Kopczynski and Kathleen Pritchard, "The Use of Evaluation by Nonprofit Organizations," in *Handbook of Practical Program Evaluation*, ed. Joseph Wholey, Harry Hatry, and Kathryn Newcomer (San Francisco: Jossey-Bass/Wiley, 2004), 649-669.

② Salvatore Alaimo, "Nonprofits and Evaluation: Managing Expectations from the Leader's Perspective," in *Nonprofits and Evaluation*, New Directions for Evaluation, no. 119, ed. JoanneG. Carman and Kimberly A. Fredericks (San Francisco: Jossey-Bass/Wiley, 2008).

③ Joanne Carman and Kimberly Fredericks, "Nonprofits and Evaluation: Empirical Evidence from the Field," in *Nonprofits and Evaluation*, New Directions for Evaluation, no. 119, ed. Joanne G. Carman and Kimberly A. Fredericks (San Francisco: Jossey-Bass/Wiley, 2008).

322　（93%的非营利组织）和建立项目目标（75%）。此外，60%至70%的非营利组织用于以下各项：战略规划、开发新项目、人员配置决策以及财政分配决策。评估信息用于报告目的，包括向理事会报告（82%）和向捐赠者报告（67%），外联和公共关系（59%）以及寻求新资金（53%）。

正如这些调查结果所显示的那样，项目评估为非营利组织提供了实际的好处①。评估有助于向员工提供反馈和指导，关注项目问题，确定需要关注的服务单位或参与者群体，比较替代性服务提供策略，识别合作伙伴，分配资源，招募志愿者和吸引客户，为未来绩效设定目标，随时间追踪项目的有效性，增加资金，以及提升公众形象。然而，为了实现这些好处，非营利组织和资助机构的领导者必须培养对评估的益处的认识，并提供必要的支持和资源。

中小型非营利组织不应放弃项目评估。虽然它们的评估需要遵循适当的流程，但它们的项目和服务可能比大的非营利组织更简单且规模更小。这使得本章中的步骤更容易，将需要更少的员工并且有可能让志愿者参与评估②。数据会更好收集，分析也会相对简单。此外，还可以从各种渠道取得对项目评估的协助。这些资源以日常术语解释项目评估逻辑和设计，为执行所需步骤提供实用指导，并包含进一步资源的连接。非营利组织可以使用这些来教育员工并指导评估。一些用于项目评估的有用的在线资源示例见如下。

基金会中心（Foundation Center），评估社会影响的工具和资源，（http：trasi. foundationcenter. org）。

特拉华州非营利组织协会（Delaware Association of Nonprofit Organizations），信息中心：项目评估，（http：//www. delawarenonprofit. org/infocentral/programeval. php）。

免费管理学图书馆（The Free Management Library），资源非常有

---

①　Margaret Plantz, Martha Greenway, and Michael Hendricks, "Outcome Measurement：Showing Results in the Nonprofit Sector," in *Using Measurement to Improve Public and Nonprofit Programs*, *New Directions for Evaluation*, no. 75, ed. Kathryn Newcomer (San Francisco：Jossey-Bass/Wiley, 1997).

②　Kopczynski and Pritchard, "The Use of Evaluation by Nonprofit Organizations."

限的非营利组织基于结果的评估基本指南，（http：//managementhelp.
org/evaluation/outcomes-evaluation-guide. htm）

　　威斯康星大学扩展教育部（University of Wisconsin-Extension），
项目发展和评估，（http：//www. uwex. edu/ces/pdande/evaluation/index.
html）。

　　评估可能会卷入政治紧张局面。非营利组织的利益相关方，包括理
事会、员工、志愿者、顾客、资助者、社区领导者和监管者，可能对项
目评估的理想性、目标和技术有不同的并可能持相互排斥的观点。在项
目评估的相关决策时，非营利组织领导者必须平衡这些多重观点。为了
使项目评估成为组织改进的基础和组织学习的基石，领导者必须激励和
动员内部利益相关方。塞尔瓦托·阿莱莫（Salvatore Alaimo）将此描述
为评估的内部推动力（internal push）[1]。领导者应该传达评估是帮助组织
完成其使命的有效工具，并应为评估能力建设提供资源。此外，还必须
解决外部利益相关方的需求。而且，这些外部拉动力（external pulls）必
须与内部推动力整合以进行评估。满足外部利益相关方和获取资源的需
要可能要与组织保持自主性的愿望相平衡。

　　一项针对詹姆斯·埃尔文基金会（James Irwin Foundation）的劳动力
发展项目的深入评估，为解决非营利组织评估的关键内部挑战提供了一
些有用的建议[2]。

　　● 让组织的领导者参与进来：他们的持续认可对于组织中其
他人的支持以及评估过程中的后续行动尤为关键。

　　● 在资助者和非营利组织之间建立高度信任：非营利组织需
要随时公开其绩效的弱点，而不必担心他们的资助者在考虑未来资
金时会使用这个来反对他们。

　　● 澄清角色、责任和期望：这包括清楚地了解过程中的步骤，

---

[1]　Alaimo，"Nonprofits and Evaluation."

[2]　Georgiana Hernandez and Mary Visher，*Creating a Culture of Inquiry*：*Changing Methods—and Minds—on the Use of Evaluation in Nonprofit Organizations*；*A Look at WOW*：*Working On Workforce Development Project*（San Francisco：The James Irwin Foundation，2001）.

将由哪些人完成以及何时完成。

- 为可能需要的技术援助分配足够的时间：如果评估设计或数据收集和分析没有专业知识，则可能会出现错误描述，并导致不适当的行动。
- 让更广泛的员工参与进来：整合组织的员工创造支持评估的文化。
- 确保员工可以投入足够的时间：将评估任务作为员工正常工作的一部分，而非将其增加到现有的工作负荷之上。

资助者在非营利组织结果评估的传播中发挥了关键作用。但是，如前所述，资助者和非营利组织之间可能出现紧张关系。为解决这些问题，非营利组织可与资助者合作，建立更具协作性的评估环境①。

- 为了最具建设性，应鼓励资助者将其角色视为帮助机构开展评估，为项目提供最有用的信息。
- 资助者通过帮助机构提交评估能力来为自己的最佳利益服务。这包括对亲身实践、体验式培训和持续技术援助的支持。
- 当地资助者可以相互合作以支持机构评估工作。这可能包括汇集资金以及建立通用术语、方法或报告要求。
- 当资助者将结果数据作为报告要求时，他们应该放弃与这种关注无关的其他要求。当需要过程信息时，它应该与结果明确相关，而非与一般机构运作相关。

五　本章小结

非营利组织获得了许多福利。它们获得免税权，个人和公司给它们提供财政捐助，并付出了个人的时间和提供志愿服务。提供这些福利是为了使非营利组织通过其服务和活动为个人和社会的福利做出贡献。本章涵盖了非营利组织和运营的核心问题：我们能够做些什么？以及他们

---

① Plantz et al., "Outcome Measurement."

的结果如何？这些问题对于运营非营利项目和其他非营利组织利益相关方来说至关重要。项目评估既是一种逻辑方法，也是一套允许非营利组织回答这些问题的技术。它是记录非营利组织价值，证明公众信心和支持以及改进项目的基础。

下一章将讨论大部分非营利环境中的主要利益相关方，将讨论政府和公共关系。政府和公众可以显著地影响非营利组织，并且他们对非营利组织项目的理解会在关于非营利组织的决策中发挥重要作用。

六 问题思考

1. 对于非营利组织、营利组织和政府机构，问责制和项目评估会有所不同吗？为什么？

2. 是否所有的非营利项目和服务都可以被评估？想想可能非常难以评估或无法评估的某些类型的非营利项目或服务。它们有哪些困难？如何通过评估设计来解决这些困难？ 325

七 练习

练习 13.1 问责制

选择一个您熟悉的非营利组织，然后回答以下问题。

1. 该组织可能对哪些利益相关方负责？

2. 该组织如何遵守问责制的四个核心构成？

3. 该组织如何使用项目评估来实现问责制？

练习 13.2 评估设计

选择一个您熟悉的非营利组织项目，然后回答以下内容。

1. 用一句话来描述该项目的目标。

2. 该项目的变革理论是什么？

3. 画出项目的逻辑模型。

4. 为该项目设计结果评估。

5. 为该项目设计过程评估。

练习 13. 3 评估的挑战

思考您在第一个练习中选择的非营利组织，请回答以下问题。

1. 进行项目评估时，其主要的内部挑战可能是什么？

2. 它可能遇到哪些外部挑战？

3. 它如何成功地应对这些挑战？

第十四章　公共关系和政府关系

大自然保护协会（The Nature Conservancy，以下简称TNC）是世界领先的自然保护组织之一。它成立于1951年，通过非对抗合作的方式，在保护土地和水方面做了很多工作。世界自然基金会（The World Wildlife Fund）和其他致力于保护的非营利组织把营利企业视为对手，但TNC不是。从一开始，TNC就试图与企业建立伙伴关系，而这种关系基于科学的可持续性方法。多年来，它与企业的合作关系导致人们指责它不忠于自己的使命，即为了人类的今天和明天而保护自然。它最大的挑战之一是受到《华盛顿邮报》（The Washington Post）的一系列批评之后，如何恢复其形象。下面罗列部分批评的标题和内容，向大家展示组织的实践和政策是如何受到攻击的。

非营利组织的地产银行累积了数十亿美金

TNC是世界上最富有的环保组织。它致力于拯救珍贵的土地，并因此积累了30亿美元的资产。但最近，它与企业的关系过密。除了土地保护，TNC还从事钻探、伐木和开发。这导致了内部分歧的产生。

一年42万美元的无条件基金

TNC的官员说，他们的财政状况一目了然。慈善专家认为这是增进公众信任的必要因素。尽管如此，简单的答案还是很难被找到。

形象是一个敏感问题

从TNC的内部看，它就像一台嗡嗡作响的营销机器。数百万美元被投入进去，用以建设和保护组织的形象，并努力将该慈善机构变得家喻户晓。

327

《华盛顿邮报》试图证明 TNC 正"从草根组织转变为企业巨头"①。它声称，组织、理事会成员和主要捐赠者曾不适当地受益于该组织的政策和做法。根据该系列报道的评论，美国参议院委员会（U. S. Senate committee）、环境保护署（the Environmental Protection Agency）和美国国税局对 TNC 进行了调查。这次负面曝光有助于美国国会（the U. S. Congress）加强对非营利组织的关注，并引发了关于是否应进一步规范非营利部门的辩论②。TNC 随后发布了一份新闻稿，解释了它在《华盛顿邮报》系列文章中的立场。以下是其中的摘录部分③。

我们需要对以下事实进行澄清：我们所承担的风险、我们曾犯下的错误以及纠正这些错误的建议做法和我们已达到的成就。这些成就被《华盛顿邮报》的"绿色大报"（Big Green）系列文章严重忽视和歪曲了。在我们和下一代失去土地和水资源之前，我们必将继续在保护工作中承担风险。关于《华盛顿邮报》有关 TNC"绿色大报"的系列文章是根据该报记者进行的为期两年的调查得出的结果。TNC 很配合地按照《华盛顿邮报》的要求提供了数千页的文件，并安排了与许多员工、合作伙伴和专家的面谈，包括与 TNC 的理事长史蒂夫·麦考密克（Steve McCormick）的四次单独面谈。然而，《华盛顿邮报》所报道的"绿色大报"系列并不是一份全面的报告。它缺乏对成就公正的背景描述并简化了复杂的问题，这在后面将进行详细阐述。尽管《华盛顿邮报》的"绿色大报"系列文章充满了对事实的错误描述和遗漏，我们也承认，我们在追求创新和保护变革方面犯了一些错误。在《华盛顿邮报》调查开始之前，我们就已经开始纠正和学习。我们像往常一样对自己的行为负全责。正如我们以前曾做过的那样，我们对整个组织进行深入的自我检查。我们知道 TNC 正在变大变强，这样，才能更好地实现我们的保护目

---

① 案例细节来自一系列名为"Big Green"的文章，by David B. Ottaway and Joe Stephens, published on various dates beginning in 2001 in *The Washington Post*, accessed February14, 2011, http：//www. washingtonpost. com/wp-dyn/nation/specials/natureconservancy。

② Max Stephenson Jr. and Elisabeth Chaves, "The Nature Conservancy, the Press, and Accountability," *Nonprofit and Voluntary Sector Quarterly* 35, no. 3（2006）：345-366.

③ The Nature Conservancy, "Setting the Record Straight Regarding *The Washington Post* 'Big Green'series," *Newsroom*（n. d.）, accessed February14, 2011, http：//www. nature. org/ pressroom/links/art10505. html.

标……通过回顾我们的使命、战略和价值观以及总结纠正错误的步骤，我们希望能把针对我们的批评转变为关于未来我们如何进行保护的真正对话［经 TNC 许可转载］。

　　TNC 对媒体攻击和政府调查的战略回应揭示了建立强有力的公共关系和政府关系项目对非营利组织的益处。正如 TNC 所发现的那样，即使非营利组织的理事会和员工理解的合乎道德的行为，在他人眼中也可能是不当的。一旦非营利组织的声誉受到质疑，政府就会介入，进一步规范行为或实施处罚。公众可能会撤回支持或要求其承担更大的责任。在 TNC 的案例中，《华盛顿邮报》的负面报道引发了政府对这一事件的调查。作为一个资源丰富的大型非营利组织，TNC 能投入大量资源应对指控，并为自己的利益辩护。

　　没有一个非营利组织（无论其规模大小）能对公共关系挑战的影响免疫，且任何非营利组织都希望能从事倡导活动。正如我们在第二章所看到的，并不是所有的利益相关方都会用同样的标准和方式来评估非营利组织的道德行为和有效性。无论非营利组织的规模大小和受到批评的承受能力如何，我们都建议组织积极地发展公共和政府关系的技能和战略，并制订危机管理计划。在本章中，我们将重点讨论非营利组织如何在战略上进行沟通，以树立和维护积极的形象和声誉，管理危机，为崇尚的事业和组织的利益进行倡导以及游说期望的立法。

一　形象和声誉

　　形象和声誉是非营利组织重要的无形资源①。负面形象或名誉受损会损害与内部和外部利益相关方的关系。形象和声誉反映了利益相关方对组织持有的认识和观点②。声誉（reputation）反映了组织在其一生中

---

①　Eric Kongand Mark Farrell, "The Role of Image and Reputation as Intangible Resources in Non-Profit Organizations: A Relationship Management Perspective," *Proceedings of the 7th International Conference on Intellectual Capital, Knowledge Management & Organizational Learning*, Hong Kong Polytechnic University, Hong Kong, China. November 11-12, 2010.

②　Nha Nguyen and Gaston Leblanc, "Corporate Image and Corporate Reputation in Customers' Retention Decisions in Services," *Journal of Retailing and Consumer Services* 8, no. 4 (2001): 227-236.

的行为认知①。它包括三个方面：对组织的熟悉程度、对组织未来期望的信念以及对组织好感度的印象②。因此，一个良好的声誉需要在一段时间内持续采取积极的行动。形象（image）与外部利益相关方对组织的当前认识、感受和信念有关③。形象是指当利益相关方看到或听到组织的名称或看到其标志、符号或商标时形成的心理图像或联想④。因此，形象更具延展性，可以快速改变。第八章关于营销的部分，通过关注如何创建和维护一个好的品牌对这一探讨进行了阐述。

对非营利组织来说，形象和声誉至关重要，因为他们被政府授予运作的灵活性，并可能获得捐赠和税收优惠。尽管美国国税局的规章制度（如非分配限，nondistribution constraint）为非营利组织提供了法律指导，但普通公众和其他利益相关方对非营利行为的标准和期望通常超越了法律要求。非营利组织的合法性是基于被视为公众资源（捐赠和免税等）的诚信管理者和可靠的社会福利提供者。正面的形象和声誉有助于非营利组织吸引和留住员工、志愿者和捐赠者，并与服务对象、媒体和立法者等其他利益相关方保持良好的关系。

认识到形象的变化对组织产生的影响，一些非营利组织通过筹资、营销和公关传播，战略性地建立积极和清晰的形象。例如，一家医院推崇对患者护理的高度关注。如果医院在患者满意度或手术结果调查中排名靠前，它就能与公众分享信息，从而强化它的积极形象。

非营利组织领导者通过确保他们了解公众和政府的期望和价值观来保护组织的声誉，并在组织的目的、行动和结果与这些期望和价值观不一致时识别和应对潜在的危机。例如，TNC 慎重而迅速地回应了政府的询查，以表明组织的透明度，并积极调整做法以符合美国参议院的愿望

---

① Paul Herbig and John Milewicz, "The Relationship of Reputation and Credibility to Brand Success," *Journal of Consumer Marketing* 10, no. 3 (1993): 18-24.

② Donald Lange, Peggy Lee, and Ye Dai, "Organizational Reputation: A Review," *Journal of Management* 37, no. 1 (2011): 153-184.

③ Ian Fillis, "Image, Reputation and Identity Issues in the Arts and Crafts Organisation," *Corporate Reputation Review* 6, no. 3 (2003): 239-251; Roger Bennett and Helen Gabriel, "Image and Reputational Characteristics of U. K. Charitable Organisations: An Empirical Study," *Corporate Reputation Review* 6, no. 3 (2003): 276-289.

④ Edmund R. Grayand John M. T. Balmer, "Managing Corporate Image and Corporate Reputation," *Long Range Planning* 31, no. 5 (1998): 695-702.

和期望。它发布了新闻稿和进行了多种沟通以向利益相关方保证，它将寻求持续的改进和始终遵循它的初心。

多种工具和技术可用于声誉管理，如声誉记分卡、关键绩效指标、竞争基准、媒体内容分析、新闻调查、民意调查、品牌指南以及网页使用量的测量[①]。这些工具和技术提供了有关非营利组织如何向公众呈现自己以及他人如何看待组织的信息。即使是小型组织也可以跟踪与它们有关的媒体报道的范围和基调、网站点击率、服务对象满意度、员工和志愿者流动率以及目标实现情况。组织可以利用这些信息来评估它们是否能够满足期望以及它们的形象和声誉是否受到影响。

（一）战略沟通

使用沟通来提升形象和建立声誉是非营利组织战略规划的一部分。一个非营利组织应该能清楚地展示它所代表的意义和希望实现的目标。它的价值应该体现在它的行动和言语之中。在回应《华盛顿邮报》的负面报道时，TNC 重申了它所主张的价值观的重要性。例如，它在开篇就指出："在我们和下一代失去土地和水资源之前，我们必将继续在保护工作中承担风险。"

330

我们应制订沟通计划，以进一步实现组织目标并加强品牌的一致性。对于每个战略目标，沟通计划应该概述为寻求特定目标受众的变化[②]。沟通的目标可能是唤醒意识、吸引受众、调动受众行动和维持关系。良好的沟通对以下类型的目标进行了详细说明：

- 目标受众：例如，美国参议员；
- 目标受众期望变化的性质：例如，对 TNC 的高度认可；
- 需要达到的具体知识、态度或行为的程度：例如，了解 TNC 的政策中与土地出售相关的适当性；
- 期望的变化量：例如，参议员的看法产生足够的变化以避

---

① John Baxter, "Corporate Reputation Management," *Ezine Articles*（n. d.）, accessed January 12, 2011, http：//ezinearticles. com/？ Corporate-Reputation-Management&id＝4773569.

② Janel Radtke, *Strategic Communications for Nonprofit Organizations*：*Seven Steps to Creating a Successful Plan*（Hoboken, NJ：Wiley, 1998）.

免政府监管或处罚；

- 目标日期：例如，到美国参议院调查结束为止。

沟通计划的制订应围绕上述列举的目标。而接下来的步骤则包括开展调研、制订信息、制作材料、评估资源和编写工作计划[1]。然后，我们将公共关系作为一个沟通过程来进行讨论。

（二）公共关系

美国公共关系协会（The Public Relations Society of America）是美国最大的公共关系和专业沟通团体。它指出，公共关系的定义和实践是从20世纪初从该领域开始正式发展起来的。早期对公共关系的定义关注新闻代理和宣传。而更加现代的定义包含了参与和建立关系的概念。1982年，美国公共关系协会采纳一个定义："公共关系帮助组织和公众相互适应。"[2] 该定义目前被广泛使用和接受。公众（publics）是指与一个组织相关的所有受众。科特勒（Kotler）将公众（public）定义为"对组织有实际或潜在利益和（或）影响的独特人群和（或）组织"。[3]

必须强调的是，公共关系不仅仅是组织与其公众之间的信息流动。这是一个沟通过程，它吸引并告知关键受众、建立重要关系并将重要信息发回组织以便分析和行动。

331　非营利组织需要听取公众意见，审视自身的政策环境并把这些信息发送给组织进行讨论，从而决定是否有必要采取任何行动来回应所获悉的内容。因此，公共关系涉及以下管理职能[4]。

- 预测、分析和解释可能影响组织运作和计划的公众舆论、

---

① Kathy Bonk, Emily Tynes, Henry Griggs, and Phil Sparks, *Strategic Communications for Nonprofits: A Step-by-Step Guide to Working with the Media* (San Francisco: Jossey-Bass/Wiley, 2008).

② Public Relations Society of America, "What Is Public Relations?" (n.d.), accessed December 24, 2011, http://www.prsa.org/aboutprsa/publicrelationsdefined.

③ Philip Kotler, *Marketing for Nonprofit Organizations*, 2nd ed. (Upper Saddle River, NJ: Pearson Prentice Hall, 1982), 47.

④ This list is quoted from Public Relations Society of America, "What Is Public Relations?"

态度和问题（正面的和负面的）。

● 在本组织的各层级就决策、行动方案和沟通进行咨询管理，同时考虑随之而来的公共后果和组织的社会或公民责任。

● 持续研究、执行和评估项目的行动和沟通，以获得实现组织目标所需的知情公众的理解。这可能包括审查市场营销、财务、筹资、员工、社区或政府关系以及其他项目。

● 规划和实施组织的工作来影响或改变公共政策。制定目标、规划、预算、招聘和培训员工、开发设施……简而言之，管理好完成上述所有工作所需要的资源。

非营利组织的员工和志愿者履行这些职能是为了获得对组织使命的认可、创造和保持有利的行动氛围，并告知和激励关键利益相关方[①]。一些非营利组织培养或建立公共关系专业人员或部门来指导这些职能。无论是否拥有公共关系专家，每一个非营利组织都在一定程度上参与公共关系（正式或非正式）。非营利组织的所有理事会成员、员工和志愿者都是非营利组织的代表，他们可以提供关于公众对组织看法的有用信息。即使是服务对象和捐赠者也可能影响非营利组织的形象和声誉。关于公众对非营利组织的看法，每个人都承担了一定的责任。

二 公共关系过程

非营利组织指导公共关系的过程从评估开始，并通过设定目标、目的和战略；确定和研究目标受众；制订、传递和确定信息的有效性；确保信息和方法始终符合道德标准。

332

（一）评估影响公共关系的内外部因素

公共关系计划始于对非营利组织公共关系背景（public relations context）的评估。该评估考量了常规的内部和外部因素及其与公共关系的

---

① Scott M. Cutlip, Allen H. Center, and Glen M. Broom, *Effective Public Relations*, 8th ed. (Upper Saddle River, NJ: Pearson Prentice Hall, 1999).

相关性。作为评估的一部分，根据史密斯（Smith）、巴克林（Bucklin）及其同事的设计，需要提出以下问题[①]。

- 非营利组织的优势和劣势有哪些？

- 公众对组织的看法如何与实际一致？不同受众对优势和劣势的看法是否准确和一致？

- 重要支持者对非营利组织有何看法？非营利组织是否会引发尊重、兴奋、沮丧、焦虑、失望或其他情绪？

- 重要支持者会如何分享有关非营利组织的信息？

- 非营利组织与其他同类组织相比如何？比较结果是否有利？

- 非营利组织如何在理想世界中运作？公众将如何看待它？它将如何与最重要的公众合作，如支持者、捐赠者、志愿者、组织成员、新闻媒体、立法者和社区领袖？

（二）设定目标、目的和战略

详细的公共关系目标、目的和战略应与非营利组织的战略规划一起制订。公共关系目标应支持其他目标和组织的总体愿景。例如，在建立捐赠基金（筹资目标）之前必须增强意识（公共关系目标）。在增加项目（项目目标）的地理范围方面的成功可能取决于激励那些试图将服务推荐给他人的个人（公共关系目标）。可衡量的公共关系具体目标由总目标产生；例如，一个具体目标是在项目运作的第一年，项目被推荐的次数为 50 次。

实现具体目标的最佳策略将取决于公共关系可用的资源。资源包括用于研究受众的人员、设施和资金；制作材料（如新闻稿、公告、邮件和媒体工具包）；联系和回应媒体及其他利益相关方。组织应评估员工、志愿者或顾问能够和应完成这些工作的程度。社区领导可能愿意代表组织发言。

此外，其他组织（包括企业或非营利组织）可能愿意为演讲提供设

---

① Smith, Bucklin & Associates, "Using Public Relations Tools to Reach a Broader Audience," in *The Complete Guide to Nonprofit Management*, 2nd ed. (Hoboken, NJ: Wiley, 2000).

施和听众、制作宣传材料或为公共关系活动捐款。

（三）确定和研究目标受众

一旦制订了具体目标和资源清单，就应该确定目标受众（target audiences）。爱琳·沃思（Eileen Wirth）解释说，"所有公共关系的本质是将战略信息定位于组织需要推进其目标的受众群体。[1]" 对非营利组织而言，目标受众通常包括当前和潜在的服务对象、志愿者、资助者，在某些情况下还包括政府机构。在大多数情况下，领导者和项目主管拥有识别目标受众的能力。志愿者、服务对象和顾问也可以提供有关受众的有用信息。对于每一个目标受众，非营利组织都应该有一个沟通目标，具体说明它希望通过公共关系努力达到的目的。

一旦确定了受众，就可以使用形象调查（image research）来具体评估受众对组织的了解和感受、他们对组织持有何种看法以及他们从何处获取的信息。对于大家熟悉的受众来说，这些信息可能很容易获得。信息可以定期从用户满意度调查、搜索媒体报道、询问电话日志以及与员工、理事会成员和志愿者的招聘和离职面谈中收集。对于几乎不与组织互动的受众，可以使用正式的研究方法（如能负担得起）。焦点小组会议和调查可以用来发现潜在的公共关系问题，也可聘用外部顾问来提供收集可靠和有效信息所需的专业知识。如果非营利组织不能承受大范围的形象调查，组织至少可以指派某人（如志愿者或学生实习生）去询问员工、志愿者、理事会成员以及组织的服务对象。询问的内容包括这些人对组织的看法（是正面的还是负面的）及其原因。

（四）制订信息

一旦调查完成并确定受众，就应该进行信息制订（message development）。对于每个目标受众，信息应该基于公共关系目标和受众进行研究。一方面，如果调查表明受众对组织的认知很低，就可以开发教育信息来帮助人们了解非营利组织。另一方面，如果调查表明公众对组织的看法很糟

---

[1]　Eileen Wirth, "Strategic Media Relations," in *The Nonprofit Handbook*: *Management*, 3rd ed., ed. Tracy Connors (Hoboken, NJ: Wiley, 2001), 266.

糕，那么信息应被精心设计来改变他们对组织的看法，而不是建立认知。
334 如果目标是鼓励行动（例如签署请愿书），那么信息的设计就是为了鼓励期望的行为，而不是建立认知或改变看法。

珍妮特·韦斯（Janet Weiss）和玛丽·奇尔哈特（Mary Tschirhart）对有关人们如何处理沟通的大量文献进行了总结，并指出影响信息成功的一些关键点[1]。

- 来源可信度。消息来源越可信，就越有可能被关注和接受。
- 信息清晰度。消息必须是可被理解的，这意味着简单的消息往往具有较大的影响。
- 符合先前的认知。当信息与已知或已相信的信息一致时，就更容易被接受。
- 信息发布。信息在被注意到之前有必要进行重复的发送。信息需要与其他吸引受众注意力的需求竞争。在保持消息内容一致的同时，改变消息的传递方式可能会有所帮助。

我们来细看一个由公关公司埃德尔曼（Edelman）和美国心脏协会（AHA）发起的一项专门针对女性的活动。这项备受赞誉的活动关注意识的产生，即让人们认识到心脏病是女性的头号杀手，同时鼓励女性访问 goredforwomen.org 网站，加入并进行心脏检查。这项活动提高了妇女意识到心脏病严重性的比例，同时也增加了对 AHA 和心脏检查的捐款。活动设计者们认为，活动的成功归因于聘请发言人玛丽·奥斯蒙德（Marie Osmond）（她的母亲和祖母死于心脏病）和"像我这样的女人"（women like me）为主题的线上论坛上分享的故事，它们有助于传递令人信服的信息。关于心脏病是一个致命疾病的信息是毫无争议的，但是研究发现，女性并没有把心脏病看作是个人威胁，而且她们倾向于相信同伴传递的信息。这项活动旨在通过讲述多个激励故事来激发行为，而这些故事个性化了疾病的统计数据。

---

[1] Janet A. Weiss and Mary Tschirhart, "Public Information Campaigns as Policy Instruments," *Journal of Policy Analysis and Management* 13, no. 1 (1994)：82-119.

并非所有的非营利组织都有足够的资本与公司合作来发起活动。然而，小成本也能产生积极的结果。例如，谷歌的广告词（Google AdWords）可以提升认知度，吸引访问者访问非营利网站，同时对非营利组织免费。北方黏土中心（the Northern Clay Center）是一家致力于推进陶瓷艺术的非营利组织。它的一名员工在 YouTube 视频中解释了由于自己一时心血来潮使用了广告词，而这一行为恰巧让更多的人了解到该组织的产品。通过使用广告词将非营利组织的信息通过关键词、图像和照片的形式关联在谷歌搜索页面上，使信息能够传达至新的受众。

335

（五）选择沟通输出渠道和传递消息

我们可使用各类印刷媒体的输出渠道来覆盖目标受众，并实现为每种类型的受众设定的目标。每种媒体都有不同的特性、优势和局限性[1]。报纸、杂志、简报和公告等印刷媒体可能比电视新闻采访或脱口秀更能为组织提供深入报道的机会。普通报纸可达到最大的读者覆盖率，但更具针对性的出版物提供了提炼信息的机会，并向特殊受众提供感兴趣的内容。非营利组织可以寻找报道相关问题的记者，并将自己作为资源推荐给他们。非营利组织的执行理事或有关专家可以将自己定位为对记者有用的资源。非营利组织也可以以信件或评论文章的形式向编辑投稿。随着时间的推移，非营利组织能与记者和编辑建立良好的关系，这有助于提升组织的知名度和获得正面的报道。

我们也可选择多种广播方式，包括公共广播和电视、有线公共频道、全新闻广播和电视台以及公共事务节目。非营利组织可以收集成功的案例，并把它呈现给对此感兴趣的记者或负责相应版块的编辑。对于电视，提供的素材通常是可视性越高越好。此外，组织还可让代表接受采访。组织也可制作公益广告，在当地广播电台和电视台播放。大型传媒集团分明频道通信公司（Clear Channel Communications）提供了一个网站，非营利组织可在该网站上发布可供电台使用的公益广告[2]。

---

[1] See Lori Mcgehee, "What Is the Best Media to Get Your Message Across?" *Rich Tips* 2, no. 28 (2004), accessed December 10, 2010, http://richardmale.com/? cat = 20&paged = 2; and Wirth, "Strategic Media Relations."

[2] To post a PSA on the Clear Channel Website, visit http//publicservice.clearchannel.com.

非营利组织可以使用有线和视频服务平台来播送新闻稿。由于服务平台会向各种媒体输送信息，这种方式能够覆盖大量的受众。这些信息经常被记者选出并在他们的媒体上传播。但是，服务平台可能会按发布次数收费或收取会员费。主要的有线服务平台包括美联社（Associated Press）、媒体链接（MediaLink）、路透社（Reuters）和美通社（PR Newswire）。

互联网作为一种传播工具，尤其在年轻用户当中发展迅速。博客网站和手机短信吸引了捐款和投票。例如，你可以告诉你的朋友发送短信"HAITI"到90999，向该国红十字会的救援工作捐款10美元。一款由大学生设计的名为《达尔富尔即将死亡》（Darfur Is Dying）的电子游戏让玩家扮演苏丹难民的角色。该游戏已经被玩了数百万次、筹集了数千美元资金并吸引了主流新闻的报道①。达勒姆市政部（Urban Ministries of Durham）设计了一款电子游戏，让玩家体验无家可归者或失业者的生活。游戏和视频可以帮助公众更好地理解非营利组织正在解决的需求的本质。例如，当一个人没有交通费或没有地方洗澡甚至无法安全存放工作服时，富足的人才能更好地理解找到和保留一份工作的困难程度。一些非营利组织有虚拟世界的身份，可以帮助传播信息。《第二人生》（second life）为非营利组织提供了展示的空间和开会的场所，用来帮助教育前来访问的虚拟人物。例如，二次机会树（Second Chance Trees）为虚拟人物提供一个机会，以了解不同类型的树的价值。而一旦种植一棵虚拟树，就可以免费为他们种植一棵真正的树。

一个非营利组织至少应该有一个网站并进行定期更新，更新的内容包括新闻发布和即将发生的事件信息以及支持者感兴趣的其他项目。它应该利用推特和脸书等免费社交媒体来帮助传播组织的信息。非营利组织也可以通过 YouTube 和《非营利时报》（The NonProfit Times）、《慈善纪事报》和《慈善杂志》的网站发布组织的故事②。

---

① Ben Rigby, *Mobilizing Generation* 2.0: *A Practical Guide to Using Web* 2.0 *Technologies to Recruit, Organize, and Engage Youth* (San Francisco: Jossey-Bass/Wiley, 2008).

② The Websites are, for YouTube for nonprofits, http://www.youtube.com/user/nonprofits; for the *NonProfit Times*, http://www.nptimes.com; for *The Chronicle of Philanthropy*, http://www.philanthropy.com; and for *Philanthropy Journal*, http://www.philanthropy journal.org.

（六）评估沟通的有效性和道德规范

一旦信息被传递，就需要试着评估它们的影响力。它们是否覆盖了目标受众？它们是否达到了预期目标？例如，建立认知或激励行动。如果没有的话，就需要对信息进行更改、重复，甚至转换不同的输出渠道。信息传递后是否带来了意想不到的后果？例如，卫生组织发出的反吸烟信息有时会产生飞镖效应（boomerang effects），因为有些信息实际上是鼓励而非阻止吸烟行为。社会心理学中的飞镖效应是信息接收者对信息的反抗或拒绝的反应，因为他们觉得自由受到了限制。这种反应可能是有意识的，也可能是无意识的[①]。

除了考虑这些信息是否有效之外，非营利组织应该关注这些信息是否合乎道德规范。例如，该组织的成果是否被真实地描述？是否尊重隐私？非营利组织是否避免利用服务对象的公共关系价值？照片中的每个人是否都允许非营利组织分享自己的形象？

（七）公共关系道德规范

如果公共关系活动被视为广告宣传或狭隘的自我服务行为，它就会受到观众的怀疑。对于自己的行为和其带来的结果，人们越发谨慎地进行辩护、接受过度好评或逃避指责。因此，道德上的公共关系非常重要。在示例 14.1 中，我们总结了美国公共关系协会创建的道德框架中的主要问题。无论非营利组织的规模大小，只要有人（不管他是否受过公共关系专业培训）担任公共关系角色，就与这些问题相关。

337

示例 14.1　美国公共关系协会道德准则条款摘要

核心价值观设立原则

由美国公共关系协会道德与专业标准（Ethics and Professional Standards）创建和维护的道德准则规定了基于核心价值观的原则和指导方针。基本价值观是倡导、诚实、专业、独立、忠诚和公平。

---

① Sharon S. Brehm and Jack W. Brehm, *Psychological Reactance: A Theory of Freedom and Control* (Maryland Heights, MO: Academic Press/Elsevier, 1981).

将价值观转化为道德实践原则时，"道德准则"建议专业人员：

- 保护并推进准确和真实信息的自由流动；
- 通过公开交流促进知情决策；
- 保护机密信息；
- 促进专业人员之间的正常和公平竞争；
- 避免现实的、假想的或潜在的利益冲突；
- 加强公众对该职业的信任。

准则的指导方针（如支持战略的策略）将面对日常工作和挑战的专业人员的价值观和原则付诸实践。公共关系专业人员的指导方针包括：

- 所有沟通都要诚实和准确；
- 避免欺骗行为；
- 揭示赞助商代表的事业和利益；
- 以服务对象或雇主的最佳利益行事；
- 遵循道德招聘原则，尊重自由和公开竞争；
- 避免个人和职业利益之间的冲突；
- 拒绝服务对象提出的违反本准则的要求；
- 准确定义公共关系活动能够完成的任务；
- 向有关当局报告所有违反道德规范的行为。

资料来源：Adapted from Public Relations Society of America, "*Member Code of Ethics*," http：//www. prsa. org/AboutPRSA/Ethics/CodeEnglish。

许多非营利组织的员工中没有公共关系专业人员。然而，经常会有组织成员、理事会成员、志愿者、供应商和顾问等人对非营利组织的事业充满热情，并希望告诉他人有关组织积极工作的信息。当进行公开表扬时，道德实践就揭示了个人与组织的关系。例如，新闻社论、博客、发表的评论和演讲应明确作者或演讲者与组织的关系。

除了让在非营利组织的产品或服务中拥有经济利益的人不恰当地进行代言之外，非营利组织可能会开展各种不负责任的行动来积极地展示自己并倡导其事业。这包括虚报名人代言、夸大支持者人数、夸大服务对象的数量或类型、声称项目成功却缺乏支持文件、对服务的需求超出合理范围、仅有名义上的或未经同意的合作伙伴和合作者、歪曲竞争对手和竞争观点以及不公布利益冲突①。为了有助于防止这些行为的产生，

---

① 此类例子部分来自 Kathy Fitzpatrick and Carolyn Bronstein, *Ethicsin Public Relations*：*Responsible Advocacy*（Thousand Oaks, CA：Sage, 2006）。

非营利组织可以代表自身或代表有关联的个人和组织实施公共沟通的综合政策。例如，可将审查过程用于公共沟通，以确保多人来批准内容、受众和传递方式。保护举报人的政策有助于确保一旦有问题的沟通被首次发现，就会被曝光。

三 风险和危机管理

在"9·11"恐怖袭击事件发生后不久，美国红十字会（一个为他人处理危机的非营利组织）发现组织卷入了一场自己制造的危机之中①。红十字会为"9·11"事件的受害者设立了"自由基金"，并迅速筹集了5.47亿美元的捐款。当得知红十字会计划将部分资金用于非"9·11"目的时，红十字会受到了大范围的批评，因为这与捐赠者的期望相悖。红十字会长期以来一直在为后续可能发生的灾害筹集资金，因此并不打算让捐赠者认为所有捐赠的资金都将用于"9·11"的受害者。还有一个事件是红十字会收集的血量超过了它可以使用的量。由于血液是易腐品，因此多余的血液被处理。此外，红十字会理事长兼执行主任突然辞职。在整个危机期间，批评者指责红十字会发布的信息不明确且不及时。红十字会随后采取措施回应批评者提出的问题。有关这种情况的更深入的了解，请参阅保拉·迪佩纳（Paula DiPerna）的案例研究②。

红十字会的经历同 TNC 很相似，表明了即使是最有善意、最有经验的非营利组织也可能遇到潜在的危机。非营利风险管理中心（The Nonprofit Risk Management Center）将组织危机（organizational crisis）定义为威胁组织生存能力的突发情况。它是一种突发事件、不幸或灾难，可能涉及死亡或伤害、设施或设备的无法使用、执行的中断或大幅减少、产生空前的信息需求、媒体的严密审查或对机构声誉的损害③。

问题和事件很快就会引起公众的注意。众所周知，媒体在引导公众

① American Patriot Friends Network, "If You Donated to the Red Cross..." (November 13, 2001), accessed December 24, 2011, http://www.apfn.org/apfn/WTC_red-cross.htm.

② Paula DiPerna, *Media, Charity, and Philanthropy in the After math of September* 11, 2001 (New York: The Century Foundation, 2003); this publication is also a vailable through the Foundation Center.

③ Melanie Herman and Barbara Oliver, *Vital Signs*; *Anticipating, Preventing and Surviving a Crisis in a Nonprofit* (Washington, DC: Nonprofit Risk Management Center, 2001), 6.

应该考虑什么方面是成功的，却不太擅长告诉他们应该怎么想才是正确的。非营利组织的新闻报道各不相同，但研究人员发现它总体上是有利的，除非记者将某种情况报道为丑闻①。公众往往不了解情况，因此可能无法掌握情况的复杂性。一些人认为这就是 TNC 曾面临的情况，即新闻报道过于片面。TNC 通过一系列沟通机制传达出它承诺会做得更好的信息，而不是反对这些批评和试图全面地解释事件的复杂性。虽然有人可能认为 TNC 与企业打交道的方式本身就"有罪"的，因此不能采取其他立场，但也有人会争辩说，TNC 的领导者明白，接受这些观点并向前看才是最符合组织利益的，而非把 TNC 定位为擅长狡辩和不愿接受批评的组织。

（一）风险评估与管理

尽管危机的来临通常让人措手不及，但非营利组织应该设法识别它们的风险。这是全面风险评估和管理的一部分。风险管理（risk management）是一个帮助组织处理不确定性的过程。该过程包括对可能存在风险（如员工专业知识、风险历史、财务和政治环境）的内部和外部因素的评估、相关风险类型和特定风险的识别，以及根据可能的发生频率和严重程度对风险进行评估。一旦发现了潜在的风险，非营利组织就可以制订相关的应对方案。非营利组织也可以开发系统来监测和改进风险识别和管理过程②。

作为风险管理的一部分，非营利组织应该创建一个风险清单。这些风险包括但不限于可避免的风险，如财务困难、真实发生或涉嫌侮辱客户的事件、服务或产品瑕疵、安全事故、交通事故、连坐、雇佣纠纷和犯罪行为。非营利组织还应考虑不可避免的风险，包括自然灾害、内乱、关键员工意外流失或死亡。此外，它还应该关注与非营利组织有关的外部组织和人员有关的风险，例如合作伙伴、捐赠者，甚至试图渗透和破

340

---

① Matthew Hale, "Superficial Friends: A Content Analysis of Nonprofit and Philanthropy Coverage in Nine Major Newspapers," *Nonprofit and Voluntary Sector Quarterly* 36, no. 3 (2007): 465-486.

② Melanie Herman, "Risk Management," in *The Jossey-Bass Handbook of Nonprofit Leadership and Management*, 3rd ed., ed. David O. Renz and Associates (San Francisco: Jossey-Bass/Wiley, 2010), 642-666.

坏组织的反对者。

正如第七章关于财务风险所述的那样，对已识别的风险，我们有四种主要应对方式。

- 回避。消除风险。例如，停止有争议或不安全的行为。
- 转移。将风险转移给他人。例如，购买保险或将风险活动承包出去。
- 减少。采取预防措施。例如，要求对所有员工和志愿者进行犯罪背景调查。
- 保留。承担风险。例如，准备一个方案回应可能的风险活动。

（二）危机管理

对组织声誉的攻击是最大的风险之一。新闻媒体能够在这方面发挥重要作用。拉里·劳尔（Larry Lauer）指出，为了相互竞争读者和观众，同一种情况下，与报道全面事实的新闻机构相比，使用所谓丑闻的新闻机构会使组织的声誉变得更加危险[①]。此外，新闻报道的时间越长，声誉受损的可能性就越大。

危机管理的一个重要目标是帮助组织领导层有效地处理危机，从而尽可能缩短报道的时间。这涉及分析问题发展为危机的风险，制订适当的流程以便在危机发生时启动，并与相关受众进行适当的沟通。一个经常被重复使用的建议是像关注现实一样关注外界的看法。对一个组织来说，应避免看起来防御性过强，这种防御性应通过快速有效应对危机来展示，这一点尤其重要。如果非营利组织犯了错，最好的办法是道歉并承诺会做得更好。尽管隐瞒信息、寻找替罪羊或指控原告很具诱惑力，但这不利于安抚非营利组织的利益相关方和避免事态升级。

危机可以分为以下几种类型。

---

① Larry Lauer, "How to Handle a Crisis," *Nonprofit World* 12, no. 1 (1994): 34-40.

● 快速或缓慢发展。一场自然灾害会让组织措手不及，而一场金融危机可能会持续几年。

● 聚焦外部或内部。危机可能由非营利组织外部的力量引起，如经济或社会动荡；非营利组织的内部因素，如员工挪用公款或产品缺陷造成伤害，也可能导致危机。

● 可预防的或不可避免的。可以采取措施降低发生某些危机的可能性，例如由工作场所安全引起的危机。而有些危机（如自然灾害）不论采取何种措施，都不能阻止它的发生。

● 孤立的或联系的。危机可能会单独影响一个非营利组织（比如当一个服务对象提起诉讼）或者涉及多个组织（比如当政府机构延迟支付社会服务提供者）。当多个组织对同一潜在危机做出响应时，协调机制就能发挥作用。协调有助于防止受众产生混淆，并能加强对信息的共享。

考虑到潜在危机的多样性，每一个非营利组织都可以从制订危机管理计划中获益。该计划列出了风险类型，并研究解决危机的可能性[1]。如果出现潜在的危机，可以组建委员会来制订和实施计划。作为危机管理计划的一部分，非营利组织可采用风险财务战略，该战略规定了必要时能使用的资金来源。尽管商业保险是一种常见的资金来源，但它不能作为一种选择，需要考虑替代方案。每一个非营利组织都应有一个资金缓冲能用以支付意外发生的开支。作为危机管理计划的一部分，应制订应急措施来指导组织行动。例如，在恶劣天气或某些设施失灵后，组织如何维持日常运作？

当面临潜在的危机时，制订常规的沟通政策和实践会有所帮助[2]。管理者应了解有效沟通的必要性和熟练程度。常规的书面沟通政策和流程应包括隐私和责任准则，规定允许公开和不能公开的信息类型。规则的制订应该根据组织应对媒体和公众要求的信息和评论。应指定代表组织活动各方面的发言人。在危机期间，可使用多种有助于准备和用于管

---

[1] Herman and Oliver, *Vital Signs*.

[2] Larry Lauer, "How to Handle a Crisis."

理的指南①。在危机爆发时仓促地做出反应可能没有效果，甚至可能使问题恶化。通常建议采用以下一系列步骤。

- 分配危机管理的总体责任。如果组织已组建一个危机管理委员会，那么危机管理负责人可与危机管理委员会共同协商。〔342〕
- 确定事实。事实的调查应立即开展。这方面的责任应该分配给最接近事件发生的人。在做出任何实质性的陈述之前，应先确定事实。
- 决定可共享的信息并准备一份情况说明书。应准备好一份情况说明书；信息应遵循事实调查的内容和公开的决定。
- 考虑受众的优先顺序。进行沟通的目标人群要确定，并列好优先顺序。内部受众应首先收到通知，并告知事实和响应方式。那些直接受到事件影响的人也应该迅速被通知。可随后与新闻媒体进行沟通。理想情况下，最直接受到影响的人不会首先从媒体获得新闻，也不会对媒体的调查有所准备。
- 选择一个或多个发言人。如有必要，可以指定多个发言人，让每个发言人代表一种复杂情况。例如，第一个发言人可以谈论危机对组织财务的影响，第二个发言人谈论对服务对象的影响，第三个发言人谈论对社区的影响，等等。然而，发言人所传达的信息需要协调一致，这点非常重要。
- 准备公开声明和发言人。准备可能的问题列表以及建议的回答。对外的发言展示应经过反复预演。如果理由充分，即使遇到信息缺乏、不恰当的问题或与危机无关的新闻报道，闭口不谈也是适当的。
- 确定公开发布信息的方法。这些可能包括针对媒体、采访、分发情况说明书或新闻发布会的声明。应制订一套处理后续信息请求的流程。所有公开声明的目标应该是在合理的时间范围内陈述事实。

---

① See, for example, Richard Thompson, "Contingency and Emergency Public Affairs," in *The Nonprofit Handbook*: *Management*, 3rd ed., ed. Tracy Connors (Hoboken, NJ: Wiley, 2001), 251-266; and Lauer, "How to Handle a Crisis"; Herman and Oliver, *Vital Signs*.

● 做出适当的回应。如果可能的话，应把危机转化为组织的有利条件。劳尔指出，公众对组织的印象将在很大程度上取决于其处理危机的能力①。由此认为其是一个毫无防备和效率低下的组织，还是一个拥有强大价值观并清楚自己在做什么的组织？如果组织具有强大的价值观、明确的政策、已知的流程、充分准备以迅速行动、自信和高效的领导力，则会给公众呈现出一个积极的形象。

● 评估和计划改进。对情况的管理进行评估，以便为未来的发展提供经验教训。对危机进行监测，以确保危机等级不会升级，并降低危机再次出现的可能性。鉴于危机管理团队和组织领导者最近所获得的经验，他们应考虑对总体危机管理计划和组织进行改进。

有效和适当的沟通是危机管理的关键。但正如科罗拉多州非营利组织所建议的那样，有时危机的处理其实不需要采取任何行动②。当关注的情况与非营利组织没有直接关系时，就没有必要做出回应。特别是在该组织缺乏可供分享的独特信息的情况下，其他组织可能更适合应对这种情况。例如，如果一个非营利组织被要求对另一个组织所谓的错误行为发表评论，那么该组织最好保持沉默，而不是在没有完全了解所有事实和看法的情况下随意发言。

四　政府关系

我们现在开始讨论政府关系。这就涉及倡导（advocacy）和游说（lobbying）。倡导是一个广义的术语，表示为某个原因、想法或政策请求或辩论的行为。而游说也是倡导的一种，它通过影响立法者和政府官员的决定来影响具体的立法。与公共关系一样，规划和战略沟通是政府关系的核心。在第六章中，我们回顾了政府作为潜在收入来源的情况。在这里，我们关注的是非营利组织单独或作为联盟（或活动）的一部分来影响政府意见、行动和政策的努力。

---

① Larry Lauer, "How to Handle a Crisis."
② Colorado Nonprofit Association, *Crisis Communication Plan: Nonprofit Toolkit* (n. d.), accessed January 10, 2011, http://www.coloradononprofits.org/crisiscomm.pdf.

（一）非营利组织游说的重要性

非营利组织推动了美国和其他国家的许多重大变革。比如国际特赦组织（Amnesty International）的使命是让每个人都享有人权。通过对其成员进行动员，该组织成功说服政府为死刑犯减刑、释放政治犯并将酷刑者绳之以法。反醉驾母亲协会（MADD）一直在通过游说来实现立法，从而阻止未成年人饮酒。在北卡罗来纳州，非营利组织的 NC 中心（the NC Center for Nonprofits）采用游说来帮助击败一项允许州政府机构保留2% 的非营利组织州政府拨款来支付活动监督费用的提案。大自然保护协会（TNC）一直在推动有关气候变化的立法行动。这些组织只是众多进行积极倡导活动的非营利组织中的小部分组织。

344

许多个人和组织呼吁更多的非营利组织参与政治进程。一些人认为，非营利组织不应该局限于对社会问题仅采取"治标不治本"的方式，而应该借此机会通过游说来试图改变引发这些问题的根本。他们还指出，游说可以为非营利组织和其他从事研究和解决这些问题的组织带来更多的资金。J. 克雷格·詹金斯（J. Craig Jenkins）认为，非营利组织在促进公民参与和帮助扩大公共政策领域的代表性方面具有重要作用①。

鲍勃·斯马克（Bob Smucker）同样强调了游说的重要性，并引用了宗教领袖保罗·H. 雪莉（Paul H. Sherry）的话："志愿者协会在美国生活中的主要作用不是提供服务，而是不断塑造和重塑一个公正的社会秩序的愿景……与公共领域的其他竞争者辩论这一愿景，并敦促愿景被接受和实施。对于志愿者协会来说，如果做不到这一点，就是放弃他们的公民责任。"②

尽管非营利组织应该进行游说的理由很简单，列出开展游说活动的

---

① J. Craig Jenkins, "Nonprofit Organizations and Political Advocacy in the Nonprofit Sector," in *The Nonprofit Sector：A Research Handbook*, 2nd ed., ed. Walter W. Powell and Richard Steinberg（New Haven, CT：Yale University Press, 2006), 307-332.

② Bob Smucker, "Nonprofit Lobbying," in *The Jossey-Bass Handbook of Nonprofit Leadership & Management*, 2nd ed., ed. Robert D. Herman & Associates（San Francisco：Jossey-Bass/Wiley, 2005), 230. Also see the exempt organizations' continuing professional education（EOCPE）document by Judith E. Kindell and John Francis Reilly, *Lobbying Issues*（1997), accessed December 24, 2011, http：//www. irs. gov/pub/irs-tege/eotopicp 97. pdf, for are view of the legislation and IRS codes affecting lobbying up to 1997.

非营利组织也很容易，但进行游说的非营利组织却只占少数。在那些展开游说工作的组织中，大多数被归类为 501（c）（4）或（c）（6）。而大部分 501（c）（3）非营利组织对游说活动持矛盾态度或恐惧心理①。许多非营利组织宁愿避免开展游说活动，也不愿拿已获准的活动冒险。它们不开展游说活动的原因可能是因为认为这会使组织被审计或接受其他类型调查的风险增加，但美国政府认为这一担忧是没有根据的。

明确所涉及的机会和风险有助于鼓励员工和理事会成员代表组织的事业和利益开展倡导活动。为此，区分政治活动和立法活动非常重要。

（二）政治活动

在美国，所有 501（c）（3）非营利组织（包括未注册的宗教组织）均被禁止从事政治活动②。它们被禁止直接或间接参与或干预候选人竞选的任何政治活动，不管该组织对该名候选人所持态度是支持还是反对。这包括禁止为候选人提供竞选资金、筹集资金，或为候选人发表口头或书面的支持或反对声明。这些非营利组织可以鼓励个人参与选举或进行投票，但不能对任何候选人表现出偏爱。如果整年都在分发候选人的投票记录而不仅仅是在选举之前，那么这些非营利组织也可以这么做。如果一个 501（c）（3）组织违反了这些禁令，即参与了选举，那么它会失去免税权或受到处罚，处罚的结果是政府会对非营利组织及其管理者进行征税。

政府反对 501（c）（3）非营利组织参与政治活动的立场已经实施了半个多世纪。在最近的历次总统选举中，美国国税局对涉嫌违反规则的非营利组织进行调查。例如，全国有色人种促进会（NAACP）收到国税局的一份通知，称国税局正在对它展开调查，以确定组织中属于 501（c）（3）部门是否干预了政治活动。美国国税局写道："我们收到信息称，2004 年在费城的举行大会上，贵组织发表了反对乔治·W. 布什（George W. Bush）总统任期的声明。特别是在主席朱利安·邦德（Julian

345

---

① Smucker，"Nonprofit Lobbying."
② Internal Revenue Service，" Charities & Non-Profits：Political and Lobbying Activities" （February11，2011），accessed December 24，2011，http：//www. irs. gov/charities/ charitable/article/0，，id=120703，00. html.

Bond）的讲话中，邦德先生谴责了布什在教育、经济和伊拉克战争方面的行政政策。"这份通知还包含一条警示，即可能对 NAACP 征收额外税，也可能对涉嫌违反该禁令活动的管理者征收个税①。经过两年的调查，国税局发现 NAACP 在 2004 年并没有违反相关规定。

并非所有的非营利组织都面临如此严格的政治活动禁令。美国的一些非营利组织活动范围很广，它们包括归类为 501（c）（4）的公民和社会福利团体；归类为 501（c）（5）的工会；以及典型 501（c）（6）的商会和贸易协会。人们对哪些活动是合法的往往很困惑，而美国最高法院（the U. S. Supreme Court）于 2010 年 1 月 21 日在公民联合会诉联邦选举委员会案（Citizens United v. Federal Election Commission）中的判决使这一困惑更甚。这一重大判决指出："政府不会因为演讲者的社团身份来压制政治言论。政府利益不足以为限制非营利组织或营利性公司的政治言论辩护。"但是，这一判决不适用于 501（c）（3）非营利组织，因为他们仍被禁止发表可能影响选举的政治言论。

2010 年的判决是 2008 年下级法院判决上诉的结果，该判决禁止了 501（c）（4）保守非营利组织公民联合会（Citizens United）在 2008 年民主党初选后 30 天内所发布的一部批评希拉里·克林顿（Hillary Clinton）的电影。最高法院推翻了 2008 年反对电影发布的判决，但维持了有关公开电影广告赞助商的决定。公民联合会对在政治竞选期间发布电影有着长期的兴趣。在 2004 年和 2005 年，联邦选举委员会（the Federal Election Commission）投诉公民联合会，认为关于迈克尔·摩尔（Michael Moore）《华氏 9/11》（*Fahrenheit 9/11*）（一部批判布什政府的电影）的电影广告成为 2004 年总统竞选期间的政治广告，但投诉并未成功。由于相关法院的判决仍存在不明确之处，有兴趣在选举前使用政治电影的非营利组织应寻求专家的法律意见。

346

（三）立法活动：游说

在美国注册的所有非营利组织都可以采取行动支持或反对国家、州

---

① See a watch dog group's coverage at OMB Watch, "NAACPIRS Audit" (February 23, 2005), accessed December 24, 2011, http://www.ombwatch.org/node/2281.

和地方各级的具体立法。对归类于 501（c）（3）的组织来说，政府对游说活动的限制最大。然而，政府即使对这类非营利组织的游说有限制，却在费用额度上放开政策，允许这类组织在游说活动上的支出高于其他常规支出①。立法者试图使相关法律更为明确，以鼓励这类型的非营利组织参与游说。为此，1976 年《游说法》（Lobby Law）澄清并增加了 501（c）（3）组织的游说支出额度。后来，1995 年《游说披露法案》（the Lobbying Disclosure Act）要求从事游说活动的组织登记并对活动进行报告。1990 年，美国国税局提出了各种法规，有助于区分不同类型的非营利组织允许和不允许的活动范围。

对于归类于 501（c）（3）的组织，它的优势是捐赠者捐给该类型组织的资金是免税的，这为政府差别对待不同类型的非营利组织给出了一个解释②。这是一种政府补贴，旨在鼓励、支持非营利组织的使命。政府放弃了从这些捐赠资金中获得税收，因此，政府希望确保这一免税收入实际上能用于支持与组织使命直接相关的活动，而不是支付政治活动或游说费用。其他非营利组织不具备使捐赠资金免税的优势，因此政府在他们的政治活动或游说努力中并没有提供帮助。

为了理解游说限制，我们首先需要区分基层游说和直接游说。在基层游说（grassroots lobbying）中，非营利组织试图影响公众的意见，从而最终影响立法。为了参与基层游说，非营利组织花费资金鼓励所有或部分公众与具体立法相关的立法者接触。此外，非营利组织还必须根据立法传达一种观点。在直接游说（direct lobbying）中，非营利组织花费资金直接与可能参与制定立法的立法者或政府官员沟通。

根据法律，以下活动范畴不属于非营利组织的游说活动。

---

① 有关游说的有用资源，包括与非营利组织有关的法律说明，请参阅 the Center for Lobbying in the Public Interest, *The Law*：*IRS Rules*（2008），accessed December 24, 2011, http：//www.clpi.org/the-law/irs-rules. For the U.S. government's position on political and lobbying activities, as well as other resources for nonprofits, see Internal Revenue Service, *Tax Information for Charities & Other Non-Profits*（n.d.），accessed December 24, 2011, http：//www.irs.gov/charities/index.html. For articles and analysis on the lobbying rights of nonprofits, see OMB Watch, *Nonprofit Lobbying Rights*（n.d.），accessed December 24, 2011, http：//www.ombwatch.org/Nonprofit_Lobbying_Rights.

② Michael J. Worth, *Nonprofit Management*：*Principles and Practices*（Thousand Oaks, CA：Sage, 2009）.

- 发生在之前或者与立法机构进行的沟通。沟通的内容包括影响组织的存在、权力、职责或对组织捐款的免税或扣减事宜。例如，在参议院调查期间，大自然保护协会（TNC）为保护其土地出售行为而花费的资金不算作游说活动费用。

- 只要非营利组织不鼓励其成员游说立法者或要求这些成员敦促非成员试图影响立法，就可向成员提供有关立法的信息。

- 回应立法机构关于制订或待定立法的技术咨询的书面请求。

- 研究和讨论广泛的社会、经济和相似问题。

联邦政府为希望参与游说的 501（c）（3）公共慈善组织提供两种监管制度。这些非营利组织可以在非实质性（insubstantial）规则下运作或者选择使用美国国税局表 5768（IRC Form 5768）来选择是否参与游说，即《符合条件的 501（c）（3）组织通过支出影响立法的参与选举或撤销选举表》。由于非实质性规则的固有问题，我们强烈建议选举游说这一选项。而且，非营利组织很容易在选举中胜出。一旦理事会投票选举，接下来仅需做的就是提交表格，跟踪和报告游说支出。

根据非实质性规则，只要游说是非营利组织总体活动的非实质性部分，游说就可以在法律允许的范围内进行，但支出限制和作为非实质性活动的范畴尚不清楚。例如，志愿者的服务时间可以成为决定游说活动是否在实质范畴内的因素之一，而不仅仅是游说直接支出额的多少。一旦美国国税局提出质疑，非营利组织就必须证明它所开展的活动是非实质性的游说，但在如何证明这一点上却存在歧义。对是否符合规则的评估是主观的，因此对记录保存的要求增加。所有被视为可能影响立法的活动细节必须有迹可循，而不仅仅是记录直接支出部分。

正是非实质性规则的不确定和模糊性使得 1976 年《游说法》出台了更具体的限制规定。一旦非营利组织正式选择游说，违规行为的限制和处罚就一目了然了。例如，只要 501（c）（3）公共慈善组织每一纳税年度的"正常"游说支出总额不超过限额的 150%，或该纳税年度的基层游说支出不超过基层限额的 150%，它就不会失去免税权。

从 2011 年 2 月起，选择游说的非营利组织的支出限额按为达免税目的而花费的总支出的百分比计算。总支出不包括与单独筹资活动和资本支出相关的成本。根据这些限制，每个纳税年度免税的游说支出应少于100万美元，或在用于免税游说的总额中，只有25%可用于基层游说。

348

    1. 如果免税总支出不超过50万美元，则为总支出的20%。

    2. 如果免税总支出超过50万美元但不超过100万美元，则为10万美元加上超出总支出部分的15%。

    3. 如果免税总支出超过100万美元但不超过150万美元，则为17.5万美元加上超出总支出部分的10%。

    4. 如果免税总支出超过150万美元，则为22.5万美元加上超出总支出部分的5%[①]。

这意味着在非营利组织花费的10万美元的免税总支出中，可以使用2万美元来进行游说活动，而只有其中的5000美元可用于基层游说。一个非营利组织花费的100万美元的免税总支出中，可以使用17.5万美元用于游说活动（10万美元加上50万美元的15%），其中4.375万美元可用于基层游说。一个非营利组织花费的400万美元的免税总支出中，可以使用40万美元用于游说活动［22.5万美元加上250万（原文可能有误，此处应为350万。——译者注）美元的5%］，其中10万美元用于基层游说。美国国税局网站提供了计算限额和确定游说支出的说明。

需要强调的是，如果一个非营利组织选择游说，就需要计算花费以确定是否符合限制，而不在于活动本身的范围。此外，这些费用不能从私有专项拨款中支付。换言之，501（c）（3）不能从私人基金会或公司获得专门游说的资金。然而，它可以使用来自私人基金会的一般性支持拨款和来自社区基金会专门用于游说的拨款。一般来说，它不能使用联邦基金进行游说，但不排除特殊界定和规则。

这些宽容的规定表明501（c）（3）非营利组织不应该担心它们的游说会超过限制。政府一再表示欢迎非营利组织参与立法。在政治进程中加入非营利组织的想法，组织可以确保立法者进行多方面的考虑，了解

[①] Internal Revenue Service, *Tax-Exempt Status for Your Organization*, Publication 557（revised October 2011），accessed December 24, 2011, http://www.irs.gov/pub/irs-pdf/p557.pdf.

那些不能或不愿代表自身发言的人的利益。非营利组织可以利用集体行动的力量为组织的事业赢得关注和信誉。它们可以与支持者一起决定如何成就一个好的社会，并通过游说来实现这一愿景。

（四）规划和实现政府关系

有许多书籍、文章和指南能帮助非营利组织开展有效的游说活动。关于这个主题的信息很容易过时。例如，社交媒体和网络的发展极大地影响了游说行为。政党和特殊利益集团之间的权力转移可能改变游说环境。尽管如此，一些常见的观点仍具有价值。我们将在下面的讨论中概述这些观点，并先关注一般政府关系过程中的步骤。我们还提供了一些想法，让个人参与游说活动、讨论设计和传递有效信息。

本章开头概述的公共关系一般步骤可适用于政府关系。一旦非营利组织了解到对组织及其服务对象具有重要意义的立法或政府政策问题，它就可以采取以下步骤。

1. 评估内外部因素。在这个问题上，不同立场的优势和弱势是什么？哪些行动者可能会站队？这个问题会引发怎样的情绪？如何共享有关此问题的信息？哪些组织希望就该问题与该组织合作以及希望与谁合作？这个问题的立法流程和时间表是什么？解决这个问题的财政和政治影响是什么？

2. 设定目标、目的和战略。非营利组织想在这个问题上实现什么？目标是提高认识、教育特定受众还是激励行动？如何衡量成功？与该问题相关的目标如何与非营利组织的战略目标相匹配？非营利组织应该为游说和其他形式的宣传活动分配资源和管理系统吗？这些活动的预算和资金来源是什么？

3. 确定和研究目标受众。需要与哪些团体或个人进行接触？他们目前对这个问题的理解和立场是什么？他们的价值观和利益与非营利组织在这个问题上的立场是一致的还是相反的？他们可能将哪些个人和组织视为有关该问题的可靠信息来源？基层游说和直接游说之间应该有怎样的平衡关系？

4. 制订信息。针对每个目标受众的信息应该是什么？它是否能不具争议性？是否允许内容有细微变化的重复发送？

5. 选择沟通输出渠道并传递消息。实现这些目标的最佳机制是什么？社交网络、邮寄、电话、个人会议、广播节目、电视广告、专栏、致编辑的信、音乐会、公共论坛和演讲、在线地图、短信、电子邮件、小册子、抗议、游行、请愿、博客、维基百科、虚拟世界、广告牌、庭院标志、视频，还是其他方法？谁有权与每个目标受众进行联系并传递消息？①

6. 评估沟通的有效性和道德规范。宣传活动是否有效？它是否合法和合乎道德规范？哪些活动应该继续，而哪些应该变化？倡导活动是促进了还是妨碍了该组织总体使命的完成？是否出现了任何意想不到的结果？

一方面，政治动员可以通过动员志愿者的非正式基层组织和多部门联动来进行分散的（decentralized）游说活动，就像民权运动和妇女运动的起源一样②。另一方面，它也可以是集中的（centralized），通过已成立的非营利组织和他们聘请的说客进行。组织关于通过分散游说与集中游说进行倡导活动的机制一直存在争论。③

分散倡导组织（decentralized advocacy organizations）能最好地体现民主价值和最大限度地提高公民参与。与以高度集中的方式运行的活动相比，它们通过倡导结构中松散相连的单元提供更多的参与机会，而集中倡导的访问和控制来自单一或主导组织。分散活动更有利于赋予基层领导者权力，且不会受到强势行动者的压制。但是，倡导活动越是分散，就越有可能遭遇低效决策、协调问题、资源限制、信息混淆和观点冲突的影响。例如，当一项活动家喻户晓时［如"告诉朋友运动"（tell-a-friend campaign）和未经授权的传播广告］，如果传递的消息存在争议，非营利组织就需要拒绝制订或不批准该广告的播出。例如，鼓励青少年

---

① For ideas on how to use the Web, see Rigby, *Mobilizing Generation* 2.0.

② Steven Rathgeb Smith and Kirsten A. Gronbjerg, "Scope and Theory of Government-Nonprofit Relations," in *The Nonprofit Sector: A Research Handbook*, 2nd ed., ed. Walter W. Powell and Richard Steinberg (New Haven, CT: Yale University Press, 2006), 221-242.

③ Jenkins, "Nonprofit Organizations and Political Advocacy in the Nonprofit Sector."

使用安全套以预防艾滋病毒和艾滋病的传播信息可能会给发起该运动以提高对该疾病认识的非营利组织带来麻烦。关于与某项政策制订相关的某个政客的负面信息可以电子方式进行发布和传播。虽然在该政策发起时，非营利组织参与了与该政策相关的讨论，但在后期的发布和传播过程中，它可以置身事外。

更多集中倡导结构（centralized advocacy structures）倾向于对组织生存的注重，它可从倡导活动中转移资源。然而，由于需要对问题进行辩论和就可接受的回应达成一致的利益相关方较少，集中倡导就能带来更快的准备、更一致的信息、更专业的沟通以及更容易进行的让步谈判。此外，当一个组织拥有多种资源时，就更容易对它们进行定位和分配以应对机会或威胁。然而，正如第九章所讨论的，许多非营利组织在一个共享的治理体系中运作。为了有效地解决复杂的社会问题，他们需要跨界合作，因而使得高度集中的倡导结构缺乏吸引力，甚至不可行。作为倡导联盟的一部分，非营利组织在鼓励系统性变革方面可能更加有效。

351

分散和集中之间的差异反映在生命派（pro-life）和选择派（pro-choice）运动的起源上。约翰·麦卡锡（John McCarthy）将生命派运动描述为相对分散和植根于当地教会网络的运动。相反，在历史上，选择派运动没有一个预先存在的基础平台（例如教堂网络）作为其倡导活动的组织力量。它采取了一种更加集中的方式，更多地依靠专业人员而非志愿者[1]。如今，双方都能吸引基层志愿者和专业的游说者。

（五）吸引倡导者

一个非营利组织的倡导者是那些为了提升组织的地位和福祉而演讲和写作的人。巴里·赫塞尼乌斯（Barry Hessenius）帮我们回顾了如何让倡导者参与游说活动[2]。他指出，人们需要清楚地了解自己被要求完成的内容、拥有必要的工具、认为自己拥有所需的技能或将接受的培训，

[1]　John D. McCarthy, "Pro-Life and Pro-Choice Mobilization," in *Social Movements in an Organizational Society*, ed. Mayer N. Zald and John D. McCarthy（New Brunswick, NJ: Transaction, 1987）, 46-69.

[2]　Barry Hessenius, *Hardball Lobbying for Nonprofits*（New York: Palgrave MacMillan, 2007）.

并有一个现实的目标。如果他们觉得自己将与他人共同行动而不是独自活动，他们参与的可能性更高。虽然让他们认为自己是协同工作的一部分也很重要，但他们也应该感到自己的个人贡献是至关重要的。倡导活动应该以人人都被重视的原则组织起来。如果活动有趣且成功，也会有所帮助。在整个倡导活动中展示可衡量的结果可以令人振奋和产生成就感。如果人们认为倡导活动令人愉快和值得参与，更多的人就会加入其中。赫塞尼乌斯还建议说，倡导活动可能带来个人的愤怒情绪，因而与竞选结果有个人利害关系的人更愿意参与。

但是，如何找到那些对问题持有同样观点并对它有个人利害关系的支持者呢？卡蒂娅·安德烈（Katya Andresen）提出了一种"漏斗"的方法来识别可能支持某项事业的人。她建议非营利组织应从最广的层面入手，让可能感兴趣的人参与进来，然后把重点放在最感兴趣和最有能力参与者身上。对于国家问题，她建议首先从国家一级招聘，然后从州、市和社区一级招聘。从宽广的层面出发并将范围逐渐缩小有助于最终识别出利害关系最大的人。[1]

索尔·艾林斯基（Saul Alinsky）采用了不同的方法，将重点放在当地社区，并适当地将这些社区联系起来。这个想法是为了授权地方领导者，让这些领导者能够在社区内工作，以确定共同利益。当他们获得了权力，他们就可以与公共和私营部门机构进行协议谈判[2]。需要倡导的事业来自当地社区，而不是通过招募倡导者来遵循先前已确定的事业。无论采用什么样的组织方法，利用现有参与者的网络来提高工作效率都是有效的。

在许多致力于社会变革的非营利组织中，共同事业（Common Cause）期望每年只保留少数成员。随着时间的推移，一个典型的问题就会出现，即倡导者失去了对事业的同情心、退出或者限制了他们对捐赠的贡献。如何将同情者转变为积极的参与者也是一个挑战，因此一些"成员"可能会加入，但从不在倡导活动中扮演积极的角色。为了填补离任和消极成员留下的空缺，共同事业广泛招募成员，保持收取低会费和缩短对参与时间的承诺。正如共同事业的经验表明，要维持一项长期

---

[1] Katya Andresen, *Robin Hood Marketing*: *Stealing Corporate Savvy to Sell Just Causes* (San Francisco: Jossey-Bass/Wiley, 2006).

[2] Saul Alinsky, *Rules for Radicals* (New York: Random House, 1971).

的运动，就必须不断地吸引新会员的加入。

为了建立和维持积极参与，必须将活动的重点塑造成一个广泛的道德问题，这个问题能够吸引普遍接受的标准和法律公平，同时也能突出参与者的物质利益。例如，在福利权益运动中，大多数福利母亲最初参与获得物质利益，但随后却致力于运动的意识形态和团体的凝聚力。其他强调倡导者所希望的社会成果和个人利益的运动也取得了成功[1]。

一旦激发了对事业的热情，倡导者就需要为这项工作做好准备和组织工作。非营利组织需要指导倡导者，以便他们能够在正确的时间向正确的立法者和法律援助机构传达正确的信息。鲍勃·斯马克（Bob Smucker）认为，要成为有效的游说者只需三件事：一些基本事实，对事业的信念和常识[2]。非营利组织可以通过如下方式为倡导者做好准备：告诉他们所讨论的立法的内容；为什么重要；如果它被颁布，需花费的金额；以及如果通过或不通过可能带来的两种结果。公共利益游说中心（The Center for Lobbying in the Public Interest）是提供培训和其他资源的主要组织之一，以帮助与 501（c）（3）非营利组织有关的员工和志愿者在倡导工作中发挥作用。还有许多顾问和草根组织者，他们知道如何吸引、准备以及对员工和志愿者的倡导活动进行管理。

（六）设计和传递倡导信息

极少有倡导者能有效地处理多个问题。当非营利组织让倡导者仅专注一个问题时，沟通会更加有效地来说服他人接受倡导者的立场。对倡导者来说一些流行的建议包括如下几种[3]。

- 要简短。书面和口头交流都要简短。
- 要清楚。这意味着简化复杂的主题而不失准确性。
- 具有教育性。分享引人注目且能阐明观点的事实和故事。

353

---

① Jenkins, "Nonprofit Organizations and Political Advocacy in the Nonprofit Sector."

② Bob Smucker, "Nonprofit Lobbying."

③ Much of this advice is adapted from Smucker, "Nonprofit Lobbying." Some additional ideas are taken from Kristen Wolf, *Now Hear This: The Nine Laws of Successful Advocacy Communications* (Washington, DC: Fenton Communications, 2001).

- 假设现在需要采取行动。
- 要有说服力、有礼貌和坚持不懈，但不要争论或苛求。
- 心怀感激。感谢人们的时间和投票（如果说服有效）。
- 进行私下交流，交流方式越具个性化越好。
- 计划小成就和长期战略，而不是快速和决定性的胜利。

五　本章小结

本章研究了公共和政府关系。对于两者而言，战略沟通计划是成功的关键。非营利组织领导者可以倾听支持者的意见，设计出能够覆盖目标受众的战略和信息，但不仅只有领导者才会影响活动的成功。与非营利组织相关的所有个体都有机会塑造非营利组织的形象、声誉和公众认为的倡导立场。协调和信息的控制很容易实现，但使用分散的沟通方式也能产生价值。应制订紧急预案，以解决可能引起全面危机的任何担忧。

在下一章中，我们将探讨合作伙伴关系以及联盟和附属关系。这些不仅有利于倡导工作，也有利于一般公共关系工作。在这个日益网络化的世界中，捐赠者和其他资源持有者一直呼吁采取协作举措。找到合适的组织，与合适的项目合作通常对完成使命至关重要。

六　问题思考

1. 有人说，非营利组织在做好事和成为好的组织时承受着一种特殊的负担。因此，当一个非营利组织的形象或声誉有污点时，它往往会严重影响整个组织。尽管如此，人们依然认为非营利组织是基于良好的意图而运作的。如果一个非营利组织的使命明确表明它是为公众服务的，那么它为什么要在公共关系上投入资源呢？这些资源难道不能更好地用于完成项目吗？

2. 非营利组织和政府机构经常在解决复杂的社会问题方面互补。许多非营利组织还没有正式参与游说活动，但它们有一个希冀更好世界的愿景。政府是否应该加大对它们参与政治进程的鼓励？如果是这样的话，应该怎样做？您同意现有的对各类非营利组织游说活动的限制吗？

七　练习

练习14.1　声誉和形象之间的联系

确定一个被广泛认可的具有良好声誉的非营利组织。这种声誉基于什么？组织的形象如何增强它的声誉？

练习14.2　危机管理回顾

找一家最近经历过危机的非营利组织。根据本章描述的原则评估组织的响应。或者阅读戴维·帕斯（David Paas）在《非营利组织管理和领导力 5》（Nonprofit Management & Leadership 5），第 4 期（1995）：433—438 发表的《基金会诈骗筹资》（Shark Fundraising at the Foundation）。针对该文所述的基金会所面临的情况制订危机管理应对措施。

练习14.3　倡导机会

在地方、州或国家一级确定一项未决立法，该立法所应对的问题对一些非营利组织来说非常重要。哪些类型的非营利组织希望通过游说来支持或反对这项立法？为什么？有关影响非营利组织立法问题的国家层面观点，请参见独立部门（independent sector）华盛顿之字（Word on Washington）的网站，网址为 http：//www. independent sector. org/hot on the_hill。

355

第十五章 伙伴关系、联盟和附属关系

癌症疫苗合作（The Cancer Vaccine Collaborative）是癌症研究所（Cancer Research Institute，以下简称 CRI）和路德维希癌症研究所（Ludwig Institute for Cancer Research，以下简称 LICR）的联合项目[①]。CRI 的使命是支持和协调实验室和临床工作，以促进癌症免疫治疗、控制和预防癌症。CRI 总部位于纽约市，并在加利福尼亚州、康涅狄格州、马萨诸塞州、新墨西哥州、德克萨斯州和弗吉尼亚州设有志愿者办公室。LICR 是一家致力于通过整合实验室和临床研究以及基于对癌症新兴理解的新型治疗策略来改善癌症控制的非营利研究机构。LICR 的核心力量集中在十个研究地点：澳大利亚、瑞典和美国各有两个；比利时、巴西、瑞士和英国各有一个。癌症疫苗合作项目的成立是为了应对癌症疫苗开发的多重挑战。过去二十年的研究表明，最佳的癌症疫苗必须包括几种具有独特功能的成分（或免疫因子）。此外，由于产品开发议程、供应稀缺和专利权问题，企业可能会限制学术研究人员获取疫苗成分。因此，学术界很难获得有希望的疫苗成分和将它们合并到研究性癌症疫苗中的许可。最后，确定多种疫苗成分的最佳组合是一项复杂且耗时的临床任务。癌症疫苗合作项目是一个协调的

---

① 案例细节来自 Cancer Research Institute：CRI Fact Sheet（2009），http：//www. cancerresearch. org/fact-sheet. html；Pressroom（n. d. ），http：//www. cancerresearch. org/ Pressroom. aspx？id = 2646；and *Cancer Vaccine Collaborative*：*A Global Partnership for Clinical Development of Therapeutic Cancer Vaccines*（2010），http：//www. cancerresearch. org/programs/research/Cancer-Vaccine-Collaborative. html；all accessed October 5，2010； and also from Ludwig Institute for Cancer Research，Success Stories（n. d. ），accessed October 5，2010，http：//www. licr. org/index. php/Success_Stories。

全球临床试验网络，具有免疫学方面的专业知识，可进行平行的早期临床试验，以确定成功的治疗性癌症疫苗的最佳组成。癌症疫苗合作项目是世界上唯一的癌症疫苗临床试验点和免疫监测实验室的国际网络。它由 CRI 和 LICR 共同建立，旨在解决它们加速开发治疗性癌症疫苗的共同目标。

356

CRI 的执行主任吉尔·奥唐纳-托米（Jill O'Donnell-Tormey）表示："癌症疫苗合作项目的形成源于我们意识到两个组织有着共同的目标，即理解对癌症的免疫反应，利用这些知识为患者带来福音，并加速将基础研究转化为新的癌症治疗。最好可以通过结合我们的资源并要求我们的科学家合作而非竞争来实现。"癌症疫苗合作项目包括来自前沿研究、医学临床试验站点和一流免疫监测实验室的杰出临床研究人员。这些都得到了广泛而全面的独立试验管理基础设施的支持，该基础设施提供监管、安全和合规专业知识和监督、试验管理、共享数据收集软件、知识产权管理、资金。通过设计在多个试验点并行运行的互补试验和标准化所采用的免疫测量类型，与仅出于竞争的行业利益的研究工作相比，癌症疫苗合作项目有助于获得必要的免疫学知识，从而显著加快最终优化治疗疫苗的进程。这个结果是开创性的，癌症疫苗合作项目产生了当今关于癌症的一些最全面的知识。癌症疫苗合作项目和超过 15 家企业建立了合作关系以获得疫苗成分。临床试验网络已从纽约的 6 个地点扩大到四大洲的 19 个地点。自 2001 年以来，已经完成或正在进行四十多项临床试验，并且已有近七百名患者接受了治疗。此外，在同行评审期刊上发表了 120 多篇科学论文。

在开篇案例中描述的癌症疫苗合作项目将两个主要的癌症研究中心链接到一个全球网络，以开展癌症疫苗试验。尽管这种合作和运营的范围要大于本地非营利组织之间的典型合作，但它仍然是一个突出的例子，可以说明具有共同目标的非营利组织如何利用它们各自拥有的专业知识和能力来产生深远的影响。所有非营利组织都要面对与谁合作的决定。非营利组织无法单独完成使命和目标。像所有组织一样，它们需要其他组织为其提供重要的投入和服务。其他组织也可能使用非营利组织的产出。此外，在许多情况下，非营利组织将与其他组织合作，通过利用其相对优势来使两者都受益。癌症疫苗合作项目是这种共同努力的一个例子。在本章中，我们将讨论多种合作约定。我们会解决若干问题：为什么非营利组织会寻求合作伙伴？哪些因素决定了合作关系的范围和深度？治理在合作中扮演什么角色？哪些因素增加了成功合作的机会？成功建立和管理合作关系面临哪些挑战？

357

一 为什么合作？

为什么非营利组织会寻求与另一个组织的合作关系？人们列举了合作带来的各种好处①。例如，非营利组织可以获得新设施（如一个服务青年的非营利组织与教堂合作以获得教堂体育馆的使用）；非营利组织也可能变得更有效率（如当非营利组织与另一个组织共享办公空间或管理人员以降低成本）；提供类似服务的两个小型非营利组织可能会联合将服务扩展到不同的社区；还可以提高可见性和政治影响力。合作的非营利组织可能认识不同的本地政治家或社区领袖。但是，除了特定合作可能带来的特殊好处之外，我们还需要考虑影响合作决策的内部和外部因素。

达琳·贝利（Darlyne Bailey）和凯莉·可妮（Kelly Koney）在营利组织和政府合作研究的基础上，对非营利组织合作活动提供了六个视角：它们以社会责任、运营效率、资源相互依赖、环境有效性、领域影响力和战略增强为中心②。这些观点为大多数已有文献的合作基础和类型的列表提供信息。戴维·坎贝尔（David Campbell）、芭芭拉·雅各布斯（Barbara Jacobus）和约翰·扬基（John Yankey）讨论了这些视角对非营利组织合作的影响③。这些观点与所有的合作关系相关。

① Thomas McLaughlin, *Nonprofit Mergers and Alliances: A Strategic Planning Guide* (Hoboken, NJ: Wiley, 1998).

② Darlyne Bailey and Kelly McNally Koney, *Strategic Alliances Among Health and Human Service Organizations* (Thousand Oaks, CA: Sage, 2000).

③ David Campbell, Barbara Jacobus, and John Yankey, "Creating and Managing Strategic Alliances," in *Effectively Managing Nonprofit Organizations*, ed. Richard Edwards and John Yankey (Washington, DC: NASW Press, 2006), 391-406.

（一）社会责任

社会责任（Social responsibility）视角强调非营利组织解决社会问题的目标和责任。风险和责任由与问题相关的社区行动者共同承担。

社会责任考量的关键因素

- 社区有哪些具体的社会问题？
- 社区需要哪些服务或活动来解决这些问题？
- 非营利组织如何才能最好地解决这个问题？

由于社会责任是非营利活动的关键基础，我们将进一步考虑其对非营利组织合作的影响。非营利组织的使命通常超越组织边界，如果集体行动能产生更多的社会效益，则在社会问题上的共同利益就可以促成合作。这使得非营利组织更像是一个组织社区，而非营利性企业[1]。在营利性行业中，合作行动（例如，合资企业）旨在使行业企业受益。然而，非营利组织应该关注它们的独立和合作行动为公众带来的福利，而不仅仅是组织自身的利益。例如，该推动因素使得非营利组织思考关于社区的需求，有多少替代的提供者可供使用，以及组织被视为社区资产或负担的程度。[2] 我们在第五章关于战略的章节中介绍了伊恩·麦克米伦的框架，它对这类决策的制订是有帮助的。可以基于该框架的三个维度来制订伙伴关系的决策。竞争地位（Competitive position）考虑在特定地区该非营利组织相对于其他类似服务提供商的表现。项目吸引力（Program attractiveness）是项目满足各种内部和外部因素的程度，这些因素包括组织的使命、人员的技能以及项目是否得到良好支持，服务对象人群不断增长和这种增加是否可持续。替代覆盖率（Alternate coverage）考虑同一地区内具有类似项目其他提供者的数量。

358

---

[1] Robert D. Herman, "Preparing for the Future of Nonprofit Management," in *The Jossey-Bass Handbook of Nonprofit Leadership and Management*, ed. Robert D. Herman & Associates（San Francisco：Jossey-Bass/Wiley, 1994), 616-625.

[2] Ian MacMillan, "Competitive Strategies for Not-for-Profit Agencies," in *Advances in Strategic Management*, vol. 1, ed. Robert Lamb（Greenwich, CT：JAI Press, 1983), 61-81.

处于强有力的竞争地位表明非营利组织被广泛接受，并且可能在提供项目或服务方面比竞争对手做得更好。因此，它有效地利用了社区资源。即使该项目对非营利组织本身并不具吸引力，也应考虑社区福利。在这种情况下，营利性部门很可能会放弃该服务。一个非营利组织同样会寻求退出这种没有吸引力的服务，但希望看到其项目所传递的技能在社区中能得以保留（这是对其强大的竞争地位负责）。它可以通过将技能或项目覆盖范围转移到提供此服务的其他最佳组织中来实现。如果这些组织需要帮助，非营利组织将与它们合作以提高其能力。例如，由于收益甚微，一家环保非营利组织决定退出花园垃圾收集项目，该组织可考虑将其专门的收集箱转交给另一个非营利组织使用，例如一个提供回收服务的非营利组织。

相反，从社区的角度来看，处于弱势竞争地位的非营利组织并非最有效的资源使用者。一般而言，这些较弱的非营利组织的选择要么是寻求合作伙伴，要么就是放弃服务或项目。当替代覆盖率较低时，伙伴关系尤其重要，这意味着社区将从非营利组织的存在中受益。麦克米伦指出这些情况可能产生新项目，该项目可以满足最近才发现的但正在快速增长的需求。非营利组织可能没有成为强有力竞争者的技能，但鉴于存在有吸引力的项目，它可以寻求资源或合作伙伴来建立该项目。在艾滋病流行的早期，许多非营利组织都在寻求提供服务。鉴于疾病和治疗的复杂性，很多早期进入者最终选择与其他组织合作。

（二）运营效率

运营效率视角表明开展合作可以产生规模经济，而这种合作往往是由希望增加服务量的捐赠者或其他利益相关方推动的。捐赠者对合作的兴趣可能是由于对服务重复的关注以及众多竞争供应商对资源的重复要求所致。政府机构、基金会和诸如联合之路等联邦资助者都感受到了这种压力。

运营效率考量的关键因素

- 运营效率最低的环节在哪里？
- 这些低效率在多大程度上也是利益相关方的关注点？
- 这些低效率最好是单独解决还是通过合作解决？

（三）资源相互依赖

资源相互依赖视角侧重于组织需要彼此的资源以实现目标和生存的观点。例如，捐赠者和服务提供者可能彼此需要以实现使命目的。非营利组织也可以在服务提供方面进行合作。例如，解决无家可归者需求的非营利组织可以将其服务对象转介给其他提供者，以帮助解决与无家可归相关的特殊问题，例如成瘾症问题或失业问题。这些其他提供者可能会推荐服务对象给该组织作为回报。通过这种方式，机构变得相互依赖，因为它们与合作伙伴共同受益。

资源相互依赖考量的关键因素

- 非营利组织需要哪些关键资源？
- 从哪些组织获得这些资源？
- 这些资源交换会产生相互依赖的本质是什么？

（四）环境有效性

环境有效性视角认为合法性是一种关键资源并且非营利组织将寻求获取和支持它的策略，包括与他人的合作。非营利组织因其提供社区福利满足社会期望而获得奖励。但它们所提供的服务通常难以被评估，并且社区可能不清楚这些服务所带来的好处。在关键利益相关方眼中丧失合法性可能会对未来的资金产生不利影响。 360

环境有效性考量的关键因素

- 在重要的社区利益相关方眼中，合法性的基础是什么？
- 单凭组织的努力能够获得合法性吗？
- 非营利组织在社区中可以获取合法性的其他来源有哪些？
- 哪些社区压力可能会影响与这些来源的合作？

（五）领域影响力

领域影响视角侧重于权力成为合作的原因。组织可以通过增强自身在其领域或活动领域的权力或影响来保护资源。合作可用于增加和控制资源、设置服务标准以及影响资助者的优先考虑。这是一种政治模式，在这种模式下，组织寻求与拥有共同利益的其他组织结盟，以增强它们对其他组织的权力。

领域影响力考量的关键因素

- 非营利组织缺乏实现其目标的权力的方式有哪些？
- 是否可以利用其他组织的存在来增强非营利组织的权力？

（六）战略增强

战略增强视角强调使用合作作为提高竞争优势的手段。非营利组织必须回应外部因素，例如资助者或市场需求，而且这些可能会对单个非营利组织带来问题。在这种情况下，可以使用合资的形式来产生两个组织可以共享的利益，但这两个组织单凭自身无法做到。联合筹资是这种方法的一个例子。此外，政府或第三方出资者可能会寻求更全面的服务。几个单独提供一些较窄服务面的非营利组织可以选择合作，并提供资助者所需的连续性服务。

361

战略增强考量的关键因素

- 在评估未来可能需要的竞争优势的水平和类型后，非营利组织能否自行获得竞争优势？
- 还有哪些其他组织可用于旨在增强竞争优势的合作？

若干视角在每一次的合作决策中发挥作用。杰西卡·索瓦（Jessica Sowa）对 20 项机构间幼儿教育提供者的合作进行了研究①。这些非营利

---

① Jessica Sowa, "The Collaboration Decision in Nonprofit Organizations: Views from the Front Line," *Nonprofit and Voluntary Sector Quarterly* 38, no. 6 (2009): 1003-1025.

组织报告称，他们的合作旨在：改善核心组织服务；利用合作资源战略性地解决现有的服务差距；解决组织层面的需求，这些需求包括提高组织生存率、实现合法性，以及改善每个非营利组织在其工作领域中的战略地位。例如，癌症疫苗合作项目为其合作伙伴提供了许多这样的好处。它帮助每个合作伙伴推进了它们发展癌症治疗的社会目标。每个合作伙伴提供的补充资源使癌症疫苗合作项目能够以一种更有效的方式进行临床试验，从而满足该领域的重要需求。而形成癌症疫苗合作项目的备受尊重的非营利组织的地位和与之相关的研究人员使其具有合法性。这促进了癌症疫苗合作项目的工作，并有助于与企业合作伙伴建立合作关系。

二　定义合作关系的类型

到目前为止，我们一直使用协作（cooperation）和合作（collaboration）这两个术语来泛指两个或更多组织的共同努力。然而，联合的关系差异很大，并且已有各种术语对它们进行分类，包括：协作、协调、合作、联盟、合资、合伙和合并。我们发现这些术语的定义并不一致（合并除外，它有法律上的定义）。此外，这些分类的基础在关系的性质、合作伙伴的自主权和成果（例如交换资源的重要性）方面各不相同。然而，我们所描述类型的共同之处在于，在所有这些类型中，两个组织的活动或多或少地紧密相连。

在本节中，我们将研究詹姆斯·奥斯汀（James Austin）和大卫·拉普拉塔（David LaPiana）的工作，他们提供了有用的框架来描述和分析组织可以参与的关系范围。在这两个框架中，关系从较少到更广泛。但是，每个框架都为读者提供了一组不同的有用因素，它们用于理解可能的关系范围。对于本章的剩余部分，除非另有说明，否则我们将所有这些关系称为合作（collaborations）。这有助于避免术语混淆。此外，我们在本章剩余部分讨论的与合作开发、成功和挑战相关的因素与所有类型的关系都相关。通常是关系的广泛性决定了因素中大概重要的部分，以及组织可能对特定因素的投入程度。最后由于它们的特殊性，在本节中我们还将详细研究合并和跨部门合作。

362

（一）合作连续体

詹姆斯·奥斯汀的合作连续体（collaboration continumm）是一个有助于理解合作关系范围的框架。虽然连续体用于描述非营利组织和营利组织之间的关系[①]，但它在描述任何两种类型的组织之间的关系时也很有用。奥斯汀发现合作强度沿七个维度变化。这些维度在表 15.1 的第一列。当合作类型变化时，每个维度的程度会有所不同，如第 2、3、4 列所示。

表 15.1　合作连续体

关系维度	简单合作	交易合作	综合合作
参与程度	低	→	高
对使命的重要性	次要	→	重要
资源量	小	→	大
活动范围	狭窄	→	宽泛
互动程度	不频繁	→	密集
管理复杂性	简单	→	复杂
战略价值	次要	→	主要

资料来源：Adapted from James Austin, "Strategic Collaboration Between Nonprofits and Business," *Nonprofit and Voluntary Sector Quarterly* 29（2000）：69. Copyright © 2000, Association for Research on Nonprofit Organizations and Voluntary Action. Reprinted by permission。

363

奥斯汀使用七个维度来描述三种合作类型的特征。然而，他指出这些类型只是这个连续体中可能的三个点。根据它们在连续体中的位置，合作将在合作思维方式、伙伴的战略一致性、合作对每个伙伴的价值以及关系管理方面有所不同。此外，我们应该注意所有七个维度可能不会同时变化的情况。例如，非营利组织的使命可能会受到涉及较低级别的互动或管理复杂性的合作的显著影响。例如，当关键员工参加合作并提供有价值的信息或知识时，可能会发生这种情况。

简单合作（Simple collaborations）只是一个方面。这些合作只涉及合

[①] James Austin, *The Collaboration Challenge：How Nonprofits and Businesses Succeed Through Strategic Alliances*（San Francisco：Jossey-Bass/Wiley, 2000）.

作伙伴之间的少量联系。在非营利组织和营利组织之间的合作方面，奥斯汀将这些标记为慈善合作（philanthropic collaborations）。他们通常只涉及从营利组织到非营利组织的捐赠。如果我们推广到与其他非营利组织或公共机构合作的非营利组织，我们会将这些关系标记为简单的合作。它们的特点是在定义活动方面的合作最小，在特定问题上的共同利益之外的最小适应性，一般资源转移，以及指定组织人员之间的低级别联系。就业联盟（EmployAlliance）就是一个例子。这是一个赢得美国劳工部长五周年新自由倡议奖的合作项目。它是一项六个非营利组织之间的合作，为服务对象残疾人找到就业机会。正如芝加哥灯塔（Chicago Lighthouse）的职业顾问戴夫·史蒂文斯（Dave Stevens）描述的他在这项工作中所做的那样，"我现在和失明的人一起工作，所以当知道一份对视力有要求的工作，我不会置之不理，而是通过就业联盟（在芝加哥作为商会的附属项目）把消息传递给其他地方残疾人代理机构。"[1] 这些合作也可能是短暂的，例如当两个或更多的非营利组织参与到一个团队或工作组来解决特定问题或短期问题时。例如，相关非营利组织的代表可能会被召集起来制订一项计划，以协助新的全市计划来应对无家可归问题，或者非营利组织开会讨论如何解决政府资助或政策的拟议变更。这些短期合作与更持久的关系形成对比，持久关系具有更广泛合作的特征。

交易合作（Transactional collaborations）在合作伙伴之间有更高的参与度。这些合作涉及更广泛的合作思维，并增进了理解和信任；使命和愿景的重叠；更平等的资源交换（可能涉及核心能力）；贯穿组织的扩展关系。简·阿瑟诺（Jane Arsenault）提供了这种合作发展的一个例子。通过研究观众发现，观众人数下降的三个室内音乐团体，它们的观众存在相当大的重叠。它们最初的合作是将各自的邮件列表转换为相同的软件并开发为一个单独的邮件列表，然后共享使用。这种简单合作扩展到 364 允许一个团体观众获得其他团体表演的打折票。进一步的合作发展包括通过协商音乐会日期来协调他们的音乐会日历。最后是让这些团体制订

① Deborah Askanase, "Nonprofit Collaboration: Doesn't It Make the Pie Bigger?" *Community Organizer* 2.0, blog（February 16, 2010）, accessed December 27, 2011, http://www.communityorganizer20.com/2010/02/16/nonprofit-collaboration-doesnt-it-make-the-pie-bigger.

一个共同的活动日程表，并将其邮寄给所有的观众。未来的工作可能包括联合筹资和理事会发展①。

综合合作（integrative collaborations）需要广泛的多方面的合作伙伴参与。这些合作的特点是联合或合并的思维模式。此外，它们还具有广泛的战略意义、高度的使命结盟和共同价值观以及创造共同利益。项目在组织的各级被确定和开发。各个组织之间建立了深厚的人际关系，并且每个组织的文化都会影响其他组织的文化。癌症疫苗合作项目是综合合作的一个很好的例子，它清楚地说明了这种互动水平可以带来的好处。癌症疫苗合作项目的身份超出了其参与者的身份。它解决了合作伙伴的核心使命，并整合其核心能力和设施，其中包括试验地点和实验室。它开发了一个支持科学工作各个方面的共享系统。

（二）伙伴关系矩阵

大卫·拉普拉塔开发了另一个众所周知的框架，该框架用于理解非营利组织参与的合作类型（见图 15.1)②。他的伙伴关系矩阵区分了基于项目（如医疗保健、咨询或娱乐服务）的伙伴关系和基于管理的伙伴关系（如会计、设施管理或人力资源等职能）。伙伴关系也可以基于项目和管理活动的组合。

横轴描述了伙伴整合的程度。坐标的一端是松散的伙伴关系，每个组织都保留很大的自主权。在这个框架中，合作仅仅只是伙伴关系的一种类型。它们不是永久的关系，而且决策权仍然存在于各自组织。共享信息和转介服务对象是这种类型关系的示例，并且在所有类型的非营利组织中经常出现。例如，提供咨询服务的非营利组织会定期将服务对象转介给其他机构，以满足其服务对象的其他需求（例如住房或营养）。

战略联盟（Strategic alliances）是更广泛的伙伴关系，并且需要对伙伴组织进行一定程度的重组。它们基于一项协议，该协议承诺参与未来的联合活动和一定程度的共同决策权。该协议通常是一个正式协议。联

365

---

① Jane Arsenault, *Forging Nonprofit Alliances* (San Francisco：Jossey-Bass/Wiley, 1998).

② David La Piana, *The Nonprofit Mergers Workbook：The Leader's Guide to Considering, Negotiating, and Executing a Merger* (St. Paul, MN：Amherst H. Wilder Foundation, 2000).

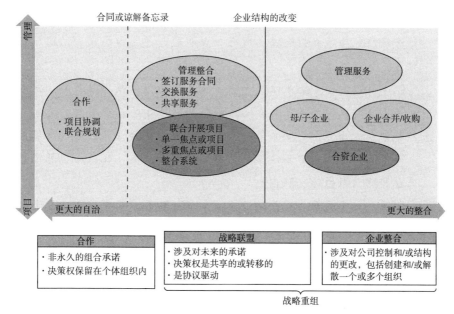

图 15.1　伙伴关系矩阵

资料来源：La Piana Consulting, *The Partnership Matrix* (2011), http：//www. lapiana. org/downloads/ThePartnershipMatrix _ LaPianaConsulting _ 2011. pdf. Copyright[©] 2011, La Piana Consulting. Reprinted with permission. www. lapiana. org.

366

盟可以包括分享、交换或签订管理职能，以提高行政效率，或为进一步实现使命而开展的项目联合启动和管理。

- 联合开展项目描述了两个组织共享项目的运作或服务的提供。例如，在华盛顿州斯波坎市，一个社区行动项目和一个商业发展协会合作，招募、教育并向有兴趣创业的低收入成年人提供贷款，这是一个单一用途的联合合作的例子。
- 管理整合描述了两个共享管理功能的组织。例如，俄亥俄州伍斯特的一个药物滥用项目和受虐待妇女的庇护所进行了联合资本运动，并且共享办公大楼。

企业整合（Corporate integrations）涉及企业控制或结构变更的合伙企业，可能涉及一个或多个组织的创立或解散。

● 建立管理服务组织以整合行政职能。例如，一个管理服务组织由马萨诸塞州斯普林菲尔德的两个多功能人力服务组织创建。这个新组织为各机构提供了所有后台职能，并为四个较小的组织提供了一些行政支持。

● 建立合资企业以进一步实现具体的行政或项目目标，治理成果由合作伙伴共享。如肯塔基州路易斯维尔的三个主要视觉艺术组织组成的合资企业成立了一家新的有限责任企业，共同经营礼品店和画廊。癌症疫苗合作组织也由合资企业组成，既包括合并项目又包括建立新的行政职能。

● 母子关系涉及行政或项目职能的整合，其中一方负责监督另一方的活动。例如，俄亥俄州辛辛那提市的一家多功能人力服务机构与一家精神卫生机构（子组织）建立了母子组织关系。所有行政职能、政策和流程以及一些项目都得到了巩固。精神卫生机构的理事会由母组织任命，其执行主任向人力服务机构报告。

367

（三）合并

合并是最重要的合作，因此我们会更详细地讨论它们。合并（Mergers）涉及通过解散一个或多个组织或创建新的合并组织来整合两个或更多组织的所有行政和项目职能。这里列举的合并例子涉及两个组织，它们为旧金山湾区的残疾儿童提供教育、心理健康和其他服务。它们解散了自己的组织，并将其所有职能合并到一个新的机构中。大卫·拉普拉塔撰写了大量有关非营利组织合并的文章。他指出："越来越多合并的成功激励其他非营利组织领导者仔细研究这一战略。尽管这些领导者之前可能考虑过合并，但由于风险太大而放弃了这个想法，现在他们开始慢慢接受，愿意去尝试别人曾走过的路。"我们将考虑拉普拉塔提出的一些要点。

在合并这个术语下，拉普拉塔提出各种非营利重组方案。一种是直接合并（Outright mergers），解散一个组织并将其资产留给另一个组织，或解散两个组织并将它们合并到一个新的组织。另一种是资产转移（asset transfer）。在此交易中，组织保持独立，但其中一方的资产（包括金钱、不动产、名称或其他无形资产）由另一方"购买"。购买可能是为了现金，也可能是为了其他原因（更为常见），例如承诺继续执行组织的使命。除此之外，非营利组织可以形成联结理事会（interlocking boards）。这种方式允许组织保持其独立的法律身份。不过，非营利组织可以通过重新配置理事会来合并它们的业务，以便每个理事会都有相同的成员。另外，可以任命一名联合执行主任。

亚利桑那州儿童协会（Arizona's Children Association，以下简称AzCA）提供了一个很好的例子，说明一个非营利组织从战略上追求并购（mergers and acquisitions，以下简称 M&A）并从中实现了巨大的价值。它的努力在布利吉斯潘集团（The Bridgespan Group）发布的合并报告中进行了讨论。

　　15 年前，AzCA 是一个市价 450 万美元的组织，主要专注于在图森提供住院治疗服务。当他们展望未来时，AzCA 的领导者意识到他们需要修改自身的使命，以达到他们想要的影响力。正如AzCA 的理事长兼首席执行官弗雷德·查菲（Fred Chaffee）所说："我们主要是一个住院治疗机构，我们没有初级预防和幼儿工作方面的服务。从保护孩子和家庭的使命角度来看，我们需要尽早为儿童服务，以便在儿童到达住院治疗中心之前，为家庭提供工具和帮助。"

368

　　但 AzCA 缺乏专业人员，捐赠关系或"品牌"来为家庭服务。因此，10 年前，AzCA 收购了一家组织，这标志着其通过并购实现快速战略扩张的开始。随后 AzCA 进行了六次收购，发展成为一个市价 4000 万美元的全州性非营利组织，为儿童及其家庭提供广泛的服务。这种增长不仅来自其他组织的"购买"，每次收购还允许AzCA 增加新的服务和技能，并将其扩展到整个组织的每个办公室和项目。一旦组织在特定区域实现"临界质量"（critical mass），它就会参与竞争性招标以进一步促进组织内增长。（查菲认为，临界质量"不仅指人数，还有声誉、社区和品牌意识"）但所有这些都取决于 AzCA 利用并购在新服务、地理位置和受益者人群中获得立足点而取得的成功。亚利桑那州儿童协会的方法已被证明是有先见之明的，因为近年来的趋势是将更多的儿童从住院部转移到门诊或家庭护理。因此，AzCA 的多元化使组织能够很好地适应资金优先顺序的相应变化。

鉴于利害关系，在做出寻求合并的决定之前，需要进行认真的自我评估。组织应该明确为什么要寻求合并。通常情况下，原因包括改善财务状况，获得更多的技能，或增强使命追求。此外，合并的预期结果应该是明确的。增强并购成功前景的其他因素包括非营利组织能够专注于其使命，具有统一的战略目标，拥有一致的发言权，拥有稳固的理事会管理关系，具有成功的风险承担的历史，有增长方向，并且熟悉其他成功的并购。需要考虑组织是否处于危机之中。危机将给组织带来压力，消耗资源和员工的时间，并使组织处于与潜在的合作伙伴谈判的弱势地位。然而，合并可能是一个重要的机会，并且事实上可能有助于解决危机。最后，需要考虑执行领导的状态。例如，当一个组织失去其执行领导者时，合并可能更容易发生。当两个领导团队都是完整的，那么组织必须确定谁将领导合并后的组织如何从不同的组织中选择出领导者，这可能是一个艰难的决定。

潜在的合作伙伴评估也至关重要，并具有一些特殊功能。潜在的合并伙伴通常彼此了解。要使合并在早期谈判阶段推进，它们也必须相互信任。重要的是，知识和信任应建立在有效的第一手资料而非次要信息或谣言上。如果组织有成功合作的历史，那也会更好。这种经验可以为建立信任，评估合作伙伴的技能、资产和潜在贡献以及设计未来的项目提供最有用的信息。

谈判在合并中必然是复杂的。组织应组成联合合并谈判委员会。委员会需要考虑每个合作伙伴所有认为重要的问题。它决定合并将采取的具体形式，还需定期与组织的理事会和管理团队进行沟通。在审议了所有问题和细节并做出决定后，委员会将起草拟议的合并协议。每个组织的理事会对协议进行投票。如果每个理事会的投的都是赞成票，那么合并就可以实施。

亚利桑那州儿童协会的布利吉斯潘报告包括如下内容。

随着亚利桑那州儿童协会获得并购经验，其领导者已将该主题纳入战略讨论中。管理团队每年会召开五到六次会议，讨论组织应该在何时何地发展，以及是否有潜在的并购候选组织需要评估，以实现目标。亚利桑那州儿童协会的领导者也发展了强大的内部管理能力，员工经常审查和整合收购和合并成本或收益的可靠基准，为合并相关费用筹集资金。亚利桑那州儿童协会通过 10 个关键问题探讨每一个合并的可能性，这些问题是该协会的领导者作为一个高级筛选机构使用的，目的是评估候选组织在服务、地理位置和品牌方面与 AzCA 的战略目标的匹配程度。这些问题还评估组织适合性和财务影响。一旦候选人通过了这项测试，AzCA 将部署一个由 10 名内部员工组成的"特种部队"，它代表财务、医务人员和项目管理、IT 和人力资源部门，"特种部队"在认真考虑合并或收购时与其同行会面。该小组开发了一个模板，用于确定合并成本和支持合并的成本效率。亚利桑那州儿童协会的领导者已经利用这些数据来筹集资金，以支持其最近几笔交易。

最后，AzCA 还在合并后整合这个团队，并理解大部分工作（同时也是确保合并成功的最大挑战）源于两种文化的融合。亚利桑那州儿童协会的领导者认为该组织作为并购合作伙伴的实力对其正在进行的并购工作至关重要。[理事长兼首席执行官弗雷德] 查菲说："当被收购时，担任首席执行官或理事会成员的最大担忧是，我将失去认同感以及使命。我们在 AzCA 理事会有参与每一次收购的代表人，我们还有五位前首席执行官中的两位仍在工作。当我们进行初步讨论时，我们会说，以下是前任首席执行官的名字，他们要么为我们工作，要么在我们收购机构的社区工作。他们并没有敷衍，他们给出了积极的反馈，帮助消除那些恐惧。" 370

（四）跨部门合作

非营利组织与政府和营利性组织的伙伴关系以跨部门合作（cross-sector collaborations）方式开展。这些合作对于解决最棘手的公共挑战是必要的，例如处理环境问题、提供医疗保健或振兴社区。约翰·罗斯比

（John Crosby）、芭芭拉·布莱森（Barbara Bryson）和梅丽莎·斯通（Melissa Stone）将跨部门合作定义为"两个或更多部门的组织联系或共享信息、资源、活动和能力，以共同实现单个组织无法实现的结果"。他们指出，跨部门合作的一个根本原因是，在美国社会中，许多团体和组织参与应对公共挑战，以权力共享的方式解决许多问题。虽然本章的大部分观点同样适用于非营利组织与任何其他组织的合作，但与非营利组织的跨部门合作有其特殊之处。

非营利组织与政府合作

为了研究非营利组织与政府的合作，我们需要考虑政府机构与其他部门合作的动机。布林顿·米尔沃德（H. Brinton Milward）和基思·普罗文（Keith Provan）讨论了政府机构建立的四种类型的网络。非营利组织可以成为这些网络中任何一个的合作伙伴。服务实施网络（Service implementation networks）用于政府机构资助但不直接提供的服务，例如许多健康和福利服务。服务是由两个或多个其他组织联合提供的，对服务内容进行整合有助于保障服务质量，以及确保弱势服务对象不会被疏忽。政府向私营部门的资助通常以签订合同的方式进行。这些合同可以成为非营利组织的主要资金来源，我们在第六章讨论了与资源获取有关的非营利组织与政府的合同。

政府机构之间建立信息传播网络（information diffusion networks），用于跨组织和跨部门边界共享信息。它们帮助机构预测和为问题做准备，这些问题具有高度不确定性，例如灾难响应。虽然这些网络中的大部分合作都在政府机构中，但非营利组织也可能是政府机构认为有用的信息来源。米尔沃德和普罗文举了国家卫生研究院和医学基金会合作的例子，以管理政府资助的研究中的知识流动（flow of knowledge），从而使参与该项研究的每个人都能了解问题、方案和结果。

问题解决网络（Problem-solving networks）旨在解决当前和紧迫的问题，例如灾难。因此，该网络由从前文提到的信息传播网络发展而来。公共管理者面对需求需要快速行动，这塑造了所建立的网络的性质。合作可能是暂时的，在处理问题或事件后，网络可能会解散或处于休眠状态。由于灾难或应急响应通常涉及非营利组织，因此它们可以成为这些网络的重要成员。如美国红十字会的资源是当地社区应急响应计划的重要组成部分。虽然红十字会的具体活动因特定的紧急情况而有所不同，但它仍然是社区准备计划的合作伙伴。

最后，建立社区能力建设网络（community capacity-building networks），以帮助社区积累所需的社会资本，以应对当前和未来的需求，例如经济发展或预防酒精或药物滥用。网络和伙伴关系建立社会资本，因为它们促进了组织之间的互惠信任和规范。这使得组织之间的协调或联合行动更容易。鉴于其在社区中的重要作用，非营利组织将成为这些网络中的重要合作伙伴。例如，米尔沃德和普罗文报告了一项由联邦拨款创建的一个机构，其目标是将城市的所有药物滥用预防资源汇集在一起。机构组成数量庞大，包括警察和学校等市政机构，以及特定的非营利组织、营利组织，以及政府药物和酒精预防机构。目标包括将孤立的机构纳入谈判范围，并将预防药物滥用的各方联系起来，以实现更加协调的社区响应。

非营利组织和营利性组织合作

约瑟夫·加拉斯基维茨和米歇尔·科尔曼（Michelle Colman）讨论了四种类型的非营利组织和营利性组织的合作。非营利组织和商业企业都会因经济和非经济激励来参与合作。非营利组织可以从企业获得各种资源，企业也可以以增加销售为目标进行合作。此外，合作将旨在提高社会福利。虽然这与非营利组织存在的理由一致，但它也可以使企业受益。非营利组织也面临着更多超出财务底线的压力。企业参与慈善合作（philanthropic collaborations），以帮助非营利组织提供与使命相关的服务。这种援助通常采取捐款或给予企业产品的形式，但也发现了更广泛的合 372
作。可以采取企业员工志愿参与非营利组织、企业与非营利组织分享专业知识、企业参与非营利组织项目的各种形式。卡布姆（KABOOM!）是一个著名的非营利儿童运动场建设者，它有各种各样的企业合作伙伴关系，展示可能的合作范围。卡布姆结合企业和社区（非营利组织）合作伙伴的力量来建造运动场。企业合作伙伴提供捐款和员工志愿者。卡布姆利用各种企业合作伙伴的贡献，用这种模式在全国各地建造了2000多个运动场。

在战略合作（strategic collaborations）中，企业寻求为自己实现利益，同时通过非营利组织的活动推进社会福利。这些类型的合作也被称为社会投资（social investing）或战略慈善（strategic philanthropy）。合作活动可以包括企业对非营利活动的赞助以及对企业产品或设备的捐赠。将企业的名字放在显眼的位置，可以让企业在社区利益相关方的眼中具有公信力和合法性。此外，捐赠可能会让潜在客户接触到企业的产品。例如，主要的计算机制造商向学校捐赠了设备，捐赠的影响之一是学生对这些产品逐渐熟悉了起来。

卡布姆与许多企业进行战略合作。就像最近卡布姆的官网上"关于卡布姆"部分描述的那样，"今年，胡椒博士公司（Dr Pepper Snapple Group，以下简称 DPS）推出了'一起玩吧'（Let's Play）计划，这是一个，旨在让孩子们在全国范围内活跃的社区合作伙伴关系。第一个'一起玩吧'计划是对卡布姆的 3 年承诺！通过'一起玩吧'、DPS 和卡布姆，到 2013 年底，将合作建造 2000 个运动场，使北美约 500 万儿童受益。随着'一起玩吧'计划的推出，DPS 将继续推广健康和积极的生活方式，这是 DPS 的企业慈善计划行动国家（ACTION Nation）的关键组成部分。"

商业合作（Commercial collaborations）主要关注增加企业和非营利组织的收入。这些合作与服务提供的直接联系较少，而是涉及与事业相关的营销以及非营利组织名称和徽标的许可。在与事业相关的营销中，企业通常通过向组织提供一部分销售收入，使自己与事业和非营利组织保持一致。该企业希望通过宣传组织来获得销售额。在许可约定中，非营利组织向企业出售在企业促销活动中使用非营利组织名称或徽标的权利。非营利组织通过企业的推广获得许可费以及增加曝光率。这些合作可能出现的一个问题是，非营利组织在多大程度上认可企业产品或服务所具备的优势。

卡布姆涉及与多家企业参与与事业相关的营销约定。例如，通过许可协议，本杰瑞（Ben&Jerry）推出了卡本 & 卡布姆合作款冰淇淋，卡布姆可以从每笔购买中获得捐款。

政治合作（political collaborations）旨在推进合作伙伴的政治目标。企业动机可能包括改善商业条件、避免负面宣传、投资者或客户不满，并证明企业正在解决社会和环境问题。企业可以将游说和贡献结合到同样感兴趣的非营利组织中，以获得有利的政治支持。此外，企业可以通过与非营利组织的一致性来提供对政策流程的准入。正如加拉斯基维茨和科尔曼所说，"许多企业将慈善捐款视为一种可信的策略，并确保在制定政策或做出决策时考虑企业及其利益"。合作可以超越捐赠，如联邦快递（Fedex）和环境保护基金（Environmental Defense Fund，以下简称EDF）合作开发混合柴油电动送货卡车的例子。联邦快递用购买力来吸引制造商并提供测试设施。EDF提供了环境绩效指标。通过合作，联邦快递成为清洁卡车技术的行业领导者，并提升其品牌价值。EDF推进其使命，帮助减少空气排放，并改变清洁卡车技术市场。

尽管跨部门合作明显有利于合作伙伴，但他们也面临诸多问题。奥斯汀指出，随着伙伴关系变得更加一体化，它们涉及了每个组织越来越重要的要素，并增加了互动水平。因此，这些组织将面临越来越多的挑战。主要挑战是合作伙伴有不同的目的。创建非营利组织是为了提供社会福利，营利性组织必须回应其所有者，而公共机构与政治过程相关联。某些时候，这些不同的目标可能会冲突。例如，对于非营利组织和商业合作伙伴而言，合作中对社会与经济回报的相对重视程度可能会有所不同。奥斯汀还指出，为了合作，每个合作伙伴都必须认识到它能够获得足够的价值来继续保持这种关系，但这可能会很困难。在任何非营利组织和营利性组织的合作中，企业合作伙伴可以得出这样的结论，即合作的营销利益并不能证明所花费的努力是合理的。此外，合作伙伴可能拥有不平等的权力，对彼此的误解以及不同的决策风格。这些差异可能导致产生不平等和不信任的感觉。尽管这些问题可能会困扰任何合作，但当它们与目标和价值观的差异相结合，就会变得特别棘手。尽管如此，仔细关注对合作形成和管理至关重要的因素可以促成跨部门的成功合作。在接下来的章节中，我们将讨论非营利组织如何成功地应对达成和维持合作的挑战。

374

三　开发合作流程

合作是随着时间的推移而发展的过程。许多作者研究了这一发展，并确定了该过程的性质以及它如何展开的一般模式。许多模型已被开发出来，将这一过程描述为一系列阶段或步骤。这些模型的具体阶段数、阶段标记方式以及阶段之间的界限各不相同，但是所有模型都描述了一个顺序，从最初的规划和寻求合作的决策转变为生成和评估特定的潜在合作伙伴，然后达成和实施正式的合作关系，最后评估合作的实施。我们将在此过程中考虑几个关键点。

（一）初步规划

合作开发的每个阶段都很重要，而且特定阶段的成果取决于成功应对前一阶段的挑战。鉴于此，很难过分强调该过程初始阶段的重要性。阿瑟诺讨论了初步规划、合作伙伴识别和初步协商的各个方面。规划过程应根据其需求为非营利组织制定明确的合作目标。初步规划和组织准备情况的评估应包括以下活动。

- 确保内部支持者了解组织在其环境中的情况。
- 确定领导者希望通过合作实现的目标。
- 确定理事会成员、领导者和管理者、主要员工、资助者、主要捐赠者、重要政治支持者和现有合作伙伴对这些目标的支持程度。

375

- 向理事会和管理层介绍有关实现目标的合作选项。
- 如果计划成功，仔细考虑对组织的潜在影响。
- 确定可用于支付可能需要的任何专业服务的资金。
- 在寻找合作伙伴和早期谈判中确定内部和外部沟通的明确参数、角色和责任。
- 确定谈判小组的成员。
- 明确非营利组织能创造的价值。
- 为合作伙伴识别和早期谈判过程建立明确的角色。
- 确定初步筛选标准。

前面描述的亚利桑那州儿童协会就是一个很好的例子，该组织非常重视初步规划。考虑到它所参与的合并范围，这是可以预期的。然而，这些步骤对于其他类型的合作也是至关重要的。

（二）识别潜在的合作伙伴

评估组织的价值也很重要。合作伙伴可以通过合作获得什么？评估组织优势时，应参考如下方面。

- 现金资产。
- 领导专业知识：例如商业技能、筹资能力和政治影响力。
- 行政能力：如管理信息、会计和人力资源。
- 实体工厂：房地产和位置。
- 捐赠者访问：个人关系、历史和认可。
- 志愿者：志愿者基地及其管理。
- 独特的能力：如知识产权、员工技能和项目模型。
- 公众知名度和社区形象。

　　有几种方法可用于识别潜在的合作伙伴。组织可以开发自己的信息，然后选择并接近特定的候选人进行合作。合作可以从执行主任和理事会　　376主席的个人关系中发展出来。理事会成员和管理者可能具有潜在合作者的个人知识以及与可能具有此类信息的其他人的联系。他们的个人知识和网络非常重要，因为他们可能包含特定的相关信息。如果没有此类个人知识，可以从相关的二级来源获取有关潜在合作伙伴的信息，例如美国国税局报告（特别是表格990信息），高绩效组织的行业数据或特定组织的年度报告。

（三）达成合作

　　一旦确定了具体的潜在合作伙伴，组织代表就可以与它们联系，以评估它们对合作的兴趣，或由组织发布正式的提案请求（request for proposal）。在后一种情况下，谈判小组确定可能的合作者列表。需要准备用以介绍组织的材料，并包含工作计划和合作标准的信息。这些材料将提供给潜在的合作者，并请求感兴趣的组织以意向书的形式进行答复。

　　一旦确定了潜在的合作者，各组织的代表将举行会议以评估共同利益和兼容性的程度。这可以通过并行分析来完成，该分析解决与合作相关的每个组织的各个方面。这可能包括对使命、愿景、价值观、文化、治理、项目、人力资源和其他资产的比较。重要的是评估潜在合作伙伴的合作目标和它们的背景、现状和未来潜力的一致程度。对于预期范围更广、持续时间更长的合作，这种检查将更加广泛。例如，两种看来有相似目标的药物滥用项目在现阶段可能会发现它们存在不一致的地方，这也许是因为一个是基于信仰的组织，而另一个不是。

如果两个组织同意进行合作，则需要进行谈判来建立合作基础的一般条款并使关系正式化。谈判的广泛性和正规化程度将取决于合作的类型。对于简单的合作，一份列出未来合作的一般要点的谅解备忘录（memo of understanding）可能就足够了。对于更广泛的合作，例如合资企业，需要就未来联合行动的详细计划进行谈判，并可能需要法律文件进行支持。例如，癌症疫苗合作项目涉及每个合作伙伴的众多方面广泛的、持久的和多方面的互动。当需要事先指定具体的互动时，例如癌症疫苗合作案例中的协调实验室试验，可以制订详细的时间表，甚至合同。

（四）评估合作

当功能细节正式化时，合作便可以实施，并开始联合行动。合作类型将决定人员和流程的互动类型和程度。这些互动的结果应该是预期的合作效益。在某些时候，应该评估每个合作伙伴通过合作获得的利益。这将决定是否继续当前合作、扩展或收缩其特定方面、重新协商其基本条款，或终止合作。

如前所述，亚利桑那州儿童协会部署了一个团队来评估合并后的整合，特别关注两个组织的文化融合。阿米莉亚·科姆（Amelia Kohm）和大卫·拉普拉塔提供了合作伙伴使用合作评估方式的其他示例。在一个案例中，华盛顿州斯波坎市的一家人力服务非营利组织与一家商业发展协会组建了一个微型企业项目。该项目为低收入客户提供了更多服务，包括获得资本和商业教育。两个组织的员工对该项目非常满意，并且未来只需对该项目进行相对较小的调整。相比之下，俄亥俄州伍斯特市的一个药物滥用治疗中心与一个受虐待妇女庇护所之间的合作更具挑战性。这些组织同意建立一个联合设施，但受到领导层更换的影响。这些问题最终得到解决，该设施以共享人员和成本的方式运营。两个组织的服务对象似乎都喜欢所提供的设施及其地理位置。大多数受访者都认为，组织之间的关系会持续增长，在未来也有合并的可能。

非营利组织理事会和管理者必须明白，将合作开发描述为简单的线性发展有点过于简单化。该过程可能是反复的，并且合作可能会在中途被中断。在实施过程中可能会出现意外的复杂情况，需要重新谈判或选择其他潜在的合作伙伴。此外，在谈判或实施过程中不正常的人际关系动态可能使进一步的进展变得困难或不可能。

四　治理的角色

苏珊娜·费尼（Suzanne Feeney）讨论了非营利组织理事会在合作和合并中发挥的战略角色。这些角色是理事会在各自组织中发挥的治理和管理角色的延伸。理事会在合作中承担的职责和任务的程度将随合作的 378
范围而变化。非正式合作几乎不需要理事会参与，而合资企业或合并则需要广泛参与。理事会的五项职能可以为其职责做出解释。合作期间理事会活动的功能和示例如下。

- 执行主任和理事会互动。理事会的职责可能包括评估规划、审查和批准合同或承诺，以及携手规划或领导。
- 利益相关方延伸和边界跨越。理事会的角色可能包括合作伙伴评估、收集和解释信息、与利益相关方沟通以及建立社区支持。这可能是一个广泛的过程，因为利益相关方包括资助者、服务对象、监管者和其他人，每个利益相关方可能对任何合作都有不同的定位。
- 委托和财务责任。理事会的角色可能包括评估风险潜力和资源承诺，在正式协议要求下发挥治理角色，解散和转移资产以及确保合法合规。
- 政策制定和监督。理事会的角色可能包括确保项目和使命调整以及使命一致性。
- 确保组织健康。理事会的角色可能包括监测员工的精神状态、项目实施或服务提供、监测组织影响、支持首席执行官和员工以及监控文化变革。

五　促进合作成功的因素

保罗·马蒂西克（Paul Mattessich）、玛尔塔·默里-克洛斯（Marta

Murray-Close) 和芭芭拉·蒙西 (Barbara Monsey) 审阅了有关合作的研究,并为阿默斯特 H. 怀尔德基金会 (Amherst H. Wilder Foundation) 编制了一份包含影响成功合作的 20 个因素的综合清单,称为怀尔德框架。清单中所列因素的广泛性证明了建立和维持成功合作的难度。怀尔德基金会提供了一份工作手册,用于使用清单来评估当前或潜在的合作。针对合作小组或合作情况与这 20 个因素的相关程度,该工作手册建议相关人员应对它们展开逐一的评估。评估不是为了提供单一的数字分数,而是为了确定合作中可能缺失或有问题的因素。这 20 个因素分为 6 类,以下介绍它们并解释说明这 20 个因素中每一个的含义。

1. 与环境有关的因素

● 潜在合作伙伴是否在社区中有合作或协作的历史,使得他们了解合作所需的角色和期望?

● 合作小组是否被视为社区中的合法领导者,并且被认为是可靠和有能力的 (至少与小组的目标相关)?

● 政治领导者、意见领袖、控制资源的人以及公众成员是否支持 (或至少不反对) 小组的使命?

2. 与会员特征有关的因素

● 小组成员是否对彼此及其各自组织有共同的理解和尊重,包括每个组织的运作方式、文化规范和价值观、局限性和期望?

● 就合作小组的组成范围而言,该小组是否包括将受其活动影响的社区各阶层的代表?

● 合作伙伴是否相信他们将从参与合作中受益,并且由会员资格带来的有利因素将对其损失 (如失去自主权或领域) 进行补偿?

● 成员是否有能力妥协?成员需要妥协,因为在努力合作中做出的许多决定不可能完全满足每个成员的偏好。

3. 与流程和结构相关的因素

● 小组成员是否感觉到小组的工作方式和工作结果或产品的 "所有权"?

● 每个合作伙伴组织的每个级别是否至少都有一定的代表性

和持续参与合作？

- 该小组是否对组织自身和完成工作的各种方式持开放态度？
- 合作伙伴是否清楚地了解自己的角色、权利和责任，并了解如何履行这些职责？
- 为了应对不断变化的条件，该小组是否有能力在重大变革中维持自身，即使需要改变一些主要目标、成员等等？
- 在整个合作的每个阶段，小组的结构、资源和活动能否随着时间的推移而变化，以满足小组的需求而不会限制其能力？ 380

4. 与沟通有关的因素

- 小组成员是否经常互动、互相更新信息、公开讨论问题，并将所有必要信息传达给彼此以及群组外的人？
- 成员之间是否建立了个人关系？在一个共同的项目中建立一个更好的、非正式的和更有凝聚力的团队？

5. 与目的有关的因素

- 该小组的目的和目标是否为所有合作伙伴所知，是否可以实现？
- 合作伙伴是否具有相同的愿景和明确认同的使命、目标和战略？
- 团队的使命、目标或方法是否与成员组织的不同（或部分不同，即团队是否有一个独特的目的）？

6. 与资源有关的因素

- 该小组是否拥有足够的财务基础，以及支持其运营所需的人员和物资？
- 领导者是否具有组织能力和较好的人际关系，能否公平地履行职责？

六 合作成功的挑战

一般而言，本章概述的与成功因素相关的任何问题都可能限制合作的成功。此外，许多因素被认为特别重要。合作越广泛，这些因素就越有可能成为问题。

不兼容的使命、愿景和价值观。使命、愿景和价值观是构建特定非营利组织活动的基本组成部分。如果这些基本的意识形态和价值取向不一致，那么任何联合活动都可能存在重大分歧。

文化。组织文化非常重要，因为它影响组织参与者的行为，既有可见的元素，也有不可观察的元素，并且变化困难且缓慢。非营利组织，鉴于它们专注于为人民服务的使命，可能会有独特的文化。评估每个合作组织的文化并处理文化的不相容性非常重要。

自我。合作可能涉及修改或放弃某些责任或活动。如果领导者和成员认为他们的组织或团体在这个过程中以某种方式"减少"了，他们可能会抵制。这可能与威望和权力的丧失有关，也可能与组织成员所强调的价值观或世界观的程度降低有关。例如，执行主任和理事会在合并中特别有影响力，而麦克劳林（McLaughlin）已经解释了一些理事会成员典型的自我表达方式，例如，"这个组织已经存在了112年，它将在接下来的112年中继续存在"，并且，"我拒绝被称为该组织的最后一任理事长"。

领域。每个组织都在特定的领域或运营范围中建立起自己的地位，并对其进行捍卫。例如，一个非营利组织可能会拒绝让另一个非营利组织接触其服务对象，或将其合作伙伴视为平等对象。

成本。时间和资源都有成本的损耗。正如我们所指出的，合作开发可能非常耗时。完成合作协议可能需要很长时间，在搜索和谈判阶段会占用大量的员工时间。复杂或广泛的合作还可能涉及信息收集、分析和尽职调查的支出。如果合作涉及新的或变更的项目或服务，则还需要资源。最后，还应考虑合作中固有的机会成本。

关于不成功的合作的一些报告指出了这些因素的腐蚀性影响。例如，一份关于三家知名犹太团体合并的报告称，合并的最初几年的特点是"不明确的期望、不共享的愿景、混合的动机，以及多层次的权力游戏"。它还声称，问题是由于顾问对组织文化的理解不足造成的。宾夕法尼亚一所大学医疗中心与健康维护系统合并失败的另一份报告指出了三个相互关联的问题，包括领导层功能失调、理事会成员之间的不信任以及不同的组织文化。

七　本章小结

合作是组织生活中会实际发生的情况。非营利组织的不同使命可能会导致其与来自任何部门的伙伴合作，因此合作可以采取多种形式。然而，合作的许多重要特征是确定的。本章中我们研究了非营利组织可能合作的原因，合作可以采取的形式，建立合作的过程以及促成合作成功的因素。了解这些因素将增强合作以满足非营利组织期望的可能性。

在下一章中，我们将探讨变革与创新。变革通常是通过合作产生的，它也是合作的结果。因此，规划更大的使命影响或响应变化可能需要建立、培养和管理合作。

八 问题思考

1. 关于非营利组织可能合作的六个确定的原因（社会责任、运营效率等）。某个特定的合作是否有可能推进其中一个目标，同时抑制另一个目标？在这种冲突的情况下，哪些因素可能导致非营利组织支持某个目标而不是其他目标？

2. 如果对"促进合作成功的因素"一节中所提出问题的回答是肯定的，那么这将如何影响"合作成功的挑战"一节中所讨论的因素？

九 练习

练习 15.1 合作类型

确定一个非营利组织合作，举例说明本章中提到的关于非营利组织合作的六个观点之一。

练习 15.2 奥斯汀的合作连续体

选择您熟悉的非营利组织或假设一个非营利组织。使用奥斯汀的合作连续体，讨论这个非营利组织如何与另一个非营利组织形成交易或综合合作。

练习 15.3 跨部门合作

再次查看您为上一个练习选择的非营利组织，讨论它如何与营利性组织形成交易或综合合作，它如何与公共机构建立合作。

第十六章　组织的变革与创新

美丽美国（Teach for America）始创于 1989 年，它采用了一种创新的手段来弥补美国贫富学生之间的成就差距①。其创始人温迪·科普提议让顶尖大学的毕业生付出两年的时间去教授弱势学生。美丽美国在夏季为新员工提供强化培训，然后将他们安置在低收入社区的学校。低收入家庭的学生将受益于这些聪明和充满活力的教师，而这种招募来的新员工将成为教育的终身倡导者。这种方式迅速发展起来。到 1990 年 6 月，该组织已经培训了 500 名应届毕业生或团队成员。之后的一年，在正面的新闻报道的帮助下，该组织吸引了 3000 名申请人来应聘提供的 700 个职位。美丽美国的预算跃升至 500 万美元，许多知名企业和基金会也开始支持它。这样的成功让美丽美国在其旗下启动了两个新的组织。教育（Teach!）始于帮助学区改善它们的新教师招聘和支持，而学习（Learning Project）始于在内城开发创新的暑期学校项目。然而，随着组织的壮大，美丽美国未能提高相应的组织能力，并且过于依赖极少数的大型基金会和个人捐款。到 1995 年，其开支超过了收入，负债累累，入学人数下降，在学术期刊上饱受批评，这些进一步削弱了财政支持和打击了士气。

但通过共同努力，美丽美国稳定了它的财务状况，重新聚焦了使命，巩固了组织结构和文化，因而得以走出其低谷期。它将预算削减了 25%
384　以更加紧密地匹配收入和支出，并指示其地区办公室扩大资金基础。由

---

① 案例细节来自 Jerry Hauser, "Organizational Lessons for Nonprofits," *McKinsey Quarterly*, June 2003, accessed August 20, 2011, https://www.mckinseyquarterly.com/Nonprofit/ Performance/Organizational_lessons_for_nonprofits_1314。

此，该组织的捐赠者从 1993 年的 275 个增加到 1998 年的 1400 多个。其重新专注于完成最初的使命，这促使它甩掉了教育和学习这两个子组织。美丽美国致力于明确组织目标和发展支持者目标，并制定可量化的绩效目标，从相对扁平和相对非正式互动的组织结构转变为更具层次的结构。新的结构是一个由副主席们组成的高级管理团队，负责主要的内部单位和更正式的互动。随着组织的发展，文化逐步传播开来，不同的部门发展出不同的理解和观点。通过让每个人都参与八个核心价值观的制定，美丽美国恢复了一致的文化。员工的支持为组织创造了一种新的积极的基调。

美丽美国所做的改变大大稳固了组织。到 1997 年，它可以承担经营费用并已偿还长期债务。员工感到更加坚定和更有士气，而员工与管理人员之间的关系也有所改善。美丽美国还制订并审查了业绩目标，并扩大了项目。2000 年，基于当时财政状况的稳固，它推出了一项扩张计划；而在 2003 年，3400 名成员服务了超过 25 万名学生。美丽美国并不满足于现状，它意识到未来需要改变。该组织中每个人都有责任不断提出两个问题：团队的成员和校友是否真正扩大了教育机会？该组织是否建立了实现其今天和未来目标的内部能力？

美丽美国的故事向我们展示了一个非营利组织可以经历的各种变革。虽然像美丽美国这样的年轻组织特别容易受到重大变革的压力，但成立时间更悠久的组织亦不能幸免。在本章中，我们将研究非营利组织如何变革和创新。变革意味着做出改变。在非营利组织中，变革或产生改变的动力是什么？我们在非营利组织中发现了哪些变革，这些变革是如何产生的？我们还将讨论创新，这是非营利组织的一种重要变革形式。创新就是开始新事物。非营利组织经常面临完成使命和服务其支持者的新方法。他们如何创新并采用新方法来应对挑战和机遇？

变革是自然界和社会中无处不在的特征。希腊哲学家赫拉克利特（Heraclitus）在 2500 多年前写道："万物终将消逝，唯有变化永存。"[1]

---

[1] Charles Kahn, *The Art and Thought of Heraclitus: Fragments with Translation and Commentary* (New York: Cambridge University Press, 1979).

虽然它可能无处不在，但个人、组织、社区或社会的改变并不容易。对于组织而言，变革可以采取多种形式，包括结构或过程的增加、减少或变更。此外每种形式的变革都有不同的特征。一个组织的成立与其解散完全不同。此外，风险与变化并存，因为并非所有变革都是有益的，组织可能会在取得成功之前遇到困难。此外，即使有益，改革也总是涉及例如时间、人员努力和可能的资源等方面的成本。最后，变革会扰乱现状，这可能是一种威胁。因此，组织及其成员可能会抵制变革，即使从长远来看也可能是有益的。

正如这些观察结果所表明的那样，变革对于组织是极具挑战性的。鉴于环境变化的速度和组织适应环境的压力越来越大，这一点就更加明显了。在最近的一份报告中，麦肯锡公司（McKinsey & Company）描述了组织目前面临的情况："今天，每个组织的首要问题是如何深度持续地以加快的速度进行变革。我们生活在一个变革正在'晃动而非搅动'（shaken, not stirred，是指产生翻天覆地的变化而非轻度改变——译者注）的世界。然而，在大多数组织中，实践和结构反过来支持现状，而非改变和更新现状。"报告接着指出："在大多数组织中，创新仍然主要是事后想法。它是一个项目、一个新方案或一个功能，但它并不涉及每个人每天的活动。[1]"

毋庸置疑，变革的必要性会影响非营利组织。这在一定程度上是因为非营利部门已经感受到了一些趋势。随着人口增长速度加快、资源稀缺和全球相互依赖性的增加，社会问题变得越来越复杂。世界各地的非营利组织都面临为解决这些问题做出贡献的压力，同时也面临用更少的资源做更多事情的压力。非营利组织面临的财务压力有所增加。成本的上升速度快于通货膨胀速度，而政府资金减少，并且私人捐赠和拨款无法弥补这些差额[2]。

这些趋势反映在《慈善纪事报》最近的关于非营利部门新兴力量的

---

[1] "How Companies Approach Innovation: A McKinsey Global Survey," *McKinsey Quarterly*, October 2007, accessed January 18, 2012, https://www.mckinseyquarterly.com/How_companies_approach_innovation_A_McKinsey_Global_Survey_2069.

[2] Jane Wei-Skillern, James Austin, Herman Leonard, and Howard Stevenson, *Entrepreneurship in the Social Sector* (Thousand Oaks, CA: Sage, 2007).

报告中①。这些力量包括危机中的政府、安全网的压力，以及由于经济衰退和过去几年的微弱经济复苏而导致的捐赠和志愿服务下降。此外，非营利组织员工受到裁员、工资冻结和福利削减的影响，并且经历了职业倦怠。在捐赠者方面，捐赠者就如何使用其捐款方面的规定越来越具体，并正在寻找新方法来确定其捐款带来真正的影响力。此外，很少有非营利组织精通如何使用新的社交媒体筹集资金。然而，尽管存在这些挑战，莱斯特·萨拉蒙（Lester Salamon）指出非营利组织也有机会②。这些机会包括人口结构的变化，例如老年人口的增长，增加了对非营利组织服务的需求，以及非营利组织因参与灾难救援等重大社会和公民活动而提高的知名度和可信度。显而易见的是，在这瞬息万变的世界中，非营利组织需要寻找新的方法来抓住机遇，迎接挑战。

386

一 理解非营利组织的变革

本部分研究非营利组织的变革性质。首先考虑产生非营利组织变革的一般过程和具体驱动因素。接着讨论可改变要素中，变革的程度如何，以及非营利组织可能遇到的变革阻力。

（一）过程驱动的变革

从一般意义上讲，我们可以将组织变革定义为组织采用新的或不同的想法或行为③。关于组织变革的文献很多。在使用关键词"变革"和"发展"搜索时，安德鲁·范德文（Andrew Van de Ven）和马歇尔·普尔（Marshall Poole）找到了超过 100 万篇来自各种学科的文章以及至少有 20 种具体的理论④。这些文献表明，变革可能与一般的组织过程以及

---

① Noelle Barton, Maria DiMento, Holly Hall, Peter Panepento, Suzanne Perry, Caroline Preston, et al., "2010: Daunting Challenges Face the Nonprofit World," *Chronicle of Philanthropy*, December 10, 2009.

② Lester Salamon (ed.), *The State of Nonprofit America* (Washington, DC: Brookings Institution Press, 2002).

③ Richard L. Daft, *Organizational Theory and Design*, 10th ed. (Mason, OH: South-Western/Cengage Learning, 2010).

④ Andrew H. Van de Ven and Marshall Scott Poole, "Explaining Development and Change in Organizations," *Academy of Management Review* 20, no. 5 (1995): 510-540.

一些特定的驱动力有关。需要变革的一般组织过程包括生命周期、目标设定、冲突和进化①。这些都可以在非营利组织的变革中看到。

组织生命周期

组织的生命周期与变革息息相关。组织具有生命周期的观点是从生物学中借用的，是假定在组织存在期间发生的一系列阶段。这些阶段可预测地进行变化，基于它们生长和发育的潜在过程（类似于生物体中的出生、生长和死亡）。拉里·格雷纳（Larry Greiner）开发了一种流行的组织生命周期模型。在这个模型中，组织在成长过程中会经历五个阶段。每个阶段都有挑战，并且如果组织要进一步发展和进入下一阶段，就必须克服这些挑战。以下概述了此模型中的生命周期阶段②。

387

- 创造或启动。这一阶段需要强有力的领导和远见来整合启动组织所需的资源、活力和承诺。该组织可能是非正式的，人们可以根据需要来帮助其完成工作。然而随着组织的发展，帮助启动组织的这种灵活性和非正式性变得不那么高效，需要更专业的管理和正式结构。

- 方向。引入更正式的结构和系统将有助于组织的进一步成长。最高领导者使用这些规则和流程来指导行动。然而随着组织的成长，控制系统变得笨拙，较低级别的单位和管理者则需要更多的自主权。授权就是解决的办法，但高层管理人员可能不愿意放弃他们的控制权。

- 授权。组织下层所需的自由裁量权将产生形成具有目标的半自治子单元（专区或部门），并有权以他们认为最佳的方式完成这些目标。最高管理层负责全局战略和方向。然而授权可能导致对子单元的狭隘态度、重复工作、沟通问题和不一致的战略行动。

---

① Warner Burke, *Organization Change*: *Theory and Practice*, 2nd ed. (Thousand Oaks, CA: Sage, 2008).

② Larry E. Greiner, "Evolution and Revolution as Organizations Grow," *Harvard Business Review*, July-August 1972, 37 - 46. See also Michael Morris, Donald Kuratko, and Jeffrey Covin, *Corporate Entrepreneurship & Innovation* (Mason, OH: South Western/Cengage Learning, 2008).

● 协调。通过集中运作可以解决授权问题。总部负责协调不同部门和运营单位的人力资源、营销、生产和其他职能。随着时间的推移，这将导致规则和官僚作风的盛行，从而抑制运营，甚至会导致协调系统和项目功能失调。遵循规则的活动可能比产生结果更重要。在这种情况下，组织变得过大而无法通过正式和官僚化的系统进行集中控制。

● 合作。为了克服官僚作风的危机，组织需要找到加强创新的方法。这将涉及简化结构和流程，并通过灵活的合作手段如工作组、跨职能团队或矩阵结构来进行协调。

美丽美国是组织经历前两个阶段的一个很好的例子。该组织成立初期的特点是富有创造力、活力和热情。在这期间，组织的运营非常不正式。然而随着组织的发展，这种非正式性被证明是不正常的，因此它建立了一个更具层级制度和正式的控制系统来管理一个更大更多样化的组织。保罗·莱特开发了一种与非营利组织特别相关的生命周期方法，术语叫作螺旋式发展（development spiral），后面将对此进行讨论。

组织进化

组织进化也使用生物学变化的观点。在生物学世界中，物种水平的变化通过变异、选择和保留的自然选择过程发生。类似地，组织变革可以通过一种组织形式（或类型）被另一种组织形式（或类型）取代而发生。在组织领域，当多种类型的组织争夺稀缺资源时，变革就会产生结果。新型组织不断产生，那些更善于获取资源的组织将取代能力较弱的组织。例如，在儿童福利领域，资助者优先权的变化导致了孤儿院的减少以及基于社区的监护护理选择（例如寄养）的增加。

组织目标设定

组织目标设定可能引发单个组织的目标性战略变革。目标不断变化以响应外部和内部变化。例如非营利组织定期评估其使命，每年制定和审查战略，并更频繁地评估目标完成情况。在制订这些变革的议程时，涉及多个层面的领导。理事会成员和最高领导者有责任改变使命和战略，而运营目标和计划的变更决策则由较低级别的领导者做出。在所

388

有情况下，所做的任何改变都将是这些层面决策过程动态的结果。这些决策过程可以相对和谐地展开或以冲突为特征。美丽美国组织通过设定目标来支持财政、建立新的结构和振兴其文化，从而扭转了其恶性循环。

组织冲突

组织冲突可能导致由反对和争议驱动的组织变革。组织由利益团体组成，每个利益团体都试图在组织行动中表达自己的观点。例如高层领导者提出重大变革，但理事会可能不会通过。理事会成员不同意高层领导者提出的变革方向，他们可能就这些分歧进行协商，变革因此可能会有所妥协。此外，新的领导者往往带着具体的规划进入非营利组织，这同样也由理事会审议和批准。非营利组织的子单位可能会试图影响决策。例如，非营利组织的服务者可能希望非营利组织扩展其项目并为更多的服务对象提供服务。然而，财务部门可能会担心如何为扩展的项目提供资金，并希望维持现状、推迟扩展或放缓扩展。这些冲突可能需要由组织中更高级别的决策者来解决。外部冲突也可以推动变革。非营利组织可能需要与捐赠者协商或响应竞争对手的行动。

（二）非营利组织变革的具体驱动因素

除了刚才考虑的组织过程，组织变革可能是更具体的环境压力和内部力量共同作用的结果[①]。帕特里克·道森（Patrick Dawson）概述了各种内部和外部驱动因素或触发（triggers）因素，这些因素可能会影响所有组织，包括非营利组织[②]。

外部驱动因素

外部驱动因素包括与市场全球化一样普遍的一般因素，这将带来新的机遇和挑战。规模较小的驱动因素包括政府法律法规、商业周期或经济波动、重大政治和社会事件或变化以及技术进步。所有类型的组织都

---

① Richard Hall, *Organizations: Structures, Processes, and Outcomes*, 9th ed. (Upper Saddle River, NJ: Pearson Prentice Hall, 2005).

② Patrick Dawson, *Understanding Organizational Change: The Contemporary Experience of People at Work* (Thousand Oaks, CA: Sage, 2003).

可能受到这些驱动因素的影响。例如，某些非营利组织在全球运营，并且美国的所有非营利组织都遵守国家税务局的规则。此外，过去几年美国经济的衰退使许多非营利组织捐赠减少，并且主席管理的改变可能导致支持非营利组织的联邦计划的增减。非营利组织可以预料到其他驱动因素和变革的抑制因素[①]。非营利组织的使命可以成为变革的重要驱动力。非营利组织希望影响个人和社区。如果完成了期望的社会变革，非营利组织可能需要重新定义它们的使命或策略以保持相关性。然而，鉴于非营利组织通常寻求解决的巨大社会问题，它们或其外部利益相关方更有可能认为使命完成的进展不足。这将导致重新评估战略、重新评估项目或重新定义使命的压力。

外部支持者（external constituencies）的变化也可能导致非营利组织的变革。非营利组织与外部支持者密切相关，这些团体的任何变化都可能产生变革压力。例如美国老年人数量的增加可能导致对服务的更多需求，经济恶化可能导致更严重的社区贫困、失业和更多的医疗保健需求。同样地，政府政策的变化使社会需求相应变化，以及可用于非营利组织的政府资金的变化。甚至是重大的自然灾害也可能需要非营利组织的长期响应。例如，新奥尔良至今仍然在处理 2005 年卡特里娜飓风（Hurricane Katrina）袭击造成的问题。此外，资助者偏好（donor preferences）可能会改变。当新事件或问题出现并引起公众注意时，捐赠者可能会改变他们的资金优先次序。非常依赖捐赠的非营利组织将受到这些转变的影响，可能需要改变以做出回应。此外，非营利组织可能依赖国家或国际捐赠者，其优先事项可能与当地社区的优先事项有很大不同。非营利组织有许多选择来解决资助者减少带来的资金短缺问题。他们可能会从其他来源寻求收入，例如向服务对象收取服务费用。此外，他们可能会削减成本、放弃或改变服务，或与其他服务提供商建立合作伙伴关系。

最后，非营利组织的知名度（visibility）和责任感（accountability）可能导致变革的压力。随着非营利组织获得知名度和声望，对透明度和

390

---

① Rajesh Tandon, "Organization Development in Nongovernment Organizations," in *Handbook of Organization Development*, ed. Thomas Cummings (Thousand Oaks, CA: Sage, 2008), 615-628.

责任感的期望可能会增加。这些期望可以来自各种外部参与者，其中包括一般公众或市民团体、政府机构或监管机构、专业协会和其他非营利组织。非营利组织可能会发现自己成为冲突期望和要求的目标。无论可能做出何种选择，这些压力都将导致组织变革的需要。例如，为无家可归者提供药物依赖性服务的非营利组织有义务通过城市合同或拨款在某个特定社区建立一个设施。然而，服务对象可能希望并主张提供其他服务，而居民可能试图阻止在他们的社区兴建设施。

内部触发因素

内部触发因素对组织内部的变革施加压力。在组织变革文献中，通常会发现四个一般的内部变革触发因素：组织的技术、主要任务、人员和行政结构[1]。例如，如果一个非营利教育机构完全转向在线教学，一个日托中心成为幼儿园，一个非营利法律服务机构用律师助理代替律师，或一个非营利合作社变成了官僚机构，那么可以预期会发生重大变化。

除了这些一般的驱动因素，非营利组织可能会面临更多内部力量的变化。这些包括价值观、绩效和领导力[2]。非营利组织的使命和实现它们的策略是价值（values）驱动的。组织内部可能出现关于最理想手段和目的的重大差异和冲突。例如，社区服务的非营利组织是否应该致力于社区问题的短期或长期解决方案？帮助居民修缮房屋是解决短期问题，而加强社区经济发展则是长期问题。此外，它是否应该帮助所有社区居民还是仅仅帮助低收入居民？这些辩论的结果可能会导致目标和运作的变化。随着非营利组织的成长以及获得的经验和能力，他们可能会遇到改善绩效（improving performance）和要求证明结果的内部压力。其中每一项都对变革有影响。提高绩效可能涉及改进或扩展项目以服务更多群体，更好地服务他们或在新地点建立服务。它也可能像美丽美国一样，淘汰某些服务，以便重新聚焦和改善其他服务。通过建立或改进结果评估可以满足证明结果的要求。最后，非营利组织将面临领导层过渡（leadership transitions）。随着非营利组织的发展，创始人通常会卸任，由

---

① Harold J. Leavitt, "Applied Organizational Change in Industry: Structural, Technical, and Human Approaches," in *New Perspectives in Organization Research*, ed. William W. Cooper, Harold J. Leavitt, and Maynard W. Shelly (Hoboken, NJ: Wiley, 1964), 55-71.

② Tandon, "Organization Development in Nongovernment Organizations."

新的领导团队取代。这可能需要改变愿景、目标或策略以及建立新秩序。领导层面任何后续重大变化同样可能带来类似变化。

（三）可改变要素

正如我们所见，非营利组织为何想要或需要改变的原因有很多。检验非营利组织可能想要改变的内容也很重要。关于战略性组织变革的文献集中于四种一般类型的变化，对应于组织的主要要素：战略与结构变革、技术变革、产品与服务的变革，以及人与文化的变革。理查德·达夫特（Richard Daft）讨论了这些变革类型的独特属性[1]。

战略与结构变革

战略和结构变革涉及提供行政、监督和管理的要素。这包括结构安排和战略规划的变化，以及政策、协调技术、控制系统、会计和预算等功能的变化。这些变化可能会影响组织的主要方面，因此通常是自上而下制定的。组织的最高领导者拥有进行此类变革所需的权力，而这种类型的变革最容易被具有机械性或更具官僚性、正式化和集中化结构的组织所采用。这种组织结构适合用于促进整个组织的结构、规则和流程的变化。例如，温迪·科普发起了在美丽美国内部建立更正式的等级结构。此外，我们可以在主要的非营利组织重组中看到这种类型的变革，例如合并。合并是由战略驱动的，并且是在最高管理层的控制下，我们已在第十五章中详细讨论过合并的细节。

392

技术变革

技术变革涉及采用用于生产产品或服务的不同技术。这可能需要新的知识、技能或其他能力。这种类型的变革通常自下而上发生的。组织的研究或生产层面的员工最有可能具备评估和提出技术变革的专业知识。如果获得批准，则会在组织中进行这些变革。促进和鼓励技术变革的方法包括灵活的（或有机的）结构，允许参与者自由创造、开发或引入新想法、创意部门、企业或合作团队，以及企业创业精神。例如，非营利学前班的蒙台梭利教育方法的改变将由教学人员领导并在其指导下进行。

---

[1]　Daft, *Organizational Theory and Design*.

产品与服务变革

产品与服务变更涉及组织的产出。对于非营利组织，这些产出通常是向支持者提供的服务，可以进行变更以满足服务对象新的或额外的需求，响应竞争对手，或利用新的机会实现使命。成功的产品或服务变革在横向层面上发生。它需要连接开发、生产和销售新产品或服务的不同的专业单位或团体，以及连接这些单位或团体与外部环境中的相关部门。通过这种方式，非营利组织可以对其环境做出反应，从而确定需求和机会，并且能够获得将想法转化为新产品和服务的能力。例如，印第安纳州中部的善念机构最近开办了一所特许学校。这个非营利组织试图通过为其服务对象的孩子和其他学生建立这所新学校来解决失业和教育缺失的问题。开办这所学校需要广泛的横向活动和协调。团队必须研究服务对象的需求、制订商业计划、招聘教师、开展市场服务、招募学生，并将学校整合到善念机构其他主要的运营和服务层面[1]。

人与文化变革

人与文化的变革涉及组织参与者的行为、价值观、态度或信念的变化。对于非营利组织，这些参与者包括志愿者和员工。改变人和文化通常比改变组织的其他方面更困难。其中涉及许多难以改变的因素，包括个人心理、性格以及组织实践中的规范和价值观。美丽美国经历了一个复杂的过程，形成组织参与者共享的核心价值观。最高管理层会草拟一份价值观初稿。在定稿前，初稿会分发给组织的其他层级并进行修改。由于变革需要人的行动，一旦涉及其他三种变革（战略与结构变革、技术变革、产品与服务变革），几乎总是需要人与文化也进行相应变革。要在组织的人力和社会层面进行变革，一个主要的方面是组织发展，这会在后面进行讨论。

（四）变革程度

组织变革的一个重要方面是它的范围和显著性可能会有很大差异。

---

[1] Indianapolis Metropolitan High School, "About Us" (n. d.), accessed August 12, 2011, http://www.indianapolismet.org/mod/aboutUs.

对于一个非营利组织而言，可以通过对比服务的传递方式和使命的微小变化来觉察。前者是华纳·伯克（Warner Burke）所谓的演化（evolutionary）变化的一个例子，而后者可以被认为是革命性（revolutionary）变化，它从战略与结构到人与文化，可以影响所描述的所有类别的彻底变革①。

戴维·威尔森（David Wilson）提出了一个有用的框架识别四种变革的程度②。维持现状（status quo）是指当前的实践、运营或策略没有变化。扩大再生产（Expanded reproduction）涉及生产更多相同的产品或服务。这种变革水平主要影响运营。例如，在城市的不同区域开设更多的善念机构零售店。组织中的变革往往会受到抵制，重大变革可能会引发最大阻力。因此，大多数变革往往是扩大再生产、相对较少的逐步增加或调整，以解决问题或利用机会。演化过渡（evolutionary transition）是一个更显著的变革程度。它发生在组织的现有参数（例如结构和技术）内，主要影响组织的方向、策略和目标。例如，一个青年咨询机构专注于心理健康问题，为其服务对象增加了药物咨询方面的服务。革命性转型（revolutionary transformation）涉及转移或重新定义现有参数，并对战略、结构或技术进行重大改变。非营利组织转型将在后面详细讨论。

变革工作有时间要求。有时，变革需要以剧烈和显著的方式进行，从而改变组织运作的主要方面。斯蒂芬·杰伊·古尔德提出了一个组织变革的间断平衡（punctuated equilibrium）模型③。在这个模型中，组织在一段时间内处于稳定状态，在此期间，只做了一些微小的改变。然而，这一时期可能会被突然的剧烈变化所打断，随后再进入另一个平衡期。如前所述，环境的重大变化可以带来急剧的非营利组织变革。出生缺陷基金会成立于1938年，其任务是消除小儿麻痹症。当医学科学在20世纪50年代和60年代完善了针对小儿麻痹症的疫苗时，出生缺陷基金会需要进行自我转型。而今，出生缺陷基金会的使命是帮助母亲能够足月妊娠并研究威胁婴儿健康的问题④。

394

---

①　Burke, *Organization Change*.

②　David Wilson, *A Strategy of Change：Concepts and Controversies in the Management of Change* （New York：Routledge，1992）.

③　Stephen Jay Gould, *Ever Since Darwin* （New York：Norton，1977）.

④　March of Dimes, "Mission" （2011），accessed September 2, 2011, http://www.marchofdimes.com/mission/mission.html.

（五）抵制变革

正如迄今为止的讨论所揭示的那样，非营利组织面临各种变革的压力。但是，变革会改变和破坏组织中既定的活动模式。它会产生不确定性并威胁到一些组织参与者。每个组织层面都可能出现阻力，包括个人、小组、组织和环境层面。随着变革程度的增加，可以预计阻力也会增加。在个人层面，道森确定了一些可以抑制变革的一般因素。工作的变化可能需要改变技能。改变可能对就业构成威胁或导致经济安全或工作岗位流失。抑或是由于新的工作安排或由于重新定义的权威关系导致地位降低，变革可能导致社会关系中断①。

托尼·埃克尔斯（Tony Eccles）确定了员工可能抵制变革的一些更具体的原因。员工可能无法理解变革的原因。他们可能根据偏好选择解决问题的替代方案，或认为给出的解决方案无用。给出的解决方案可能带来不可接受的个人成本或不充分的回报。他们可能会发现所需的新价值观和实践是不可接受的或令人反感的。此外，管理动机本身可能会遭受质疑②。

变革可能会受到其他层面的抵制，包括子单位、组织甚至组织的环境。这些层面带来了一系列其他因素③。在工作组内，规范、凝聚力或集体思维可能会产生阻力。组织层面的许多因素可能会抑制变革，包括权力关系和冲突，子单位之间功能取向的差异，僵化或机械的结构，缺乏资源或沉没成本，最后是组织文化本身。抵制也可以在组织的环境中找到。组织可能与另一方有禁止变革的合同协议。此外，公众或社区的信仰和意见可能会限制组织认为可以参与的变革程度。

非营利组织的特殊特征也可能对变革构成特别的挑战。杰奎琳·沃尔夫（Jacquelyn Wolf）确定了许多可能会抑制非营利组织变革的因素④。

---

① Dawson, *Understanding Organizational Change*.

② Tony Eccles, *Succeeding with Change*: *Implementing Action-Driven Strategies* (New York: McGraw-Hill, 1994).

③ Jennifer George and Gareth Jones, *Organizational Behavior*, 3rd ed. (Upper Saddle River, NJ: Pearson Prentice Hall, 2002); Wilson, *A Strategy of Change*.

④ Jacquelyn Wolf, "Managing Change in Nonprofit Organizations," in *The Nonprofit Organization*: *Essential Readings*, ed. David Gies, J. Steven Ott, and Jay Shafritz (Pacific Grove, CA: Brooks/Cole, 1990), 241-257.

- 非营利组织的性质。非营利组织的特点是诚信文化、利他主义使命和社会福利的创造。评估多半基于个人对组织的经验。政策、项目、服务对象、员工和志愿者对于参与者而言可能与目标和结果一样重要，甚至更重要。例如，指导市中心青少年的项目可能基于长期的个人关系。这些关系可能是特殊的并且基于导师和学员的个性。导师的奉献精神和承诺可能是项目成功和双方满意度的关键，任何可能抑制导师奉献的变革都可能受到抵制。

- 多重目的。非营利组织往往具有非常笼统的使命宣言，该宣言不能为项目决策提供明确的标准。非营利组织需要考虑利益相关方的期望，但这些期望可能会有很大差异。例如，针对刑释人员的重返社区项目的利益相关方包括专业人员、刑释人员、公共和私人捐赠者以及社区居民。专业人员可能希望提供相应水平的服务，刑释人员可能希望项目的义务或限制较少，捐赠者可能希望有更多可证实的结果，而社区可能并不想要这种项目。对某一方有利的变化可能会受到他方的抵制。

- 苛刻的环境。对于非营利组织而言，服务需求上升而捐赠却未能跟上。此外，运营拨款下降而合同和项目资金增加；该部门比过去更专业化，而捐赠者的期望却在行政效率和创业精神上。沃尔夫观察到，非营利组织必须表现出强大的商业能力以及对有需要的人给予同情和支持。促进前者的变革可能与后者发生冲突。例如，在提供免费食物的食物银行中，可能会抵制收取食物费用的想法，理由是这可能会伤害最需要帮助的人。

- 志愿者和员工的组合。志愿者的动机和需求与付薪员工的动机和需求不同。非营利组织必须通过其使命、价值观以及志愿者招募和管理政策来满足这些需求。他们还必须将志愿者的工作整合到员工的工作中。在某些情况下，员工可能更专业，并拥有更全面的见解和信息库。一个大量使用志愿者的非营利组织需要评估结构、³⁹⁶项目或技术的变化对其志愿者的影响。例如，如果一个非营利组织正在考虑将更多的业务计算机化，则可能需要考虑这种变化如何影响其使用志愿者的程度。

- 日益混合的结构。非营利组织正在寻求更多的收入。这可能会在组织中产生相互冲突的文化。一种以利他主义或慈善为导向，致力于服务和替弱势群体发声的传统文化，很可能会与非营利组织项目中的企业市场文化相冲突，因为这些项目可以获得商业收入、竞争利润并拥有更好的服务对象。实施满足两种文化的项目或行政变革是困难的[①]。例如，在致力于帮助无家可归者的非营利组织中，一个部门可以为刚刚进入该项目的人提供免费的心理健康和成瘾症治疗服务，而另一个部门可能会在创收企业（例如草坪护理）中雇用最有能力的服务对象。该组织的商业部门可能对其收入的重新分配以资助精神健康项目感到不满。

这些困难并不能减少非营利组织对变革的需要，非营利组织的管理者需要了解组织中的变革是如何发生的，且必须借助框架和工具来成功实施所需的变革。

二　管理变革过程

鉴于变革的重要性、复杂性和可能遇到的阻力，变革过程的良好管理对于成功至关重要。一般而言，组织变革过程通常会经历多个阶段。伯克确定了四个主要阶段：启动前、启动、启动后和维持阶段[②]。

启动前（prelauch）阶段确立了重要的初始条件，包括变革的基本管理方向，管理者应了解他们在成功变革所需因素方面的个人倾向、动机和价值观，包括抱负、实现的必要性、对模糊性的容忍、有效处理具有挑战性环境的能力、对共同决策的欣赏以及可以传达给他人的强大价值观。此外，管理者应该对组织环境有全面的了解。环境的变迁带来了许多变化，而大多数变化也会引起环境方面的一些行动。例如，组织可能需要与捐赠者、服务对象或其他利益相关方改变关系或建立新的关系。尽管对变革需求的认识可能有多种来源，但高级管理层应确信这种需求，并建立起下一步行动的承诺。这应该伴随着一个愿景，为随后的变革过程提供明确的方向。

397

---

① Kate Cooney, "The Institutional and Technical Structuring of Nonprofit Hybrids: Organizations Caught Between Two Fields?" *Voluntas* 17 (2006): 143-161.

② Burke, *Organization Change*.

决定变革为启动（launch）阶段。此时，管理层应负责将变革需求传达给组织。高层管理人员通常会这样做，但也需要其他直接参与变革的领导者促进认同。此外，举办启动活动可能很有用，可以吸引注意力，指出关注点并做好变革工作的准备，以工作坊、会议或建立工作组的形式进行。如遇变革阻力，则应采取行动来阻止和克服。造成阻力的原因很多，沃尔夫列举了如下应对的技巧。[①]

- 对未来的担忧。非营利组织的人担心他们的职业生涯和组织使命的未来。组织参与者的广泛参与可用于解决这些问题。例如，通过建立工作组来应对变革的各个方面。

- 过度不确定性。如果信息分享不充分，可能会产生很多的不确定性。谣言四起就是这种现象的明显特征。可以通过提供更多信息和建立更好的沟通来解决不确定性。例如，通过提供情况介绍和问答渠道。

- 真正的威胁。任何变革都有人受到不利影响。最好的策略是尽快让他们知情，而非拖延告知或不告知。

- 重视曾经的贡献。虽然变革被视为一种改进，但曾经的贡献也不应该全部被抹杀。组织人员曾在以前的项目中努力工作，并且可能付出了很多感情。管理者应该肯定他们做得好的地方。

- 关注未来的能力。员工可能会担心他们不具备变革后所需的技能。管理者应该向员工保证，如果需要新的技能，他们将得到支持，比如有相关培训和磨合期。

- 过去的不满。即使与当前形势没有直接关系，变革也会引起员工的不满。管理者应了解员工的感受，但应强调，每个员工都应为解决当前的形势做出努力。

398

伯克指出，启动后（postlaunch）阶段可能是困难的和不确定的。必须采取措施确保变革的进行。一旦开始，变革似乎就会具有自己的生命。最高领导者可能会觉得他们缺乏控制，而参与者的反应可能从热情支持

---

① Wolf, "Managing Change in Nonprofit Organizations."

变为怀疑。变革，特别是在大型组织中，变得过于复杂从而无法通过单一行为来实现。因此，可能需要同时采用多种变革控制手段。这些控制手段包括新的使命或战略宣言、培训和发展机构、新的薪酬系统，以及团队或工作组的建立。变革领导者在此阶段面临一些特殊挑战。即使成功，他们可能会受到那些对变革不满的人的抨击。变革领导者的行为将会被仔细检查，以便与之前有关变革的宣言保持一致。不一致将会损害对变革领导者的信任。变革领导者必须坚持不懈，特别是当最初的变革热情消退时。变革领导者需要提醒参与者他们正在做什么以及为什么这么做。组织的愿景需要不断地多次被重复提出。

伯克的最后阶段涉及维持（sustaining）组织变革的努力。该阶段的一个目标是建立将产生进一步变革的推动力。完成变革的组织倾向于进入一个新的平衡状态（不发生变革），这种趋势需要被阻止。适当的变化将加强组织运作，并且只要有用就应该维持。然而，环境不断变化，一种方法是当下的变革不会消除对未来变革的需求。组织必须准备好根据需要进行下一步的变革。变革领导者必须不断监测环境来寻求需要适应的力量。抵制平衡状态的另一种方法是防止变革领导层的同质性。来自组织外部或其他职能部门的新变革领导者将为变革过程注入新的血液和反对集体思维的倾向。变革领导者可能会有意推出符合最初变革目标的新变革举措，以保持组织向前发展。关键在于尽管特定的变革举措可能会结束，但变革过程本身并不会终结。

三 计划变革的模型

大量框架、方法和模型已被提出，以帮助管理者理解和指导变革过程。他们可能关注个人层面或组织层面的变革。一般而言，个体变革模型依赖于促进或抑制个人和群体融入组织系统或过程因素的分析。相比之下，组织变革模型依赖于使用结构或策略来增强组织与其环境之间的一致性或适应性。以下介绍一些主要模型。

（一）勒温的力场模型

库尔特·勒温（Kurt Lewin）开发了一个早期的组织变革模型①。该

---

① Kurt Lewin, *Field Theory in Social Science* (New York：HarperCollins, 1951).

模型依赖于解冻（unfreezing）、变革（change）和重新冻结（refreezing）的过程。该模型的核心是平衡驱动和限制或抑制组织变革之间的力量。如果这些力量大致处于平衡状态，组织将处于准静态平衡（equilibrium）时期，在此期间很少或根本不会发生组织变革。然而，这是一个临时状态，因为外部或内部环境的变化导致平衡不完美且无法维持。为了带来积极的变化，管理者需要确定驱动力和抑制力并打破平衡。这是通过选择性地去除约束力和增加适当的驱动力来完成的。这将改变在理想方向上的行为。重新冻结是必不可少的最后一步，并且可以通过明智地施加约束力来实现，以防止变革过度，从而重新建立平衡。任何意义上建立理想的行为都不被视为持久的解决方案。需要进行未来的变革，且这一过程需要重复。勒温的模型仍然是许多计划变革模型的核心特征，其本质是识别驱动力和约束力，并采取适当的行动来管理所需方向的平衡[①]。

图16.1中的力场图说明了非营利组织寻求通过例如社区经济发展等方式来寻求提高其服务对象经济成就的情况。该非营利组织目前缺乏扩大其项目的收入。通过发展活动或筹集捐款来增加商业收入，它可以将这种不理想的平衡状态转向积极的方向。

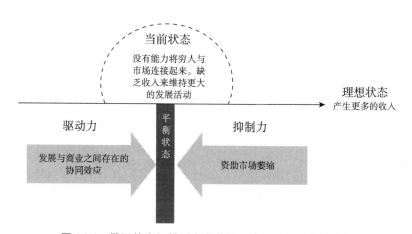

图16.1 勒温的力场模型在非营利组织经济发展中的应用

---

① Wilson, *A Strategy of Change.*

（二）组织发展

组织发展（Organizational Development，以下简称 OD）是实施组织变革的主要方法。OD 起源于 20 世纪 50 年代后期，已成为学术研究和应用实践的标准领域。正如戴维·杰米逊（David Jamieson）和克里斯托弗·沃肯（Christopher Worley）所指出的，组织发展（organizational development）的大多数定义都将其描述为：（1）旨在实现变革的计划过程；（2）使用各种干预措施；（3）使用行为科学知识；（4）具有组织或全系统关注；（5）通常涉及第三方变革代理[①]。

基本 OD 模型包括三个阶段：诊断、干预和监测。诊断用于确定干预的需要，它主要包括个人访谈、小组访谈和问卷调查[②]。问卷调查可以评估工作满意度、组织氛围、工作评估和领导力。干预对于有效的 OD 至关重要，通常涉及关系建立的技巧，包括个人咨询和敏感性培训。团队训练培训（T-group training）涉及关注自身行为的个体，他人如何看待这些行为，以及其他人如何反应。目标是识别行为所带来的意想不到的后果。团队建设帮助团队成员诊断团队内的任务、流程和人际关系问题，并开发解决方案。组间培训可用于帮助小组或团队学习如何更好地一起工作。此外，OD 可用于重新设计工作、目标管理、增强沟通渠道，以及建立其他问题的解决过程。在干预之后，评估和监测变革以评定 OD 工作是否成功并确定是否需要额外的 OD。

坦登（Tandon）讨论了非营利组织 OD 的使用[③]。通常，实地项目员工、总部员工、领导者或主要捐赠者最初都认识到变革的需要（need）。项目评估也可以满足变革的需要。承认变革的必要性和对 OD 的承诺不仅应该发生在高层领导者之间，而且应该发生在整个组织内部以及主要的外部合作伙伴之间。诊断通常从促进 OD 需求的非营利组织方面开始。

400

401

---

① David Jamieson and Christopher Worley, "The Practice of Organizational Development," in *Handbook of Organizational Development*, ed. Thomas Cummings (Thousand Oaks, CA: Sage, 2008), 99–122.

② Michael Hitt, Chet Miller, and Adrienne Colella, *Organizational Behavior: A Strategic Approach* (Hoboken, NJ: Wiley, 2006), 540–546; George and Jones, *Organizational Behavior*; Wilson, *A Strategy of Change*.

③ Tandon, "Organization Development in Nongovernment Organizations."

例如，如果项目审查表明了需求，则诊断应侧重于项目规划和实施。无论诊断从何处开始，重要的是要考虑在非营利组织整体及其外部环境的背景下通过 OD 增强的要素。此外，为了对 OD 及其实施做出承诺，重要的是让关键领导者和非营利组织成员广泛参与诊断。

非营利组织的干预分为四类。身份和战略（Identity and strategy）OD 干预通常与战略规划相关，但涉及更广泛的关注。这些问题可能包括对规划、设计和员工角色的评估。评估其战略规划结果的非营利组织可以参与这种类型的组织发展。

人力维度（Human dimension）OD 干预最为常见。它们旨在改善沟通、参与、决策、冲突解决、动机、士气等领域的内部运作，包括角色澄清和团队建设。鉴于非营利组织以人为本并需要和谐地运作，这些干预措施尤其重要。参与合并的非营利组织会发现这种类型的 OD 非常有用，因为人力资源需要以某种方式进行组合或重新配置。

技术结构（Technostructural）OD 干预涉及非营利组织的技术（组织的核心职能）与结构之间的一致性。这些干预措施将解决新技术的引入及其与非营利组织的整合。此外，这些干预措施可考虑角色和流程的正式化、项目规划、监测和评估以及工作和工作设计。在其特许学校成立期间，善念机构可以使用这种类型的 OD 是因为教学并非其现有运营的重点。

最后，外部关系（external relations）OD 干预措施侧重于加强非营利组织的外部关系。伙伴关系的评估将着眼于加强联合举措和组织网络。这些干预措施的重点是在建立和维持这些关系所需的时间和资源分配方面加强组织间关系。除了其他市民社会组织外，非营利组织还需要与政府、媒体和营利组织打交道，这些关系也将被考虑进来，它们可以用于促使使命的完成。但是，我们必须记住，合作伙伴必须配合所提出的任何变革。这可能会限制外部关系干预可以实现的目标。关于网络合作伙 402 伴角色的重要决定可能是在网络内部做出的，而不是由单个组织做出。[①]例如，在一个解决无家可归问题的联盟中，服务供应商可能需要提供被分配到的服务类型或去到被分配的城市区域中工作。

---

① David Renz, "Reframing Governance," *Nonprofit Quarterly* 17, no. 4 (2011): 50-53.

（三）建立适应能力

卡尔·苏斯曼（Carl Sussman）提供了一种组织层面的方法，非营利组织可以使用其来建立自己的变革能力[①]。适应能力（Adaptive capacity）是指非营利组织能够主动自我调整，从而提高绩效、相关性和影响力的能力。适应能力不仅涉及响应变革的能力，还涉及产生和发起变革的能力。因此，非营利组织不仅仅是"反应堆"，他们本身希望以对他们有利的方式影响环境。这种更主动的方法通常需要建立新的外部关系。

四个品质对于建立适应能力至关重要。这些品质将创造一个既灵活又与环境最重要部分相关联的非营利组织。为了维持与环境的重要联系，非营利组织需要外部关注和网络连接。外部关注（external focus）使非营利组织能够持续关注环境动态性和复杂性。动态性指的是环境变化的程度，复杂性（complexity）指的是同时需要注意的环境要素的数量。一个外部关注点通过外部联系人提供有关环境的丰富信息而被开发。此类联系由活跃的理事会、战略合作伙伴以及其他个人、专业或组织附属开发。

然而，环境不仅仅是一种信息来源。在当今复杂且相互关联的环境中，行动越来越多地发生在正式或非正式的组织网络中，而非在单个组织中。因此，网络链接（network connections）对于使命完成变得越来越重要。例如，苏斯曼描述了全国儿童设施网络。它由 4 个社区发展组织组成，倡导为低收入社区的儿童照顾中心提供资金。尽管该网络没有任何员工，但它目前有 24 名成员，并已获得 250 万美元的联邦拨款。

与环境连接只是适应能力所需要的一部分。非营利组织必须具有能让它们利用这些连接的内部属性，是必须保有求知欲和创新性。保持求知欲（inquisitive）是指保持求知的状态。具有求知欲的非营利组织利用数据和信息来学习，然后应用并分享它们学到的东西。非营利组织通过

403

[①] Carl Sussman, *Building Adaptive Capacity*：*The Quest for Improved Organizational Performance* （Boston：Management Consulting Services, 2003）, 1 - 18, accessed January 18, 2012, http：//www. systemsinsync. com/pdfs/Building_Adaptive_Capacity. pdf.

结果评估、知识管理和组织学习来获得并增强求知欲。结果评估参见第十三章。对于知识管理而言，区分原始数据和传达有内涵的信息以及知识（允许采取行动）非常重要①。苏斯曼将学习定义为收集数据并将其转化为知识的过程。当数据和信息用于改进组织行为时，它们就成为组织知识。例如，一个非营利组织可能会意识到当地政府正在寻求振兴该城市的特定社区。非营利组织可以使用此信息来设计新项目或增强现有项目。要做到这一点，需要确定哪些政府机构将参与，新的收入将如何分配以及如何更好地解决服务对象的需求等因素。

非营利组织需要保有创新性（innovative）稍后将详细介绍。多种原因指出创新对于适应能力非常重要。它需要创建新的或改进项目和服务。这与挑战传统或公认的智慧密切相关。苏斯曼将创新称为适应性学习的生成要素，因为它赋予非营利组织发起变革的能力，而不仅仅是做出反应。适应的非营利组织促进创新以确保它们不断变革，以保持相关性和有效性。

（四）螺旋式发展

保罗·莱特（Paul Light）提出了一个综合的生命周期模型，用于维持非营利组织的绩效②。在这个模型里，非营利组织的发展经历了五个阶段［莱特将这些阶段称为着陆（landings）］。在每个阶段，非营利组织的目标都在扩大。为实现这些扩大的目标，非营利组织必须解决有关其环境、结构、领导力和系统的问题和挑战。表 16.1 列出了这些问题。

莱特提出的问题代表了非营利组织在每个阶段都会遇到的主要考虑因素和挑战。除非非营利组织能成功地解决这些问题，否则无法进入下一阶段。就这一点来看，它同格雷纳的模型类似（我们在本章开篇曾探讨过）。格雷纳在他的模型中的考虑因素和问题可以在莱特的模型中关于结构的部分中找到。例如，莱特的第一个结构问题（"谁做什 404

---

① Thomas Davenport and Laurence Prusak, *Working Knowledge*: *How Organizations Manage What They Know* (Boston: Harvard Business Press, 2000).

② Paul Light, "The Spiral of Sustainable Excellence," in *Sustaining Nonprofit Performance* (Washington, DC: Brookings Institution Press, 2004), 136-176.

表 16.1 螺旋式发展

我们在每个阶段需要问自己的问题

阶段	目标	环境	结构	领导力	系统
有机型非营利组织	存在	我们如何产生影响	谁做什么	我们为什么存在	我们如何知道成功与否
进取型非营利组织	影响	我们将向哪些领域扩展	我们能做多少	我们如何保持可信度	我们该如何应对扩展
策划型非营利组织	关注	我们如何适应	我们能通过专注工作领域来增加影响吗	我们如何保持忠诚度	到目前为止我们做得怎么样
稳健型非营利组织	持久	我们的未来是什么	我们如何保持敏锐度	我们的价值观是什么	我们如何防备脆弱性
反思型非营利组织	传承	我们如何领导	我们如何保持年轻	我们如何改变未来	我们如何管理自由度

资料来源：Adapted from Paul Light, "The Spiral of Sustainable Excellence," *in Sustaining Nonprofit Performance* (Washington, DC：Brookings Institution, 2004), 142。

么"）在格雷纳关于创造（creativity）阶段的讨论中得到了解决。同样，问题"我们能做多少"对应格雷纳的方向（direction）阶段；"我们能通过专注工作领域来增加影响吗"对应授权（delegation）；"我们如何保持敏锐度"对应协调（coordination）；"我们如何保持年轻"对应合作（collaboration）。然而，莱特的模型还评估了非营利组织的增长和其他方面发展的影响，包括非营利组织的环境、领导力和系统，因而是一个更具综合性的模型。

最重要的问题在莱特模型中的有机（organic）阶段被提出。这些问题的答案将确立影响的方向和早期动力。"我们如何产生影响"以及"我们为什么存在"的答案确立了非营利组织的使命。"谁做什么"确定了最初的运营范围和分工。"我们如何知道成功与否"确立了评估和后续改变的基础。并非所有答案都是明确的，且许多非营利组织并没有充分解决这些问题。因此，它们也不清楚应该如何吸引支持或建立进一步发展所需的基础设施。当然，一些非营利组织的创始人对这些最初的问题有非常明确的答案。这些非营利组织将迅速进入下一阶段。美丽美国始于非常明确的成功愿景和简单的运营模式。这两者都与资助者产生共鸣，因而组织能够得以迅速成长。

如果非营利组织发展到莱特模型中的进取（enterprising）阶段，它们将面临不同的挑战。成长和扩张（特别是优先考虑资助者利益的情况下）可能导致失去中心目标、使命漂移、组织混乱、核心管理职能投资不足以及员工倦怠等问题。为了克服这些困难，非营利组织必须重新关注策划（intentional）的行动。这将需要重新审视组织的优先事项和能力，并可能导致项目的关闭和解散与所选主要事项无关的员工。反过来看，内部及外部支持者也可能会制造阻力。如果非营利组织能够成功应对这些挑战，那么它可以进入稳健（robust）阶段。莱特将稳健定义为承受和利用不确定性的能力。这是通过预防脆弱性和塑造环境以达到组织利益最大化来实现的。这需要着眼于长期发展、识别各种可变的未来，并愿意通过调整组织结构和流程来同时为多个未来做好准备。非营利组织必须能现实地来评估风险。但是，如果结果允许，也可随机应变并放胆一试。例如，美丽美国的迅速成长伴随着管理能力欠缺和使命漂移的问题，并几乎导致了组织的失败。然而，为解决这些问题而策划的措施创造了一次转机，使该组织顺利进入稳健阶段。

稳健阶段所采取的独立行动可能使非营利组织孤立、缺乏责任感、高高在上或自以为是。为了克服这个问题，非营利组织需要进入反思 406 （reflective）阶段。在这个阶段，重要问题再次出现。例如，非营利组织需要考虑如何为其服务领域的未来做出贡献。它可以回顾组织成立的初衷，以便将它与目前组织所提升的能力进行协调。它将通过精简、分拆或协助新组织来试图保持相关性，建立联盟和伙伴关系，以及融入环境等。反思型非营利组织通过反复审视使命以及帮助它们不断进步的技巧来自省。在这个阶段，美丽美国是稳定和可持续的。它需要站在更广阔的角度来思考教育领域。例如，它可能试图影响教育政策和建立新的伙伴关系，来为自己国家政策发声。

（五）非营利组织的转型

转型是组织中极端或革命性的改变。转型影响组织的核心形式或基本能力。这些能力决定了一个组织（存在的主要原因）以及它与众不同之处。例如，美国红十字会以特定方式提供著名的救灾和公共服务。如果要进行转型，这些服务将发生重大变化。这与组织发展或建立适应能力等增量或渐进式变化有很大的不同。

人们对企业的变革进行了研究。拉尔夫·基尔曼（Ralph Kilmann）和特瑞莎·科文（Teresa Covin）就企业转型提出了许多结论。这些结论也适用于非营利组织。组织为了存活下去，转型通常是"别无选择"的环境适应。此外，转型过程最重要的是制定一个与当前形势全然不同的新愿景。高管和其他人员必须确信旧的运作方式不再有效，从而需要创建一个全新的组织来取代当前组织的不足。转型的主要工作必须放在行为改变上，这可能会给每个人带来一些不适，包括高级管理层。变革必须关注整个组织，尽管不同的部门会以不同的方式吸收变化。转型应由直属经理（最好是高级经理）领导，以确保资源和承诺。最后，为了取得成功，需要增加纵向和横向的信息流和沟通①。

菲利丝·珀尔穆特（Felice Perlmutter）和伯顿·格默（Burton Gummer）讨论了非营利组织的转型过程。转型对非营利组织构成了特殊的挑战，因为它们必须继续服务于它们的主要目的和向国税局呈递的使命。在极端情况下，使命根本性的改变可能需要解散当前的组织并建立一个新的组织。珀尔穆特和格默指出，转型是环境状况急剧变化的结果。他们概述了与非营利组织转型特别相关的一些因素②。

- 合法性的变化：当一个非正式的团体（例如自助团体）通过合并成为正式的非营利组织而获得正式的认可。
- 部门的变化：当组织改变社会的一部分或改变所处的社会

---

① Ralph H. Kilmann and Teresa Joyce Covin, *Corporate Transformations: Revitalizing Organizations for a Competitive World* (San Francisco: Jossey-Bass/Wiley, 1988).

② Felice Perlmutter and Burton Gummer, "Managing Organizational Transformations," in *The Jossey-Bass Handbook of Nonprofit Leadership and Management*, ed. Robert D. Herman & Associates (San Francisco: Jossey-Bass/Wiley, 1994), 227-246.

经济时。虽然非营利组织转变为营利组织是最常见的情况，但营利性或公共部门组织也可能转变为非营利组织的状态。

* 专业性的变化：当非营利组织员工的专业资格发生变化时。这需要从非专业或辅助专业员工转变为专业认证的员工或从一种专业换到另一种专业。

* 技术的变化：当完成活动的方式发生改变时。鉴于技术变革的步伐加快，这种变化正变得越来越普遍。它可能是引入新的处理方式或用于服务提供或管理的硬件或软件的变化。

* 使命的变化：当非营利组织必然地或选择性地改变它们所追求的基本目标时。例如，当美国出生缺陷基金会完成根除小儿麻痹症的最初任务时，它的使命就转变为对出生缺陷的关注。

* 结构的变化：当非营利组织重新设计部门结构或完成工作的主要流程时。例如，随着非营利组织的发展和开展更多的活动时，它可以成立完成这些活动的专属部门。

* 资金的变化：当非营利组织的资源基础发生变化时。鉴于收入来源的波动性，这可能是最常见的变化类型。当非营利组织失去了主要出资者的支持，以前的收入来源就可能会枯竭。而当政府机构或基金会决定投入更多的资源时，新的收入来源就会出现。

* 魅力型领导者的变化：非营利组织主要通过领导者的个性魅力或者愿景来实施领导，而当这位领导者离开时。这位领导者可能是该组织的创始人。其他具有不同愿景的魅力型领导者可能会接管该组织，或由组织寻找一位更专注于建立规则和流程的领导者来填补这个空缺。

408

* 社会价值观的变化：当社会大部分的观点和信念发生变化时。相关领域的非营利组织需要对这种变化做出回应。例如，精神病去机构化的运动使以社区为基础的非营利精神健康组织的机会大大增加。

正如我们从文中所看到的那样，转型涉及非营利组织的重大变化。珀尔穆特和格默还讨论了领导者用来处理非营利组织转型的一些策略：政治、组织、专业和个体。

政治策略（political strategies）采用组织政治和使用权力来实现目标。由于环境中存在竞争价值、目标和利益，这些策略对于非营利组织来说尤为重要。此外，这些具有竞争性的观点也可能由组织内的利益相关方反映出来。为了应对这些政治环境，非营利组织领导者需要成为支持者需求的监督者，以及组织的拥护者。此外，他们还需要与主要利益团体和社区领导者建立联系。

当变化的结果需要改变非营利组织内部的运作或互动模式时，就需要使用组织策略（organizational strategies）。例如，当分权结构在一个组织中的趋势加强时，就需要个人或下级部门之间更加灵活和进行创造性的互动。参与变化的员工需要了解和接受。在合并的极端情况下，除了结构和流程变化外，还需要解决人员调整和文化融合问题。

专业策略（professional strategies）包括通过改变专业人员工作的概念、思想和技术基础来响应环境。例如，在去机构化的背景下为精神病患者提供的服务包括协助解决各种附加的问题，如住房和就业。除精神病的治疗外，专业人员还要愿意并能够提供此类援助。

个体策略（individual strategies）是关于成功的变革管理者的特性和行为。这些管理者需要了解主动性、创新性和冒险性的重要性。他们需要在分析备选方案时展示这些特性，然后计划和实施这些改变。

（六）创新

创新（innovation）是对一个组织、其行业、市场或总体环境来说，新的想法或行为的采用①。它背离了现有的实践或技术，并且它的出现通常代表了与现有技术的显著不同②。创新可能涉及产品、服务、流程或结构，从微小的变化到彻底的改变③。微小变化会涉及对现有产品或服务的微调，包括成本降低、重新定位和新的用途。例如，一个帮助社区居民进行小规模房屋维修的非营利组织可以要求居民贡献周末的一部

---

① Daft, *Organizational Theory and Design*.

② John Kimberly, "Managerial Innovation," in *Handbook of Organizational Design*, vol. 1, ed. Paul Nystrom and William Starbuck (New York: Oxford University Press, 1981), 84-104.

③ Morris et al., *Corporate Entrepreneurship & Innovation*.

分时间来帮助其员工扩大服务。更多的创新则涉及产品改进、产品线或服务线的修正和增加。在这种情况下，非营利组织可帮助小型零售商改善他们的设备。

新产品或新服务最需要创新。它们对公司、对市场和对整个世界来说可能是全新的。流程创新可能涉及管理、支持、生产或服务提供中的任何流程。创新可以包括对现有流程的适度或重大改进，以及开发次要或主要的新流程。例如，非营利购物中心（Nonprofit Shopping Mall）是一种新的在线服务，它将消费者的资金变成慈善捐款[1]。该组织与主要在线零售商合作，如塔吉特（Target）、亚马逊（Amazon）、家得宝（Home Depot）、布鲁明戴尔（Bloomingdale's）、亿客行（Expedia）、沛可（Petco）和 iTunes。这些公司将每次购买的一定比例捐赠给消费者所选择的非营利组织。一个消费者首先访问非营利购物中心，选择一家慈善机构，然后绑定一个零售商。

从组织的角度来看，重要的是创新是否最终被采用。如果未被采用，那么这仅仅只是个好点子而已。创新的采用与否是一个复杂的问题，涉及到创新本身的特征，以及组织特征和环境背景的相互作用。

影响创新采用的因素

杰拉尔德·扎尔特曼（Gerald Zaltman）、罗伯特·邓肯（Robert Duncan）和琼尼·霍尔贝克（Jonny Holbek）总结了能够影响创新被采用的因素。这个清单很长，但对于那些参与开发可被采用创新的非营利组织来说，这些因素需要被慎重考虑。清单的长度也证实了创新的复杂性。确切地说，创新没有捷径，而下列因素将与成功息息相关[2]。

- **成本。**初始和持续财务成本一直存在。开始一项新的非营利组织的服务项目需要初始资源的投入，以及随着服务的生产所需要的持续成本。此外，非财务的社会成本可能涉及权力、状态或组

410

---

① Drew Boyd, "Innovation for the Non-Profit Sector," *Innovation Excellence*, blog (January 23, 2011), accessed December 27, 2011, http：//www. business-strategy-innovation. com/ wordpress/2011/01/innovation-for-the-non-profit-sector.

② Gerald Zaltman, Robert Duncan, and Jonny Holbek, *Innovations and Organizations* (Hoboken, NJ：Wiley Interscience, 1973).

织的社会地位。在非营利组织中，负责一项新服务的员工的状态可能会受到该服务成功与否的影响。如果一项新的非营利项目没能取得成功，执行主任的声誉可能会受到影响。

- 投资回报。当涉及稀缺资源时，"回报"（即因创新的支出而获得的收益）尤其重要。此外，新的非营利组织服务项目（如社区凝聚力）的益处可能难以衡量，从而导致对回报的低估。

- 风险和不确定性。一项成功的创新可能为其他相关的创新提供机会。如果创新不成功，它可能会带来损害。马歇尔·贝克尔（Marshall Becker）在对公共卫生官员的一项研究中发现了创新的政治风险，包括政治对手的机会以及声誉和地位的风险。[①]

- 可沟通性。具备正确传递创新的结果和益处的能力是非常重要的，特别是在许多活动或流程正在发挥作用的过程中。在这些情况下，指出结果中的哪些部分是由创新带来的，这一点很重要。例如，学生成绩的提高是学生导师项目（创新）的结果还是其他因素造成的？

- 兼容性。创新的产品或服务与现有的产品或服务的相似度有多高，从而最终对现有的产品或服务进行改良、补充或替代？由创新而带来的改变或调整组织其他要素的程度将影响创新的采用速度。与需要新的资金、核算或设备的创新相比，仅涉及简易交接技术的创新更容易被采用。

- 复杂性。创新所需的操作流程越复杂，接受程度就越慢。例如，在教育领域非营利组织中，添加新的计算机来进行对现有课程自定进度的学习并不比改变课程复杂。

- 感知相对优势。创新不同于其替代品的新功能是一个核心特征。相对优势的可见性和对优势的示范能力十分重要。这将是项目评估和结果评估的重点内容，用于内部决策和外部资金。

- 复原。创新的可逆性或者恢复以前状态（原状）的程度是非常重要的。在考虑替代创新时，具备可逆性的创新将被更快地采用。在不放弃现有做法的情况下，是否可以采用创新？创新是否可

411

---

① Marshall H. Becker, "Sociometric Location and Innovativeness: Reformulation and Extension of the Diffusion Model," *American Sociological Review* 35, no. 2 (1970): 267-282.

以根据反馈的情况来逐步被采用？

● 承诺。成功的创新需要承诺、来自更高权威方的认可以及用户的使用态度和接受行为。如果可以做出部分承诺，这将有助于其他承诺的陆续获得。

● 人际关系。创新将影响组织内部和组织之间的关系。创新在某种程度上具备破坏性或整合性。根据创新的成败，支持创新的个人地位将得到加强或削弱。

● 公共性。公共产品是为每个人生产和提供的（例如，公共供水的氟化处理），即使是那些持反对意见的人也必须接受。非营利组织需要对反对者的激烈抵抗做好准备。

● 门户功能。创新的采用需要获得多个级别的批准，批准数量的多少是一个非常重要的问题。如果需要获得批准的数量过多，则可能延迟或停止创新项目。被采用创新的门户能力（Gateway capacity）成为使未来创新更容易被采用的能力。因此，那些渴望大规模社会变革的非营利组织可能会问，最有可能实现这一目标的初始创新是什么？即使是微小的社会变革也有可能为大规模创新奠定基础。

创新的环境源泉

一般性的环境特征与组织中较高水平的创新有关。外部行动者可以通过直接提供资源（如基金会资金）或制订优惠政策（如税收优惠）来激励创新[1]。外部行动者不仅会鼓励创新，还可能有创新的需求。例如，改变联邦法规可能需要改变医院的行业绩效标准[2]。参与网络也与创新有积极的联系[3]。

---

[1]　Richard Daft and Selwin Becker, *Innovation in Organizations：Innovation Adoption in School Organizations* (New York：Elsevier, 1978)；Constance Holden, "Innovation—Japan Races Ahead as U. S. Falters," *Science* 210（1980）：751-754.

[2]　Kenneth McNeil and Edmond Minihan, "Regulation of Medical Devices and Organizational Behavior in Hospitals," *Administrative Science Quarterly* 22（1977）：475-490.

[3]　James Goes and Seung Ho Park, "Interorganizational Linkages and Innovation：The Case of Hospital Services," *Academy of Management Journal* 40（1977）：673 - 696；Gautam Ahuja, "Collaboration Networks, Structural Holes, and Innovation：A Longitudinal Study," *Administrative Science Quarterly* 17（2000）：425-455.

在第三章中，我们回顾了非营利组织创业机会的一些来源。创业型非营利组织将寻求创新（自己或他人的创新）来抓住这些机会。我们在这里总结了这些创新机会的来源：一般性的环境和行业来源①；技术、公共政策、舆论和品味，以及社会和人口变化②；经济或社会市场失灵③；市场壁垒、人口减少、缺乏发言权和负外部性。④

创新管理

迈克尔·莫里斯（Michael Morris）、唐纳德·库拉特科（Donald Kuratko）和杰弗里·科文（Jeffrey Covin）指出，创新也会让组织领导者进退两难⑤。例如，创新与未知有关，而管理则与控制有关。创新是打破规则，但规则破坏者却可能不会长期留在组织中。此外，如果一个组织不创新，那么就可能失败。但是一个组织创新的次数越多，失败的次数也就越多。创新会带来风险，但不创新所导致的风险可能更大。创新的组织可能会使自己的产品或服务被淘汰。莫里斯、库拉特科和科文还为培养创新型组织提供了指导方针：有不合理的期望，这将有助于寻找突破性的想法。创建弹性的业务定义，通过组织的核心能力和战略资产来定义组织而非基于它所做的事情。将组织视为一项事业而不是一场买卖。从有价值的愿景和超越利润或增长的事业中汲取力量。允许新想法的产生。那些年轻人、新人或者组织外围的人可能产生闻所未闻的想法。为思想和资本创造一个开放的市场。允许创业理念相互竞争，并为雏形或市场试验设立小额资助金。对低风险的实验进行培养。不要只尝试高风险的创新。在谨慎的追随者和高风险的接受者之间寻找一个中间地带。⑥

格利高里·迪斯（Gregory Dees）为社会企业（特别是非营利组织）

---

① Peter F. Drucker, *Innovation and Entrepreneurship* (New York: Harper Business, 1985).

② Arthur C. Brooks, *Social Entrepreneurship: A Modern Approach to Social Value Creation* (Upper Saddle River, NJ: Pearson Prentice Hall, 2009).

③ Gregory Dees, *Responding to Market Failure*, Harvard Business School Case 9 – 396 – 344, 1999.

④ James E. Austin, Roberto Gutierrez, Enrique Ogliastri, and Ezequiel Reficco, *Effective Management of Social Enterprises: Lessons from Business and Civil Society Organizations in Iberoamerica* (Cambridge, MA: Harvard University Press, 2006).

⑤ Morris et al., *Corporate Entrepreneurship & Innovation*.

⑥ Morris et al., *Corporate Entrepreneurship & Innovation*, 42.

撰写的文章为促进组织创新提供了一系列更具体的指导方针①。支持创新的文化规范包括：为持续进步而永不满足的推动力、在各个层面和来源上对新思想的接受度、对新思想的严格筛选和测试、尊重诚实的错误和预期的风险承担，以及组织低层的创新责任和权力。个人和组织能力也是必需的。其中包括信息收集和处理技能；跨职能部门和组织边界的合作；创造性、批判性和建设性思维；展望未来；管理风险、不确定性和时机。支持和强化创新行为的机制包括清晰和令人信服的共同愿景、衡量组织绩效的可靠系统、来自高层对创新的支持、认可和资源形式的奖励、支持创新的资金、将创新列入个人绩效评估、自上（理事会层面）而下的创新问责制，以及当现有组织无法适应应对潜在威胁的创新时，愿意建立新的组织。

保罗·莱特对明尼苏达州18个创新型非营利组织的研究证实了这些支持机制的价值。这些组织提供艺术、社区发展、住房、社会服务、教育和环境方面的服务。它们致力于通过设计来创新，并有创新的历史。莱特的主要发现包括②：

- 创新型组织结构简单（stayed thin），中层和高层管理者数量较少。这使得等级制度不再成为创新的障碍。例如，新月剧院（Theatre de la Jeune Lune）建立了两个自我管理的团队。一个负责艺术决策，另一个负责行政决策。这两个团队向彼此报告并相互交流，共同为组织做出决策。

- 创新型组织提供尝试的机会（created room to experiment）。例如，建立负责创新的工作小组。凤凰集团（The Phoenix Group）就是一个例子。它的使命是让无家可归的人不再流浪街头，并过上富足的生活。该组织将自身构建为创新的孵化器。它始于住房、就业和咨询项目。除了整修房屋，该组织还开办了一家杂货店、一家

---

① Gregory Dees, "Mastering the Art of Innovation," in *Enterprising Nonprofits*: *A Toolkit for Social Entrepreneurs*, ed. Gregory Dees, Jed Emerson, and Peter Economy (Hoboken, NJ: Wiley, 2001), 161–198.

② Paul Light, *Sustaining Innovation*: *Creating Nonprofit and Government Organizations That Innovate Naturally* (San Francisco: Jossey-Bass/Wiley, 1998), 99–124.

咖啡馆、一家汽车修理店和一家室内装潢店。在这个过程中，它雇用了两三百人，其中大多数都是正在戒毒的人。

- 创新型组织特别擅长权力下放（pushing authority downward），允许一线员工有权提出新的服务提供方法。例如，道林学校（the Dowling School）是一所公立学校，它将教师、学生和员工融入决策过程。从一年级到六年级的学生在制订学校政策时都有正式发言权。他们以团队形式提出口头建议，并加入系统以形成改变学校运作方式的意见。

- 创新型组织降低了内部协作的门槛（lowered barriers to internal collaboration），假定创造力在整个组织中传播以及分享想法和交换信息的能力是利用这种创造力进行组织创新的重要途径。一些组织创建了人们可以互动的公共空间，人们有时在空间内互动，有时在空间外。路德神学院（Luther Theological Seminary）评估了如何培养学生成为今天的基督教领袖。它得出的结论是不论日程表、院系还是管理结构都需要改变。它组建了跨学科课程建设团队来设计新课程，将其学术部分为三个新学部，修改日程表和课程顺序来为学生提供更多的选择，改变教师任用和晋升政策来强调共同使命，并在学院高层之间组建了一支新的学术领导团队。

- 大部分创新型组织采用了更民主化的结构（shifted to a more democratized）。多数组织在研究过程中经历了领导层换届。除一个组织外，其余组织都采用了更具参与性的方式。组织民主有多重好处。它创造了一种共同的承诺感、推动权力下放并创造更多推动好的想法流向高层的渠道。例如，在1991年的新领导管理之下，沃克艺术中心（the Walker Art Center）采取了更加民主的方式。在此过程中，组织征询了沃克员工和志愿者针对该组织未来的意见。该中心的新目标（"创造性和渐进式地管理员工"）之一的实现意味着强调参与式管理方式以改善内部沟通和员工认可。

- 创新型组织通过提供资金支持创新的举措来为创新做准备（primed themselves for innovativeness）。大多数组织都创建了一个创新投资基金。当创建创新投资基金时，会涉及两个问题。一是投资的金额（因为创新是风险投资）。组织预算的大小是主要的考量因素。二是如何在竞争的想法中进行选择。该研究中的非营利组织进行了谨慎的选择，通常遵循投资银行模式或建立内部基金会。

- 创新资源的可用性为内部的创意市场提供了支持（supported an internal marketplace of ideas）。不同于组织政治或偶然事件，想法相互竞争，并根据其价值而被评估。研究中的组织用难以回答的问题评估了创新的价值。他们评估了创新所解决的需求的优先次序、组织的长期回报、预算的合理性、其他来源是否对项目做出了贡献以及项目的预期时间安排。

- 这些创新型组织也为应对压力做好了准备（prepared for stress）。面对外部和内部推动变革的挑战，组织中的每个人、各级部门和整个组织都面临着压力。为了取得成功，组织需要以有效的方式来处理挑战和压力。例如，由于财务原因，两个截然不同的组织合并形成了女子创业组织（Women Venture）。这两个组织最初都不愿放弃它们各自以前的组织；然而，缺乏共同身份以及相关的组织压力和紧张感几乎使新组织面临失败。一位新理事长处理了这场严重的财务危机，而诸如新组织的名称、地点、预算、人员配备、政策和流程等问题也最终得到了解决。这样做的结果是女性创业组织能够合并成为一个强大的组织，并具备启动新的创新项目的能力。

四　本章小结

非营利组织工作领域的变化速度正在加快。变革给非营利组织带来挑战和机遇。非营利组织别无选择，只能对这些变化做出回应。如果不改变，非营利组织将与环境和利益相关方疏远，完成使命的机会也相应减少。而这一结果将导致组织快速衰退或最终关闭。一个不断变化的世界可能会让不知情的非营利组织措手不及，迫使组织以一种迅速和无系统的方式做出回应。这种回应可能缓和了当前的局面，但却未能站在非营利组织的角度做出最根本的改变。一个更好的对策是培养非营利组织理解变化的能力、分析需要变化的情况并采取必要的步骤引导变化以产生积极的结果。

本章总结了我们对特定非营利组织管理技术和工具的考虑。在下一章也就是最后一章中，我们将讨论更深远的问题，让读者思考非营利组织未来的可能性，并根据在过去的十六章中所学到的知识来反思它们代表的意义。

五　问题思考

1. 资助者是非营利组织的重要利益相关方。他们能影响非营利组织变革的哪些方面？他们要怎样做才能让非营利组织的变革更加容易？

2. 您是在哪里看到现在的非营利部门正在进行大量创新的？为什么会发生这种的变化？它会带来积极的作用吗？

六　练习

练习 16.1　力场模型

本章同时考虑了变革的内部力量和外部力量。讨论一个或多个由内部力量和外部力量驱动的非营利组织的例子。先讨论内部力量和外部力量是阻力的例子，再讨论这两种力量相互对抗的例子。

练习 16.2　转型

如果您的学校或学术部门要进行改革，会发生什么变化？菲利丝·珀尔穆特和伯顿·格默（合法性的变化等）列出的因素中，哪一个（如果有的话）能带来这样的转型？

练习 16.3　创新

为美丽美国或您熟悉的另一个非营利组织抑或是一个假设的非营利组织提出一个创新建议。这个创新所具备的哪些特征将促进建议被采用？哪些特征会妨碍创新被采用？非营利组织的领导者应该如何做才能使创新的采用变得更有可能？

第十七章　非营利组织领导和管理的未来

　　本书结束在它开始的地方，并关注使命。组织的使命决定该组织是被政府视为非营利组织还是营利组织，从而决定它将拥有的自由裁量权和授权。使命也指导理事会和执行主任制定和实施战略并评估组织的成果。也正是使命，激发了志愿者、捐助者和其他选择为推动使命前进而做出贡献的人们之间产生最强有力的承诺。

　　当领导者和管理者忽视使命及使命所代表的价值观时，他们就会失去道德方向。他们将非营利组织仅仅作为政府合同里的商业企业或工具的行为使他们面临被指责的风险。而更糟的是，他们将个人利益置于他们负责的非营利组织和公众利益之上。彼得·弗鲁金（Peter Frumkin）将其定义为一种工具理性，即如果非营利组织走向极端，就可能导致它成为仅回应政府资助机会的供应商，或成为为了支持更好的可以为非营利组织或个人的收入来源做出贡献的活动而忽视弱势社区的竞争市场行为者。①

　　当使命的定义明确时，非营利组织的领导者和管理者就会对当前现实（current reality）、社会问题（social problem）和组织解决问题的方法（organization's approach）产生一种意识。使命也激发了人们对可能性的期盼，从而产生美好世界的愿景（a vision of a better world）。彼得·森奇（Peter 　418 Senge）提出，有效的领导者管理着当前现实和愿景之间的创造性张力②。

---

①　Peter Frumkin, *On Being Nonprofit: A Conceptual and Policy Primer* (Cambridge, MA: Harvard University Press, 2002).

②　See Peter M. Senge, "The Leader's New Work" (SoL: Society for Organizational Learning, n. d.), accessed December 21, 2011, http://www.solonline.org/res/kr/newwork.html. Also see Peter M. Senge, *The Fifth Discipline: The Art and Practice of the Learning Organization* (New York: Doubleday, 2005).

当人们满足于当前的现实时，他们可能会变得自满。而当他们认为愿景离现实太过遥远时，他们又会产生悲观情绪，或者感到倦怠并想放弃。适当的张力可以产生能量，指引人们去追求愿景。非营利组织领导者的工作是帮助他人拥有可行的梦想，给他们指明道路，并至少帮助他们迈出实现梦想的第一步。因此，非营利组织管理者的工作就是协调资源和行动，使这个追梦的道路尽可能高效和有效率。

一　理解当前现实的挑战

但是，如果当前的现实在不断变化或未知呢？本书帮助领导者解决发现非营利组织内部和外部所面临的现状问题。例如，我们回顾了如何进行 SWOT 分析、完成需求评估以及准备项目组合。我们发现利益相关方可能会根据他们的价值观、兴趣和有限的信息对情况产生截然不同的看法，我们讨论了如何收集关于情况的多种看法并管理相互矛盾的观点。这些活动有助于领导者、管理者和其他利益相关方对当前现实有一个共同的认识。而真正的挑战在于如何应对经常变化的现实。

变革的步伐正在加快。世界在通信、计算机和其他技术上正以指数函数的速度发展，而这些技术影响着当今社会问题的本质和可能的解决方法。机构之间相互依赖的情况越来越普遍。一些非营利组织采用了多元化和系统化的方法，这在几十年前根本不可能实现。访问和分析信息的能力显著增强。这意味着领导者今天看到的情况下个月就变了。即使领导者能够牢牢把握当前现实，任何人都很难想象未来十年后，甚至是几年后的情况。过去，十年战略规划是很常见的，而现在的组织倾向于制订一年规划或最多三年规划。正如威廉·莎士比亚（William Shakespeare）所写："我们知道自己是怎样的人，但却不知道我们会成为怎样的人。"

二　憧憬未来

在本章中，我们鼓励读者思考未来的非营利组织需要什么样的领导者和管理者。为了推动这项工作的开展，我们记录一些思想领袖和未来学家的设想，并讨论一些可能影响非营利组织的趋势。一些预测的变化适用于所有部门，另一些则只针对非营利组织。尽管管理者和领导者可

419

以试着让自己和组织为趋势线（the trend lines）所预估的情形做好准备，但物理学家尼尔斯·玻尔（Niels Bohr）提醒我们："预测是非常困难的，尤其是针对未来。"

2010 年，美国国家情报委员会（the U. S. National Intelligence Council）和欧盟安全研究所（the European Union's Institute for Security Studies）关注的总体趋势包括：更加全球化的相互依存的经济、财富和权力从西向东转移，美国对世界的影响减小，气候变化以及由于资源稀缺，传染病和恐怖主义对全球安全和稳定构成的更大威胁。[1] 此外，国际移民正在影响特定地区的人口结构，改变社会需求，增加利益、规范和价值观的多样性。在世界舞台上运作的非营利组织可能会对全球治理工作和更多来自印度、俄罗斯、巴西和中国等国家的国际层面参与者产生怀疑。

在美国运营的以社区为基础的非营利组织可能会发现，移民流动和时代转变正在改变寻求员工和志愿者服务和人才库的人群结构。例如，随着"婴儿潮一代"年龄的增长，美国老年人的服务需求可能会增加。随着年轻一代进入劳动力市场，非营利组织需要通过提供他们感兴趣的工作和赋权以及接受不同的背景和利益的人群来努力地吸引和留住他们。

在美国，代际财富转移、他国日益增强的经济实力以及新的沟通工具正在影响筹资战略和成果。随着财富传给年轻一代，慈善事业的优先事项发生了变化，一些非营利组织因此陷入困境。基金发展前景越来越多地包括来自他国的个人，这些国家在传统上对美国的非营利组织没有显著贡献。使用社交媒体进行的点对点筹资的变化方式和筹资总金额都在增加[2]。更多的捐赠者对他们的慈善事业有投资倾向，并期望双向沟通。

当我们邀请非营利部门的一些思想领袖通过分享自己对未来非营利组织的见解来为这一章的内容集思广益时，我们听到很多的答复都跟非营利组织的问责制有关。帕特南·巴伯（Putnam Barber）是《华盛顿非

---

[1]　National Intelligence Council（United States）and Institute for Security Studies（European Union），*Global Governance* 2025: *At a Critical Juncture*（September 2010），accessed December 21, 2011, http: //www. dni. gov/nic/PDF_2025/2025_Global_Governance. pdf.

[2]　Zachary Sniderman, "What Does the Social Good Ecosystem Look Like?" infographic（May 18, 2011），accessed December 21, 2011, http: //mashable. com/2011/05/18/social-good-ecosystem-infographic.

营利组织》（*Nonprofits in Washington*）的作者，也是《非营利组织常见问题解答》（*Nonprofit FAQ*）的编辑，他写道：

> 420
>
> 问责制只会变得越来越重要。无论何种规模和类型的非营利组织都将被政府、评级团体、实际和潜在的委托人和捐赠者，以及最重要的服务对象要求公开展示他们所做工作的优势和价值。如果仅凭思想、决心以及一点点运气，那么这个要求对每个人来说都不容易。不过，改变游戏规则取决于非营利组织。我们把这种改变游戏规则的行为称为主动问责。主动问责需要：第一，理事会承诺像"图表影响"（charting impact）一样工作，它构造了工作的定义和描述（www.chartinimpact.org）。第二，完整和准确的财务透明度，包括履行政府机构对监督和管理的要求和期望。第三，拒绝在筹资呼吁和其他交流中务虚，不再对无意义的"明星"进行吹嘘或在寻求支持或称赞时扭曲现实。第四，积极参与打破长期以来被容忍和忽视而现在越来越沉重的浪费和误导形式的"问责"模式。换言之，致力于以出色的工作而被世人所知和尊敬，并且坦诚和清楚地知道如何做到这一点。

为了遵循巴伯的建议，领导者和管理者必须公开和有计划地认识到他们的非营利组织对其他行动者的依赖，以实现使命。解决根深蒂固和复杂社会问题的非营利组织不太可能单独而有效地完成这项工作。它们还需要了解那些致力于评估非营利组织成果的团队的复杂性和关联性。关于非营利组织投入和产出的信息可以从多个渠道获得，而不是完全由非营利组织控制。诚实和可信的沟通对于维护利益相关方的信任至关重要。

协会领导力中心（ASAE）的执行主任约翰·格雷厄姆（John Graham）提醒我们劳动力变化对非营利组织的影响。他评论说：

> 随着员工队伍的不断发展，非营利组织在不断变化的人口环境中保持相关性的能力将比以往任何时候都显得更加重要。我们现在拥有几代劳动力，包括 1960 年以后出生的一代人（Gen X workers）、"千禧一代"和推迟退休的"婴儿潮一代"。由于劳动力的多代重

叠，我们面临着协调一系列专业发展需求、对工作与生活平衡的预期和价值主张的挑战。劳动力的人种分布也越来越多样化，因此管理和鼓励多元化和包容性的工作场所（通往管理和其他领导职位的途径）对于机构未来的成功至关重要。　　　421

有许多描述当今生活和工作的几代人之间差异的著作，为非营利组织提供了指导，说明他们的领导和管理方法在每一代人进入劳动力市场时需要如何改变①。但值得注意的是，现在的非营利组织比以往任何时候都要多，对几代人进行快速而简单的分类可能会导致他们走上错误的道路。"年轻一代"（Generation Y）（Generation X 是指 1965～1980 年出生的美国人，而 Generation Y 是指 20 世纪 90 年代初出生的美国人。——译者注）的人比上一代更加多样化，多样性是这一代的定义特征之一。这意味着领导者和管理者应该谨慎地设想年轻一代的具体工作风格、兴趣和价值观。他们还将与年长的员工并肩工作，这些员工可能已经习惯了某些工作场所的做法和政策。将每个员工视为具有独特动力和能力个体的领导者和管理者，他们的人力资源管理能力更高，并比那些希望划分员工队伍、限制其潜在贡献的人更有优势。

最后，我们分享国际仁人家园组织执行主任乔纳森·雷克福德（Jonathan Reckford）的一些想法。他告诉我们：

> 非营利组织在某种程度上不太专业的假定有时是我们必须解决的一个挑战。我们的动力是对慈善事业的热情，而不是底线。这不是二选一的问题。非营利组织通常源于基层运动。在这些运动中，人们因听到呼唤和使命感而受到激励。然而，我们也要对捐赠者、社区（如仁人家园，这是一个全球社区）和服务对象负责。我们用别人的钱来帮助那些需要帮助的人。因为所承担的风险更多，所以我们需要比企业有更高的标准。非营利组织世界中同样需要能让领导者在私营部门取得成功的那些技能。你不能像经营企业那样来经

---

① Frances Kunreuther, Helen Kim, and Robby Rodriguez, *Working Across Generations: Defining the Future of Nonprofit Leadership* (San Francisco: Jossey-Bass/Wiley, 2008).

营非营利组织，但所有非营利组织都要求领导者具备很好的能力、动力、谦逊和性格。

雷克福德先生让我们认识到这是一本关于领导和管理非营利组织的书。尽管我们鼓励使用营利性商业工具和指南，但必须了解它们在非营利环境中的适用性。许多国家的社会企业工作正在蓬勃开展，它们的领导者可能选择将其作为非营利组织、营利性组织、混合型企业（例如公益企业）或政府实体运营。我们还知道，某些行业的非营利组织长期以来一直与企业和政府组织进行竞争和合作。在这些领域，公众可能难以理解来自非营利组织的提供者与来自其他部门提供者之间的区别。凭借非营利组织的法律地位，它们应对给予的信任和自由度负责。为了保护非营利部门的完整性，其领导者和管理者必须坚持高标准。

三　领导力发展

教育工作者很清楚非营利部门职业机会的增长，以及希望利用这些机会的个人的职业发展需求。在高等教育中，非营利组织管理的本科生和研究生项目越来越多①。正如我们的开篇章节所提到的，非营利学术中心委员会（NACC）和美国公共事务与管理院校联合会（NASPAA）提供了这些项目应该涵盖的主题领域的指导方针。仔细阅读 NACC 所列出的清单（参见附录），可以了解非营利组织管理者、领导者发展的知识和技能领域的广度和深度。除了正规的学位课程，还有讲习班、研讨会和其他学习机会，以培养领导能力和管理能力。

随着未来的发展，新的发展需要将会被揭示。举个例子，20 年前一个获得工商管理硕士学位的人根本感受不到社交媒体在建立商业关系方面的价值。非营利组织总是会产生新的方式来感知生活并做出积极的改变。坚持学习的方向将有助于非营利组织的领导者和管理者确保不会与有价值的机会擦身而过，并确保组织对推进使命实现的有效方法保持开放的态度。

---

① 有关非营利管理教育项目的清单，请参阅 Roseanne M. Mirabella, *Nonprofit Management Education：Current Offerings in University-Based Programs*（Seton Hall University, 2009），http：//academic. shu. edu/npo。

附录 各章节内容与 NACC 指南关于非营利组织领导力、非营利部门和慈善事业学习的对应

针对本科生的 NACC 课程主题*	针对研究生的 NACC 课程主题*	对应章节和备注
公民社会、志愿行为和慈善事业的比较视角	非营利部门、志愿行动和慈善事业的比较视角	本书主要聚焦在美国，但提供了多国之间的比较。本书第十七章讨论了国际趋势。
公民社会、志愿行动和慈善事业的基础	非营利部门、志愿行动和慈善事业的范围和意义 非营利部门、志愿行动和慈善事业的历史和理论	每一章都涵盖了适合该主题的内容；但大部分内容都在第一章和第三章中。第六、十四和十五章主要介绍了非营利部门和其他部门之间的动态。
道德与价值观	道德与价值观	这一主题的大部分内容都在第二章中，但是关于道德的讨论贯穿了整本书。
公共政策、法律、倡导和社会变革	公共政策、倡导和社会变革；非营利法	法律框架见第三章。第十四章介绍了倡导和游说。慈善捐赠和商业活动的法律和税务影响见第六章。
非营利组织的治理和领导力	非营利组织的治理和领导力 领导力、组织和管理	第九章介绍了非营利理事会和治理。第十章介绍了执行主任和领导力理论。第十六章介绍了创新和变革。
社区服务和公民参与		第十一章的人力资源管理中介绍了学生参与非营利组织的内容。
领导和管理组织		第二、三、四、五、十、十二、十三和十五章介绍了本主题下的子主题。

续表

针对本科生的 NACC 课程主题*	针对研究生的 NACC 课程主题*	对应章节和备注
非营利组织的财务和筹资	非营利组织的财务、筹资和发展	第六章介绍了本主题下的子主题。
财务管理	财务管理和问责制	第七章介绍财务管理。问责制的问题贯穿于整本书中。
管理员工和志愿者	非营利组织人力资源管理	第十一章介绍了人力资源管理和人力资源能力。第十二章介绍了激励和绩效理论。
非营利组织的营销	非营利组织的营销	关于营销的大部分内容都在第 8 章。
专业和职业发展		第二章介绍了本主题下的一些子主题，并讨论了专业规范。
评价、评估和决策方法	评价、评估和决策方法 非营利组织经济学 信息技术和管理	第十三章涉及项目评估。第二章讨论组织评估。第十一章和第十二章讨论了员工绩效评估。第三章介绍了社会企业。第八章介绍了定价方案。第十四章介绍公共关系和沟通。

*注：本表列出了 NACC 指南中确定的课程主题；每个主题都有许多子主题。本书涵盖了大部分子主题。

索 引

（本索引的页码是原书页码，即本书边码。
fig 代表图例，t 代表表格，e 代表示例）

图书在版编目(CIP)数据

　　非营利组织管理／(美)玛丽·切尔哈特
(Mary Tschirhart),(美)沃尔夫冈·比勒菲尔德
(Wolfgang Bielefeld)著；那梅,付琳赟译. -- 北京：
社会科学文献出版社,2021.1
　　(非营利管理译丛)
　　书名原文：Managing Nonprofit Organizations
　　ISBN 978-7-5201-7790-0

　　Ⅰ.①非…　Ⅱ.①玛…　②沃…　③那…　④付…　Ⅲ.
①非营利组织-组织管理　Ⅳ.①C912.21

　　中国版本图书馆 CIP 数据核字(2021)第 032516 号

非营利管理译丛
非营利组织管理

著　　者／〔美〕玛丽·切尔哈特(Mary Tschirhart)
　　　　　〔美〕沃尔夫冈·比勒菲尔德(Wolfgang Bielefeld)
译　　者／那　梅　付琳赟

出 版 人／王利民
责任编辑／高　媛　张建中

出　　版／社会科学文献出版社·政法传媒分社(010)59367156
　　　　　地址：北京市北三环中路甲 29 号院华龙大厦　邮编：100029
　　　　　网址：www. ssap. com. cn
发　　行／市场营销中心 (010) 59367081　59367083
印　　装／三河市龙林印务有限公司

规　　格／开　本：787mm×1092mm　1/16
　　　　　印　张：33　字　数：515 千字
版　　次／2021 年 1 月第 1 版　2021 年 1 月第 1 次印刷
书　　号／ISBN 978-7-5201-7790-0
著作权合同
登 记 号／图字 01-2018-4979 号
定　　价／148.00 元